2024年第2期 | 总第2期

北京师范大学历史学院
中国史学会传统文化专业委员会 主 办

张昭军 主 编

中國文化史研究

張志和題

Studies in Chinese Cultural History

商務印書館
创于1897 The Commercial Press

图书在版编目（CIP）数据

中国文化史研究．总第 2 期 / 张昭军主编．-- 北京：商务印书馆，2024. -- ISBN 978-7-100-24428-2

I.K203

中国国家版本馆 CIP 数据核字第 20248VM463 号

中国文化史研究

总第 2 期

张昭军　主编

商　务　印　书　馆　出　版

（北京王府井大街 36 号　邮政编码 100710）

商　务　印　书　馆　发　行

江苏凤凰数码印务有限公司印刷

ISBN　978-7-100-24428-2

2024 年 11 月第 1 版　　开本　787×1092　1/16

2024 年 11 月第 1 次印刷　　印张　15½

定价：98.00 元

卷首语

中国文化源远流长、博大精深，在世界文明史上占有举足轻重的地位。中国文化是中华民族的伟大创造，表现在其全部历史进程中。中国之所以能凝聚成这样一个幅员辽阔、人口众多的国家，且不断发展壮大，其根本原因即在于中国文化从未丧失过历史活力。中华民族深谙此理，历来珍惜自己的历史和文化，并重视历史研究。近代以来，一代代文化史家心系国家和民族的前途，潜心治学，为中华优秀传统文化的复兴、为中华民族的独立富强做出了突出贡献。时下，人类文明和世界格局发生结构性巨变，面临着诸多问题和挑战，人们期望从中国文化中汲取智慧；中华民族实现伟大复兴，深入推进中国式现代化，亟须从中国文化中寻求精神动力。在此背景下，加强中国文化史研究自是题中应有之义。然而，多年来，中国史学界一直没有专门的中国文化史研究学术刊物。这无疑给中国文化史的学科建设、理论创新和人才培养带来诸多不便，也不符合繁荣发展中国文化的时代要求。

为此，北京师范大学历史学院和中国史学会传统文化专业委员会经过精心的策划和筹备，郑重创办《中国文化史研究》集刊，作为广大学者交流学术的平台。

主办方北京师范大学历史学院是中国文化历史研究的重镇，在海内外享有盛誉。李大钊、梁启超、陈垣、王桐龄、朱希祖、钱玄同、何炳松、张星烺、侯外庐、白寿彝等一大批学术巨擘，在此传道授业、弘文励教，铸就了北师大历史学科光辉灿烂的历史。著名文化史家梁启超、陆懋德、钱穆等在此执教讲学，初步奠定了北师大中国文化史的教学与研究传统。改革开放后，北师大历史学科在白寿彝、何兹全、赵光贤、刘家和、龚书铎、王桧林等的率领下，开拓出了中国史学史、中国近代文化史、中西古典文明比较等新的学科增长点。新世纪以来，北师大历史学科勇于担当文化使命，推出了《中国文化发展史》(8卷)、《中国文化通史》(10卷)、《中国民俗史》(6卷)、《历史文化认同与中国统一多民族国家》(5卷)、《清代理学史》(3卷)等一批赓续中华文脉、展现中华民族精神气韵的精品力作。同时，在教学和人才培养等方面，取得了骄人的成绩，为国内外高等院校和科研机构培养了大批高层次专业人才。

中国史学会传统文化专业委员会是由中国史学会直接领导的全国性二级专业学会，2023年9月在山东济南成立。学会坚持以马克思主义为指导，认真贯彻“双百”方针，团结广大史学工作者，以推进中华优秀传统文化创造性转化、创新性发展为目标，深入开展传统文化形成、发展、变迁的内在机制与演进路径的实践研究和理论阐释，为社会主义文化新形态建设和中华民族现代文明建设提供理论支撑。

这一切，为办好《中国文化史研究》提供了坚实的社会基础、有力的组织保障和丰富的学术资源。

《中国文化史研究》坚持以唯物史观为指导，实事求是，开放包容，旨在推动从历史中探求中国文化之新义，建设有意义之史学，为传承发展中华优秀传统文化和建设中华民族现代文明做出贡献。

《中国文化史研究》积极倡导中国学术的整体性思维和融通精神，立足中国文化浑然一体的大传统，以辩证发展的眼光，科学、客观地研究问题，切实促进学术创新和文化史研究的繁荣。

《中国文化史研究》注重文化史学科建设与理论探索，刊发思想文化史、学术文化史、社会文化史、政治文化史、大众文化史、中外文化交流史、新文化史诸领域，以及运用全球史学、阐释学等理论方法研究中国文化的专题论文，开设"中国文化与世界""文化史家""文化史理论""新著评论"等栏目，力求全面反映学界研究状况，准确把握学术动态，力争办成展示文化史最新研究成果的重要窗口。

本刊每年拟出两期。

我们热切期盼广大专家学者提出宝贵的意见和建议，群策群力，共同经营好这片学术园地，为发扬光大中华优秀文化而奉献出一份力量。

2024年4月25日

目　录

·刘家和教授学术思想研究·

·专题研究·

·中国文化与世界·

·文化史家·

·文化史理论·

Contents

Research on the Academic Thoughts of Professor Liu Jiahe

Research Articles

Chinese Culture and the World

Cultural Historians

Theories in Cultural History

刘家和先生对中国思想史研究的贡献与启迪
——以历史理性与道德理性的关系为例

宋洪兵

摘要 刘家和先生对历史理性与道德理性关系的深刻阐释，极具创造性与启发性，对于中国思想史研究具有重要的启迪价值。刘先生认为，历史理性与道德理性的关系在中国历史进程中经历了“正—反—合”三个阶段。其中，两个关节点最为重要，其一为商周鼎革，其二为周秦鼎革。商周鼎革以及周公的“以德配天”思想，初步实现了历史理性与道德理性的统一，也就意味着商周之际的历史演变进程蕴含着道德的意涵。秦用武力灭东方六国并实现天下一统，其主观动机无疑与其统治利益密切相关，未必真心为天下人利益着想，战争过程也极其血腥和残暴，但其客观效果却“成功大”，结束了数百年的长期战乱而使天下人重新看到了和平稳定的希望，客观上也为汉代勃兴奠定了基础。无情的历史理性最终呈现出有情的道德理性，体现在思想领域，就是重新反思历史理性与道德理性如何合一的命题。刘先生给中国思想史研究带来两点重大启示：其一，历史理性总是以国家治理的政治理性来呈现。无论是殷周鼎革还是周秦鼎革，政治领域是否恰当地运用政治理性都是关键。道德理性作为一种观念力量参与历史进程并最终成为历史理性的一部分。其二，历史理性事关人类历史的治乱循环，人类唯有敬畏历史伟力才能真正有利于文明进步，由此在长时段视野中呈现出道德理性，但终究无法真正走出治乱循环的宿命。

关键词 刘家和 历史理性 道德理性 政治理性 治乱循环

刘家和先生是学界公认的学贯中西的史学大家。他的研究领域涉及古希腊研究、古代印度研究、中外比较史学研究以及中国文明研究。先生在外国文明研究以及中外比较史学研究方面的学术成就及治学特点，学界前贤已有很多专业探讨。在中国文明研究领域，先生又主要集中在史学、经学与思想史研究三个方面，大家普遍关注到先生对史学以及经学

作者简介 中国人民大学国学院教授，历史学博士，研究方向为中国思想史。

方面的贡献,而对先生在中国思想史研究领域所做的学术贡献以及由此带来的诸多启迪,尚未见到专门系统的分析。[①] 先生是一位特别有思想的历史学家,他不仅对自苏格拉底、柏拉图、亚里士多德以至康德、黑格尔、海德格尔的西方哲学具有深刻的洞察和独到的把握,而且总是在中西文明比较的视野中见出中国文明的独特性。他所做的研究,均非"剪刀加糨糊"式的材料堆砌,而是有着深刻思想对话的学术研究。职此之故,先生始终重视思想,关注思想史研究,他曾自陈:"经学与史学在中国学术传统中一向有两重关系:一为文献考证方面,二为义理推求方面。经学的论证基本上是以历史的论证为基础的,而历史学的文献考证正好为经学的论证提供了史料的基础。……应该说,经学与史学之间更为内在的关系则在于思想的层面上。所以,要研究经学与史学,就不可能离开思想。经学与史学的对话是在具体的历史条件下进行的,也是在具体的思想的场合(context,或译语境)中进行的,离开历史与思想,经学和史学就既失去了存在的根据,又失去了相互对话的条件。"[②]显而易见,先生的学术研究,思想含量很高,而且他具有明确方法论自觉和清晰的学术指向,这本身就构成了先生学术思想的一个显著特征。余生也晚,且资质愚钝,无法对先生的整体学术思想以及他学术思想背后深蕴的理论脉络做一个详细而准确的把握,在此仅结合先生的历史理性与道德理性相关理论,探讨先生对中国思想史研究的贡献与启迪。[③]

一、刘家和先生论历史理性与道德理性

先生对中国文明的历史理性与道德理性的深入探讨,对于中国思想史研究具有重要的启迪价值。鄙意以为,这是先生极具创造性与启发性的学术观点之一。先生是在中西文明比较的视野中得出中国文明具有历史理性,这根本区别于西方文明的逻辑理性。先生对此问题的深刻思考,源于对古希腊史学的"反历史倾向"与"本质主义"(substantialism)特征的反思。在古希腊学术传统中,理性往往等同于逻辑理性,具有永恒与静止的特征,变动不居的历史仅仅被视为"意见"。先生认为:"不能说只有希腊人的逻辑推理才是理性。理性不

---

① 有关刘家和先生在古希腊、古印度、中外比较史学以及中国经学、史学方面的学术成就,参阅北京师范大学中西文明比较研究中心编:《丽泽论史集》,商务印书馆 2020 年版。本书收录了近 20 位学者对先生治学特点及学术贡献的详细阐释。

② 刘家和:《史学、经学与思想:在世界史背景下对于中国古代历史文化的思考》,北京师范大学出版社 2005 年版,序,第 3 页。

③ 2005 年,当先生的《史学、经学与思想》刚刚出版时,笔者便怀着无比崇敬之情认真研习了先生的新著,后将读书心得写成《如实估计中国古代历史文化:评刘家和先生新著〈史学、经学与思想〉》,该文最终发表在《二十一世纪》(网络版)2005 年第 11 月号。当年尚在念博士,现在想来,率尔操觚之作,实在汗颜。令我出乎意料的是,先生竟然看到了我在香港发表的这篇网络版书评。2007 年,我到中国人民大学国学院工作,先生通过孙家洲教授联系到我,非但不以为忤,反而十分高兴,并对晚辈倍加鼓励和点拨,屈指算来,至今已近 17 年矣。在此期间,先生在学术、做人以及生活方面,均给予我太多帮助,令我受益良多。

止是一种，理性用于各个方面，至少可以分成纯粹理性和实践理性；……我们可以说理性有'历史理性'，有'逻辑理性'，有'自然理性'，有'道德理性'等等。"[①]近年先生进一步撰文阐述了中西思维方式的根本差异，不在有无理性，而是在历史理性与逻辑理性的区别。[②] 先生讨论历史理性与逻辑理性的中西之别，根本目的在于提醒国人留意中国文明的历史理性的优缺点，尤其是如何从历史理性推进到逻辑理性，使二者融洽地合一，这是先生最希望看到的文明借鉴和融合。[③]

什么是历史理性呢？先生有清晰的概念界定："现在常说的历史理性（historical reason）实际也就包括历史（作为客观过程）的理性（the reason of history）和史学（作为研究过程）的理性（the reason of historiography），简而言之，就是探究历史过程的所以然或道理和探究历史研究过程的所以然或道理。"历史理性可以分为客观历史自身呈现的理性以及思想家或历史学家研究客观历史过程的理性。[④] 先生曾就司马迁的"岂非天哉"的"天"来论述一种客观的历史理性——"不以人的主观意志为转移的客观发展趋势"[⑤]。主观层面的历史理性，则更多体现为思想家或历史学家的历史观，如果历史观是对客观历史理性的认识和把握，那么，研究历史的过程也体现出一种历史理性，是"通过再现历史的精神来展现自己的精神"[⑥]。

先生重点在思想史视野中深究古代中国历史观所呈现的历史理性。在《历史理性在古代中国的发生》一文中，先生从历史理性与道德理性"正—反—合"的思想史演变进程进行了历时性分析。他将殷周之际到周初的以人心为背景的历史理性作为中国历史理性结构的曙光，分析了天命人心理论形成的历史进程，并指出天命人心理论具有历史理性与道德理性合一的特征，虽显简单，但不失为人的意志的觉醒，此属于正的阶段；接着又从历史的

---

① 刘家和：《理性与历史——中西古代思想的一点异同》，《史苑学步：史学与理论探研》，北京大学出版社 2019 年版，第 400—401 页。刘先生还指出："历史理性是西方人先提出来的，中国原先没有人说，后来跟着研究。我很早就感觉中国有历史理性，但是不敢说，我也不能说这个词，因为我不知道这样的东西在国际上能不能被接受。那么，西方有人提出来了，大家开始注意了，我就可以提出来。……在西方学者眼里，西方有哲学，中国有文化，中国是文化。我觉得，中国是有理性的。"刘家和口述，全根先、蒋重跃访问整理：《丽泽忆往：刘家和口述史》，商务印书馆 2021 年版，第 312—313 页。

② 刘家和：《理性的结构：比较中西思维的根本异同》，《北京师范大学学报（社会科学版）》2020 年第 3 期。

③ 先生曾说："我们要改革开放，要学习外国，我作为一个书生，可能讲的都是脱离实际的。我觉得，我们中国要大力地学习西方的数学和逻辑，不仅是学数学的人、学理工科的人要学，学人文科学的人也得有这个素养。……我们要大量地从小学开始，就要培养逻辑思维、数学思维，不要太计较功名，我怎么做习题什么的。我们要从理论上、概念上建立这种思想，这是我们的弱项，我们的短板。我现在算是一个老知识分子了，这是我向学界、向社会、向国家进的一言！如果我们能解决这样的问题，我们中国文化的优点才能够充分显现出来。"刘家和口述，全根先、蒋重跃访问整理：《丽泽忆往：刘家和口述史》，商务印书馆 2021 年版，第 330 页。

④ 刘家和：《论历史理性在古代中国的发生》，《史苑学步：史学与理论探研》，北京大学出版社 2019 年版，第 278 页。

⑤ 刘家和：《"岂非天哉"的三重解读》，《史苑学步：史学与理论探研》，北京大学出版社 2019 年版，第 62 页。

⑥ 刘家和：《对于中国古典史学形成过程的思考》，《史苑学步：史学与理论探研》，北京大学出版社 2019 年版，第 335 页。

角度分析了西周晚期至秦的与人心疏离的历史理性的无情化，主要表现在对天人合一观念的怀疑、历史理性与道德理性的分离以及历史理性与自然理性的比附方面，介绍了西周晚期的大众心态以及春秋战国时期的道家、法家、阴阳家的相关学说，这是反的阶段；再以秦代历史理性与道德理性分离的历史教训为例，阐述汉代对此问题的反思，介绍了贾谊五行相胜说、董仲舒的三统说、刘歆的五行相生说、何休的春秋三世说所体现的道德理性与历史理性相结合的理论尝试，此属于合的阶段。该文通过分析历史理性在中国古代的演变过程，使我们很好地了解了中国思想的历史观如何体现历史理性与道德理性。

先生讨论历史理性为何会涉及道德理性、自然理性等问题。依个人愚见，道德理性与自然理性均为主体之人对客观历史理性的理解方式和论证理由。客观历史自身会呈现变化，而其理由，则必须经由人来认识和把握。周公对殷周之际的政权鼎革提出“天命”、人心观念，即是他的历史观蕴含着对历史变化以及如何变化的认识，先生认为周公是从道德理性的角度来认识客观历史变化的。历史理性的无情化，则是指作为历史认知主体的人或思想家不再将历史何以如此的理由寄托于道德理性，甚至直接指出历史变化背后与道德理性的背离，从而对历史的认识和判断展开非道德的审视，比如老子对所谓知识与智慧的警惕、韩非子关于人口与资源的内在张力等对历史的认识视角，实则开辟了不一样的历史认知和诠释路径。阴阳家的自然理性推演历史理性，也是一种解释历史演变的视角。汉儒则呈现出重新以道德理性来审视历史进程的倾向，从而呈现出历史理性与道德理性合一的历史观。

何谓“道德理性”？先生并没有像历史理性那样给出明确定义，但是从先生的表述中，基本可以看到道德理性的特征：其一，在人神关系视域中体现人的主体价值。先生将周公突破殷人迷信鬼神之后的天命人心说视为“人文主义精神的曙光”即是明证，①先生对《左传》民本思想的深入探究，也与此密切相关。其二，在人际关系视域中体现人的目的性。先生多处阐释儒家的“仁”时，均强调“仁”就是把人当人看待。其三，在政治领域，强调民本与民心的重要性，关注民生，兴利避害，解除民瘼，皆为道德理性的体现。其四，道德理性具有历史性。先生认为：“道德理性本身也是有其历史性的。在西周初期曾经是合乎道德理性的制度，到了战国时期就不再是合乎历史理性的了。”②

先生重点探讨的是历史观层面或认识论层面的历史理性与道德理性的关系。至于说道德理性如何参与历史理性？先生有过一个判断：“所以中国人的历史经过了不同的发展

① 刘家和：《论历史理性在古代中国的发生》，《史苑学步：史学与理论探研》，北京大学出版社2019年版，第283页。

② 刘家和：《论历史理性在古代中国的发生》，《史苑学步：史学与理论探研》，北京大学出版社2019年版，第294页。

过程，但都是‘历史理性’占据主导地位。”[①]在先生观念中，道德理性如何伴随历史理性起作用？这个或许要从先生对“文化认同”的角度去讲：“中国的一个文化传统就是包容，而且是有德则有天下。”“西方文化与中国文化不同，中国文化有一个文化认同问题，始终有一个文化核心。”[②]这个文化核心维持了中国的大一统。应该说，这也是中国历史的变中之常。先生认为，中国历史进程始终是历史理性占据主导地位。历史理性体现于历史观层面，我们看到道德理性伴随历史变化而最终定型为中国传统文化的核心：包容与德政。相较于客观历史理性而言，历史观层面的历史理性，始终起着一种柔性但坚韧的引导力量。那么，客观的历史理性又究竟是怎样的呢？

先生讨论了两个历史阶段的变化：殷周之变和周秦之变。关于殷周之变，先生最常提及的就是周公的天命人心说，用道德理性来论证历史理性。真正的历史变化究竟是怎样的呢？先生认为，天命人心说终究是周公神道设教的产物，并不真正代表历史的真实情况：“周公作为伟大的政治家、思想家，以其历史理性与道德理性的并现打破了殷人迷信的天真；可是，由于时代的局限，他也是以为人的意志（坚持敬德）是能够决定历史的；他还没有也不可能认识历史的某种客观的必然性，因而显现了一种最初的理性的天真。”[③]很显然，先生认为历史存在某种客观的必然性或者必然趋势，单靠周公的道德理性是无法真正决定历史的。但是，殷周之变的客观历史过程，确实又伴随着某种道德理性的成分，这或许可以称为历史进步的因素：“殷人尊鬼神而轻人，为了向鬼神献祭或陪葬竟然可以用人为牲；关于这一点，孔子知道，现在考古学的成果也确实足以证明。”[④]因此，周公认为政治成败的关键不在于上天鬼神，而在于民心向背，由轻民到重民，实质就呼应了客观历史理性的演变而具有某种进步性。显然，先生会赞成从客观历史理性层面来看殷周之变是具有进步性的。究其本源，当一种毫无人道的统治引起天下人的反抗时，采取了更为人道统治策略的其他统治者就更容易取而代之，这样的结果就具有了某种客观必然性。

关于周秦之变，先生在不同时期的著述中总是不断提及。粗略统计，先生关于周秦之变的评价，应该不下十次。《“岂非天哉”的三重解读》《对于中国古典史学形成过程的思考》以及《丽泽忆往：刘家和口述史》均有提及。最典型者，在《〈史记〉与汉代经学》一文中，先生两次提到司马迁对秦朝功过的评价。他引《史记·六国年表序》的“秦取天下多暴，然世异变，成功大。传曰：法后王。何也？以其近己，而俗变相类，议卑而易行也。学者牵于所

① 刘家和：《理性与历史——中西古代思想的一点异同》，《史苑学步：史学与理论探研》，北京大学出版社 2019 年版，第 400 页。

② 刘家和口述，全根先、蒋重跃访问整理：《丽泽忆往：刘家和口述史》，商务印书馆 2021 年版，第 358、362 页。

③ 刘家和：《论历史理性在古代中国的发生》，《史苑学步：史学与理论探研》，北京大学出版社 2019 年版，第 284 页。

④ 刘家和：《从“三代”反思看历史意识的觉醒》，《史苑学步：史学与理论探研》，北京大学出版社 2019 年版，第 310 页。

闻,见秦在帝位日浅,不察其终始,因举而笑之,不敢道。此与以耳食无异,悲夫”为例,论证司马迁不同于董仲舒之处:司马迁认为秦朝一统天下虽然残暴,但是其功劳大也是不可否认的客观事实。同一篇文章中,先生论证司马迁的“天”的意涵时,再次结合秦朝兴亡教训来谈一个非常深刻的历史理性问题:

> 山东各国内部及各国之间的争权夺利,本来都为了营其私利,而结果在斗争中削弱了自己的力量并破坏了彼此间的团结,终于为秦的征服与兼并扫清了道路。为秦兼并扫清道路的本是山东六国之人的行为,怎能说是天呢?因为他们的本来目的不是为秦扫清道路,扫清道路是莫之为而为、莫之致而至的违反他们本来目的的客观后果,所以这就是天是命了。……秦本为维护自己的统治而不立诸侯,结果却为汉高帝的统一扫清了道路。这也是莫之为而为、莫之致而至的事,所以岂非天哉。司马迁所说的这种天,如果换用黑格尔的话来说,就叫作“理性”或“普遍的东西”。黑格尔说:“热情的特殊利益,和一个普通原则的活泼发展,所以是不可分离的:因为‘普遍的东西’是从那特殊的、决定的东西和它的否定所生的结果。特殊的东西同特殊的东西相互斗争,终于大家都有些损失。那个普遍的观念并不卷入对峙和斗争当中……它驱使热情去为它自己工作,热情从这种推动里发展了它的存在,因而热情受了损失,遭了祸殃——这可以叫做‘理性的狡计’(The Cunning of Reason)。”每一个个体或特殊者都在为自己的利益而热情地斗争着,而站在背后的普遍者、理性或天却假手于个体间的热情的斗争去实现天自己的计划,个体的自觉的努力却使其自身转变为天的不自觉的工具。①

先生认为,六国之亡在于六国自身的问题,秦之亡,也在于自身的问题。他们主观层面都不想接受这样的结果,但由于他们都为各自利益考虑,最终走向了自己愿望的反面:灭亡。先生进一步结合司马迁的“天”与黑格尔的“理性”,论证人类历史存在着一种不以人的主观意志为转移的客观必然性。在此历史进程中,每一个参与历史的人都成为历史目的的工具。先生对司马迁“天”的解读以及对秦朝兴亡教训的认识,带有浓厚的康德、黑格尔历史哲学的印记。先生讲康德历史哲学中的“历史蓝图”:“康德就把它展开了,人类要达到一个理想世界,康德提出来这样一个东西。历史不是有没有理性,它有两个合规律或者就叫合法则和合目的性。马克思主义接受了合规律性,就是一切事物的合规律性、目的性要分别对待。”②先生描绘黑格尔的“世界精神”:“历史画卷往后展开,后面一边展开,前面一边

① 刘家和:《〈史记〉与汉代经学》,《史苑学步:史学与理论探研》,北京大学出版社2019年版,第87—88页。
② 刘家和口述,全根先、蒋重跃访问整理:《丽泽忆往:刘家和口述史》,商务印书馆2021年版,第320页。

卷起来，这是黑格尔描述的‘世界精神’发展历程。”[①]康德与黑格尔的历史目的背后，都有上帝的影子。先生接受马克思主义的唯物史观，所以他强调社会历史发展的内在规律，强调以史为鉴。如果人类历史是一幅画卷，那就意味着每一个兢兢业业为自己谋利的个体都是完成画卷的工具。我们在先生的阐述中也隐约可见恩格斯提出的“历史合力论”的观念。

综上，根据先生的阐释，历史理性与道德理性的关系在中国历史进程中经历“正—反—合”三个阶段。其中，两个关节点最为重要，其一为商周鼎革，其二为周秦鼎革。商周鼎革以及周公的“以德配天”思想，初步实现了历史理性与道德理性的统一，也就意味着商周之际的历史演变进程蕴含着道德的意涵。所谓道德的意涵，乃是指这一时期的历史演变有利于天下百姓。周秦鼎革时期，历史理性与道德理性的关系总体呈现为由分而合的历史阶段，其在思想上的反映就是道家、法家及阴阳家历史观的无情化，同时也伴随儒家道德理性的绝对化。西周至春秋战国时期的历史进程，总体呈现由“治”而“乱”的特征。正是在此意义上，才能理解先生不断申说司马迁有关“秦取天下多暴，然世异变，成功大”的深刻用意。秦用武力灭东方六国并实现天下一统，其主观动机无疑与其统治利益密切相关，未必真心为天下人利益着想，战争过程也极其血腥和残暴，但其客观效果却“成功大”，结束了数百年的长期战乱而使天下人重新看到了和平稳定的希望，客观上也为汉代勃兴奠定了基础。无情的历史理性最终呈现出有情的道德理性，体现在思想领域，就是重新反思历史理性与道德理性如何合一的命题。

二、历史理性、道德理性与政治理性

刘家和先生有关历史理性与道德理性的深刻阐释，是一个尚未引起学界充分重视而又蕴含丰富智慧的“思想富矿”，值得我们认真挖掘与深入研究。就中国思想史研究而言，先生不断申说的历史理性与道德理性的关系将给我们带来巨大的理论启迪和思想冲击。沿着先生的逻辑继续往前探索，将有助于学界深刻理解中国思想史，对思想史研究领域长期分歧的一些观念和思路形成新的认识。

有两个重要问题需要提出来讨论。

第一个问题：历史理性与政治理性的关系究竟是怎样的？历史理性是整个历史进程中所有力量博弈出来的一种结果或趋势，超越人类个体的能力而自成逻辑，它是实际存在的但是又无法彻底把握。历史理性犹如老子之“道”般左右着历史演变进程。然而，历史理性往往与重大历史事件结合起来呈现自身的特征，却又提示我们，人类如何治理国家的政治

① 刘家和口述，全根先、蒋重跃访问整理：《丽泽忆往：刘家和口述史》，商务印书馆2021年版，第349页。

行为，将决定历史演进的走向。换言之，历史理性总是以国家治理的政治理性来呈现。无论是殷周鼎革还是周秦鼎革，政治领域是否恰当地运用政治理性都是关键。关于政治之于历史演进的重要性，达尔曾有精当分析："没有人完全处于某种政治体系以外的，不论他高兴与否。……政治乃是人类生存之不可避免的事实之一。人人都于某一时期，以某一方式，涉及某一种类的政治体系。倘若政治系不可避免的，政治之后果亦如此。这论调在从前可能被一笑置之，视为修辞的藻饰，但在今天确是一项骇人的、残忍的、显而易见的事实。因为人类究竟将被炸为烟尘与否，或政治的安排将可达成，使人类得以生存与否，现时正取决于政治及政客们。"①

何谓"政治理性"？有学者曾根据法国哲学家雷蒙·阿隆的政治哲学总结道："阿隆政治哲学的核心就是对政治理性的维护。他肯定人类自由地创造着自己的历史，但是又必须在世界给定的限度内来思考和行动。阿隆的政治理性就是使每个人都是有理性的，依据自己对历史有限性的认识，进行选择和行动，并承担其后果。采用阿隆形象化的说法，政治理性就是：'如果我处在部长的位置，我将如何去做？'"②也就是说，政治家必须充分运用政治理性来处理纷繁芜杂的政治事务，其中起决定作用的是政治效果和政治能力。对此，阿隆曾说："人们常常宣讲道德，即使手段违背道德，可只要它有效，为何不用？手段取决于世界的情况，取决于人。……一位新当权的君主即使渴望树立威望也不得不采取一些有损自己名声的措施，处心积虑地挑选替罪羊，对前统治家族的子孙赶尽杀绝，此类策略在今天和在当时人们都难以确定是该痛斥还是该赞扬。"③一位政治家在处理政治事务时必须有政治思维，以实现良好的政治效果。这种政治思维往往就是政治理性之运用，尤其是涉及"道德"原则时，政治家往往是有意识地利用而非完全遵从。按照政治思维以及政治理性的逻辑，权力与利益的动态博弈决定了重大历史事件的演进趋势，其最终结果在历史演进脉络中蕴含着历史理性。

政治理性之恰当运用，将在历史关节点上起到至关重要的作用。以殷周鼎革之际的西周为例，可以看到周文王、周武王以及周公其实都是了不起的"政治家"而非后世儒家叙事中的"道德圣人"④。作为政治家的政治思维以及由此体现的政治理性，才是西周强盛并取代商纣王统治的根本缘由。

周文王首先是一个深具政治谋略的政治家。《史记·周本纪》记载："崇侯虎谮西伯于

---

① 〔美〕罗伯特·A. 达尔：《现代政治分析》，淦克超译，（台北）世界书局1972年版，第1页。

② 陈喜贵：《维护政治理性：雷蒙·阿隆的政治哲学》，中央编译出版社2004年版，第4页。

③ 〔法〕雷蒙·阿隆：《论治史》，冯学俊、吴泓缈译，生活·读书·新知三联书店2003年版，第464页。

④ 按照马基雅维利和马克斯·韦伯的说法，即便是"道德圣人"，在从事政治实践时也必须按照政治的原则去做而非遵循道德的原则，因为政治的原则有时会必然地与道德原则相冲突。参阅宋洪兵：《一种新解读：论法家学说的政治视角与法治视角》，《中国人民大学学报》2022年第1期。

殷曰:‘西伯积善累德,诸侯皆向之,将不利于帝。’帝纣乃囚西伯羑里。”大邦殷实力雄厚,小邦周要想发展,就必须让自己足够强大,“积善累德,诸侯皆向之”,事实上就已经开启了政治力量发生变化的进程。商纣王不傻,明显感觉小邦周吸附诸侯的行为不利于自己的统治,于是对周文王进行了打击,囚西伯于羑里。周文王最终之所以能够平安无事,不是依靠行仁义,而是运用智谋的结果。《史记·周本纪》记载:“闳夭之徒患之,乃求有莘氏美女,骊戎之文马,有熊九驷,他奇怪物,因殷嬖臣费仲而献之纣。纣大说,曰:‘此一物足以释西伯,况其多乎!’乃赦西伯,赐之弓矢斧钺,使西伯得征伐。……西伯阴行善,诸侯皆来决平。”周文王先是运用智谋,靠取悦商纣王而得以保命,同时又悄悄地行善,“阴行善”,笼络天下诸侯,并且不被纣王察觉。《史记·齐太公世家》更交代了历史背后的逻辑,周文王之所以能够做大做强,原来是太公吕尚的权谋在起作用:“周西伯昌之脱羑里归,与吕尚阴谋修德以倾商政,其事多兵权与奇计,故后世之言兵及周之阴权皆宗太公为本谋。周西伯政平,及断虞芮之讼,而诗人称西伯受命曰文王。伐崇、密须、犬夷,大作丰邑。天下三分,其二归周者,太公之谋计居多。”周文王及其谋臣的政治谋略无疑是一种政治理性。至于周公,更是一位主张恰当运用政治权力来维护周王室统治的政治家。[①] 西周之所以能够最终取代商的统治,关键在于从周文王到周武王以及周公的时代,他们一直都秉持政治理性在正确地从事政治实践。在文武周公主导之下,小邦周与大邦殷的实力对比发生改变,最终周取而代之,实现了殷周鼎革。可见,历史理性与政治理性密切相关。

秦一统天下,乃是商鞅变法以来,“奋六世之余烈”的结果,其主要特征就是秦国历代国君采取了有效应对大争之世的政治思维,体现了强烈的政治理性,由此实力壮大,进而灭掉东方六国。商鞅变法以来秦国发生的巨大变化,《荀子·强国》总结道:“故四世有胜,非幸也,数也。”东方六国没能凝聚起来,各怀心思,最终被秦各个击破,苏洵《六国论》对此道理有详论。当然,这同时也与秦王嬴政、李斯等人当时的谋略有关。根据《史记·李斯列传》记载,李斯建议秦王嬴政确立起一统天下的雄心壮志之后,秦王嬴政就开始实施其一统大业。其具体做法除了军事征服之外,还包括结交天下名士,对于不服从者则暗杀之,以削弱六国的力量:“诸侯名士可下以财者,厚遗结之;不肯者,利剑刺之。离其君臣之计,秦王乃使其良将随其后。”《史记·六国年表序》说“秦取天下多暴”,是完全符合逻辑的。简言之,秦一统天下实质就是倚强凌弱的军事征服,其背后完全是赤裸裸的力量对比。周秦鼎革是历史理性,起决定作用的却是政治理性。

那么,秦亡汉兴这一历史理性又如何与政治理性关联呢?其实,贾谊和陆贾有关秦朝短祚的理论总结,实质就是指出秦朝一统天下之后,丧失了政治理性而导致王朝更迭。《史记·郦生陆贾列传》记载:

---

① 宋洪兵:《论荀子的“帝王之术”及其政治儒学特质》,《四川大学学报(哲学社会科学版)》2024 年第 1 期。

> 陆生时时前说称《诗》《书》。高帝骂之曰:“乃公居马上而得之,安事《诗》《书》!”陆生曰:“居马上得之,宁可以马上治之乎?且汤武逆取而以顺守之,文武并用,长久之术也。昔者吴王夫差、智伯极武而亡;秦任刑法不变,卒灭赵氏。乡使秦已并天下,行仁义,法先圣,陛下安得而有之?”高帝不怿而有惭色,乃谓陆生曰:“试为我著秦所以失天下,吾所以得之者何,及古成败之国。”陆生乃粗述存亡之征,凡著十二篇。每奏一篇,高帝未尝不称善,左右呼万岁,号其书曰《新语》。

陆贾“马上得天下”“马下治天下”“逆取而顺守”的观点已成中国政治文明之常识,但学界往往将此视为儒家观念的表达,然而仔细玩味,却能发现这些观念背后其实都隐含着一种“政治家”而非“道德家”的视角。秦亡在缺少政治德性还是缺少政治理性呢?通过“汤武逆取而以顺守之,文武并用,长久之术也”的表达来看,陆贾更多表达的是秦朝统治者缺乏政治理性,缺乏利用“行仁义,法先圣”的儒家观念来维护自己统治的政治理性。刘邦称善者,不在政治德性,而在利用仁义可以更好地实现统治的政治理性。贾谊《过秦论》中的“仁义不施而攻守之势异也”,恐怕也应作如是观。秦二世而亡,乃因其缺乏变通的政治理性。柳宗元《封建论》论及秦朝短祚教训所得出的“失在于政,不在于制”结论,也是指出秦朝统治者缺乏政治理性。

第二个问题:历史理性如何呈现道德的意涵并最终升华为道德理性?道德理性介入历史进程又是如何发挥作用的?按照刘家和先生的阐释,殷周鼎革之际的历史理性蕴含着人本和民心的观念,周公之所以能够提出“以德配天”观念,跟历史理性之中蕴含的道德理性密切相关。那么,历史理性为何会蕴含道德理性的因素呢?刘笑敢曾在研究老子思想时追问:老子之道不像宗教性的鬼神或上帝那样直接给人类提出如何行动的道德律令,那老子是否赞同规范与约束呢?他说:“没有最高道德引导和制约的世界会不会成为混乱不堪的无道德世界?会不会善有恶报,恶有善报,从而道德沦丧?”他认为老子的“天道无亲,常与善人”回答了这个问题:“老子相信,整个宇宙、世界、社会、人生的最高、最后的支配力量不是鬼神或上帝,也不是纯粹的道德原则或天理,但世界的存在所依循或体现的也绝不是毫无原则的混乱之道,不是弱肉强食的动物之道,不是完全没有是非、善恶的物理之道。道与天地体现的自然而然的秩序和人文自然的价值意味着人类社会的和谐,意味着人与宇宙万物的和谐。这种自然和谐的原则和状态,一方面为一切行为个体提供了相当的自由发展的空间,同时又意味着对行为个体任意的、自我扩张行为的间接的限制。”①老子的历史哲学体现了一种冷冰冰的历史理性,但其冷峻却可能在长时段的历史进程中呈现“物壮则老,不道早已”以及祸福相依的转换机制甚至惩罚机制。这种转换机制或惩罚机制在很大程度上是

① 刘笑敢:《老子古今》(上卷),中国社会科学出版社2006年版,第740页。

有利于社会和谐以及个人生存的，会呈现一种合乎道德理性的因素。

笔者以为，历史理性之所以会出现与道德理性合一的情况，关键是政治理性在起作用。一个理性的政治家，尽管总是关注自己的统治地位和统治利益，但是其权力和利益必须通过一定程度的百姓配合与合作才能实现。某种意义上讲，统治者与作为被统治者的百姓之间，存在一种互利共生的原初关系。因此，统治者必须意识到真正有利于统治的理性行为，是同时也给百姓带去利益。反映在观念领域，就是先秦诸子有关君—民或国—民关系的深刻阐释："在先秦诸子的观念中，个体和国家的关系就是互为目的和手段的关系，本质就是一种共生关系。二者在这种共生关系里面彼此不是对立的，而是希望各自在实现共同的理想也就是公天下的过程中，双方都可以有利益。统治者与服从者各得其利，形成一种动态的平衡与和谐。"①理性政治，在一定程度上必然会顾及天下百姓的利益，从而呈现出与道德理性合一的情况。归根结底，人类过着一种群居生活，具有"正义"内涵的互惠结构是群居生活得以维系的最基本原则。先秦时期关注的"民心"问题与统治者之"德"的问题，实为道德理性之具体呈现。

刘家和先生认为，就历史的理性而言，春秋战国时期是历史理性与道德理性相分离的阶段，故老子、韩非子及阴阳家的历史观皆表现出冷峻的色彩，是历史理性在思想观念中的体现。观念领域史学理性其实也呈现历史理性与道德理性的分离。道家、法家、阴阳家侧重历史理性，墨家、儒家则侧重道德理性。社会越是缺乏道德理性，部分思想家越是强调道德理性。儒家始终高扬道德理性。孟子甚至将殷周鼎革阐述为道德理性的胜利："仁人无敌于天下。以至仁伐至不仁，而何其血之流杵也？"（《孟子·尽心下》）这种思想现象耐人寻味。侧重历史理性的思想家，实质更为强调政治理性之重要性；侧重道德理性的思想家，则格外重视道德理性对政治理性的统摄与规范。该思路背后，其实隐含着"政治"与"思想"两种致思理路的深刻分歧。从"政治"的逻辑看，各种价值观念都必须在历史理性中得以理解，也就是说必须在各种力量的动态博弈中得以理解；从"思想"的逻辑看，各种价值观念都具有规范与指导意义，是判定"政治"是否正当的准绳，所以它不是"政治"的附庸，而是"政治"的规则制定者和监督者。理解这种基于历史理性与道德理性的思想分歧，对于厘清和判定现代思想史研究中的诸多争议具有极大的理论参考意义。实际上，唯有在"政治"与"思想"相互博弈、相互依存的视野中同时考虑历史理性与道德理性的因素，既看到无情的历史理性以及赤裸裸的利益博弈，又看到道德理性被统治者利用却又为权力运作设定一定道德边界的理论功能，才能真正走出一条思想史研究的新路。

最典型的一个例子是侯外庐等人与郭沫若有关墨子思想的定性问题。《墨子·尚同上》强调天子由有意志的"天"所立，但详考天子之所以产生的根本价值却在于息乱止争，为

---

① 宋洪兵：《浅议先秦诸子的共生智慧》，《光明日报》（国学版）2022 年 7 月 9 日。

人民谋利益:“夫明乎天下之所以乱者,生于无政长;是故选天下之贤可者,立以为天子。”对于墨家立君为民的政治主张,近人刘师培曾有详细阐述:“推《墨子》之旨,以为天者,爱民者也。其爱民也,无所不用其爱者也。人君承天命以治国,则亦当爱民。其爱民也,亦当无所不用其爱,无所不用其爱,即平等也。”[①]侯外庐等人曾从墨子“思想”层面或道德理性层面对君主制度存在前提做过深刻剖析:

> 有人怀疑墨子的政治论是开创专制主义的先声,这是误解。他的“一同天下之义”的理想,和等级的封建专制主义不相适合,毋宁说指一同于墨子的宗教观。因为墨子并没有把一般的天子规定为可效法的,而只假定一个被人民所选择的天子才可以效法,这一个天子又是墨子的主张之执行者。……如果君主没有被墨子的理想所限制,没有得到人民的同意,君主是可以被人民反对的。[②]

再看郭沫若对墨子及其思想的定位。他认为墨子肯定鬼神观点,这与孔子否认传统鬼神观念恰恰相反。而鬼神“有意志,有作为,主宰着自然界和人事界的一切”,郭沫若认定这是墨子思想的“一条脊梁”。[③] 郭沫若主张,墨子鬼神并非真正的鬼神,而是世俗帝王的投影,体现了大奴隶主的王权:

> 天老爷的存在是地上王的投影。大奴隶主成为地上的统制者,发挥着无上的王权,他为巩固这王权,使它成为“它布”,让人不敢侵犯,除掉有形的赏罚以支配人的肉体之外,还要造出无形的赏罚来支配人的精神。[④]

郭沫若将墨子的“天志”“明鬼”思想一概视为现实王权的投影,墨子强调鬼神的独尊,就是在主张王权的独尊。因此,他将墨子思想定性为“王公大人本位”或前文所提及的“帝王本位”。依据“人民本位”所具有的“人道主义”实质内涵,郭沫若判定墨子思想违背了“人道主义”的原则。他的“人民本位”或“人道主义”实际就是一种超越历史理性的道德理性。他从历史理性的角度将墨子所有的理想观念视为一种服务于君主统治的舆论。例如,他评论墨子的兼爱,重心不在人而在财产,“故他的劝人爱人,实等于劝人之爱牛马”[⑤]。“故

① 刘师培:《中国民约精义》,《国粹与西化:刘师培文选》,上海远东出版社1996年版,第24页。

② 侯外庐等:《中国思想通史》(第一卷),人民出版社1957年版,第214—215页。

③ 郭沫若:《孔墨的批判》,《十批判书》,《中国古代社会研究(外二种)》,河北教育出版社2000年版,第559—560页。

④ 郭沫若:《孔墨的批判》,《十批判书》,《中国古代社会研究(外二种)》,河北教育出版社2000年版,第560页。

⑤ 郭沫若:《孔墨的批判》,《十批判书》,《中国古代社会研究(外二种)》,河北教育出版社2000年版,第564页。

他这一套学说并不重在爱人,而是重在利己,不是由人道主义的演绎,而是向法治刑政的归纳。他之主张告密连坐,……后来为商鞅、申不害、韩非之流的法家所极端扩大了,那并不是没有理由的。”①他又评论《墨子·节用上》的“丈夫年二十毋敢不处家,女子年十五毋敢不事人”:“看来繁殖人口倒确是墨子的一项积极的经济政策。人民既是‘王公大人’的私有,使人民繁殖,也不过如使牛马繁息一样,尽管‘女子十五’便要‘事人’,未免有点不人道,他也顾不了那么多了。……人道不人道的标准是应该拿利己与利人及自愿与非自愿来判定的。”②又如他批评墨子没有“与民同乐”的思想:“他并不是站在万民的立场以度其利,而是站在‘王公大人’的立场以度其利。……结果只剩下一群牛马和一条鞭子。”③这也完全是依据“人道主义”的原则,指责墨子不把人当人,而把人当作干活的工具。然而,若按照郭沫若的思路,其所主张的“人民本位”或“人道主义”作为现代社会的一种道德理性,是否也可能在现代语境之下的历史理性面前沦为某种统治的工具?我们的后代在研究我们所处时代的时候,如果依据郭沫若的思维,是否也可能据此认定这种道德理性实质只是依附于历史理性的工具?

毫无疑问,墨子具有约束君权滥用的“思想”,尽管没有现实操作性,但这种观念本身一旦成为思想界以及社会的主流意见时,就会对统治者形成无形的压力并迫使其不得公开违背之。与此同时,“王公大人”的行事逻辑是政治理性,是如何做好事情并维护自己的利益,他们面临道德理性的舆论压力时,也只是利用这一观念来巩固和加强自己的统治,并在实际危害自己统治的行为方面,毫不犹豫地采用强力手段或非道德手段。如此,道德理性的理想性与历史理性的现实性,处于一种永恒的博弈状态。侯外庐也好,郭沫若也罢,其实都是各自强调了历史理性或道德理性的一个方面,将二者统合起来,才能真正进入墨子的思想世界。

刘家和先生提出的历史理性与道德理性的关系问题,对于中国思想史研究的方法论转换,确乎意义重大。历史理性自身可能会在某一阶段呈现出有利于人民利益的道德色彩,道德理性应运而生。寻求道德理性与历史理性合一的理论努力,构成了历代思想家的价值追求。当历史理性自成逻辑偏离道德理性时,道德理性总是孤悬高空,为世人注入希望与信念,同时也为服膺政治理性的统治者设定一个道德舞台,他们要么在舞台上进行合乎道德的表演,要么在幕后进行阴谋权术。总之,堂而皇之地背离道德理性的行为将成为众矢之的,将很快失去其统治正当性。道德理性就此参与到历史进程而成为历史理性的一部分,但整部人类历史终究是以历史理性为主轴的,道德理性只能部分参与,而不可决定历史

---

① 郭沫若:《孔墨的批判》,《十批判书》,《中国古代社会研究(外二种)》,河北教育出版社 2000 年版,第 566 页。

② 郭沫若:《孔墨的批判》,《十批判书》,《中国古代社会研究(外二种)》,河北教育出版社 2000 年版,第 567—568 页。

③ 郭沫若:《孔墨的批判》,《十批判书》,《中国古代社会研究(外二种)》,河北教育出版社 2000 年版,第 569 页。

演变的总体进行。就此而论，在人类历史进程之中，历史理性与道德理性并非完全等值，历史理性始终占据着主导地位。

三、历史理性、道德理性与治乱循环

刘家和先生认为，历史理性自成逻辑，每一个参与历史进程的个体热情地按照自己的愿望去生活和工作，但历史进程并不因此而成就个体的意愿，而是将每个个体的力量汇集到历史理性自身的蓝图之中。这不由得让人想起中国思想史乃至整部人类思想史念兹在兹的一个根本问题：治乱循环的问题。人类历史可以走出治乱循环吗？乐观的思想家或者历史学家总是愿意给出肯定的回答，福山甚至还在苏联解体之际直呼历史已经终结于提倡自由、民主的“资本主义”。如果人类可以完全主导自身命运并掌控历史进程，历史理性就不再具有其自成逻辑的特质而沦为人类实现美好生活的手段和工具。问题在于，人类可能超越自身局限而彻底走出治乱循环的历史吗？笔者对此是深表怀疑的。

历史理性在中国语境中常常体现为“道”“理”“时”“势”。韩非子曾描述了一个“道理世界”。在“道理世界”的时间纵向视野之内，物与事，皆处于流变之中，故有存亡、死生与盛衰之理。此即《韩非子·解老》所精辟阐释的道理：“夫物之一存一亡，乍死乍生，初盛而后衰者，不可谓常。”“而常者，无攸易，无定理，无定理非在于常所，是以不可道也。”换言之，“道理世界”唯有“道”为“常”，而“道”之“常”却是“变”，道的特性在于“以变为常”。这揭示出但凡人类所能理解所能经验的“事理世界”以及人类身边的“物理世界”，其实都是短暂的，始终处于变动不居的状态。万物与万事之变异，催生了人类的时间意识及历史意识。《韩非子·五蠹》讲“古今异俗，新故异备”。“上古”“中世”与“当今”的时代变迁，更凸显出时变的重要性。人类身处变动的“物理世界”与“事理世界”。身处历史之中的人类，懂得了“时”与“势”的重要性。《韩非子·心度》即强调法与治应随“时”转：“法与时转则治，治与世宜则有功。”《韩非子·难势》也接受“势治者，则不可乱；而势乱者，则不可治也”的“自然之势”。熊十力曾指出：“其实，韩子所谓势治不可乱与势乱不可治，此中‘势’字颇与后来陈同甫所谓‘天下大势之所趋，天地鬼神不能易也’之‘势’字意义相同。虽谓之自然，而实由群力交推成其如此。本非自然。”[①]“时”与“势”皆有多重内涵，但在“道理世界”的动态变化之中，“时”在根本上具有“时代”与“时机”的内涵；“势”则具有“趋势”“大势”的内涵。道

① 熊十力：《韩非子评论 与友人论张江陵》，上海书店出版社2007年版，第55页。

理时势,构成了"历史理性"的根本内涵。[①]

按照刘家和先生的理解,"历史理性"具有自己演变的逻辑,每一个个体往往成为历史实现自身目的的工具。一言以蔽之曰:人类不足以主宰历史。那么,"以史为鉴"并不意味着人类可以被称为历史的主人。赵汀阳也曾认为历史之道并非成功之道:

> 既然历史之道不是自然规律,人就不可能拥有关于历史的普遍必然知识,然而,历史之道是天道与人道的交汇之道,交汇点就是启示点,交汇的时刻就是透露秘密的时刻。但能够透露的历史之道不可能是如何创造未来的因果关系,即如果做 a 就必定获得 b 的必然之理,也就是人们最渴望知道的所谓"成功之道"。假如上天可以透露预定未来之理,那么人类就无须劳心费力进行反思了。[②]

按照赵汀阳的说法,由于人类无法从历史中寻找到成功之道,于是历史存在的价值就变成了面向未来的一种精神塑造。

从上述论证不难得出如下结论:以道理时势为本质内涵的"历史理性"是人类历史难以逃脱的神圣力量,具有"神"一般的权威性。"历史理性"真实地存在于人类历史,并不具有超验的人格神或绝对力量那样的属性,但是它又与经验生活全然不同,看不见摸不着,却始终制约着人类历史的演变。人类必须敬畏历史之力,否则就将受到历史的无情惩罚。敬畏历史之力,就是统治者要懂得节制,切忌非理性的蛮干或自以为是的狂傲。

然而,在"道理世界"中,依然存在着一种变中求常的执着追求。人类可以从历史演变的内在脉络中把握时代潮流和时代精神,从而踏准历史的时代节奏,最终实现天下大治。这就涉及一个根本问题:人类可以从历史脉络中准确定位"当今"从而有效应对吗?《韩非子·诡使》称:"圣人之所以为治道者三:一曰利,二曰威,三曰名。夫利者所以得民也,威者所以行令也,名者上下之所同道也。非此三者,虽有不急矣。今利非无有也而民不化,上威非不存也而下不听从,官非无法也而治不当名。三者非不存也,而世一治一乱者何也?夫上之所贵与其所以为治相反也。"韩非子从治国措施的落实与否层面考虑治乱问题,治国措施出了问题,其实根本上还是作为统治者的"人"出了问题。《韩非子·难势》追求治多乱少——"千世治而一乱",最终落脚点也在于是否有"人"重视"抱法处势"。《韩非子·五蠹》"世异则事异""事异则备变"的观念即来源于此。韩非子认为,人类社会的变动构成了

---

① 道理时势在中国历史上并非韩非子的专属主张,很多经典与思想家皆对此问题有涉及。"时"与"势"也因此体现出多重内涵。参阅瞿林东:《天人古今与时势理道:中国古代历史观念的几个重要问题》,《史学史研究》2007 年第 2 期。

② 赵汀阳:《历史·山水·渔樵》,生活·读书·新知三联书店 2019 年版,第 63 页。

历史序列，但历史序列背后却存在着一种基于“当今”判断而做出准确应对的解决方案。

问题在于，既然历史大势自有超越人类能力的内在逻辑，有限的人类如何把握历史之常进而趋治避乱？人类文明之所以能够由蛮荒时代逐渐走向文明，关键在于反映社会基本诉求的观念河床一点点抬升，而观念河床的本质，恰恰源自各种有利于弱者的观念发明并得以广泛认同。在此，我们看到了“道德理性”。可以说，人类如果没有“道德理性”，就无法真正有文明的进步和统治方式的改进，也不可能有今日世界的生活方式。我们应该清楚的一点是，各种版本的观念故事所体现的道德理性，必须汇聚成为社会力量并参与权力博弈，方能成为历史进步的动力。赵鼎新曾提出一种“历史变迁理论”，该理论认为：“竞争与竞争结果的制度化（institutionalization）的辩证性互动是历史变迁的主要动力。”①这种有关历史变迁的理论，完全符合历史大势分析。人类历史的基本脉络可以从统治者向被统治者逐渐让步而呈现为如下特征：早期人类匍匐在神秘力量之下，统治者就是神秘力量在世俗社会的代言人，被统治者只有服从；随着政权更迭，“以德配天”以及“天视自我民视，天听自我民听”的观念进而产生了，“民”以及“民心”在政治领域的重要性空前凸显；民享、民有、民治的观念，则进一步将民的政治参与和政治正当性的依据置于政治的基础性地位。人类文明的历史演进观念，总体上是向着有利于“民”的方向呈现的，与此同时，观念盛行的结果参与政治博弈，倒逼统治者改变统治策略而有所让步，让步的制度化便成为新一阶段历史的重要特征。刘家和先生曾据此认为“得民心者得天下”的观念“凡国家政权存在的历史时期皆可适用”②。某一历史阶段的“民心所向”即是历史变中之常。谁能把握好某一历史阶段的民心，谁就能把握历史大势，踏准历史大势的节奏而成为历史神秘力量垂青的幸运者。尽管人类历史大势的总体趋向是朝着有利于人民的一面去发展的，但始终在统治精英或统治集团与人民之间的博弈并达成动态平衡基础之上进行。一旦“人民”越过统治精英或统治集团，将会带来过犹不及的负面效果。换言之，人类社会的秩序稳定，始终离不开政治精英或政治集团的作用。

人类历史总是处于治乱循环之中，永远的治或乱，皆是不切实际的幻想。归根结底，人类的问题只能依靠人类自己来解决，而人类却因人性不完美而无法真正实现永恒的和谐。治与乱的交替出现，不仅会是人类曾经的历史现象，而且也必将是人类未来时代必然出现的现象。历史治乱更迭，呈现出一种混杂的样态。然而，在此混杂样态之中，始终存在一只看不见的手或超越人类自身把控能力的力量。人类历史有一只看不见的手在左右着社会的治乱循环。这只看不见的手，就是“历史理性”自身。治乱循环围绕着这只手上下波动。治乱分界线以是否得民心为标准。人类历史的治乱循环充满了运气与偶然，时代的“圣

---

① 赵鼎新：《儒法国家：中国历史新论》，徐峰、巨桐译，浙江大学出版社 2022 年版，第 30 页。

② 刘家和：《关于“以史为鉴”的对话》，《史苑学步：史学与理论探研》，北京大学出版社 2019 年版，第 260 页。

人”，永远是人类社会避乱趋治的重要因素。因为，真正的“圣人”才能立足“当今”，踏准时代节奏。然而，吊诡的是，究竟是“圣人”还是“罪人”，往往又是事后才能知晓。“不识庐山真面目，只缘身在此山中”，这是一个历史困境。身处“当今”，很难判断出“圣人”或“罪人”。正是在此意义上，历史具有了偶然性，但是历史时势却会以自身逻辑去呈现其必然性，①只不过这种“必然性”只对回望历史的人有意义，而对于身处历史之中的人而言，顶多只是一种选项而已。

面对历史大势的力量，人类并非只能听命于历史命运的安排。当《韩非子・难势》在讲“势治者不可乱”“势乱者不可治”时，呈现的是一种大势所趋、人力无所作为的历史大势，起决定性作用的关键因素在于政治，尤其在于统治者的能力。尧舜是无可争议的圣人。在“道理政治”的视野中，圣人之为圣人，不仅仅在于德性的修养，更在于眼光、胆识等政治能力。如果人类社会拥有这样的圣人，他在纷繁芜杂、众声喧哗的历史关头，总是会看清历史趋势，做出正确选择，从而运用政治权力的强大影响力带领社会实现天下大治，此即“势治”：拥有真正的圣人，注定会天下大治，这无疑是人类社会之福。桀纣则是公认的暴君。暴君之暴，亦不仅仅在于德性，而在于其行使权力的非理性，由此带来天下大乱，此即“势乱者不可治”：如果执政者是愚昧的、短视的、非理性的，在强大政治权力的作用之下，势必天下大乱，这无疑是人类社会之祸。“势治”可遇不可求，因为人类无法保证始终拥有一个尧舜般的理想统治者；“势乱”的可能性无法消除，但是也并不意味着没有尧舜般的理想统治者就必然会归于桀纣般的暴君。“势治”与“势乱”的逻辑都排除了人类主观努力的因素，带有必然性或者宿命论色彩。同时，“势治”与“势乱”的背后，本质上是社会力量对比呈现为有利于统治者与否的较量。所谓“势治”意味着尧舜般人物的存在，同时也意味着尧舜般人物代表着力量对比的优势力量，所谓“势乱”则意味着桀纣般人物的存在，同时也意味着桀纣般人物代表着力量对比的劣势力量。晚清统治者想力挽狂澜避免覆亡，但终究失去了优势力量的支持，所以做得越多，亡得越快。②

人类可以自己拯救自己吗？唯有人类能够拯救自己。“人设之势”即是人类拯救自己的方式。人类历史固然在某种特定语境之下可以具有某种必然性，人力无可干预；但是，人类历史在尚未进入“必然”通道之前，实则敞开着多种可能性。人类能做的就是在历史大势尚未步入无可挽回的必然趋势之前有所作为，进而在更长历史时段内维持社会的总体稳定与发展，此即“千世治而一乱”的理念，也是韩非子“人设之势”的根本内涵。此时，遵循“道理政治”的逻辑，怀着对历史伟力的敬畏之心，按照法术势的“必然之理”去思考政治问题就

① 北京师范大学历史学院杨共乐教授在与笔者探讨这个问题时曾有一个形象的说法：“我们无法确切地断定明天究竟怎么样，但是明天一定会来。”

② 参阅罗志田：《革命的形成：清季十年的转折》，商务印书馆 2021 年版。

显得尤为重要。章太炎曾说历史是“家谱”和“棋谱”。① 作为“家谱”之历史可以让政治家知晓家底及其来龙去脉,作为“棋谱”的历史虽不会教政治家如何面对现实去治国,但是会让政治家在决断时具备更多政治智慧。正是在此意义上可以说,“中国传统史学是一门治国之学”②。饶是如此,人类也不能彻底消除治乱循环,而是尽量处理好人类事务,维持更多更久的“治”,让“乱”更少更短。韩非子设想的治多乱少的最主要途径就是尽力减少政治的主观性与随意性,增强政治的客观性与稳定性,也即他所说的“抱法处势”。如果能够做到政治的客观性与稳定性,就算遇到“中主”,也不至于落入“势乱”的必然性通道,由此实现一种“势治”与“势乱”之外的第三种可能性——“人设之势”,尽量让历史演变的趋势不落入人力所不能为的必然性之中。

综上所述,历史理性、道德理性与治乱循环蕴含着丰富的历史哲学智慧:其一,历史理性由无数纷繁芜杂的社会力量博弈而成,蕴含着一种非人力所能控制的神秘力量,既是客观存在又无从切实把握,仿佛一只看不见的手在左右着人类的兴衰治乱。其二,人类在历史大势之中,并不能真切地把握历史之常而实现永恒之治,历史伟力之存在,迫使统治者及统治集团为了维持其统治足够长久,必须自我克制,必须让步,否则必将受到历史伟力的惩罚。在“祛魅”的现代社会,并不存在真正的神或者上帝来伸张正义、惩罚统治者的非理性行为,但是人类的历史伟力却又实实在在起着矫正胡作非为、惩罚各种滥用权力之行为的作用,从而使得统治者的权力得到缓慢而有限的驯服,最终朝着有利于社会公共利益、普通百姓利益的趋势去演变。其三,社会力量的冲突与博弈,是社会演变的根本动力,“势治”与“势乱”既与统治者能力密切相关,同时也与统治者是否代表着优势力量并切实把控局面密切相关,“民心”以及体现“民心”的观念、“民利”等道德理性相对于赤裸裸的权力控制而言,更为根本更为彻底。“人设之势”起作用的范围,集中在社会优势力量处于摇摆变动期间,谁能赢得优势力量,谁就能占据历史主动。占据历史主动的因素包括:“民心”以及体现“民心”的观念、“民利”、对抗非理性的制度客观化、统治者应对时代变化的眼界与能力、政治集团内部的权力稳定等。因此,所谓变中之常,便是“民心”、“民利”、法治、统治能力。“人设之势”必须由统治者及统治集团根据时代特征做出有效应对来实现。

结　语

刘家和先生的学术思想贯通古今中西,兼涉印度,涵盖了轴心时代的三大文明,卓然成

---

① 章太炎:《论今日切要之学》,《章太炎全集》演讲集(上),上海人民出版社2015年版,第417—422页。

② 杨共乐:《中国传统史学是一门治国之学:以古代中西史学比较为视角》,《史学理论研究》2015年第3期。

家,予人启迪。先生有关历史理性与道德理性关系的阐述,表明他不仅是历史学家,更是一位见解深刻的思想家。当代中国的思想史研究欲在前人基础之上有所突破,必得有理论更新及思想创造才有实现之可能性。历史理性牵涉政治理性,道德理性既能独立又可以参与历史进程而成为历史理性的一部分,这些思路对于我们在思想史研究领域所习见的各种争论,都有极大的启发意义。当我们研究思想史而想着为人类走出治乱循环出谋划策时,历史理性的逻辑又告诉我们,时刻保持谦卑以及对历史理性的敬畏,或许才是我们最佳的应对方式。思想家既不应妄自菲薄,也不应夸大思想或价值的功能,因为,真正主导人类历史进程的,始终是人类无法完全把握的历史理性。

论古代希腊与中国史家历史理性的差异
——以希罗多德和司马迁为讨论中心

吴晓群

摘要 刘家和先生在《理性的结构:比较中西思维的根本异同》一文中指出:"理性结构不同是中西思维不同的根本原因。"受此启发,本文以西方的历史之父希罗多德与中国通史开创者司马迁作为具体讨论对象,从材料、方法和问题意识三个方面展开,认为他们的历史书写奠定了两种不同历史理性的范式,也反映出他们各自文明的高度和特征。对于这二人的考察,不仅可以揭示他们自身的相似性和差异性,还有助于理解东西方不同的著史传统、史学思维方式以及文化路径。

关键词 历史理性　历史书写　希罗多德　司马迁

引子　听刘家和先生讲中西理性结构的不同

刘家和先生的《理性的结构:比较中西思维的根本异同》一文发表于2020年第3期《北京师范大学学报(社会科学版)》,在当年12月底北师大的史学史年会上,我曾向先生请教其中不懂的地方,先生当面给予了指导。但我生性愚钝,且对中外二分法的内在差异始终理解得不够深透。顾及先生年迈,不敢过多纠缠,此事也就放下了。2021—2022年仍处于疫情之中,且听闻北师大的老师提及先生的身体不是太好,之后师母又不幸过世了,故而在这一年多的时间里始终不敢打扰先生,却不想先生仍未忘记我当时的迷茫之状,时隔近两年,在2022年年末,刘先生两次亲自打电话给我,提点于晚生后学。

两次电话与过往和先生的通话一样,几句寒暄之后就直奔学术主题,我听先生答疑解

作者简介　复旦大学历史系教授,历史学博士,研究方向为西方史学史、古代希腊史。

基金项目　国家社会科学基金中国历史研究院重大历史问题研究专项"西方历史理论发展史"(22VLS016)的阶段性成果。

惑。每次电话过后，我都感慨于先生思路的敏捷与深刻，且通常在一个小时左右的时间里，刘先生几乎没有什么重复的话。通常，这对于一个已是耄耋之年的老人来说基本上是不可能的，但对以学术为志业、以思辨为日常的刘先生而言，应该就是他的常态吧。由此，先生也成了学术延年、思想益寿的典范。听先生侃侃而论，兴致颇高，每次要不是护工不断过来提醒先生需要休息了，恐怕我们的谈话还会进行下去。

据两次听讲的笔记，刘先生主要是为了说明中西理性思维不同而谈及二分法的问题。先生说，人类对世界的认识都是从二分法开始的，由此混沌之中就分出了光明与黑暗，但怎么分法，中西的思维方式却不尽相同。西方的二分法是除外法，它是数学的基础，这很了不起，可用于逻辑的、科学的分析，但它是不能动的，因其不可改变，故而西方的同一律和矛盾律讲的"是"就是"是"，"非"就是"非"。运用于现实之中，就是你输我就赢，你赢我就输，由此只能产生出零和博弈的思维方式。而中国是阴阳二分法，是互补的，并非一分为二，却是阴抱着阳，阳抱着阴。从太极图可形象地看到，阳中有阴的眼，阴中也有阳的眼，没有纯粹的阴和阳，黑白之间还有不少中间色。阴阳相拥互抱、相互推动、相互转化，如此就形成了历史的运动。因此，中国人思考问题往往从实际出发，而非纯粹从概念出发。可见，中国的思维方式是经验主义的，西方的思维方式则是理性主义的。

对此，刘先生早在上述的论文中就做过深入的讨论，他在文中分三个部分加以分析，并明确指出："逻辑理性主宰了西方的思维，历史理性引领了中国的思维。这种理性结构的不同是中西思维不同的根本原因所在。中西文明之别，关键也就在于理性结构的不同。"[①]实际上，刘先生对于中西理性问题的关注早在21世纪之初就有系统的表述，如2003年在中国人民大学举行的"中西历史比较研究学术论坛"上的发言中，先生首先对"reason"一词从拉丁文的词源"ratio"开始，做了词源学上的追溯和辨义，接着追问："理性是不是只有逻辑论证一途，还有没有其他的论证途径呢?"然后，先生再从概念辨析和历史实践两个方向加以讨论，最终归纳出古希腊史学带有实质主义的倾向而古代中国的史学则有着反实质主义的特征之论点。[②] 可以说，刘先生对理性问题的关注由来已久，据先生自述，他自青年学生时代始，从对中国传统文化的深厚兴趣，到接触西方文化时产生的"新鲜感"，再到对黑格尔哲学的学习与批判，其间贯穿了几十年求学与治史的漫长过程。[③] 尤其是刘先生对黑格尔曲解中国历史所进行的回应和驳斥，在学界获高度评价，有多位学者都曾做过或细致入微的梳理或概括性的总结，[④]在此就不赘述了。

---

① 刘家和：《理性的结构：比较中西思维的根本异同》，《北京师范大学学报（社会科学版）》2020年第3期。

② 刘家和：《理性与历史——中西古代思想的一点异同》，载刘家和：《史苑学步：史学与理论探研》，北京大学出版社2019年版，第396—401页。

③ 刘家和：《史苑学步：史学与理论探研》，北京大学出版社2019年版，序，第11—14页。

④ 参见张广智、王树人、郭小凌、赵轶峰、邹兆辰、蒋重跃、于殿利、刘林海、王成军、王大庆等先生的相关论述。

笔者更为关心的是:这种中西思维的不同在历史书写中会有着怎样的具体差异和表现?对此,刘先生也在早先的论著中有所概述,他说:“在世界诸文明古国中,史学最发达者,当推中国和希腊。古代中国和希腊的历史学家都在治史求真的方法上有相当高度的自觉和自律。这当然是一种历史理性的表现。在这一方面,古代希腊人由于受哲学上的实质主义的影响,以为真理只能从永恒、静止的存在中去把握,而历史变动不居,不能使人产生知识,仅能使人产生意见,故与理性无缘。古代中国人在这一点上恰恰与希腊人相反,以为真理只能从变化、运动的存在中去把握。”[①]这是两种不同的思路,很值得研究。

受刘先生理论思考的启发,笔者想将这一“值得研究”的议题以个案考察的方式呈现出来,就算是为先生的哲思提供一个小小的注释吧,也是将理论学习的心得运用于具体研究的一次实操。于是,本文将西方的历史之父希罗多德与中国史学的集大成者司马迁作为研究对象。之所以选择这两位史家,一方面,笔者所要讨论的历史理性,是指中希两位史家在其历史著述中通过人类以往经验探究事物之所以然之自觉。对此,刘先生早有明晰的划分,按先生对历史理性所做的区分,“历史理性(historical reason)实际也就包括历史(作为客观过程)的理性(the reason of history)和史学(作为研究过程)的理性(the reason of historiography),简易言之,就是探究历史过程的所以然或道理和探究历史研究过程的所以然或道理”[②]。由此,笔者也就明确了要讨论的是先生所指的后者,即“史学的理性”。另一方面,选择希罗多德与司马迁来比较研究他们历史著述中不同的理性表现方式,当然不是因为他们是处于相同或相近时代的史家。事实上,他们生活的年代相差了三百多年。希罗多德生活在公元前5世纪中后期的希腊古典时代,司马迁则生活在公元前2世纪末的中国西汉时期。但是,他们两人都分别被认为是西方史学与中国史学的开创者,对于各自所代表的史学在之后的发展起到重要的作用。而且,他们不仅历史书写方式呈现出不同的关注点和风格,其历史著述更是明显地代表了两种不同的历史理性。因此,对于这二人的考察,不仅有助于理解东西方不同的著史传统和问题意识,也可由此以具体史家及其历史书写的方式和思想为线索,思考其背后不同的历史思维方式甚至文明发展路径。

一、口传的材料与文献的考辨

历史学家选用和组织材料的方式既反映了他们的思想观念,实际上也是在向读者推荐某种阅读的策略,因此这本身就富有意义,是值得深入探讨的。

---

① 刘家和:《论历史理性在古代中国的发生》,《史学理论研究》2003年第2期。

② 刘家和:《论历史理性在古代中国的发生》,《史学理论研究》2003年第2期。

现代学者普遍认为,希罗多德《历史》中的许多资料都来自口传的资料。[①] 事实上,在他之前,希腊还没有真正意义上专供阅读而进行写作的作家。希腊人传播知识、讨论事务的主要方式仍然沿袭了荷马以来的口述传统,[②]只有重要的法令才会被刻在市政广场的石柱上。神庙的祭司虽然也会对一些有关于神的重大活动加以记载,但通常都很简要,而从埃及进口的纸草又较昂贵,不可能大批量地使用,所以,当时人们对于书籍的使用与传播并不广泛。据研究,直到公元前5世纪中后期,希腊世界才出现书籍买卖的现象。[③]

希罗多德生活在这样一种口述文化背景中,他撰史的绝大多数依据当然也就只能是耳闻或目睹的资料。也就是说,他只能通过亲历事件者的直接记忆和口口相传的记忆,或者是自己的观察来获取史料。当然,由于口述的传说充满了事实上的错误和细节的省略,所以,要从中构建真实的叙述,面临的困难是可想而知的。然而,他的记载,除民族主义的夸张、偶尔的事实上的错误外,基本上都被证明是真实可靠的。莫米利亚诺曾这样评价希罗多德:"我们必须承认,如果要我们依照希罗多德的方法撰写一部成功的历史,我们也许会绝望地摇头。无论我们依照什么样的标准,希罗多德在周游世界和处理口述资料上的成功都是一种例外——直到今天我们仍然不能对此做出完整的解释。他的创作方法依然是不解之谜。"[④]

我们以为,他的"创作方法"的一个重要依据即"公众记忆"。这里的"公众记忆"是指希腊人共同的记忆,也即共同体的传统。因为记忆不仅是一种生理功能,而且还具有社会功能,社会环境和共同体内部成员的相互作用是记忆的重要因素,并在时间和空间里对集体记忆起到某种调整的作用。由此,我们把希罗多德进行的历史书写称之为"记忆史学"。[⑤] 这种记忆当然不是纯粹个人的记忆,而是一种集体记忆。法国社会学家哈布瓦赫说:"一旦一个回忆再现了一个集体知觉,它本身就只可能是集体性的了;对于个体来说,仅

---

① 相关的代表性著作有〔意〕阿纳尔多·莫米利亚诺:《历史学研究》,王晨译,北京大学出版社2020年版;John Van Seters, *In Search of History: Historiography in the Ancient World and the Origins of Biblical History*, New Haven: Yale University Press, 1983; M. Lang, *Herodotean Narrative and Discourse*, Massachusetts: Harvard University Press, 1984; Rosalind Thomas, *Literacy and Orality in Ancient Greece*, Cambridge: Cambridge University Press, 1992; Oswyn Murray, "Herodotus and Oral History", in Nino Luraghi ed., *Historian's Craft in the Age of Herodotus*, Oxford: Oxford University Press, 2001, pp. 16-44; E. A. S. Evans, "Oral Tradition in Herodotus", in Rosaria V. Munson ed., *Herodotus. Volume 1, Herodotus and the Narrative of the Past*, Oxford: Oxford University Press, 2013, pp. 113-123。

② 关于古代希腊口述传统与历史、记忆的关系及其影响,主要可参见 M. I. Finley, "Myth, Memory, and History", *History and Theory*, Vol. 4, No. 3, 1965, pp. 281-302;〔意〕阿纳尔多·莫米利亚诺:《历史学研究》,王晨译,北京大学出版社2020年版,第276—286页;Arnaldo Momigliano, *Essays in Ancient and Modern Historiography*, Oxford: Oxford University Press, 1977。

③ 参见 L. D. Reynolds and N. G. Wilson, *Scribes and Scholars: A Guide to the Transmission of Greek and Latin Literature*, Oxford: Clarenden Press, 1991, p. 2。

④ 〔意〕阿纳尔多·莫米利亚诺:《历史学研究》,王晨译,北京大学出版社2020年版,第166—168页。

⑤ 约翰·卢卡奇将历史定义为"被记忆的过去",这一界定对古代希腊的历史学是最恰当不过的。参见 John Lukacs, *Historical Consciousness: The Remembered Past*, New York: Harper & Row, 1968。

仅凭借他自身的力量，是不可能重新再现他以前再现的东西的，除非他诉之于所在群体的思想。”①那么，希罗多德的《历史》便应该是对城邦时代希腊人公共记忆的记录和反映。因此，有学者指出：“对于‘历史学家是在向谁诉说’，古代史学家的回答是：为了使得自己认为不仅值得提起而且还应记住的一系列事实免于被遗忘，他在向他的公民同胞们讲述历史。这样，历史学家就像史诗作者一样使得公民和遥远的重大事件从遗忘中摆脱了出来，这是通过使得它们成为记忆的对象而完成的。”②

作为一种“记忆史学”，公众记忆是其素材来源，也是最终的服务对象。希腊人的历史从口传的、公众的记忆中而非档案资料中脱胎，这些故事能够存在并且流传于世、成为历史记忆的前提是被听众广泛接受。施林普顿认为，“在古希腊，判断历史事实是共同体的权利，从未被赋予个人。研究者个人从未被赋予合法性”③。因此，史家在进行创作时受到共同体的制约，他们的“探究”（historia）必须在公众记忆的框架内进行。与此同时，历史创作所面向的公众也会反过来强化其可信度。

因此，史家的历史书写必须在公众接受的范围之内，但记忆史学的逻辑并不会扼杀史家进行独立探究和批判的空间，相反，使自己的作品成为泛希腊“真理”的奖赏就像成为奥林匹亚赛会冠军的殊荣一样，促使史家在公众接受的框架内与同行竞逐，推动公元前 5 世纪到公元前 4 世纪的希腊史学从萌芽不断趋于成熟。④

与古希腊不同，中国古代有着官修史书的传统，再加上司马迁本人就担任着太史令这样的史官，他掌握着以往众多史官所作的史书及大量文献材料，因此，“史记”这个词从字面上理解，可解读为“史料记载”或“史官的记录”。⑤ 事实上，关于材料的处理，据金德建统计，司马迁的参考书目有 80 多种文献，其中还不包括数量巨大的回忆录、敕令、碑刻等资料，以及经过他自己调查所做的笔录。⑥ 而张大可则认为，“载于《史记》书中的司马迁所见书，总计 102 种，其中六经及训解书 23 种，诸子百家书 52 种，古今历史书及汉室档案 20 种，文学书 7 种。这仅是司马迁在评论中因事涉及论列某书就有这么多，至于未加评论和征引的书，更不在少数”⑦。由此，《史记》这部 130 篇的巨著可以说是对过往及其史家同时代已有历史记录的集大成之作。

因为司马迁撰史所涉及的史料十分广博，为了完成这一艰巨的任务，他极力想发展出

---

① 〔法〕莫里斯·哈布瓦赫：《论集体记忆》，毕然、郭金华译，上海人民出版社 2002 年版，第 284 页。

② 〔西〕乔斯·巴雷拉：《创造历史与讲述历史》，杨小辉译，载陈启能主编：《书写历史》第 1 辑，上海三联书店 2004 年版，第 44—58 页。

③ G. S. Shrimpton, *History and Memory in Ancient Greece*, Montreal: McGill-Queen's University Press, 1997, p. 26.

④ 具体从口述传统、集体记忆等方面的论述可参见拙文：《公众记忆与口述传统——再论〈历史〉真实性问题》，《新史学》（台北）第 21 卷第 2 期，2010 年。

⑤ 〔日〕川胜义雄：《中国人的历史意识》，李天蛟译，四川人民出版社 2022 年版，第 11—12 页。

⑥ 学界公认，对司马迁文献来源最全面的研究是金德建：《司马迁所见书考》，上海人民出版社 1963 年版。

⑦ 张大可：《史记研究》，甘肃人民出版社 1985 年版，第 21 页。

一套批判性的史料运用方法，他自己就曾说过："夫学者载籍极博，犹考信于六艺。"（《史记·伯夷列传》）可以说，司马迁是"把经文、异传和杂语所述史实融为一体，在时间和空间上定位，表现了它们的联系，从而展现了在经传和诸子书中均未出现的历史内容。他撰写历史，并非为了对经文作出解释，而是要重构已逝去的历史。这一历史的建构，不是依靠经文，而是依靠司马迁自己对包括经文在内的文献的考信，以及对文献所作的综合、判断和推理而完成的"①。换言之，其中既有对众人皆知的可靠文献的比较，也有通过个人观察的确证，最终，只有他认定为可信赖的材料才会被使用。这一历史批判思维和历史考据学之方法论的运用，贯穿于《史记》全书之中。

当然，作为早期的文献史学，《史记》必然有其不足之处，宋人郑樵早就注意到了其取材不广的问题，并给出了批判性的评价："当迁之时，挟书之律初除，得书之路未广，亘三千年之史籍，而局蹐于七八种书，所可为迁恨者，博不足也。"②郑樵的这一批评虽有一定道理，但也有些失之轻率，因为早在惠帝四年（公元前 191 年）"挟书律"就被废除了，到汉武帝初年已历时 50 余年，许多之前散失的书籍又再次出现，因此如前所述司马迁所用史料之来源肯定远不止七八种书。

总之，司马迁第一次汇总古今典籍，在集纳古籍、保存文献，辑佚古书、辨别真伪的基础上，对古文献采取考信的态度，既以实地调查考信文献，也在对文献进行互考时，保持"多闻阙疑"的态度，还进一步创立了以文献为基础的目录学，以方便检索，从而体现了重视"辨章学术，考镜源流"的目的，创造了纪传体通史，由此奠定了中国史学的独立地位。从编纂方法上看，史记五体容纳了大量的历史素材，开拓出广阔的史学研究范畴。

综上，两位史家材料使用的不同，意味着对历史不同的理解维度。毕竟，记忆史学与文献史学遵循着两种截然不同的逻辑。前者"起源于它所反映的环境与生活方式"，从公众对某一历史事件的基本理解出发，用史家的采访和修辞组织起一套与之适配的、细节丰富的叙事。后者则建立在文字资料的基础上，史家通过分析与批判的方法从文献、档案和其他庞杂的细节中梳理出一套最接近历史事实的叙事。

希罗多德以眼见耳闻为主的探究方式，很大程度上依赖目击证人的切身感受。正是由于希罗多德所写的内容有些是从直接经历其事的人那里了解来的，有些则是史家亲身经历的，黑格尔将这种历史称之为"原始的历史"，这种历史也就是当代史。③ 刘家和先生说："这种方法有助于第一手材料的运用和记载的真实，但是也使史家的眼光无法伸到更古的时代

① 易宁：《论司马迁的文献批判思想》，《安徽史学》2007 年第 6 期。

② ［宋］郑樵：《通志》，浙江古籍出版社 2000 年版，总序，第 1 页。

③ 〔德〕黑格尔：《历史哲学》，王造时译，上海书店出版社 2006 年版，第 1—4 页；柯林武德也在《历史的观念》第一编第五节中专门指出了"希腊历史方法及其局限性"，参见〔英〕柯林武德：《历史的观念》，何兆武等译，北京大学出版社 2010 年版，第 28—31 页。

和更远的地方,结果只能写当代、当地的历史。”而“与西方古代史学思想传统形成对比的是,古代中国思想家认为,对于当前的历史事件,当然要有、最好要有事件目击者的作证,不过,对于事件本身的认识却不是只凭事件本身就能真正认识到位的”。①

二、插话式的叙述与多重的表达

多重叙述是20世纪70年代后叙事戏剧最常见的一种方式,即不依赖单一叙述者,而采用多声部叙述。多重叙述作为一种文学叙事的模式,使作者得以在叙述中采用多个视角或多个角度,为读者提供了解一件事的多个维度。在使用多重叙述时,作者具有极大的灵活度来选择视角。多重视角的关键优势是,它提供了多样性和对比:它既可以用更传统的叙述者来平衡奇怪或不可靠的叙述者,也可以让两个有偏见的叙述者相互补充。

希罗多德在《历史》中对多重叙事方式的运用,首先表现在提及一件事情时会采用几种不同的说法,然后再在此基础上得出自己的判断。比如他会说,“以上所述都是我个人亲自观察、判断和探索的结果”(《历史》2. 99),或“我是按照我自己所相信的来讲的”(《历史》2. 120),又或“但是我以为这不是由于上述的原因,而是还有另外的原因”(《历史》7. 133),再有“然而我个人觉得不可索解”(《历史》4. 30),甚至“我说不确实了”(《历史》7. 152),等等。这种叙事方式为读者提供了观察事物的多个角度和事件可能延展的多重方向。拉泰纳认为,希罗多德对他所搜集到的零散材料进行筛选与取舍,并通过多种叙事技巧(比如多种答案并置让读者自己选择,对文本材料的批判性选择,为自己的探究设置地理边界、性别边界以及道德边界,等等),以读者能够接受和理解的方式进行写作。在这样的过程中,希罗多德不仅发明了一种新的文体,同时也发明了历史。拉泰纳直言:“发明历史需要希罗多德为过去塑形并为这一建构的真实(the constructed reality)提供一个内在的结构。”②

其次,更为明显的是,希罗多德还用插话(digression)③及插话中的插话这种独特的叙事模式来补充并兼及与事件或人物有关的各方面内容,其中并不完全遵循时间上的先后顺序,而是带着某种与事件或人物相关联的共性。这种不时地脱离主题的叙述方式,或者说主题不明确、主线不清楚的叙述方式,曾被认为是当时文学技巧本身不完善的结果。但如

---

① 刘家和:《史学、经学与思想:在世界史背景下对于中国古代历史文化的思考》,北京师范大学出版社2005年版,第99—100页。

② Donald Lateiner, *The Historical Method*, Toronto: University of Toronto Press, 1989.

③ 对古希腊罗马历史书写中插话的研究可参见 Ian Kelso, “Artillery as a Classicizing Digression”, *Historia: Zeitschrift für Alte Geschichte*, Vol. 52, No. 1, 2003, pp. 122-125; Justus Cobet, *Herodots Exkurse und die Frage der Einheit seines Werkes*, Wiesbaden: F. Steiner, 1971; Andrew Barker, “The Digression in the ‘Theaetetus’”, *Journal of the History of Philosophy*, Vol. 14, No. 4, 1976, pp. 457-462; H. V. Canter, “Excursus in Greek and Roman Historians”, *Transactions and Proceedings of the American Philological Association* 58, 1927, p. 233。

果采用多重叙事理论视角,也可将其看作一种具有特殊魅力的叙述方式。其实,这种“故事中套故事”的结构在古代并不罕见,也并不单调。它是一种随着语言/叙述/故事本身的流动而流动的讲述方式。它是一种随时准备分流、回溯、旋转、重新汇合的言说之河。现代派小说中有所谓“意识流”“生活流”的说法,借用这类术语,我们也可以把希罗多德的讲述方式称为一种“叙述流”。它想向人们展示的,其实并不是一个有着清晰的原因—结果/开端—结局的、单线条的、固定的叙述客体,而是一个有着众多线索,可以随时把某一段拆开单独讲述的,可以从不同视角、不同目的去解读的言说主/客体结合物。“流”与“路”的区别,就在于流本身就没有,也不要求有明确的导向性,它往往是“讲到哪里算哪里”的,人们面对它也只有“随波逐流”的份,而路再怎么复杂,就算成了一片四通八达、无所不至的路网,但只要人一走上它,他的目的性,也就是“我要从哪里到哪里去”的心态是避免不了的。

这种叙事方式与前述所提及的当时希腊社会中口述传统的存在分不开,我们甚至可以想象,在希罗多德讲述的当时,会有听众提出要求说想知道某个原来一语带过的故事中更加具体的细节,大师便中断叙述,单独将此细节拿出来详加说明,于是他的“叙述流”开始分叉、转向,当然最后总是会回到原有主流上。而且,希罗多德在雅典讲述时,可能会着重于有关雅典的部分;在小亚地区,又会改变重点以适合那里的听众。这是一种因地制宜、因人而异的,产生于讲述者—听众关系的补充、改编、重新汇集,它不同于现代人习惯的作者—读者关系的阅读,却更为生动、活泼。

具有异曲同工之妙的是,司马迁的撰史方法也被美国学者格兰特·哈迪称为“一种典型的多重叙事法”。他在比较了《史记》与西方史学著作的不同之后指出:“《史记》的样式打破了传统西方史学表述中的四点关键性要求。第一,它没有统一的叙事声音。第二,《史记》的描述没有显示出始终如一的一致性或连续性。第三,《史记》没有在整体性的叙述中描述事件。第四,《史记》的描述有时缺乏一致性。”①

的确,司马迁采用了一种令近代以来西方史家感到陌生的历史表述模式,他将过去分为五个部分:本纪 12 篇,记载各王朝的帝王,这是一种以政治史为中心的记录;表 10 篇,按时间顺序将重大事件列表,以便更准确地展现历史变迁的过程;书 8 篇,提供礼、乐、律、历、天官、封禅、河渠和经济等方面的说明,弥补了本纪与表大线条叙事中缺失的部分;世家 13 篇,详述诸侯列国的兴衰,展现各大家族的历史面貌;列传 70 篇,讲述重要的个人,记载了那些在历史各方面留下痕迹的人物及其事迹。刘知幾对此的总结是:“《史记》者,纪以包举大端,传以委曲细事,表以谱列年爵,志以总括遗漏,逮于天文、地理、国典、朝章,显隐必该,洪

① Grant Hardy, “Can an Ancient Chinese Historian Contribute to Modern Western Theory? The Multiple Narratives of Ssu-Ma Ch'ien”, *History and Theory*, Vol. 33, No. 1, 1994, pp. 20–38.

纤靡失。”[①]这种将一人一事分在数章中讲述的方式,其实“呈示了相互嵌入的复杂历史”[②],五种体裁既起到了立言纪事的作用,又发挥了互为补充的功效。这五种体例虽都有先例可循,但其合而为一的总体结构却是司马迁的伟大发明。

然而,在进行历史思想和书写方式的比较时,从黑格尔到西方的大多数现代汉学家,都曾抱怨中国古代史学主要关心“事实”而缺乏“观点或推理”和“归纳的抽象思考”。[③] 而格兰特·哈迪的看法正是针对过往西方学人对司马迁乃至整个中国古代史学固有观念的一种反思。此外,托马斯·李也认为,这恰是古代中国史学的独特之处,他说:“中国思想家对真理是什么的关注远不如对均衡如何重建的关注。换言之,各种观念始终共存一直是中国人的立场,各种观念重建以达到其原有的和谐(均衡)状态是最为重要的。”他还以司马迁的《史记》为例,具体加以说明:“司马迁将他对过去的叙述分成五个互相交叠的部分:本纪、年表、书、世家和列传,这种片断式编排的一个结果,就是从不同的视角,不止一次地讲述同一事件,而且对这些事件的叙述也并不完全一致。司马迁特有的历史观念,是承认史家和证据的局限、提出多重解释的可能,并集中于道德的省察。对西方人来说,这是混合而陌生的,但它确实条理清晰地提供了一幅司马迁史学方法论的图景。也许,它为那些寻求逃避传统史学著作模式的现代历史学家提供了一个值得关注的样本。”[④]此外,两位美国史家尚冠文与杜润德也认为:“虽然《史记》这种罗生门式的特质会让只熟谙修昔底德的西方读者在初次接触时感到无所适从,但这种片段化特征却可能从属于一个更大的、尚待深究的文化范式。”[⑤]

总之,虽然《历史》与《史记》在结构上大相径庭,但对于两位史家而言,他们都尝试用片段式的叙述、多重的表达与容许困惑和修辞策略的叙事方式激起人们的好奇心,并有意邀请自己的读者参与到其历史解释的过程中。他们似乎都无意以一种角度、一个主题来对某一事件、某个人物进行单一的记述,相反,他们以多重的叙事方式带给读者一个复线的、多视角的维度去理解人类及其历史。这不是现代史家及读者习惯的那种单线性历史叙述的写作与阅读方式,却在实际上给读者留下了自己思考、自己选择的可能性和空间,或许这也正是中希两位古代史家所预想和希望达至的目标。

---

① [唐]刘知幾撰,张振珮笺注:《史通笺注》,中华书局2022年版,第39页。

② 董成龙:《武帝文教与史家笔法:〈史记〉中高祖立朝至武帝立教的大事因缘》,华东师范大学出版社2019年版,第14页。

③ 参见余英时:《中国史学思想反思》,吴莉苇译,载陈启能主编:《历史与当下》第2辑,上海三联书店2005年版,第37—55页。

④ 〔美〕托马斯·李:《历史必须遵循理性的解释模式吗?——来自中国人视角的批评问题》,邢丙彦译,载陈启能主编:《历史与当下》第2辑,上海三联书店2005年版,第56—59页。

⑤ 〔美〕尚冠文、〔美〕杜润德:《海妖与圣人:古希腊和古典中国的知识与智慧》,吴鸿兆、刘嘉等译,生活·读书·新知三联书店2020年版,第164页。

当然,他们也有着明显的不同之处。如果说,希罗多德著述中的多重叙事特点,在很大程度上与其口述材料的采用有关,那么,司马迁对文献的甄别,则在体例上表现出更加有意识地采用多重叙事视角的自觉。由此,其背后的问题意识以及因此而来的着力之处也就有了进一步的区别。

三、相同的书写对象与不同的史学关怀

按照两位史家各自的表述,希罗多德想要探究的是人类的业绩及其发生纷争的原因,司马迁追求的则是“究天人之际,通古今之变”。对这两种表达方式,我们可以解读为:人与人事是其共同的书写对象,但他们各自想要达至的目标则不尽相同。

在《历史》的卷首语中,希罗多德以他的名字和籍贯代替了荷马史诗中对女神的呼唤,并表明他想要“探究”(historia)的是人事而非神事,他著述的目的就是保存人类的“功业”(erga),使之不被“遗忘”,且记载下来的东西应该是那些“值得赞叹的丰功伟绩”。因此,“有关于人的事务”特别是“值得纪念的重大事件”便是他着力想要保存下来的“人类业绩”。这一方面告诉我们,“探究”这一新的叙述方式的出现意味着希腊人或希腊社会的兴趣和注意力的转移,即从对神、人的关注转向了对人的全面关注。[①] 另一方面则表明在记录之前,事件经过了人为的筛选,而这种有意识地搜集、陈列事实的行为恰好是历史认识的第一步,也是历史研究最基础的一步。

此外,他特别强调要将希腊人和异邦人发生纷争的“原因”(aitiē)给记载下来,这表明他不仅单纯记录事件,更要探究事件发生的原因。在荷马史诗中,诗人向女神求问有关阿基琉斯愤怒的原因,他说:“你们是天神,当时在场,知道一切,我们则是传闻,不知道;请告诉我们。”[②]诗人在此是求助于神灵来探究真相。而希罗多德则试图以自己的“眼见”和“听闻”来“探究”希腊人与波斯人发生纷争的原因。由此,诗人与史家对于原因的认知源头就产生了区别,换言之,这是两种不同的认知方式。希罗多德的认知方式在很大程度上依赖于自己的观察和理性判断,而非单纯地代神立言,或是凭借神圣的记忆来还原英雄的事迹。康纳据此推断:“如果这是历史这一事业的起源,那么,历史学家就不仅仅是古物学家和人

① 当然,希罗多德“探究”的主题不再包括“诸神的业绩”,但并不意味着神在他叙事中缺席。希罗多德书中那些随处可见的神谕、预兆、祷文等表明他对诸神的信仰,同时也是他想为自己所记载内容的真实性寻求根据和保证的表现。波兰著名历史学家托波尔斯基说:“尽管在古代(参见希罗多德的著作)和以后在中世纪一样都强调神的干预和天命,但在古代要比在中世纪更为多得多地强调作为历史中一个因素的人(个人),……在古代,这就是抛弃神话而用历史的观点进行思考。”参见〔波兰〕耶日·托波尔斯基:《历史学方法论》,张家哲等译,华夏出版社1990年版,第67页。

② 〔古希腊〕荷马:《伊利亚特》,罗念生、王焕生译,人民文学出版社1994年版,第43页。

种学家，而且发挥着重要的社会功能，即通过他们的公平评判，使社会趋于一致。”①

由此，希罗多德开启了真正意义上的历史书写。自他之后，那些研究人类过去发生的事件的人、那些研究社会演变的人，都会将自己的判断、自己的见解加进去。这种对材料的选择、批判是为了给正确的判断和解释提供一个事实基础，而历史学的目的，就是要在事实基础上理解过去发生的事情，从而使它具有意义。正是在这个意义上，伯里说，希腊人“不是最早用编年形式记载人类活动的人，然而却是最早采用批判方法的人。换句话说，他们开创了历史学”②。因此，可以说，希罗多德的这种“探究”与后世的“历史学”无论是在方法上还是在内容上都是契合的。这也正如凯利所说：“他不知道他正在开创一种文学流派、一种标准，从根本上说是一门学科，两千年后，它成为科学和专业的基础。”③

在《史记》中，不断出现的“太史公曰”也把史家作为叙述者的口吻表露无遗，给读者一种客观记载的感觉，这或许具有“一种美学上的幻觉”④，但至少表明了，作为作者的司马迁在撰写的过程中必然采取了种种人为的手段和方法，而不是简单地归因于各种怪力乱神的作用。《史记》中的本纪、世家、列传都是以记载人的活动为主，正如陈其泰所说：“记载众多的人物活动的完整形象，是由《史记》创始的。”⑤哪怕是按不同主题并依照时间顺序所做的事项式的表和说明各类社会活动的书，其中也均包含着对人的各种事务的褒贬、教化之意图。

与希罗多德一样，司马迁的“究天人之际”强调其著述关心的是人事而非神事，他所说的“起周元王，表六国时事，讫二世，凡二百七十年，著诸所闻兴坏之端”（《史记·六国年表》）、“网罗天下放失旧闻，考之行事，稽其成败兴坏之理”（《报任安书》）以及“王迹所兴，原始察终，见盛观衰，论考之行事”（《史记·太史公自序》）等等，都表明他著述是以人为中心，考察世间兴衰的大事因由，而非为神明著书立碑。

司马迁的“通古今之变”则更是有着明确的问题意识。其中的“通”是灵魂，“变”则包含着变中有常、常中有变的思维特点。应该说，无论是从编纂旨趣还是编纂体例上，《史记》都体现出了司马迁历史著述中“通”与“变”的精神，可见他力图用通变的眼光来认识和把握历史过程的治乱兴衰，其意义在于：“首先是要有客观历史过程的通，其次是历史学家对于

---

① W. R. Connor, “The *Histor* in History”, in R. M. Rosen and Joseph Farrell eds., *Nomodeiktes: Greek Studies in Honor of Martin Ostwald*, Ann Arbor: University of Michigan Press, 1993, p. 12.

② J. B. Bury, *The Ancient Greek Historian*, New York: The Macmillan Company, 1909, p. 1.

③ 〔美〕唐纳德·R. 凯利：《多面的历史：从希罗多德到赫尔德的历史探询》，陈恒、宋立宏译，生活·读书·新知三联书店2003年版，第3页。

④ 〔美〕浦安迪：《中国叙事学》，北京大学出版社2018年版，第16页。

⑤ 陈其泰：《成功刻画特定历史环境的人物形象——〈史记〉列传历史编纂成就析论》，《史学史研究》2015年第2期。

这一通的过程如初的认知和理解，也就是说历史学家对于这一通的历史过程的通的了解。"[①]换言之，通史之所以为通，一是在时间上的打通，二是将古今之事联系起来，不断反省历史、总结教训。

由此，所谓"究天人之际，通古今之变，成一家之言"，就并非仅是个人雄心的表现，而实为历史理性精神的表达和诉求，因为这表明史家已走出了追述往事、求取直接经验教训的局限。白寿彝先生说："所谓天，往往是指时势（在历史变革方面）和际遇（在个人关系方面）。'究天人之际'就是研究历史的发展。中心是'通古今之变'，把古今变化的道理弄通，目的是为了将来。他要拿出自己独到的见解。"[②]钱穆则进一步评价道："此十个字（究天人之际，通古今之变）可以说乃是史学家所要追寻的一个最高境界，亦可说是一种历史哲学。……若说中国人也有历史哲学，应该不是一套哲学，而仍是一番历史，只是从历史里透出一套思想来。"[③]

结语 西方普遍史之前史与中国史学通史精神的创立

综上所述，笔者以材料、方法和问题意识这三方面的粗略线索，贯通《历史》与《史记》的叙事与两位史家的关切。应该说，他们给出了分别以希腊和中国为中心的世界历史，但却因其各自不同的著史风格与精神志趣，而表现出不同的史学理性。

在西方，学者们普遍认为，希腊历史学家波利比阿（约公元前200—约前118）的《历史》是第一部称得上普遍史的著作。该书集中论述的是罗马的崛起及其对（地中海）世界的征服，正是在这一主题下，所有分散的历史才具有了一种统一性。波利比阿所处的时代与司马迁的时代更接近一些，如果要专门比较普遍史与通史，将他们两者的著述拿来对观似乎更为适当一些。但若从对东西方史学开创性的贡献而言，我们还是希望将希罗多德与司马迁对照起来看。

的确，希罗多德的《历史》虽然还不能被认为是普遍史，但它通常被认为是一部具有"世界史"意义的著作。古代希腊史家叙事的广阔视野，在希罗多德的《历史》中有充分的反映。《历史》的内容极为广博，涉及希腊、西亚及非洲众多地区诸多方面的史事。"泛希腊的"（Panhellenic）观念可能就萌生于希波战争之时。[④] 希罗多德描绘了他当时知道的人类世

① 刘家和：《史学、经学与思想：在世界史背景下对于中国古代历史文化的思考》，北京师范大学出版社2005年版，第46页。

② 白寿彝：《司马迁与班固（代序）》，载北京师范大学史学研究所编：《司马迁研究新论》，河南人民出版社1982年版，第7页。

③ 钱穆：《中国史学名著》，生活·读书·新知三联书店2000年版，第75页。

④ E. Hall, *Inventing the Barbarian: Greek Self-Definition Through Tragedy*, Oxford: Oxford University Press, 1989, p. 6.

界。他在广阔的历史空间铺展其所知道的而且认为值得叙述的整个世界的事件，但他并未在时间上建立起历史变化连续性的观念，记载的是“没有联系”的历史阶段，仅在空间上建立了历史内容广延性的观念。因此，历史横向空间内容的联系及其变动，并未导致历史在纵向上的变化。希腊人活动空间的扩大并没有带来阶段性的变化。虽然，希罗多德也提到过去、现在和将来，也就是说，他是认识到时间的流变是不间断的，但他却未能从理论上加以说明。相反，他始终是以自己的精神写往古的历史，使古代历史人物说起话来就像他那个时代的人一样。①

并且，希腊的哲人强调真理或纯粹理性只有在永恒中才能把握，从而偏重逻辑理性和自然理性。柏拉图将人类的认识分为知识（episteme）与意见（doxa）两种，哲学以永恒为研究对象，得到的是知识，而史学以变化中的事物为研究对象，得到的只能是意见。② 亚里士多德也认为，哲学是一切学术中最根本、最神圣的学术，是其他任何学术所不可比的。③ 他又在《诗学》（VIII.9，2-4/1451b）中进一步指出，诗因比史更接近哲学，因而也比史学更高。于是，希罗多德的探究（即史学的方式），在古典时代，未能成为认识事物的根本途径。希腊人的历史仅限于当代，其历史著作只关心什么是真实的，强调对当事人或目击者的追问和考察，重建事件的经过。由此，以柯林武德为代表的后世的历史哲学家们均得出结论，认为史学在古代希腊是低于哲学乃至诗歌的学术。④

而在古代中国，司马迁之前，并没有出现过一部体例完备且囊括中外、贯通古今的历史著作，历史都包含在六经之中。但经与史的侧重点各有不同，原则上说是经载道，史言事。不过，自孔子作春秋始，有关历史的记载就不仅非常丰富，而且古今是连在一起讲的，从过往之事中求证道理之历史意识更是一以贯之。司马迁更是将这一传统发扬光大，并由此开启了中国通史的传统。通史的形式不仅勾画出了一条贯通清晰的历史线索，便于后人了解前朝演变的脉络，且将古今之变化的道理蕴含其中。如姚大力所说：“将过去作为一个变迁过程来把握、认识和表现的追求，并不局限于对先周史或者其他某些特殊论题的叙述当中，而是全部《史记》最显著的特色之一。有些历史过程因司马迁的发覆之功而变得如此众所周知，以至于人们几乎忘记了，这一看似简单的事实在司马迁之前其实并非那般不言自明。”⑤

司马迁的这一创举得到了中国历代学者的肯定和赞扬，如宋代史学家郑樵所说：“（《史

---

① 刘家和：《史学、经学与思想：在世界史背景下对于中国古代历史文化的思考》，北京师范大学出版社2005年版，第102页。

② ［古希腊］柏拉图：《理想国》，郭斌和、张竹明译，商务印书馆1986年版，第219—227、300页。

③ ［古希腊］亚里士多德：《形而上学》，吴寿彭译，商务印书馆1997年版，第3—6页。

④ ［英］柯林武德：《历史的观念》，第22—24、48—49页。

⑤ 姚大力：《把过程置入历史书写——论司马迁对中国历史编撰学的突破》，载《中国学术》第26辑，商务印书馆2010年版，第1—56页。

记》)使百代而下,史官不能易其法,学者不能舍其书,六经之后,惟有此作。"[①]清代史家赵翼更进一步评论道:"司马迁参酌古今,发凡起例,创为全史。……自此例一定,历代作史者遂不能出其范围。"[②]清代史学评论家章学诚对司马迁开通史之例的价值则有六便("免重复""均类例""便铨配""平是非""去抵牾""详邻事")与二长("具剪裁""立家法")的总结。[③] 对此,刘先生则概括道:"到了司马迁《史记》的出现,中国史学的通史传统,已经不仅在时历古今的体例层面而且在通古今之变的思想层面基本确立了。"并且,先生还将此上升到一种史学精神和中华文明连续发展原因的高度予以评价:"通史作为传统,既是中国史学体例的一种表现也是史学精神的一种展现;如果推展而言,这也是中国文明发展的连续性与统一性相互作用的一种在精神上的反映。"[④]

中希古代史家代表的两种治史风格,按刘先生的比喻就是"中国的知识方向是历时性的(diachronical),希腊的是共时性的(synchronical)……中国史学有'通'的精神,可以比作无尽头的直线;古希腊罗马的史学只关注当代,可以比作线段,线段也是直线,只是长度有限"[⑤]。换句话说,希罗多德开启的是西方关注共时性特征的普遍史书写模式的雏形,而司马迁创立的则是对变中之常和常中有变的中国史学中的通史传统及其精神。对此,刘先生总结道:"普世史固然必须以时间为经,但其重点却在共时性的普世的空间之纬;通史固然必须以空间为纬,但其重点却在历时性的时间之经。"[⑥]

以上,便是笔者在刘家和先生有关中西不同理性结构的理论思考启发下,通过比较希罗多德和司马迁著述中材料使用特点、叙事方式类型以及问题意识史学关怀三方面,对古希腊史学和早期中国史学这两大各自独立发展起来的史学体系中不同历史理性的表现得出的初步理解。希望以此拙文为刘先生的宏观理论思考添加一个小小的注脚,并求教于先生。最后的结论是:希罗多德和司马迁作为中西两大史学体系的开创性人物,他们的著作奠定了两种历史理性的范式,也反映出他们各自文明的高度和特征。对两者进行比较研究,不仅可以明了他们自身的相似性和差异性,还可以揭示他们背后的思想模式与文化路径。

---

① [宋]郑樵:《通志二十略》,中华书局1995年版,第1页。

② [清]赵翼撰,王树民校证:《廿二史札记校证》,中华书局2013年版,第3页。

③ [清]章学诚著,叶瑛校注:《文史通义校注》,中华书局1985年版,第375页。

④ 刘家和:《史学、经学与思想:在世界史背景下对于中国古代历史文化的思考》,北京师范大学出版社2005年版,第98、103页。

⑤ 刘家和:《理性的结构:比较中西思维的根本异同》,《北京师范大学学报(社会科学版)》2020年第3期。

⑥ 刘家和:《史学、经学与思想:在世界史背景下对于中国古代历史文化的思考》,北京师范大学出版社2005年版,第95页。

刘家和先生的古代社会研究

庞　慧

摘要　刘家和先生在1950—1980年代，分别对古代希腊、古代印度、古代中国的社会结构进行了深入研究。到1990年代以后，刘先生的研究重心转向中西历史文化比较研究。刘先生早期致力于古代社会研究，是为了突破“西方中心论”，寻求异中之同。在研究过程中，刘先生证明了异中之同，又发现了同中之异。这个同中之异，促使刘先生突破社会层面的比较，而寻求跨越古今、贯通不同历史时期的根本性理解。刘先生向比较研究的转向，是从结构到类型的转向，而结构寓于类型之中。刘先生晚年以对中西历史文化的精深研究闻名于世，其基础，应该还是他在1950—1980年代对古代希腊、印度、中国社会的系统研究，而其动力，则应是马克思主义指导下对个人学术事业和人生使命的慨然担当。

关键词　《丽泽忆往》　社会结构研究　历史文化比较研究　研究转向

2003年秋，听瞿林东老师给研究生讲课。在一次课上，瞿老师谈到刘家和先生的轶事，说他大学一年级时跟着刘先生上《世界上古史》，第一堂课，刘先生大讲“家、私、国”，课后他和同学们跑遍大街小巷去找《家庭、私有制和国家的起源》，他们班几乎将全北京城书店里的这本书都买光了。这则轶事给我留下了深刻的印象。我知道刘先生有很多年在面试研究生时，会让考生现场朗读《共产党宣言》英文版中任意一段文字，并翻译成中文。不过我在考博时侥幸躲过了这道题。我上学期间(2003—2006年)，听刘先生讲得最多的是史学、经学与思想，谈到社会经济史的时候不多。多年来，我一直有些迷惑，很好奇刘先生是如何从年青时对古代社会经济问题的执着探究，转变成老年时对中西历史文化的强烈兴趣。刘先生的口述史《丽泽忆往》①出版后，我发现在书中刘先生几乎完整地讲述了他研究古代社

作者简介　陕西师范大学历史文化学院副教授，历史学博士，研究方向为先秦史、中外古史比较。

基金项目　陕西师范大学历史文化学院重大科研项目子项目“中西早期社会规范比较研究”。

①　刘家和口述，全根先、蒋重跃访问整理：《丽泽忆往：刘家和口述史》，商务印书馆2021年版。下引此书只举主书名、页码。

会的经历,也剖析了他在人生不同阶段调换研究轨道的因缘际会与心路历程,于是我的问题得到解答,同时也感到对刘先生的古代社会研究有了一些新的认识。追随刘先生门下多年,在此谨谈一点个人学习刘先生古代社会研究的心得体会,扪象窥豹,失误在所难免,间有会意,也不惭欣欣自喜。

一、自觉而充分地以马克思主义为理论工具

根据《丽泽忆往》中刘先生的讲述,他是在青年时代学习马克思主义、研读马克思主义经典著作的过程中,逐渐对古代社会研究发生兴趣,并因为工作需要而开始了对古代社会的研究。

1947—1949 年,刘先生在江南大学读书。那时正是解放战争时期,刘先生作为一名生活在国统区的热血青年,不满国民党当局的腐败统治,受到共产主义思想感召,而对马克思主义著作发生兴趣。但当时他很难找到这方面书读,费了很大功夫才找到沈志远翻译的苏联出版的《辩证唯物论和历史唯物论》。虽然这本书从原文到翻译都不尽如人意,但对他以后学习辩证法、唯物主义,学习马克思主义有一定作用。[①]

在当时的环境下,和刘先生有着同样心路历程的国统区青年学生应该不少,而刘先生由于特殊的求学经历与强烈的学术兴趣,在一开始,就不仅仅把马克思主义当作拯救中国的良方,更发现了马克思主义作为理论工具的巨大价值。

刘先生不到三岁时,九一八事变爆发;刚上小学不久,家乡被日寇占领。他小时候断断续续地在私塾和教会学校求学,没有经历完整的学校教育,深感所学知识庞杂而不成系统。后来考入江南大学,得遇钱穆先生、唐君毅先生、牟宗三先生、束世澂先生、唐至中先生等良师,亲聆教训,同时大量学习或旁听多门学科的课程,在如饥似渴的学习中产生了对理论的追求。他在唐君毅先生的哲学课堂上听到马克思主义,使他从一开始就注意到了马克思主义的学理价值。"辩证法、唯物主义,还有唯心主义,君毅先生好像多少对马克思主义有点兴趣,因为他讲哲学概论,不是讲哲学史。这样的情况,使我产生一个,不仅对各种知识有兴趣,我会考虑我的思想,要用什么东西来形成一个系统的思考。"[②]

刘先生在江南大学读了两年后,转入南京大学。出于身体原因——严重失眠,休学了一段时间。休学期间,"就开始学苏联的《联共(布)党史》"。[③]

不久后刘先生北上,转入辅仁大学继续大学学业。在辅仁学习时,新中国刚刚成立,

① 《丽泽忆往》,第 114—115 页。
② 《丽泽忆往》,第 115 页。
③ 《丽泽忆往》,第 126—127、142 页。

"中国社会包括学术界都经历了一个很大的变化,在学术界掀起了学习马克思主义的一个热潮。我当然也不例外。那时,我一边学习中国传统学术,一边拼命学习马克思主义理论,辩证唯物主义和历史唯物主义"①。在学习中,刘先生觉得应当看马克思主义经典作家的著作,他重点阅读的是《共产党宣言》和恩格斯的《家庭、私有制和国家的起源》。

刘先生谈读《共产党宣言》,"能够满足我学习辩证法的一个'瘾'"。② 年迈的刘先生接受访谈时,谈起当年读此书的感受,仍是激情澎湃:马克思和恩格斯"他们说,资本主义由于怎么样的内部矛盾,资产阶级要发展,它就不能没有剥削对象,得有人给它劳动。这个剥削对象,就是工人,就是无产阶级。你看这个逻辑!资产阶级要发展,就要剥削无产阶级;无产阶级就是它天生的赖以生存的对立面,结果就是它培养了自己的接班人,就成为资产阶级的掘墓人"③。

恩格斯《家庭、私有制和国家的起源》是马克思主义创始人之一留下的古代社会研究经典著作,刘先生研读尤为精细。"我读《家庭、私有制和国家的起源》,读的是一个英文本,我自己一字一句去分析","然后,我再读俄文本,一字一句自己去分析,对着英文,然后读德文本,一字一句分析这个英文本"。④

刘先生在大学阶段通过对马克思主义经典著作的研读,掌握了马克思主义社会理论,这为他参加工作以后研究古代社会做好了准备。

大学毕业,刘先生留系担任世界上古中古史助教。当时,"苏联出版了两卷本《马恩文选》,现在《马克思恩格斯选集》是四卷,从前是两卷,里面包括《共产党宣言》《家庭、私有制和国家的起源》《哥达纲领批判》等,马克思主义基本著作都有。我就努力学习"⑤。

1955—1957年,刘先生在东北师范大学进修时,跟着张正元先生学俄文,张先生用的教材是俄文版的《联共(布)党史简明教程》《共产党宣言》。刘先生"把《共产党宣言》的英文本、德文本跟俄文本对照着读","这些书现在还在,上面我都用不同颜色的笔标注,现在就是纸发黄了,看不清楚了,我都是一字一句对照着读,作语法分析"。⑥ 回到北师大后,他跟着张天麟先生学德文,读德文版《共产党宣言》《家庭、私有制和国家的起源》。⑦ 1983年,刘先生开始招收硕士生。他给学生讲的一门课是马克思主义经典著作选读兼专业外语,就是读恩格斯的《家庭、私有制和国家的起源》,主要是最后一章——《野蛮时代和文明时代》。⑧

---

① 《丽泽忆往》,第141页。
② 《丽泽忆往》,第144页。
③ 《丽泽忆往》,第144页。
④ 《丽泽忆往》,第142—143页。
⑤ 《丽泽忆往》,第151页。
⑥ 《丽泽忆往》,第167页。
⑦ 《丽泽忆往》,第183—184页。
⑧ 《丽泽忆往》,第260页。

刘先生长期深入研读马克思主义经典著作，也把这些著作——尤其是《共产党宣言》《家庭、私有制和国家的起源》的功用发挥得淋漓尽致：不同国家出版的不同语言的版本，是刘先生用来学习相关外语的语言材料；它们后来又成了刘先生训练研究生外语能力与思维能力的教本；而且，可能正是对马克思主义经典著作的反复研读，促使刘先生极富个人特色的"两把刀"[①]治学方法臻于完善。

经过长期的多种语言版本的对读，可以说刘先生在准确把握马克思主义经典著作文意的基础上，参透了马克思主义精神。刘先生曾谈到恩格斯在《家庭、私有制和国家的起源》中的一句名言，中译本作："部落以外的，就是不受法律保护的。"而原文其实是："部落以外的，就是法律以外的。"[②]理论方法的娴熟运用有赖于文字意义的准确解读。近代以来的中国历史学是在学习西方历史理论与史学实践的过程中逐渐发展起来的，因为文化隔阂、语言差异而导致的理解偏差、解读失误的事例并不鲜见。自马克思主义史学研究在中国兴起后，不少研究者在不同程度上犯过把马克思主义教条化、绝对化的错误。而在马克思主义中国化的过程中，也出现过好几次曲折反复。刘先生亲历了1950年代末的思想改造运动和"文革"，但他一直专注于学术研究。他自己独立完成的论著中绝不存在简单的戴帽子、喊口号的情况，也没有出现过不经辨析论证便率尔作解的情况。纵观近代以来的中国学术界，像刘先生这样始终坚持崇高的学术追求，绝不逾越学术研究的界限而随波逐流的学者，实属难能可贵。刘先生既能敏锐地感受到时代的要求而积极响应，慨然承担，从青年时代起就用心研读马克思主义经典著作，以摆脱"西方中心论"、写出中国人自己的世界史为使命，[③]又能不被时代洪流裹挟，我想不仅是因为刘先生是个纯粹的学者，不喜于应付社会事务，在历次运动中都是边缘人物，因而能够保持比较超然的立场，更重要的原因，乃是刘先生长期研读马克思主义经典著作，浸润在马克思主义之中，从而习惯于用辩证法、发展观来观察世界，看待问题，很难被一时的喧嚣所迷惑。

马克思主义也为刘先生作为历史学家的事业追求提供了目标与意义。刘先生曾多次讨论过史学的求真与致用问题，他指出："史学之体在于其为真，而史学之用则在于其为善。无史学内容之真，则史学不复成为史学，亦即史学之体不存；体之不存，则用将焉出？无史学，则何来史学之功用？无史学功能之善，则史学无复价值可言，亦即史学之用不复存；史

---

① 刘先生将他做学问的方法形象地称为"两把刀"："我过去讲'两把刀'……逻辑一把刀，很抽象，很概括，应该有这把刀。另外，小学基本功，这是硬功夫，是一把刀，小学实际上跟外语有相通之处。"见《丽泽忆往》，第81页。刘先生多次在不同场合讲到他的俄语老师、德语老师教外语的方法，跟中国传统学问中的"小学"，即文字音韵训诂之学有相通之处。刘先生非常重视西方的逻辑学，认为《共产党宣言》的论证是逻辑运用的典范。

② 《丽泽忆往》，第240页。刘家和、贺允清：《如何认识原始社会的公有制》，《北京师范大学学报（社会科学版）》1981年第6期。

③ 刘先生谈道："当我们这代人刚开始从事世界史教学与研究时，都严重地感觉到，世界历史是以西方为中心的。"见《丽泽忆往》，第307页。

学之用不存,人将弃史学如敝屣,则史学之体又将焉托以自见?"[①]如无对史学之善的信心,历史学家求真的动力在哪儿呢?马克思主义提供了这个"善",使刘先生求真的历史研究有了致用的目标。年过90的刘先生在接受访谈,回顾他当年读《共产党宣言》的收获时说:"我要没有学习这个部分,没有学马克思主义的话,我就会往小学、经学、史学,往那个路上走的,就会萎靡下来了。"[②]

刘先生看待马克思主义本身,也是采用马克思主义态度。他关注马克思主义的渊源,对启蒙运动时期的西方哲学,尤其是康德哲学和黑格尔哲学研究颇深,由于专业关系,对古希腊哲学更是精熟;对马克思、恩格斯之后的西方哲学、思想发展,刘先生也满怀兴趣,密切关注。郭小凌先生曾谈过他对刘先生哲学知识之丰富、哲学思想之深刻感到讶异:

> 与刘先生相识相交、耳提面命近40年,我常受益于先生在哲学命题上的真知灼见。从古希腊哲学到经院哲学、法国哲学、德国古典哲学、马克思主义哲学,再到相对主义哲学与后现代历史哲学;从毕达哥拉斯、巴门尼德、苏格拉底、柏拉图、亚里士多德思想的精华所在,到德里达、福柯的后结构主义,伽德墨尔的解释学,海登·怀特的叙述与历史解释,刘先生均能如数家珍,娓娓道来,且往往提纲挈领,一语中的。如果没有对原著的认真研读与透彻理解,这种领会与评判是不可能的。[③]

在刘先生那儿,马克思主义不是僵硬的教条,而是流动的智慧,他很早就已把这种智慧内化于心,运用自如:"他的专著和论文,乃至散文小品和传统诗作,总是能赋予读者清晰严谨的思路,鞭辟入里的分析,耐人寻味的归纳,高屋建瓴的总结,进一步思考的启示,显然同这种哲学的智慧紧密联系在一起。"[④]

二、古代希腊、印度、中国社会结构研究

在《丽泽忆往》中,刘先生回顾他的古代社会研究工作,是这样说的:"我为什么忽然从研究希腊到研究印度,再从印度到研究中国,看起来好像没有联系,其实里面有极大的关系。当时,我是在学习马克思主义,也在研究古代社会结构问题,斯巴达的黑劳士制度是这个问题,印度种姓制度、土地制度也是这个问题。我写《尚书》这篇文章,就是讲社会结构问

① 刘家和:《史学、经学与思想:在世界史背景下对于中国古代历史文化的思考》,北京师范大学出版社2005年版,第19页。

② 《丽泽忆往》,第145页。

③ 郭小凌:《史学园林中的"一只极为珍稀的鸟"》,《古代文明》2020年第1期。

④ 郭小凌:《史学园林中的"一只极为珍稀的鸟"》,《古代文明》2020年第1期。

题，包括后来研究《诗经》中国人、野人的问题，《左传》的那篇《芳掩庀赋》。"[①]刘先生的古代社会研究，关注的中心问题是古代社会结构，也就是社会性质问题，这是马克思主义社会形态理论的核心问题。为什么选择古代希腊、古代印度、古代中国作为研究对象，又为什么是按希腊、印度、中国这样一个顺序进行研究？这则基于刘先生的宏观世界历史视野，以及个人工作安排、学术兴趣等因缘际会。

1952年，刘先生从辅仁大学毕业，其时全国院系调整，辅仁大学并入北京师范大学，刘先生被安排在北京师范大学历史系世界古代史组担任助教。他过去学过西方哲学，对希腊哲学有兴趣，就准备研究古代希腊。刘先生知道，"学习马克思主义理论，先得搞清楚社会经济问题"[②]。当时国内学术界正在讨论中国古史分期问题，有些学者在讨论中涉及了与斯巴达的黑劳士制度的比较，刘先生就把注意力集中在斯巴达的黑劳士问题上。[③] "郭沫若先生不是也在研究这样的东西吗？郭沫若先生说，他托过社科院的汪敬虞先生给他查资料。我心里想，这还要查一查资料，那我也来做这个研究吧。"[④]于是他拟定了题目，开始做资料卡片，就这样开始了古代希腊社会的研究。

1955年，刘先生考上教育部委托东北师大开办的世界古代史青年教师进修班，由苏联专家授课，刘先生就以"斯巴达的黑劳士制度"作为论文选题，得到中方主持教师林志纯先生和苏联专家格拉德舍夫斯基首肯。由于刘先生已有充足的准备，他在进修班的学习效率很高，经过两年的努力，就完成了7万多字的论文《论黑劳士制度》。文章被全文翻译成俄文，进行了公开答辩。苏联专家的评价是"他已基本解决了这个问题"[⑤]。

中国的世界古代史研究起步晚，在1950年代，能在高校讲授《世界古代史》课程的师资都严重不足，像《论黑劳士制度》这样得到苏联专家高度认可、直达国际学术研究前沿的外国古代史研究论文，极为罕见。即使多年以后，也难说有多少成果达到了这样的高度。郭小凌先生评价这篇文章"始终是华语世界有关古代斯巴达黑劳士制度研究的经典之作。就史料的彻底性与论点的合理性而言，国内史学界至今仍无后来者"。[⑥]

刘先生在东北师大进修时，听苏联专家讲课，发现无论是欧美还是苏联学者写的世界史，都带有明显的"西方中心论"。刘先生觉得要改变这种状况，需要中国学者自己搞好世界史，写出中国自己的世界史，而"不搞印度，不搞中国，就是西方中心论"[⑦]。1957年，刘先

① 《丽泽忆往》，第235—236页。
② 《丽泽忆往》，第158页。
③ 张越、何佳岭：《史学·史学理论及史学史·比较史学——访刘家和教授》，《山东社会科学》2007年第5期。
④ 《丽泽忆往》，第159页。
⑤ 《丽泽忆往》，第172页。《论黑劳士制度》完成后，有老师推荐给上海人民出版社，出版社因为文章里面有质疑苏联专家的地方，认为不宜出版。这篇文章经大幅缩减后，于1982年在《世界古代史论丛》第1辑刊出。
⑥ 郭小凌：《史学园林中的"一只极为珍稀的鸟"》，《古代文明》2020年第1期。
⑦ 《丽泽忆往》，第180页。

生进修期满,回校任教。因为他是世界史教师,当时学科界限严格,做中国史研究会被认为专业思想不牢固,于是就准备研究印度,确定以种姓制度作为首先要攻关的问题。“我要研究的是印度种姓制度。为什么我要研究这个问题?其实,这个问题是跟斯巴达黑劳士制度联系在一起。黑劳士是一个阶级,也是一个等级,与此相应,印度种姓制度中有个首陀罗问题。另一方面,研究斯巴达黑劳士制度,一定要讲到斯巴达的土地制度。所以,我同时研究印度土地制度。”[①]那么,如何着手去研究呢?刘先生用目录学的方法,了解到西方学者、印度学者的研究状况,他觉得要把对这些问题的研究在既有成果上再推进一点,还需要有新的材料。那么,到哪儿能找到新材料呢?刘先生想到卷帙浩繁的汉传《大藏经》。还是用目录学的方法,刘先生确定了“研究种姓制度需要搞清的其实是《阿含部》”[②],于是就下苦功,自学梵文,钻研早期佛教文献。正逢困难时期,粮食定量供应,刘先生白天要工作,还要跟着参加运动,只好利用晚上的时间,每天饿着肚子学到半夜。以超人的坚韧与毅力钻研数年之后,刘先生在1962年发表了《印度早期佛教的种姓制度观》[③],1963年发表《古代印度的土地关系》[④]。还有一篇《公元前六至四世纪北印度社会性质和发展趋向蠡测》[⑤],初稿完成于“文革”前,直到1983年才发表。刘先生研究印度的文章一发表,就得到学术界的好评,尤其得到季羡林先生的高度赞扬。季先生说他用佛经研究印度史是一绝,开辟了新的路子,在可能的范围内,把该用的材料都用上了。

刘先生的古代印度社会研究没能持续下去,“文革”开始了。刘先生因为书法好,中国传统学问根底深厚,被安排去做了一些古代中国文字、文献方面的工作。到1973年,高校恢复招生,教学秩序逐步恢复,刘先生的研究重心,就逐渐转移到古代中国社会研究了。

刘先生研究古代中国社会,一开始,是为了世界史研究的需要。刘先生一直强调世界史不等于外国史,世界史必须包括中国史。[⑥]“文革”后期,林志纯先生找刘先生等几个学生合作编写《世界上古史纲》。林先生准备改变苏联教科书里的说法,即认为中国是东方不发达的奴隶社会,西方是发达的奴隶社会,他提出了书写世界上古历史的新体系:认为世界各地,早期都是城邦,后来发展到帝国。刘先生便运用林先生的这个理论,做了一些针对古代中国的研究。“我为了将林先生这个想法在写作中体现出来,我自己也做了一点工作,就是

---

① 《丽泽忆往》,第181页。

② 《丽泽忆往》,第182页。

③ 刘家和:《印度早期佛教的种姓制度观》,《北京师范大学学报(社会科学版)》1962年第2期。

④ 刘家和:《古代印度的土地关系》,《北京师范大学学报(社会科学版)》1963年第4期。

⑤ 刘家和:《公元前六至四世纪北印度社会性质和发展趋向蠡测》,《南亚研究》1983年第1期。

⑥ 刘先生多年来多次撰文,对此进行论证或呼吁学界注意这个问题,例如:《中国史对世界史的意义》,《史学史研究》1986年第2期;《历史的比较研究与世界历史》,《北京师范大学学报(社会科学版)》1996年第5期;《谈中国人治世界史》,《光明日报》2003年1月14日;《走出世界史研究的困境》,《中国社会科学报》2010年3月4日第7版(历史学);《试谈中国的世界史研究》,《光明日报》2015年1月10日第11版(理论·世界史)。

中国是不是城邦？”[①]他为此写了两篇文章——《三朝制新探》《楚邦的发生和发展》，论证古代中国和古代西方一样，同样存在着民主政治，同样经历了城邦时代。《三朝制新探》是“试图从中国礼制来讲”，“不是有外朝，有内朝，有治朝吗？外朝是朝国人，相当于西方公民大会，但是很少；内朝是贵族和元老院，就是君主制”。[②]《楚邦的发生和发展》则作为城邦存在和发展的具体例子来讲。

刘先生在接受林志纯先生城邦理论的同时，也对林先生强调世界之“同”而忽略“同”中之“异”的世界上古史体系产生了疑问：“我心里已经开始有一个想法，从城邦到大的帝国，是不是都这样，中国的城邦跟西方的城邦是不是还有差异？”[③]刘先生觉得还是要考虑到中国的特点。于是，他在参编林先生的书以外，几乎同时写了一本《世界上古史》教材，特别加了一个“余论”，谈中国的情况，并通过比较，讨论中国古代文明的特点与意义。[④]

1980 年，刘先生调到白寿彝先生领导下的史学所中国通史教研室。在 1980 年代，刘先生继续 1950 年代、1960 年代的古代社会结构问题探索，研究先秦时期中国的社会结构，先后发表了《〈书·梓材〉人历、人宥试释》[⑤]、《说〈诗·大雅·公刘〉及其反映的史事》[⑥]、《关于芳掩庀赋》[⑦]、《宗法辨疑》[⑧]等论文。先秦时期是中国传统经典的生成时期，要研究先秦时期的中国，不能不使用先秦文献，但要使用先秦文献，就得面临两个问题：一是先秦文献自身的生成问题，顾颉刚先生和《古史辨》的研究便主要是要解决这个问题；二是几千年经学传统下的经典解释问题。这个问题，有些学者直接屏蔽掉了，不谈，但先秦文献是通过经学传承才保留下来的，不谈经学的话，怎么能保证你用的是先秦文献？再说离了后世经学家的注释，很多先秦文献，今人根本读不懂。这两个问题，都是一团乱麻。但要解决第一个问题，又不得不从第二个问题开始清理。顾颉刚先生的上古史研究，被一些学者批评为古书研究，这也是无可奈何的事。刘先生的先秦中国社会研究，是直接从经学里面找问题，从古代学者的经注经说里，找到他们纠结不已、争执不休、解释不清的问题，参考其他先秦秦汉文献与古文字资料，综合运用文字、音韵、训诂等小学方法，力求准确把握住原文的真实涵义，然后辩证运用马克思主义的社会理论，参照世界历史上的类似事例，在充分吸收前人研究成果的基础上，做出自己的解释。刘先生的这个研究路数，没有中国传统学问的深厚功底，没有世界历史的广博视野和扎实知识，没有对马克思主义的透彻理解，没有对相关问

① 《丽泽忆往》，第 217 页。
② 《丽泽忆往》，第 217 页。
③ 《丽泽忆往》，第 219 页。
④ 《丽泽忆往》，第 219—220 页；刘家和主编：《世界上古史》，吉林人民出版社 1980 年版。
⑤ 刘家和：《〈书·梓材〉人历、人宥试释》，《中国史研究》1981 年第 4 期。
⑥ 刘家和：《说〈诗·大雅·公刘〉及其反映的史事》，《北京师范大学学报（社会科学版）》1982 年第 5 期。
⑦ 刘家和：《关于芳掩庀赋》，《江汉论坛》1984 年第 3 期。
⑧ 刘家和：《宗法辨疑》，《北京师范大学学报（社会科学版）》1987 年第 1 期。

题的国内外研究前沿的充分了解，是没办法去做的。刘先生研究中国史的论文《〈书·梓材〉人历、人宥试释》面世之后，令当时学者大感惊异。中国古代史研究大家林甘泉、赵光贤、于省吾等先生都对刘先生的研究给出了极高的赞誉。

到这时候，刘先生已经分别对古代希腊、古代印度、古代中国的社会结构进行了系统深入的研究。刘先生的古代希腊、印度、中国社会结构研究，是中国学者运用马克思主义研究古代社会的杰出范例。这些研究虽然涉及地域相去甚远，但又有始终不变的内核——古代社会结构问题，以及一以贯之的研究旨趣。这一以贯之的研究旨趣，主要体现在刘先生对基层劳动者身份属性的持久关注与深入研究。

古希腊斯巴达城邦中的黑劳士究竟是奴隶还是农奴？古代印度种姓制度中的首陀罗究竟属何种身份？《尚书》的"人历"所指谓何？《左传》中的"庶人"是什么性质的身份？刘先生的研究，着眼于基层劳动者的身份属性，遂使他对社会性质的判断，凿凿可据。众所周知，马克思、恩格斯研究古代社会，是为了解决资本主义生产方式从何而来的问题，故而他们关注的重心，始终是基层劳动者的身份问题，也即生产资料所有者通过何种方式剥削劳动者。马克思主义的社会形态理论，是对人类社会发展规律的高度概括，运用马克思主义研究具体社会中具体群体的身份属性时，一定要将这个群体置于所属社会历史背景中进行通盘考察，要综合社会经济、政治制度、社会意识、法律规范等多方面因素进行全方位考察，任何忽视与偏颇都会导致认识上的偏差。刘先生自觉而充分地运用了马克思主义的社会研究方法，他在研究古代希腊、印度、中国社会时，总是通过梳理问题的历史渊源、分析各种相关因素的实际情况与相互关系来一步步地探求真相。比如刘先生研究印度早期佛教的种姓制度观，他是就"早期佛教对于种姓制度的真实的态度，其所以采取这种态度的历史条件和社会根源，以及早期佛教在这方面的历史作用等"①进行探索。刘先生在研究斯巴达黑劳士制度时，确定的研究路径是："（1）黑劳士制度同其他任何事物一样，不是凝固的、一成不变的；它有自己的发生、发展、衰亡的过程。我们必须以历史的眼光把它作为一个发展过程来考察。（2）黑劳士制度不是孤立存在的，它是在一定的条件下发生、发展、衰落的；离开活生生的历史条件，就无法了解这种制度的历史必然性。我们必须把它作为整个斯巴达社会的有机结构的一部分来考察。（3）黑劳士制度作为一种具体的制度，其内容自然表现为多方面的。在研究过程中需要将其多方面的内容充分展开，但是需要的并不是简单罗列。我们必须考察这一制度多方面内容间内在的联系，从而把握它的本质的特点。"②在论文的第四部分也即最后部分，刘先生要对黑劳士的地位与性质问题做出自己的解答，他首先从三个方面全面且细致地梳理辨析了黑劳士的实际地位和处境：第一，黑劳士同土地的关系；

① 刘家和：《古代中国与世界——一个古史研究者的思考》，武汉出版社1995年版，第2页。

② 刘家和：《古代中国与世界——一个古史研究者的思考》，武汉出版社1995年版，第80—81页。

第二，黑劳士是否有自己的经济，他们的经济处境如何；第三，黑劳士在法律上处于何种地位，他们是否是斯巴达人的财产。[①]

要言之，刘先生通过深入研读马克思主义经典著作，准确把握住了不同社会形态下不同劳动者身份的本质特征与细微差别，[②]而他在史料搜集上巨细无遗，力求“竭泽而渔”，在文献使用上提纲挈领，善于运用目录学方法，在材料解读上中外兼通，参照不同语言的文本和不同国家的学者的研究成果来寻求最恰如其分的解释，这就使他的研究在“史料的彻底性与论点的合理性”上，达到了别人难以企及的高度。郭小凌先生对刘先生的黑劳士研究做出的这个评价，同样适用于刘先生的古代印度、古代中国社会研究。

由于近代以来西方文化的强势影响，刘先生很早就接触到古希腊文化，并对希腊哲学发生了兴趣，他在成为世界古代史教师之后，首先选定古代希腊作为自己的研究对象，这在一定程度上可以看作是社会环境影响下自然而然的反应。而后来刘先生转而研究印度，又转而研究中国，则既是主动抵制欧美和苏联的世界史书写中的“西方中心论”，更是对世界历史大势了然于胸后对个人学术事业和人生使命的慨然担当。希腊、印度、中国是源出上古又对世界产生了广泛而深远影响的三支文明，综合时间跨度、成就高度、流传广度、影响深度来看，别的任何文明都无法与这三支文明媲美。1949 年，德国哲学家卡尔·雅斯贝斯出版了《历史的起源与目标》一书，提出“轴心时代”和“轴心文明”概念。他认为：公元前 800 年到公元前 200 年，人类的自我意识觉醒在希腊、印度和中国不约而同地出现，此次精神觉醒中提出的问题和标准决定了世界文明的发展，其影响一直持续到现代。他将这个时代称为“轴心时代”，将这个时代的希腊、印度、中国文明称为“轴心文明”。[③] 由于 20 世纪中后期中国大陆与西方学术界长期不通音讯，刘先生直到 80 年代初赴美访学时才了解到雅斯贝斯及其研究，发现与自己的想法深相契合。回国后，他写成《论古代的人类精神觉醒》一文，在雅斯贝斯之说的基础上，重点分析了人类精神觉醒的内涵和出现的条件，比较了精神觉醒在三个文明中的不同表现与特点。[④] 这篇论文，可以说是刘先生对之前几十年的古代社会结构研究的总结，他用马克思主义的理论、方法，解答了雅斯贝斯书中阙疑未论的“轴心期文明”为什么在相去甚远、彼此悬隔的古代印度、中国、希腊几乎同时出现的问题。凭借对古代印度、中国、希腊社会的深入研究和广泛了解，刘先生举出了大量无可辩驳的历史事实，论证在约公元前 800 年以后的几个世纪里，印度、中国、希腊都出现了铁制工具的大规模使用、血缘组织的解体或削弱、小邦林立并互争雄长的社会历史现象，正是这三点，促成

---

① 刘家和：《古代中国与世界 —— 一个古史研究者的思考》，武汉出版社 1995 年版，第 104—115 页。

② 比如刘先生曾经专门写过《略论区分奴隶与农奴的理论标准》（《北京师范大学学报（社会科学版）》1959 年第 2 期）。

③ 〔德〕卡尔·雅斯贝斯：《历史的起源与目标》，魏楚雄、俞新天译，华夏出版社 1989 年版。

④ 刘家和：《论古代的人类精神觉醒》，《北京师范大学学报（社会科学版）》1989 年第 5 期。

了这三个古文明人类精神觉醒的共同的历史条件。雅斯贝斯的“轴心期文明”理论是西方学术界对“西方中心论”的重大突破，古代印度、古代中国跟古代希腊一样被视为影响世界历史走向的重要力量，并且有着几乎相同的时间节律。刘先生的《论古代的人类精神觉醒》从历史学的角度，对哲学家雅斯贝斯的天才之见给出了严密的论证，至此，他从1950年代开始的对世界历史之“同”的探索其实已基本解决了。但刘先生并未止步于此，他对这三个古文明社会结构的深入研究使他能敏锐地捕捉到别人难以察觉的同中之异。在《论古代的人类精神觉醒》这篇长文里，刘先生还系统地分析了古代印度、希腊、中国人类精神觉醒各自的特点，指出：“分别把人理解为宗教的动物、政治的（城邦的）动物或伦理的动物，这正是古代印度、希腊与中国在人的本质上所达到的各具特点的结论。”[①]共同的人类精神觉醒，却呈现出了思想文化上的“异”！可能正是这个发现，使刘先生从求“同”转向了求“异”，并对思想文化领域发生了强烈兴趣。可以说，这篇文章为他接下来的比较研究拉开了序幕。

三、从古代中、希、印社会结构研究转向中西历史文化比较研究

1980年，刘先生从历史系调到史学所。在别人看来，他在工作岗位和专业方向上好像有了一个大的变动。刘先生在《丽泽忆往》中解释了这个变动，他指出自己从世界史研究转到中国史研究，这之间是有着内在联系的：首先，他在研究印度的时候，已经把中国的东西运用过了，“我研究印度，很大程度上是靠国学的底子”[②]；其次，他“心里本来想研究中国史”，“我有多少年，下午到旧书店去，都是看中国的东西。我在家里看目录学书，到书店看中国古书。我对清人的年谱、清代学术一直有兴趣。我看清代的学术史，清人研究经学、小学的东西，有这么一个过程”。[③] 基于这两个原因，刘先生称他转到中国史研究是“回归”。

不过，随着刘先生向中国史研究的回归，他关注的问题确实发生了变化，到1990年代以后，他基本上不再做社会结构研究，而是倾注心力在中西历史与文化研究上了。刘先生从1950年代到1990年代初写成的重要文章，结集成《古代中国与世界》一书，由武汉出版社于1995年出版，收文21篇，有关于社会经济史者，有关于政治制度史者，有关于学术思想史者，但以社会经济史论文数量最多。从1990年代中期到2003年所写的主要论文，结集成《史学、经学与思想》一书，由北京师范大学出版社于2005年出版，收文21篇，内容即如书

① 刘家和：《论古代的人类精神觉醒》，《北京师范大学学报（社会科学版）》1989年第5期；刘家和：《古代中国与世界——一个古史研究者的思考》，武汉出版社1995年版，第599页。

② 《丽泽忆往》，第226页。

③ 《丽泽忆往》，第227页。

名所示，可分为史学研究、经学研究、思想研究三大类。在此之后写的论文，又从史学、经学、思想研究推进到中西思维方式、理性结构的比较，同时也进行历史（而非社会）的比较研究。对于学术研究兴趣的转向，刘先生在《丽泽忆往》中，讲了两个原因：

其一，在1980年代，刘先生数次出国访学、讲学，注意到了西方思想在马克思、恩格斯之后的发展，“我开始意识到学习马克思主义，还要注意马克思主义后来的发展情况，这对我以后思想开拓很有帮助，要把视野展开，要看它以后的发展。要不然，跟不上时代。所以，从那以后，我从新康德主义、新黑格尔主义一直到后现代主义，这些东西我都看。……如果没有这个刺激，没有这个挑战，可能我的眼界还封闭在原来状态”①。在马克思、恩格斯之后的西方哲学，从本体论转向认识论，特别是进入20世纪以后，哲学研究发生了一场波及几乎所有人文社会科学领域的“语言学转向”，这些新思潮、新方法必然会影响到刘先生对研究内容的选择。

其二，刘先生调到白寿彝先生主持的史学所后，参与编写白先生主编的《中国通史·导论卷》，刘先生负责撰写其中的第九章“中国在世界的地位”，用中西比较的视角，“在世界历史的背景下看中国，以及中国在世界历史中的作用及特点”。刘先生称通过这个比较，他“开始注意经学跟史学的关系了”。② 因为他发现他所研究的三个“轴心文明”各有所重：“我研究的不是中国、印度、西方三个‘轴心文明’吗？……希腊有发达的史学，有发达的哲学；印度有超级发达的哲学跟宗教，以及文学、语言学，各种科学都很发达，唯独就没有这个历史意识，印度有经学，没史学；而中国恰恰是什么呢？中国没有西方那样的哲学，纯粹形而上学，哲学是跟经学和史学在一起的。我认识到这些以后，在比较史学研究时，就重在中西了，因为印度史学没法比较。”③

另外，还有两件事，应该也影响到刘先生的研究转向。第一件，是他在1986年参加吴于廑先生和齐世荣先生任总主编的《世界史》编写工作。这部书分六卷，刘先生和王敦书先生任《古代史编》上卷的主编工作。这部书总的思想，是吴于廑先生提出的对“世界历史”的新阐释：“世界历史是对人类历史自原始、孤立、分散的人群发展为全世界成一密切联系整体的过程进行系统探讨和阐述。”④刘先生在他主编的第一卷里，充分将他的“轴心文明”思想、中外比较思想呈现出来了。这部书于1994年由高等教育出版社出版，作为高等院校历史专业世界史课的教材，一直使用到今天。就体例之严整有序、内容之全面精审、观点之透辟清晰而言，国内学者编著的世界通史类著述，迄今为止还没有任何一部能与之相比。这部书，尤其是刘先生和王敦书先生主编的《古代史编》上卷，基本实现了刘先生“要有中国人自己

① 《丽泽忆往》，第254—255页。
② 《丽泽忆往》，第255页。
③ 《丽泽忆往》，第255页。
④ 刘家和、王敦书主编：《世界史·古代史编》上卷，高等教育出版社1994年版，书前吴于廑“总序”第1页。

的世界史”的愿望,也体现了刘先生对于何为“世界史”的理解:“世界史不是外国史”,“不是国别史的累加”,而是“由多而一”“一中涵多”的整体的又包含着同中之异的世界范围内的历史。[①] 因此,这部书的完成,意味着刘先生在1950年代初开始担任世界史教师时确定的人生使命——“写出中国人自己的世界史”目标的基本达成。那么,接下来,确实需要开辟新的研究领域、确定新的研究目标了。

第二件,是刘先生在1980年代开始招收研究生,他要给研究生讲专业课。刘先生决定效仿陈垣先生当年给学生上课的方式,指导学生阅读古代经典和训练考证方法。他选择的书是《史记》。《史记》是史书,但《史记》写成于史学独立身份尚未确立的时代,还带有子书的特点;司马迁本人也受到西汉前期经学思想的影响,这也体现在《史记》的内容中;《史记》——尤其是先秦诸本纪,其材料主要来源于之前的经学、史学和子学著作。这样,通过《史记》,就把中国古代的经学、史学、子学串起来了,更不用说《史记》中精彩的历史叙事和丰富的历史知识了,值得探究的问题太多。刘先生的《史记》研读课,“在二十年内大概教了十届。就先秦史部分,大概讲了有十次以上”[②]。指导学生的过程也是自己研究的过程,刘先生在20多年的时间里反复研读《史记》,自然对史学以及与之密切相关的经学、子学特别感兴趣了。

如上所述,刘先生从古代中国、希腊、印度社会结构研究转向中西历史文化比较研究,是他把握1980年代的历史机遇,结合个人长期的学术追求与研究兴趣而做出的理性选择,是内因与外因互相激荡之下水到渠成的结果。刘先生小时候跟着私塾里的老先生读中国古书,很早就对中国传统学问发生兴趣,勤加研习;小时候又曾在教会学校接受西式教育,对西方的哲学、逻辑学也很有兴趣,并且打下了扎实的外语基础;上大学以后接触到马克思主义经典著作,反复研读;工作以后,又对古代希腊、古代印度、先秦中国的社会结构逐一进行研究,故而转向中西历史文化比较研究之后,刘先生更能将他的丰厚积累、不羁天才[③]发挥得淋漓尽致,研究的个人色彩也更为鲜明。

根据《丽泽忆往》中刘先生对自己学术研究历程的回顾,结合我个人跟随刘先生受教以及阅读刘先生论著得来的印象,我感到刘先生古史比较研究的内容,经历了一个从结构到类型的转变。一开始他研究的重心是古代社会的结构问题,从50年代到80年代,分别对古代希腊、印度、中国的社会结构进行了深入探索。最初进行这一研究,刘先生的目的是试图突破“西方中心论”,寻求异中之同,证明古代东方并不是长久停留在“亚细亚生产方式”或“东方专制主义状态”下,被历史遗忘,而是经历了与西方类似的社会发展。

---

① 刘家和:《历史的比较研究与世界历史》,《北京师范大学学报(社会科学版)》1996年第5期。

② 《丽泽忆往》,第276页。

③ 郭小凌认为刘先生是罕见的“天才型学者”,见郭小凌:《史学园林中的“一只极为珍稀的鸟”》,《古代文明》2020年第1期。

刘先生谈到，他在东北师大进修的时候，使用的是俄文版的苏联师范学院教科书，对书中关于东方社会的说法很不理解：

> 一天晚上，我陪林先生回他家，我走在路上低头问："林老师，您说，专家讲的农村公社，东方农村公社材料在哪儿？"……林先生犹豫了一下说："这个问题，我先不回答你。"林先生知道，那时对苏联专家不能提出怀疑，他不能作为苏联专家的辅导老师发表不同意见。然后，我说："我还能问您一个问题吗？"他说："你问，尽管问，看我能不能回答你。"……我说："东方专制主义这个提法合适吗？东方就是落后的，这个合适吗？东方是奴隶制不发达，就是东方就永远是早期的，西方一开头就是发达的，这个说得通吗？……"林先生回答说："我正在学习马克思主义。"①

不久林先生就出版了他根据俄文翻译的马克思《资本主义生产以前各形态》一书，这是林先生对刘先生问题的回答。刘先生自己的回答是研究古代印度、古代中国社会结构。在研究过程中，刘先生证明了异中之同，也发现了同中之异。这个同中之异，单就社会层面的比较是说不清楚的，需要从各自的历史渊源和文化传统里去找答案。

刘先生比较过"历史"与"社会"两个概念，指出："历史"的存在方式既是纵向的（vertical），也是历时的（diachronical）；"社会"的存在方式既是横向的（horizontal），又是共时性的（synchronical）；社会就是正在形成中的历史（History in making）。② 因此，可以说刘先生早年对古代希腊、印度、中国社会的研究，是截取了历史的三个断面进行研究，通过比较，发现不同断面有同——处于大致相同或相近的社会发展水平，也有异——不同断面有不同的内在特点。这个异主要不是由社会发展水平决定的，而是由其自身独特的历史发展和文化传统决定的。于是，刘先生后来的研究，就突破了断面的时间限制，进行更长时段的考察。横向的共时性的社会经纵向拉长之后，其地区性特点就会凸显出来，这样的历史比较，就更多地反映出文明（或文化）类型的差别。我感觉刘先生的比较研究经历了一个从结构到类型的转变，原因应该在此。刘先生在1990年代以后所做的比较研究，很少使用"社会"概念，更常使用的是"历史""文明""文化"，当然"史学""经学"和"思想"可以包含在"文化"之内。

刘先生以比较史学的倡导者和杰出的研究者闻名于世。由于刘先生自小打下的中国传统学术的基础，和他长久以来对西方学术的兴趣，他的中西比较研究，是在中西各自的学术文化传统与思想文化背景下进行的，这种比较必然会突破某个具体的历史的断面，而寻

① 《丽泽忆往》，第170页。

② 刘家和：《历史、史学与社会三者关系之思考》，《郑州大学学报（哲学社会科学版）》2013年第3期。

求跨越古今、贯通不同历史时期的根本性理解。刘先生在1990年代以后逐步从史学转入思想，又从思想转向理性结构，层层深入，直达核心，其基础与动力，应该还是在1950—1980年代对古代希腊、印度、中国社会的系统研究。2007年，刘先生在接受青年学者访谈时指出："我在侯外庐先生的著作中受到启发，认为研究思想史应先从社会经济史入手。"[①]刘先生在后一个阶段的比较研究——历史文化类型研究能够达到如此高的成就，是因为他有前一个阶段的社会结构研究的深厚基础，故而能在社会结构研究与文明（文化）类型之间，在理论追求与历史考证之间，找到合适的发力点，纵横融会贯通。刘先生的著作，既闪现着灵动的智慧[②]，又体现出凝重的思考[③]，原因应该在此。

追踪刘家和先生的古代社会研究历程，令我感佩至深的，是他做研究的纯粹与彻底。刘先生治学，既重视宏观的理论视野，又重视微观的考证功夫，他认为好的研究应该将二者统一起来，宏观研究应以微观研究为基础。刘先生最佩服的中国史学家，是钱大昕、陈垣，所看重的，当然是二人扎实精审的考证功夫。不过，对于如何去做考证，考证的一般方法，刘先生有自己的理解，这之中很重要的一项，就是加强逻辑思维的训练。刘先生对哲学很感兴趣，在这方面下过很大功夫。中国古代哲学思想，特别是先秦诸子思想，刘先生钻研极深。西方古代、近现代哲学思想，直至各种思想流派，刘先生也做过深入研究。至于基督神学、佛学玄理，刘先生曾因个人机缘浸润其中，故感悟尤深。刘先生热爱哲学，当然也有探寻人生真谛的用意，但主要目的，或者说从事学术研究工作的刘先生重视哲学的主要目的，是将其当作训练思维、涵养思想的工具，故虽精通哲学，并在学界同仁中以富于思想著称，但刘先生绝不以哲学家或思想家自居。刘先生认为自己就是个做事的人，能够踏踏实实做些事，解决些学术研究的具体问题，他就乐不可支了。刘先生的这种治学态度，在他的文章中有鲜明的体现。刘先生的文章，真正是"惟陈言之务去，戛戛乎其难哉"，老树峻干，绝无枝蔓。别的一些学者视若珍宝的灵光乍现的妙语，刘先生则可能因为其与主题关系不大而断然删除。刘先生写文章就像做数学题，用最简洁的语言、最恰当的表述、最合适的形式，阐明一个问题，或说明一个道理。在刘先生看来，不管你阐说这个问题、这个道理用了多少文字，但你最后一定要做到只用一两句话就能将其明白地概括表达出来，如果做不到这一点，那就证明你对这个问题、这个道理还没真正想清楚，你的思考还不成熟。这种在文风上对极致简约之美的崇尚，大约亦可以看作刘先生为人与为学之纯粹与彻底的表现吧。

---

① 张越、何佳岭：《史学·史学理论及史学史·比较史学——访刘家和教授》，《山东社会科学》2007年第5期。

② 郭小凌语，见郭小凌：《史学园林中的"一只极为珍稀的鸟"》，《古代文明》2020年第1期。

③ 吴怀祺语，见吴怀祺：《在凝重的思考中求索——读刘家和先生的〈古代中国与世界〉》，《史学理论研究》1997年第1期。

· 专题研究 ·

《诗经》中的情感共同性问题

李祥俊

摘要 在人类的意识现象中,情具有对象性、感应性的特征,情必然是感应的、共通的。《诗经》是早期中国社会生活和思想观念的艺术化、情感化表达,抒情性诗歌占据了大多数篇章,而情感共同性成为其根本旨趣。剖析《诗经》中的情感共同性,有自然呈现的情感共同性,也有情感共同性的阻碍与冲突,其中蕴含着丰富、复杂的人际情感表达方式。关于《诗经》情感共同性的理解方式多有分歧,有的侧重伦理政治规范以至天理的先验性,有的侧重历史文化传统的先天性,应该回到《诗经》本身人际情感的实践、交往生活本身,以健康、淳朴的情感共同性润泽我们的现实人生。

关键词 《诗经》 情感共同性 情本位

《诗经》是我国最早的一部诗歌总集,记载了从西周初年到春秋中叶中国古代社会生活的各个层面。作为一部诗歌作品集,《诗经》是古代社会生活的艺术化表现,具有浓厚的现实主义色彩,其中既有贵族生活的奢华,也有下层民众的苦难,既有对统治者的讽刺,又有对幸福生活、美好爱情的讴歌。情感的抒发是诗歌艺术的本质,而人际的情感共同性构成《诗经》重要而独特的思想内涵,这种情感共同性因其共同性而体现出哲学式的把握世界的方式,而因其情感的共同性又体现出与认知的共同性不同的思想特色。从共同性思想的视阈看,《诗经》中的情感共同性体现出中国传统哲学源头阶段的思想特色,因其"经典"而对后世学术思想影响巨大,有待我们做深入的剖析。

作者简介 北京师范大学价值与文化研究中心、哲学学院教授,历史学博士,研究方向为儒家哲学、中国哲学史。

基金项目 教育部人文社会科学重点研究基地"价值与文化研究中心"2016 年度重大项目"社会主义核心价值观建设与中国传统价值观的转化创新研究"(16JJD720004)。

一、情感共同性与《诗经》的抒情性主旨

诗歌是一个民族源头阶段的文化酵母，是刚进入文明社会的人类的精神脉搏的自然表现。就世界上几大古老文明的历史来看，早期诗歌的代表作往往是创世史诗、英雄史诗，如古巴比伦的《吉尔伽美什》、古印度的《罗摩衍那》、古希腊的《伊里亚特》和《奥德赛》等，传布至今的中国少数民族史诗则有藏族的《格萨尔》、蒙古族的《江格尔》等。而作为中华民族源头阶段诗歌代表的《诗经》是一部作品汇集，其中《商颂》《周颂》的一些篇章接近于史诗，但多短小简单，反而是以《国风》为代表的反映世态人情的作品占据绝大多数，尤其是描绘以爱情为主的人的情感世界之作，而寻求人际的情感共同性更是诗歌的主旨。《诗经》的抒情传统里面隐含着中华民族进入文明时代的某种思想密码，其中表现出来的思维模式与价值追求是后世思想的源头活水，也对后世思想的发展产生了深远的影响。

人的意识一般分为知、情、意三个部分，其中知侧重于对外在于人的意识的事物的认知，认知活动中占主导地位的是外在的事物，意侧重于对内在于人的意识的欲求的实现，意志活动中占主导地位的是内在的欲求，情在意识活动中最为特殊，它是内在意识与外在于人的意识的他者之间的共同产物。尽管人的知、情、意都离不开人的主观能动性，但情一定是感应中的存在，它不是单属于自我的，也不是单属于他者的，情感需要彼此之间的感应，所以，情一定是情感，而情感一定是主体间性的，也一定是共同性的，可以说，情蕴含着情的感应，情感蕴含着情感共同性。没有无共同性的光秃秃的情，情就要感，有感就有应，有感有应的情感就是一种生命、实践的共同性。而且情感只能是有意识的人际的存在，是自觉的人的交往实践的产物，自然事物之间只有机械的、有机的以至生命的结合，但他们不可能有意识自觉层面的情感，人、物之间也只能有拟人意义上的情感，实际上是人的情感的想象的、虚拟的对象化感应。

《诗经》三百零五篇，相较《易经》《尚书》《春秋》等元典，抒情性是其较为突出的特征，其中有些涉及人与神、人与物的情感，但都是以现实的人际情感为依托的。《诗经》中的情感世界是很丰富的，但从情感的相应性、对象化角度看，不外乎男女之间的性爱之情、亲属之间的血缘亲情、朋友同事之间的协作友情，而尤以男女之情为多，爱情、亲情、友情三大分类基本可以涵盖《诗经》中关于情感、情感共同性的表述。我们说《诗经》中的大多数诗歌是抒情性的，但“情”字在《诗经》中只出现过一次，即《陈风·宛丘》中的“子之汤兮，宛丘之上兮。洵有情兮，而无望兮！”[①]可见表达情感普遍性的抽象概念的情在当时尚未流行，因此，

① 陈子展：《诗经直解》，复旦大学出版社2015年版，第254页。

我们讨论《诗经》的情感共同性问题只能从《诗经》中关于不同情感的表现中来捕捉当时人对情感、情感共同性的理解。“共”字在《诗经》中出现过14次，多为名词性的人名、地名，或作为动词的供职之供等，但从中不难看出有共同性意义的意蕴。“同”字在《诗经》中出现过40次，其基本意义是行为动词的“会合”“聚集”，有引申的意义，其中最多的是伴随动词“偕同”、形容词“一样”，以及及物动词“统一”“齐一”等，从中可以看出当时的人对于共同、共同性的蕴意已有了比较深入的体会。

《诗经》三百零五篇在上古时代是诗文、歌诵、舞蹈的统一体，多为在集会、游憩、节日、祭祀等共同生活场域展开的艺术化活动，其表现方式本身有浓重的公共性意味。《诗经》的内容也和上古时代的人们的共同生活紧密联系，既有“饥者歌其食，劳者歌其事”①，更多的则为心灵的咏叹、重大历史事件的反思等，后世对于诗歌文辞意义的理解存在着众多重大的分歧。早在春秋时期，《诗经》中的诗歌就已经成为全社会共同的话语系统。在结集和流传的过程中，有作《诗》者的义，有采《诗》者的义，有用《诗》者的义，有解《诗》者的义。我们研究《诗经》的情感共同性问题，不妨截断众流，回到文本本身，直接就其中蕴含的情感内容、表达方式进行分析，感受两千五百多年前华夏先民的深沉情思。

二、《诗经》中的情感共同性的表达方式

《诗经》三百零五篇，情感抒发类占了大多数，不论是爱情还是亲情、友情都蕴含了人际情感的共同性诉求。而其情感共同性的表达方式也是多种多样的，有实现了的现实的情感共同性，但更多的还是想象中的、希望中的情感共同性，这种非现实的情感共同性的表达方式更能体现出人性中的内在渴望与人我关系的复杂性、变化性。

《诗经》中有大量表述男女性爱之情的诗歌，这些诗歌在传统儒家诗教中多被当作“淫诗”看待，但这些诗往往表达的正是现实的情感共同性：《召南・野有死麕》表述男女之间私密的性爱所传达的两情相悦，《邶风・静女》表述约会中男女之间的情感互动，《鄘风・桑中》则表述了相爱中的男女难分难舍的离别之情。《卫风・木瓜》则把男女之间相感相应的情感共同性用反复咏叹的方式表达出来，其中“投”“报”等字的使用把情感之间的共同性生动地刻画出来：“投我以木瓜，报之以琼琚。匪报也，永以为好也。投我以木桃，报之以琼瑶。匪报也，永以为好也。投我以木李，报之以琼玖。匪报也，永以为好也。”②与男女之间性爱之情的感应相通相类似，亲人之间、朋友之间同样也有相互感应的情感共同性存在，《小雅・伐木》是对真挚亲情、友情的赞美：“嘤其鸣矣，求其友声。相彼鸟矣，犹求友声；矧

① [汉]何休：《春秋公羊解诂》，[清]阮元校刻：《十三经注疏》，中华书局1980年版，第2287页。
② 陈子展：《诗经直解》，复旦大学出版社2015年版，第136—137页。

伊人矣,不求友生？神之听之,终和且平。”[①]《诗经》中有多篇表述战争中的战友之情,《秦风·无衣》表达的战士之间同仇敌忾、生死与共的袍泽之情令人动容:“岂曰无衣？与子同袍。王于兴师:修我戈矛,与子同仇！岂曰无衣？与子同泽。王于兴师:修我矛戟,与子偕作！岂曰无衣？与子同裳。王于兴师:修我甲兵,与子偕行!”[②]诗中反复出现的“与”“同”等字正是对战友之间情感共同性的热烈咏叹。

《诗经》中的很多诗歌表述的是对他者的关爱、思念之情,但这种情感共同性并非现实的存在,而是在想象中得以实现的,它对于人的情感的复杂性、隐微性有更深入的表达。《周南·卷耳》描述采卷耳的女子思念自己的丈夫,在想象中她的丈夫骑马登高、行路崎岖,她的情感共鸣借此得以实现,现实与想象的交织使内在的情感得到了更丰富的表达:“采采卷耳,不盈顷筐。嗟我怀人,寘彼周行。陟彼崔嵬,我马虺隤。我姑酌彼金罍,维以不永怀！陟彼高冈,我马玄黄。我姑酌彼兕觥,维以不永伤！陟彼砠矣,我马瘏矣,我仆痡矣,云何吁矣!”[③]《邶风·击鼓》中南征的士兵在想象中与自己的妻子永结同心:“击鼓其镗,踊跃用兵。土国城漕,我独南行！从孙子仲,平陈与宋。不我以归,忧心有忡！爰居爰处,爰丧其马。于以求之,于林之下。死生契阔,与子成说！执子之手,与子偕老！于嗟阔兮,不我活兮！于嗟洵兮,不我信兮!”[④]《唐风·葛生》表达生者对死者的思念之情,更是在想象中穿越生死界限而共在,一往情深,死而不休:“葛生蒙楚,蔹蔓于野。予美亡此,谁与独处？葛生蒙棘,蔹蔓于域。予美亡此,谁与独息？角枕粲兮,锦衾烂兮。予美亡此,谁与独旦？夏之日！冬之夜！百岁之后,归于其居！冬之夜！夏之日！百岁之后,归于其室!”[⑤]

与现实的情感共同性、想象的情感共同性相比,《诗经》中更多的是希望的情感共同性,它只是诉说对他者的关爱、思念、想望之情,这种情感不但在现实中不存在,也没有在想象中实现,而只是一种呼吁、祈请,这尤其表现在关于男女性爱之情一类的诗歌中。《周南·关雎》是《诗经》的首篇,为历代注释家、读诗者所重视,有多种解说,究其文本实际而言,就是一个男士对自己爱慕的女性的反复赞美、向往之情:“关关雎鸠,在河之洲。窈窕淑女,君子好逑！参差荇菜,左右流之。窈窕淑女,寤寐求之。求之不得,寤寐思服。悠哉悠哉！辗转反侧。参差荇菜,左右采之。窈窕淑女,琴瑟友之。参差荇菜,左右芼之。窈窕淑女,钟鼓乐之。”[⑥]诗从个体的强烈爱慕之情出发,希望达到与对方为一的境地,试图用琴瑟、钟鼓来取悦对方,实现情感的共同,但究实而言,还只是表达了一种强烈的希望,是男士对淑女的

① 陈子展:《诗经直解》,复旦大学出版社2015年版,第318页。
② 陈子展:《诗经直解》,复旦大学出版社2015年版,第246—247页。
③ 陈子展:《诗经直解》,复旦大学出版社2015年版,第32—33页。
④ 陈子展:《诗经直解》,复旦大学出版社2015年版,第79—80页。
⑤ 陈子展:《诗经直解》,复旦大学出版社2015年版,第227—228页。
⑥ 陈子展:《诗经直解》,复旦大学出版社2015年版,第30页。

单相思。《诗经》中与《周南·关雎》相类似的诗篇还有很多——《召南·殷其靁》中表达了盼望见到“振振君子”的热切情感,《召南·摽有梅》中再三咏叹“求我庶士”,它们都是在表达一种希望的情感共同性,是自我意识、情感的对象化冲动,而在这一过程中,自身的情感也达到了一种抒发和升华。当然,就《诗经》文本本身看,希望的情感共同性的描述往往和想象的情感共同性的描述交织在一起,而且现实的情感共同性描述中往往也交织着想象的情感共同性的描述和希望的情感共同性的诉求,我们只是从类型上对其加以划分,以展现其中蕴含的隐微、深沉的思想感情。

上述情感共同性的表达方式,有的具有现实性,有的只存在于想象、希望之中,但都是一种正面的表达方式,而在《诗经》中,还有一些诗歌表述了情感共同性受到阻碍以至相互冲突的情形,但它们仍然是包容在情感共同性内部的,是情感共同性的另外一种表达方式,就像恨和爱都是人际情感交通方式一样。《诗经》中有很多诗篇描述因他者或外在原因导致的情感共同性受到阻碍的情形,《秦风·蒹葭》就反复咏叹了爱而不可得的悲伤情调:“蒹葭苍苍,白露为霜。所谓伊人,在水一方。溯洄从之,道阻且长。溯游从之,宛在水中央。蒹葭萋萋,白露未晞。所谓伊人,在水之湄。溯洄从之,道阻且跻。溯游从之,宛在水中坻。蒹葭采采,白露未已。所谓伊人,在水之涘。溯洄从之,道阻且右。溯游从之,宛在水中沚。”①此诗可与《周南·关雎》相对应着看,都是爱慕不已的深情,尽管《关雎》只是想象中的、希望中的实现,而《蒹葭》则只有一种绝望而又坚持的情绪。与爱而不得相比,还有一些情感共同性的阻碍则来自他人和社会习俗。《鄘风·柏舟》的主人公抱怨母亲阻碍自己的爱情,表达了对所爱者至死不渝的深情:“泛彼柏舟,在彼中河。髧彼两髦,实维我仪。之死矢靡它。母也天只,不谅人只!泛彼柏舟,在彼河侧。髧彼两髦,实维我特。之死矢靡慝。母也天只!不谅人只!”②《郑风·将仲子》则担心来自父母、他人的阻碍,所谓人言可畏,隐含着对人伦规范的戒惧态度:“将仲子兮!无逾我里,无折我树杞。岂敢爱之?畏我父母。仲可怀也;父母之言,亦可畏也!将仲子兮!无逾我墙,无折我树桑。岂敢爱之?畏我诸兄。仲可怀也;诸兄之言,亦可畏也!将仲子兮!无逾我园,无折我树檀。岂敢爱之?畏人之多言。仲可怀也;人之多言,亦可畏也!”③与受到外在因素阻碍导致爱而不得相比,《诗经》还有一些诗歌则描述了情感共同性中的内在意识因素的阻碍,诗中的主人公往往抱怨他者的冷漠无情,有的是抱怨男女情爱中的他者,有的是抱怨亲情中的他者。《邶风·柏舟》表达了对丈夫、兄弟情感冷漠的不满,《邶风·日月》《秦风·晨风》等则是对自身情感得不到他者回应的怨恨。

---

① 陈子展:《诗经直解》,复旦大学出版社 2015 年版,第 239—240 页。
② 陈子展:《诗经直解》,复旦大学出版社 2015 年版,第 105—106 页。
③ 陈子展:《诗经直解》,复旦大学出版社 2015 年版,第 158—159 页。

情感共同性的内在意识因素阻碍中已经包含价值观念、道德标准问题了，《诗经》中还有一些诗则表述了情感共同性中的相互冲突问题，其中价值观念、道德标准占据了更加重要的地位，这一类诗歌中围绕男女爱情、婚姻问题展开的最多。《卫风·氓》描述了男女之间由两情相悦到情感破裂、婚姻死亡的过程，主人公批评男方德行不一、喜新厌旧，感伤自身的不幸遭遇："桑之未落，其叶沃若。于嗟鸠兮，无食桑葚。于嗟女兮，无与士耽！士之耽兮，犹可说也。女之耽兮，不可说也。桑之落矣，其黄而陨。自我徂尔，三岁食贫。淇水汤汤，渐车帷裳。女也不爽，士贰其行。士也罔极，二三其德！……及尔偕老！老使我怨？淇则有岸，隰则有泮！总角之宴，言笑晏晏。信誓旦旦，不思其反。反是不思，亦已焉哉！"[①]在情感共同性的冲突中，受到伤害的一方往往从道德上指责对方，要求情感的专一性，类似的表述在《诗经》中还有很多。《小雅·谷风》指责他者对自身情感的抛弃："习习谷风，维风及雨。将恐将惧，维予与女。将安将乐，女转弃予！习习谷风，维风及颓。将恐将惧，寘予与怀。将安将乐，弃予如遗！"[②]《小雅·白华》被传世的《诗序》作为悲悯申后、斥责周幽王之诗，但究其实也是表述情感共同性的冲突，被伤害者从道德上指责对方无良、情感不专一："樵彼桑薪，卬烘于煁。维彼硕人，实劳我心！鼓钟于宫，声闻于外。念子懆懆，视我迈迈？有鹙在梁，有鹤在林。维彼硕人，实劳我心！鸳鸯在梁，戢其左翼。之子无良，二三其德。"[③]

三、《诗经》中的情感共同性的理解方式

《诗经》三百零五篇以抒情为本，情感蕴含着共同性，但情感共同性本身的内容、表达形式都是复杂多样的，不是所有的情感共同性都是自然发生的，其中会有阻碍以至冲突，而且不管是自然发生的还是受到阻碍的，情感共同性本身是否合理也是一个问题。《诗经》作为早期华夏先民情感世界的呈现，构成一个整全的统一体，如何理解其中关于情感共同性的诗性表达，成为《诗经》学研究者以及每一位《诗经》的阅读者都需要面对的问题。

《诗经》整体上是早期中国思想世界的艺术化、情感化表达，从生活存在本身看《诗经》，必须肯认它的终极合理性、整体合理性，这是一个信仰的维度。从《春秋左氏传》等记载来看，《诗经》在春秋时期的社会生活中被广泛接受，成为人们抒情达意、是非褒贬的重要依据。孔子儒家兴起之后，尧、舜、禹、汤、文、武、周公统治下的时代一直被奉为太平盛世的典范，因此反映这个大时代的《诗经》也被视作记载先王之道的经典而受到推崇，《论语·为

① 陈子展：《诗经直解》，复旦大学出版社 2015 年版，第 128—130 页。
② 陈子展：《诗经直解》，复旦大学出版社 2015 年版，第 420 页。
③ 陈子展：《诗经直解》，复旦大学出版社 2015 年版，第 485—486 页。

政》中提出"《诗》三百,一言以蔽之,曰:'思无邪'"①。从儒家礼教、诗教的视阈看,有所谓"美刺"说,《诗经》中的一些诗歌的情感共同性表达被视作合乎礼教、宣扬礼教的正面诗篇,而另外一些诗歌的情感共同性则被看成违背礼教的反面教材,整个《诗经》变成了一本伦理政治的教科书。《诗大序》曰:"诗者,志之所之也。在心为志,发言为诗。情动于中而形于言,言之不足故嗟叹之,嗟叹之不足故永歌之。永歌之不足,不知手之舞之,足之蹈之也。情发于声,声成文谓之音。治世之音安以乐,其政和。乱世之音怨以怒,其政乖。亡国之音哀以思,其民困。故正得失,动天地,感鬼神,莫近于诗。先王以是经夫妇,成孝敬,厚人伦,美教化,移风俗。……发乎情,止乎礼义。发乎情,民之性也。止乎礼义,先王之泽也。"②这里的"志"并不是自然情感,而是"发乎情,止乎礼义"合乎儒家礼教的情感表达,是考察社会伦理政治兴衰治乱的标志。

从礼教的角度理解,把《诗经》的情感共同性与儒家礼教精神融合起来,从孔子到汉代儒家经学,逐渐形成了儒家诗教传统,这是其后两千多年占据主流的理解方式,后来的宋明新儒学虽然有抉发《诗经》情感共同性与儒家礼教不一致的地方,但仍然从维护礼教的角度,把《诗经》中描述的先民的自然情感归为提供批判的反面教材,甚至出现"删诗"的极端做法。近现代社会转型,一大批学者批判反思儒家礼教、诗教,重新发掘《诗经》中的情感抒发、情感共同性,侧重揭示其中蕴含的民间性、个体性,这个意义上的情感共同性显然是生活化、经验层面的。但数千年儒家礼教、诗教的传统惯性是巨大的,近年来,一些学者又开始回归儒家礼教、诗教,肯定《诗经》情感共同性中的伦理政治蕴含,消解其中的民间性、抒情性。还有一些研究者则从民俗学、人类学的角度,把《诗经》中的情感共同性归因于历史文化传统的原始风俗、习俗、礼俗。法国学者葛兰言试图论证《诗经》中的情感类诗歌都是传统风俗仪式中的套路性产物,并非个人情性的表达:"与其说歌谣表达了情感,不如说表达了情感主题,举例来说,约会、订婚礼、口角和分离。这些事情对所有人都是同样的,而且所有男男女女都以同样方式对此作出反应。没有哪颗心感受到一点点任何个人的情绪,没有哪件事是独一无二的,没有哪个恋人完全用他自己的方式爱过或痛苦过。所有的个人性都被全然淹没,哪怕是表达个人性的努力都无从得见。"③这是用不自觉的原始共同性来遮蔽现实的、经验的情感共同性,尽管和儒家礼教、诗教所倡导的自觉的先验的超越共同性有所不同,但在目的上是殊途同归的。

综上所述,关于《诗经》中的情感共同性的理解不外乎两种,一种是强调《诗经》情感共同性的主体间性、抒情性、现实经验性,以近现代文学化、历史学化的《诗经》研究为主,而另

---

① 杨伯峻:《论语译注》,中华书局 1980 年版,第 11 页。
② 陈子展:《诗经直解》,复旦大学出版社 2015 年版,第 29 页。
③ 〔法〕葛兰言:《古代中国的节庆与歌谣》,赵丙祥、张宏明译,广西师范大学出版社 2005 年版,第 74 页。

一种则是强调《诗经》情感共同性的伦理政治规范性、生命存在整体性、历史文化传统性等，以传统儒家经学的诗教为主。我们的理解是，《诗经》是早期中国社会生活的反映，是华夏先民情感共同性的直接表现，情感共同性是人生的本身，它不是达到某种别的目的的工具性存在，它就是人生的目的性本身。《诗经》中的情感共同性是具体生活中的人的情感抒发、交流、融通的自然表达，它是生活实践的结果，是日常经验中的共同性，它固然受到历史文化传统、现实伦理政治规范的制约、影响，但不能将它本身的存在取消，礼教、诗教的规范是建立在人类的情感生活基础之上的，是情本位而不是礼本位、仁本位以至天理本位，这种生活实践基础上的现实的、经验的共同性是我们必须坚持的基本立场。至于用原始风俗的历史文化传统来抹煞《诗经》的抒情性、主体性仍然是不能成立的，传统风俗仍然是奠基于人类的生活实践之上的，即使承认传统风俗、套路的影响也仍然不能否定作诗者的个人情性的存在，只要看一看《卫风・氓》那样的诗篇就足以破除这样的理解了。

《诗经》是早期中国的一部诗歌总集，其中有官方的教化诗，有民俗的歌谣，但也有士大夫以至一般民众的咏叹诗，即使是歌谣，其中也有歌唱者的发挥，即使是官方教化，其中也有作者的特色。对于《诗经》的情感共同性问题，我们倡导真正意义上的“情本论”，在情感与欲望、意志、认知的多维互动中，在人与人的生活实践中，寻求情感的抒发、情感共同性的合理化。今天的中国社会面临着三千年未有的大变局，我们要批判反思两千多年儒家礼教、诗教的遮蔽，回归早期中国思想中的《诗经》的情感共同性，此种共同性与个体性不矛盾，是人际健康、淳朴的生命、生活的现实交往，是实践的、经验的、交感的共同性，而不是礼教—天理式的整体主义的先验的共同性，也不是风俗、礼仪式的传统主义的先天的共同性，用我们自身的生命、生活理解现实，同时用我们自身的生命、生活理解《诗经》，以《诗经》中的情感共同性润泽我们的现实生命、生活。

清华简与《史记》的相关记述

刘国忠　吴安娜

摘要　史源学是陈垣先生倡导的一种研究方法,通过正本溯源、抽丝剥茧的分析研究,厘清史学著作的史料来源及其学术价值。司马迁所撰的《史记》一书,由于撰写的时代太早,所依据的史源多已不存,本身并不太适合做史源学的分析;但是,近年新公布的清华简是一批以经、史类典籍为主的先秦文献,与《史记》所述的历史存在诸多交织,可以帮助我们认识《史记》一书中的部分史料来源及其价值。本文利用史源学和校勘学的方法,结合清华简的有关记述,举例分析《史记》一书所述史料的来源,指出其中存在的一些不足,以及后人阅读《史记》时出现的一些误解,以期更好地认识《史记》的特色与贡献。

关键词　清华简　《史记》　史源学

史学大师陈垣先生在20世纪三四十年代提出了史源学的研究方法,并在辅仁大学、北京大学等校开设了"史源学研究""史源学实习"等相关的课程。之所以称为史源学,是因为这一方法是通过考察前人著述所用史料的来源出处,判断该著作的根据是否正确,引证是否充分,叙述有无错误,结论是否客观,进而对此著作的史料和使用价值做出正确的评价。陈垣先生曾多次指出,"读史必须观其语之所自出","史源不清,浊流靡已",强调对史源的分析与研究是判断史学著作学术价值的重要依据。他甚至将"毋信人之言,人实诳汝"作为考寻史源的两句金言。[①] 与此同时,陈垣先生在《校勘学释例》一书中,还对校勘古书提出了"对校、本校、他校、理校"等四种方法。[②] 四校法不仅科学缜密,而且内涵丰富,已经广为学

作者简介　刘国忠,清华大学出土文献研究与保护中心教授,历史学博士,研究方向为中国古代史、简帛学;吴安娜,美国旧金山大学东亚系历史学硕士,研究方向为中国古代史、简帛学。

基金项目　国家社会科学基金重大项目"清华简与儒家经典的形成发展研究"(16ZDA114)、"清华大学藏战国竹简的价值挖掘与传承传播研究"(20&ZD309)和"古文字与中华文明传承发展工程"协同攻关创新平台的阶段性成果。

① 陈智超编注:《陈垣史源学杂文(增订本)》,生活·读书·新知三联书店2007年版,第116页。

② 陈垣:《校勘学释例》,上海书店出版社1997年版,第118—122页。

术界所接受。①

本文拟利用新公布的清华简诸篇文献，利用史源学的理论与他校法等校勘方法，对《史记》中的一些记述进行正本清源的分析，希望能够对《史记》的研究有所促进。

一、清华简概述

2008年7月15日，清华大学入藏了一批战国竹简，通称清华简。这批竹简的内容十分珍贵重要，受到了党和国家领导人及社会各界的高度重视，成为当前文史研究的一个热点。

2008年10月，清华简鉴定会邀请了裘锡圭、李伯谦等十几位专家学者对清华简进行了观察鉴定。专家们对清华简予以高度评价，给出了权威性的鉴定意见。专家们认为，这批竹简应该是楚地出土的简册，并指出："这批竹简内涵丰富，初步观察以书籍为主，其中有对探索中国历史和传统文化极为重要的'经、史'类书，大多在已经发现的先秦竹简中是从未见过的，具有极高的学术价值；在简牍形制与古文字研究等方面也具有重要价值"；"这批战国竹简是十分珍贵的历史文物，涉及中国传统文化的核心内容，是前所罕见的重大发现，必将受到国内外学者重视，对历史学、考古学、古文字学、文献学等许多学科将会产生广泛深远的影响"。如今，专家们的预见不仅悉数得到了证实，而且在经过多年的系统整理之后，现在我们知道清华简中不仅有重要的"经""史"类文献，还有很多"子"类的书籍，而且绝大部分都是失传两千多年的经典文献，涉及传统文化的核心内容，对历史学、考古学、古文字学、文献学等学科的研究都产生了积极的推动作用。

2010年，清华简第一辑整理报告正式出版公布。经过十余年的整理工作，清华简目前已经出版到第十三辑。未经整理的竹简估计还能出版三辑，预计将在三年之内全部整理完毕并予以公布。已公布的清华简受到了学术界的高度重视，并分别被列入第四、第五、第六批《国家珍贵古籍名录》，总数已达44篇，这是国家和学术界对清华简学术价值的部分肯定。

清华简之所以有如此重要的价值，与其自身的特点息息相关，其特点可以概括为以下三个方面：

第一，时代很早。根据碳十四的测定，清华简的抄写时代大概在公元前305年±30年，属战国中期偏晚，相当于庄子、孟子、屈原生活的时代。这批竹简没有遭遇秦始皇焚书之厄，从而保存了先秦古籍的原貌，属于国宝级的奇珍。

第二，数量众多。清华简总数约为2500枚，是迄今发现的战国竹简中数量最大的一批，内容异常丰富。

---

① 李山：《陈垣"四校法"疏解》，《传统文化与现代化》1994年第4期。

第三，意义重大。从目前了解情况来看，清华简全部都是古书，以“经”“史”类典籍为主，还有一些“子”类的思想性文献，共有 70 多篇。除了《金縢》《皇门》《祭公》《命训》《程寤》等数篇有传世本可以对照外，其余全部都是新面世的珍本秘籍；即便是有传世古书对照的诸篇，也能对传世本起重要的订正作用。这 70 多篇清华简涉及中国传统文化的核心内容，许多篇目的价值都是空前的。这些众多的清华简文献，为学术界研究中国历史与文化提供了宝贵的材料。它们对于中国历史文化研究的重要推动作用，会随着时间的推移而不断得到揭示。[①]

二、从史源学角度看《史记》的不足

《史记》是我国最早的一部纪传体史书。司马迁与其父亲司马谈利用担任太史令的有利条件，系统研读了西汉皇室珍藏的档案文献，结合自己的考察和认识，用了 50 多万字的篇幅，记述了从黄帝时代直至他们生活的汉武帝时期的历史，时间跨度几乎长达 3000 年，保存了许多珍贵的历史资料。《史记》不仅要记录历史的演变历程，司马迁还希望这一著作能够“原始察终，见盛观衰”，总结中国历史发生、发展、演变的规律，这种精神也十分值得后人敬佩。《史记》创造了纪传体的史书编写方法，通过多重角度叙述历史，文笔优美，叙述清晰，对许多人物的记述和刻画栩栩如生，给人以极其深刻的印象，鲁迅的名言“史家之绝唱，无韵之《离骚》”，可谓是对《史记》的精当评价。

《史记》一书的优点毋庸多言，但这部名作仍存在一定不足：

首先，众多原始文献的缺失，对《史记》的撰写造成了重大的影响。这里面最重要的就是秦朝的焚书。《秦始皇本纪》载李斯上言曰：“臣请史官非《秦记》皆烧之。非博士官所职，天下敢有藏《诗》、《书》、百家语者，悉诣守、尉杂烧之。有敢偶语《诗》《书》者弃市。以古非今者族。吏见知不举者与同罪。令下三十日不烧，黥为城旦。所不去者，医药卜筮种树之书。若欲有学法令，以吏为师。”[②]秦代的焚书对先秦典籍造成了巨大的破坏。李学勤先生曾指出，我们现在发现的很多从秦到汉初的简牍图书，基本上都在“医药卜筮种树之书”的范围之内，而见不到“六艺”或其他思想性的书籍，足见焚书政策在当时得到了彻底的执行。[③] 司马迁在《太史公自序》中说：“周道废，秦拨去古文，焚灭《诗》《书》，故明堂石室金匮玉版图籍散乱。”[④]在《史记·六国年表》又言：“秦既得意，烧天下《诗》《书》，诸侯史记尤甚，

① 本节内容参考笔者的《走近清华简（增补版）》一书，清华大学出版社 2020 年版。

② ［汉］司马迁：《史记》，中华书局 1982 年版，第 255 页。

③ 李学勤：《从出土简帛谈到〈挟书律〉》，载《周秦汉唐研究》第 1 册，三秦出版社 1998 年版。

④ ［汉］司马迁：《史记》，中华书局 1982 年版，第 3319 页。

为其有所刺讥也。《诗》《书》所以复见者,多藏人家,而史记独藏周室,以故灭。惜哉,惜哉!独有《秦记》,又不载日月,其文略不具。”①从中可以体会司马迁对于秦代焚书所造成的破坏无比痛惜的心情。《诗》《书》等文献或因伏生所藏,或因时人多能背诵,故而在西汉初年得以恢复。但是各国的史书只收藏于秦代皇室,经过秦朝的焚毁,便再也无从得见了。虽然当时还有《秦记》的相关记载,但秦人对历史记载并不十分重视,《秦记》的记载也颇为简略,甚至连一些时间的信息都不具备。由于秦代焚书等原因造成的巨大损失,司马迁的《史记》在可利用史料方面存在天然的缺陷。

其次,司马迁考信于六艺,主观上对史料的选取会有一定的片面性。司马迁十分推崇孔子,他在《孔子世家》篇后评论道:“自天子王侯,中国言六艺者折中于夫子,可谓至圣矣!”②在《太史公自序》中又说:“先人有言:‘自周公卒五百岁而有孔子。孔子卒后至于今五百岁,有能绍明世,正《易传》,继《春秋》,本《诗》《书》《礼》《乐》之际?’意在斯乎!意在斯乎!小子何敢让焉!”③这里司马迁已经明确表示,他所撰的《史记》就是要接续孔子的《春秋》。在《史记·六国年表》中,司马迁又说:“余于是因《秦记》,踵《春秋》之后,起周元王,表六国时事,讫二世,凡二百七十年,著诸所闻兴坏之端。后有君子,以览观焉。”④可见《六国年表》从编排上就是直接延续《春秋》而作。司马迁根据大量的文献,将三千年的历史汇著成《史记》一书,其中不可避免地也会有一些记载矛盾或歧异之处。在遇到这些原始材料自相矛盾的地方时,司马迁的原则是“厥协六经异传,整齐百家杂语”⑤,具体而言就是以孔子及其论述作为删削的依据。比如,在撰写《五帝本纪》过程中,由于有关五帝的记载十分丰富,而且各种论述鱼龙混杂,司马迁依据的主要就是儒家的《尚书》、《五帝德》、《帝系》(即《帝系姓》篇)等文献:“太史公曰:学者多称五帝,尚矣。然《尚书》独载尧以来;而百家言黄帝,其文不雅驯,荐绅先生难言之。……余并论次,择其言尤雅者,故著为本纪书首。”⑥从中可以看出,司马迁对《五帝本纪》的内容处理,实际上就是在《五帝德》《帝系姓》的基础上,结合了《尧典》《舜典》等材料而编成的。孔子等儒家学者对于历史有很多的讨论和认识,许多见解当然非常重要,但是如果仅仅以儒家“六经”为标准,这个做法还是值得商榷的。“六经”所载的历史并不一定完整,而且儒家的历史视角也不见得完全可靠。所以,《史记》在史料选择方面一定会有所遗漏。⑦

① [汉]司马迁:《史记》,中华书局1982年版,第686页。
② [汉]司马迁:《史记》,中华书局1982年版,第1947页。
③ [汉]司马迁:《史记》,中华书局1982年版,第3296页。
④ [汉]司马迁:《史记》,中华书局1982年版,第687页。
⑤ [汉]司马迁:《史记》,中华书局1982年版,第3319—3320页。
⑥ [汉]司马迁:《史记》,中华书局1982年版,第46页。
⑦ 关于《史记》相关做法的得失,可参江林昌:《论〈史记〉“五帝”“三代”本纪史料的得与失》,载氏著:《考古发现与文史新证》,中华书局2011年版。

最后，司马迁将约三千年的历史资料汇融而成《史记》一书，其中不可避免地会有一些考虑不周或失误之处。司马迁虽然是一位伟大的历史学家，对历史有许多独特的理解与把握，但是面对如此庞杂的历史资料，在阅读或撰述过程中不可避免地会出现一些失误，这也是情理之中的事情。

有鉴于此，学者们很早就开始依据出土的材料，对《史记》做了大量拾遗补阙的工作。例如，隋代著名学者颜之推在《颜氏家训·书证》中记载，开皇二年(582)五月，长安有人发掘获得秦代的铁称权，上面刻有秦始皇的诏书，其中有"乃诏丞相状、绾"等文字，颜之推据此即指出，《史记·秦始皇本纪》中关于秦始皇"二十八年，丞相隗林、丞相王绾等议于海上"的记载，其中的"隗林"有误，他的名字应当为"隗状"，[①]这就是一个非常经典的案例。此后，学者们纷纷结合考古发现，对《史记》中的许多问题做了大量的讨论，取得了众多的成果。

清华简是一批先秦时期的经、史、子类文献，与《史记》所记载的历史有许多交集和重合的地方，利用这批新出土的文献来重新看待《史记》的相关记述，自然能够得到一些新的认识，从而推动《史记》研究的深入。

三、从清华简看《史记》的相关记载

根据我们对清华简文献的阅读，并对《史记》的相关记载进行重新审视，清华简对《史记》认识的推动可以大致分为以下几种情况：

1.《史记》所述正确，后人却以不误为误

《史记·秦本纪》讲到秦人的祖先飞廉、恶来父子二人，言其以材力事纣。恶来在牧野之战被杀，而飞廉并不在场。其中有这样一句话：

> 周武王之伐纣，并杀恶来。是时蜚廉为纣石北方，还，无所报，……

"为纣石北方"一句颇为费解。裴骃《集解》载徐广引皇甫谧之说："作石椁于北方。"[②]皇甫谧是将"为"解释成"做"，"石"理解为石椁[③]。司马贞《索隐》言："'石'下无字，则不成文，意亦无所见，必是《史记》本脱。皇甫谧尚得其说。徐虽引之，而竟不云是脱何

① 王利器：《颜氏家训集解》，中华书局1993年版，第549—550页。

② ［汉］司马迁：《史记》，中华书局1982年版，第175页。

③ 这应该是涉及下文的"石棺"而形成的误解。

字……”[①]则认为“石”下有脱字。梁玉绳《史记志疑》曰:“《水经注》六述此事,言‘飞廉先为纣使北方’,《御览》五百五十一卷引《史记》亦曰‘时飞廉为纣使北方’,‘使’字甚确,当因传写讹‘使’为‘石’。”[②]梁说一出,多为人所采用,《史记》该句之“石”也常常被直接改为“使”,以为“石”为“使”字之误。

我们在整理清华简《金縢》的过程中也遇到了这个字,《金縢》简8曰:“周公石东三年,祸人乃斯得。”[③]传世本《金縢》曰:“周公居东二年,则罪人斯得。”[④]整理之初,为了与传世本《金縢》之“居”相联系,我们曾将“石”读为“宅”。因此,整理报告的注解言:“周公石东三年,今本作‘居东二年’。石,禅母铎部,读为定母铎部之‘宅’,《尔雅·释言》:‘居也。’《鲁世家》、孔传、王肃皆解居东为东征。”[⑤]

但是,随着整理工作逐步推进,到整理清华简第二辑《系年》时,我们发现事实可能并非如此,《系年》简中多次出现一个“迈”字,如:

> (晋)文公十又二年居狄,狄甚善之,而弗能内(入),乃迈齐,齐人善之;迈宋,宋人善之,亦莫之能内(入);乃迈卫,卫人弗善;迈郑,郑人弗善;乃迈楚。[⑥]

根据文句所述以及与《左传》等文献对照,可以确定“迈”即是“适”。通过《系年》这一记载,可以确定清华简《金縢》“石东三年”当读为“适东三年”。据此再看《史记·秦本纪》“蜚廉为纣石北方”一句,“石北方”应该理解为“适北方”,“适”意为去、往,正与下文之“还”相对,一去一回。可见,司马迁所据材料本来是正确的,而后人不甚了解“石”读为“适”的用法,导致文义不通,才认为是“使”之讹字。

2.《史记》所述正确,后人却不甚理解

《史记·殷本纪》曰:“伊尹去汤适夏,既丑有夏,复归于亳。入自北门,遇女鸠、女房,作《女鸠》《女房》。”[⑦]“丑”字裘锡圭先生曾指出当读为“耻”,“耻有夏”就是对夏朝的所作所为感到耻辱,故而“复归于亳”。人们对伊尹为何“去汤适夏,既丑有夏,复归于亳”讨论得很少。清华简多篇与伊尹有关,如《赤鸠之集汤之屋》《尹至》《尹诰》《汤在啻门》等。其中,被

---

① [汉]司马迁:《史记》,中华书局1982年版,第175页。

② [清]梁玉绳:《史记志疑》,中华书局1981年版,第120页。

③ 清华大学出土文献研究与保护中心编,李学勤主编:《清华大学藏战国竹简(壹)》,中西书局2010年版,第158页。

④ [汉]孔安国传,[唐]孔颖达正义,黄怀信整理:《尚书正义》,上海古籍出版社2007年版,第499页。

⑤ 清华大学出土文献研究与保护中心编,李学勤主编:《清华大学藏战国竹简(壹)》,中西书局2010年版,第160页。

⑥ 清华大学出土文献研究与保护中心编,李学勤主编:《清华大学藏战国竹简(贰)》,中西书局2011年版,第150页。

⑦ [汉]司马迁:《史记》,中华书局1982年版,第94页。

视为文学作品的《赤鸠之集汤之屋》讲述了作为小臣的伊尹曾因与商汤发生矛盾，之后“小臣惧，乃逃于夏”。《赤鸠之集汤之屋》虽然不是可靠的史书，但是从中我们可以获知，商汤和伊尹之间曾经发生过矛盾，导致伊尹从商汤处出逃，去投奔夏桀。

清华简《尹至》曰：“惟尹自夏徂亳，逯至在汤。汤曰：‘格，汝其有吉志？’尹曰：‘……夏有祥，在西在东，见章于天，其有民率曰：惟我速祸。……’汤盟誓及尹，兹乃柔，大萦。汤征弗服，挚度。”从这个记载中我们可以看出，伊尹是从夏朝赴商的，证明伊尹确实曾经从商汤身边投奔了夏桀，现在又从夏桀处回到了商朝。这里的“志”应该理解为“意愿”，商汤问伊尹有什么好的意愿，显示二人之间此前曾有隔阂，商汤想了解伊尹此次前来的目的。伊尹没有直接回答商汤的问题，而是列举了夏桀的种种恶行和夏朝的种种乱象，表明自己已放弃追随夏桀，重新回归商汤这边。随后的记载更有意思：“汤盟誓及尹。”商汤与伊尹之间举行了盟誓，更能说明伊尹并非商汤派去的间谍，而是一种改弦更张。后面的“兹乃柔，大萦”，“柔”训为安，“萦”义为缠绕，这里似可理解为结合在一起、紧密团结的意思。从中我们可以看出，历史上商汤和伊尹之间明君贤臣的关系并非一蹴而就，而是经历了一个磨合的过程。伊尹从归顺商汤，到离开商汤投奔夏桀，最后又重新回到商汤身旁，经历了一个很长时间的变化历程。伊尹的所作所为，既有识时务者为俊杰的因素，同时由于他掌握了夏桀大量的情报，也为商汤灭夏创造了契机。可见《史记·殷本纪》“伊尹去汤适夏，既丑有夏，复归于亳”的记载本身没有问题，只是后人不甚理解，而借助清华简的相关记述，可以就相关文本有所解读。

3. 史源正确，《史记》理解有误

还有一种情况，即《史记》所依据的材料本来是对的，而司马迁在撰写《史记》时，对其理解存在一定程度的问题。以“西伯戡黎”为例，《尚书序》曰：“殷始咎周，周人乘黎。祖伊恐，奔告于受，作《西伯戡黎》。”[①]其中并未言及西伯的身份，而《史记》则把西伯理解为周文王。《史记·周本纪》对相关史实的编排是“明年，伐犬戎，明年，伐密须。明年，败耆国”[②]。犬戎在甘肃，密须在今甘肃灵台。而“耆国”就是“黎”，在今山西上党附近，与前两地距离颇远。而且，周文王不去攻打途中较近的崇国，而舍近求远，似乎不符合用兵之理。

清华简《耆夜》曰：“武王八年，征伐耆(黎)，大戡之。还，乃饮至于文太室。”[③]明确说明伐黎的是周武王，从而纠正了司马迁这一误读。因此，整理报告的注解专门指出：“戡黎的‘西伯’，《尚书大传》《史记·周本纪》等都以为周文王。但是这个诸侯国的地理位置距离商都太近，文王征伐到那里于情势不合，所以从宋代的胡宏、薛季宣到清代的梁玉绳，许多

① [汉]孔安国传，[唐]孔颖达正义，黄怀信整理：《尚书正义》，上海古籍出版社2007年版，第381页。

② [汉]司马迁：《史记》，中华书局1982年版，第118页。

③ 清华大学出土文献研究与保护中心编，李学勤主编：《清华大学藏战国竹简(壹)》，中西书局2010年版，第150页。

学者主张应该是武王。简文明说是武王八年，证实了他们的质疑。”①

从清华简《耆夜》中可以知道，西伯戡黎是周武王八年才发生的事情，司马迁应当是错把攻黎的功劳加在了周文王身上。再根据《史记》的记载，武王九年东征至孟津，武王十一年牧野之战。如此排列，历史进程则顺理成章。而《史记》之所以把“戡黎”之役列为周文王事迹，是出于对“西伯”的误解。周文王曾被封为西伯，而文王殁后，西伯之位由周武王继承，所以周武王也可以称为西伯。《史记·周本纪》正是对“西伯”所指是文王还是武王没有加以辨析，故而将伐耆之事归于周文王，才造成了这一错误。

4.《史记》所述不明，清华简能正本清源

此类情况也较为多见，我们可以“文王受命”“秦人起源”“宣王不籍千亩”等为例。

（1）文王受命

“文王受命”的记载见于《诗经》《尚书》《逸周书》等文献：《诗经·大雅·江汉》“文、武受命”，《尚书·康诰》“天乃大命文王，殪戎殷，诞受厥命”，《逸周书·祭公》“皇天改大殷之命，维文王受之，维武王大克之”。铜器铭文中也有“文、武受命”的相关记载。而《史记·周本纪》说在收到周人的各种奇珍异宝后，纣王“乃赦西伯，赐之弓矢斧钺，使西伯得征伐”②。又说“西伯阴行善，诸侯皆来决平”，最后使得虞、芮之讼得以圆满解决，“诸侯闻之，曰‘西伯盖受命之君’”。③《周本纪》所谓“受命”一事，含义不甚明了，不仅前后矛盾，而且与上述《诗经》《尚书》《逸周书》的记载也颇为不合。

王国维先生已经对“受命”有了很好的阐释，文王受命实则指的就是去伐商，接受天命。司马迁本身知道“文王受命”一事，但因对“文王受命”的理解出现了偏差，所以模糊了“受命”的真实含义。

《逸周书》当中本有《程寤》一篇，在流传过程中失传。而清华简恰好有《程寤》一篇，简文曰：

> 惟王元祀正月既生魄，太姒梦见商廷惟棘，乃小子发取周廷梓树于厥间，化为松柏棫柞。寤惊，告王。王弗敢占，召太子发，……占于明堂。王及太子发并拜吉梦，受商命于皇上帝……商戚（慼）在周，周戚（慼）在商……④

① 清华大学出土文献研究与保护中心编，李学勤主编：《清华大学藏战国竹简（壹）》，中西书局2010年版，第151页。

② ［汉］司马迁：《史记》，中华书局1982年版，第116页。

③ ［汉］司马迁：《史记》，中华书局1982年版，第117页。

④ 清华大学出土文献研究与保护中心编，李学勤主编：《清华大学藏战国竹简（壹）》，中西书局2010年版，第136页。

"文王受命"或"文、武受命"与《程寤》一篇关系密切，简文明确说"受商命于皇上帝"，且"商戚在周，周戚在商"（"戚"读为"慼"，意为忧患），正可以看出商周之间的敌对状态。可见"受命"即是"受商命"，即要伐商并取而代之。实际上，司马迁有机会看到《程寤》的有关内容，只是没有把"受命"与"受商命于皇上帝"联系起来。《中庸》当中也有一段记载："武王缵大王、王季、文王之绪，壹戎衣而有天下，身不失天下之显名，尊为天子，富有四海之内，宗庙飨之，子孙保之。武王末受命。""武王末受命"说的就是武王最终实现了天命。文王之时只是接受了天命，而到了武王，才真正实现了天命的转移。

（2）秦人起源

再如"秦人起源"的问题，也因为清华简而得以澄清。《史记・秦本纪》述秦的先世，讲到商朝晚期有戎胥轩，娶郦山之女，生中潏，"在西戎，保西垂"①。其后又曰：

> 秦之先为嬴姓。其后分封，以国为姓，有徐氏、郯氏、莒氏、终黎氏、运奄氏、菟裘氏、将梁氏、黄氏、江氏、修鱼氏、白冥氏、蜚廉氏、秦氏。②

上述诸姓，除了秦以外，其他的众姓都在今中国东部，只有秦到了西北地区。对于以上材料，学者有截然不同的观点。蒙文通先生《周秦少数民族研究》便根据中潏"在西戎，保西垂"，认为"秦为戎族"。钱穆先生《国史大纲》则认为"秦之先世本在东方，为殷诸侯，及中潏始西迁"。这两种不同的说法，后来都有学者坚持，而后来的种种推测并没有史料依据。

清华简《系年》第三章则解答了这个千古之谜。简文叙述周武王死后发生了三监之乱，周成王伐商邑平叛：

> 飞廉东逃于商盖氏，成王伐商盖，杀飞廉，西迁商盖之民于邾虐，以御奴之戎，是秦先人。③

以上记载不见于后世史书与传世文献，故而秦人西迁之谜长久以来没有得到解答。根据清华简《系年》我们才得以了解，真正的秦人西迁是西周初年平定三监之乱后，把部分商奄之民迁到西北，替周人守卫边疆。西迁之民在边域立足，逐渐壮大，之后便成了秦人祖先。《史记》的相关记载并不明确，其背后的历史依靠清华简才得以揭示。④

① ［汉］司马迁：《史记》，中华书局1982年版，第174页。

② ［汉］司马迁：《史记》，中华书局1982年版，第221页。

③ 清华大学出土文献研究与保护中心编，李学勤主编：《清华大学藏战国竹简（贰）》，中西书局2011年版，第141页。

④ 李学勤：《清华简关于秦人始源的重要发现》，《光明日报》2011年9月8日。

(3) 宣王不籍千亩

《史记·周本纪》曰:“宣王不修籍于千亩,虢文公谏曰不可,王弗听。三十九年,战于千亩,王师败绩于姜氏之戎。”①《史记》的相关记载依据的是《国语·周语》,而“宣王不修籍于千亩”的相关问题自古便有很多讨论,当今学者也多有不同的看法,但是从来没有能把“千亩”问题搞清楚,清华简《系年》的相关记载为解决该问题提供了契机:

> 昔周武王监观商王之不恭上帝,禋祀不寅,乃作帝籍,以登祀上帝天神,名之曰千亩,以克反商邑,敷政天下。……宣王是始弃帝籍弗田,立三十又九年,戎乃大败周师于千亩。②

过去讲“千亩”,都是针对“宣王不修籍于千亩”就事论事,却没有把“千亩”的问题真正讲明白。清华简《系年》第一次揭示了“帝籍”和“千亩”的由来,从“千亩”产生的源头上揭示了“籍田”的性质是周王室用以生产“上帝之粢盛”而专门开辟的“祭祀田”,从而为研究西周时期籍田制度的产生、发展和演变提供了重要的依据,具有重要的意义。③

5.《史记》记述简略,清华简提供诸多细节

周宣王时期有一个重大的历史事件,即分封其弟友为郑国国君。《史记·郑世家》:“宣王立二十二年,友初封于郑……东徙其民雒东。”④具体的迁徙过程,《郑世家》中没有过多涉及。

清华简的相关记述对我们了解郑国史具有重要意义,《郑文公问太伯》一篇对此有重要的补充:

> 昔吾先君桓公后出自周,以车七乘、徒卅人,故(鼓)其腹心,奋其股肱,以协于庸偶;摄胄擐甲,擭戈盾以造勋,战于鱼丽。⑤

这是周代分封的一个真实事例,郑国分封时实力之弱小,是我们之前想象不到的。所以郑桓公在西周末年王室衰微的背景下,对于郑国的命运如此焦虑,并处心积虑地东迁以避祸,也就不难理解了。

---

① [汉]司马迁:《史记》,中华书局 1982 年版,第 144 页。

② 清华大学出土文献研究与保护中心编,李学勤主编:《清华大学藏战国竹简(贰)》,中西书局 2011 年版,第 136 页。

③ 雷晓鹏:《从清华简〈系年〉看周宣王“不籍千亩”的真相》,《农业考古》2014 年第 4 期。

④ [汉]司马迁:《史记》,中华书局 1982 年版,第 1758 页。

⑤ 清华大学出土文献研究与保护中心编,李学勤主编:《清华大学藏战国竹简(陆)》,中西书局 2016 年版,第 136 页。

再比如《史记·秦本纪》记载崤之战后，秦穆公多次试图在军事上击败晋国。而清华简《系年》《子仪》则补充了许多秦穆公试图通过联楚以抗晋的史实。晋国与秦、楚之间都存在矛盾，秦穆公很敏锐地看到了这一点，从而试图通过秦楚结盟，以共同对抗晋国。清华简《系年》《子仪》等相关文献对各国之间的外交措施有详细记载，可以提供很多历史细节，补充传世材料的不足。

再如《史记·五帝本纪》记载"黄帝二十五子，其得姓者十四人"①。为何二十五子"得姓者十四人"，过去学者多有讨论，杨希枚先生就曾写过《〈国语〉黄帝二十五子得姓传说的分析》。而清华简《五纪》中的一段话或许可以为我们提供新的思路：

> 黄帝有子曰蚩尤。蚩尤既长成人，乃作为五兵。五兵既成，既磨、既砺、既锐，乃为长兵短兵。②

如果真如简文所述，蚩尤为黄帝之子，且蚩尤造反叛父，那么二十五子当中可能有一部分是由于造反被杀或其他种种原因而未能善终，这样就可以对二十五子中得姓者仅有十四人有一个很好的补充。

6.《史记》所述，遗漏重要史实

《史记·周本纪》曰："厉王即位三十年，好利，近荣夷公。……王行暴虐侈傲，国人谤王……三年，乃相与畔，袭厉王。"③《史记》对于周厉王的记述，基本是暴虐、好利这两方面。而根据《诗经》等文献，我们可以知道周王朝此时正面临着众多的外来危机，如《诗经·六月》："猃狁孔炽，我是用急。王于出征，以匡王国。"也就是说，西周后期有那么多的社会矛盾，不一定仅仅是周厉王好利导致的。当时周王朝周边的蛮夷戎狄，经过不断发展，实力已经大增，从而使西周后期的王朝面临着非常严重的外患。"好利"也有可能与对外用兵所需的大量物资损耗有关。

清华简《芮良夫毖》也记载："周邦骤有祸，寇戎方晋，厥辟、御事各萦其身，恒争于富，莫治庶难，莫恤邦之不宁。"从出土的许多同时代的青铜器铭文也可以看出，当时的周厉王曾多次对外用兵。虽然《诗经》等文献对于当时周王朝的外患多有涉及，但是司马迁并没有过多留意这些线索，所以着重描述周厉王好利的一面，这显然是不够全面的。④ 而范晔《后汉书》则根据《竹书纪年》补充了周厉王时期对外作战的部分史实，还原了周厉王时期外患的

① ［汉］司马迁：《史记》，中华书局 1982 年版，第 9 页。

② 清华大学出土文献研究与保护中心编，黄德宽主编：《清华大学藏战国竹简（拾壹）》，中西书局 2021 年版，第 124 页。

③ ［汉］司马迁：《史记》，中华书局 1982 年版，第 141—142 页。

④ 程薇：《清华简〈芮良夫毖〉与西周后期的外患》，载《出土文献》第三辑，中西书局 2012 年版。

严重，而这也在清华简中再次得到了印证。

7. 史源本身有误，《史记》错上加错

关于这一点，最明显的例子就是两周之际的历史。烽火戏诸侯的故事为人所熟知，这是一则出自《史记·周本纪》的记载：

褒姒不好笑，幽王欲其笑万方，故不笑。幽王为烽燧大鼓，有寇至则举烽火。诸侯悉至，至而无寇，褒姒乃大笑。幽王说之，为数举烽火。其后不信，诸侯益亦不至。……又废申后，去太子也。申侯怒，与缯、西夷犬戎攻幽王。幽王举烽火征兵，兵莫至。遂杀幽王骊山下，虏褒姒，尽取周赂而去。于是诸侯乃即申侯而共立故幽王太子宜臼，是为平王，以奉周祀。平王立，东迁于雒邑，辟(避)戎寇。①

从史源的角度来看，司马迁使用的材料来自《吕氏春秋·疑似》：

周宅酆镐近戎人，与诸侯约，为高葆祷于王路，置鼓其上，远近相闻。即戎寇至，传鼓相告，诸侯之兵皆至救天子。戎寇当至，幽王击鼓，诸侯之兵皆至，褒姒大说，喜之。幽王欲褒姒之笑也，因数击鼓，诸侯之兵数至而无寇。至于后戎寇真至，幽王击鼓，诸侯兵不至。幽王之身，乃死于丽山之下，为天下笑。此夫以无寇失真寇者也。②

《吕氏春秋》这一记载，不乏吕不韦门客夸大其词的叙述，并非历史事实。此处"褒姒之笑"亦为故事，而非真实的历史。但是，司马迁在撰写两周之际这段历史时，缺乏更多的相关史料，故而对《吕氏春秋》中的材料进行加工，将其与秦汉时期的烽燧制度联系在一起，写成《周本纪》中的一部分，不料却对后来两周之际的历史认识形成了误导。古本《竹书纪年》的相关记载也有诸多问题，多是见仁见智之说，并不能消灭歧义。而清华简《系年》第二章则有清晰记述：

周幽王取妻于西申，生平王。王又取褒人之女，是褒姒，生伯盘。褒姒嬖于王，王与伯盘逐平王，平王走西申。幽王起师，围平王于西申，申人弗畀，缯人乃降西戎，以攻幽王，幽王及伯盘乃灭，周乃亡。邦君诸正乃立幽王之弟余臣于虢，是携惠王。立廿又一年，晋文侯仇乃杀惠王于虢。周亡王九年，邦君诸侯焉始不朝于周，晋文侯乃逆平王于少鄂，立之于京师。三年，乃东徙，止于成周。③

---

① [汉]司马迁：《史记》，中华书局1982年版，第148—149页。

② [战国]吕不韦著，陈奇猷校释：《吕氏春秋新校释》，上海古籍出版社2002年版，第1507页。

③ 清华大学出土文献研究与保护中心编，李学勤主编：《清华大学藏战国竹简(贰)》，中西书局2011年版，第136页。

虽然“周亡王九年”还有待进一步研究，但相关记述已经将两周之际史事的研究推进了一大步。

8.《史记》折中于孔子，从清华简中亦可体会

战国时期关于黄帝的很多讨论，与司马迁《史记·五帝本纪》依据的《五帝德》《帝系》所说多有不同。《五帝德》《帝系》本身是儒家的观点，除此之外还有种种说法在当时的社会流传，如帛书《黄帝书》言：

> 昔者黄宗质始好信，作自为象（像），方四面，傅一心。四达自中，前参后参，左参右参，践位履参，是以能为天下宗。①

清华简《五纪》则有：

> 黄帝之身，溥有天下，始有树邦，始有王公。四荒、四冘、四柱、四维、群祇、万貌，焉始相之。②

从这些记载可以看出，黄帝不仅有人的一面，还具有某些神的特征。而儒家的相关记载则对其神性的一面刻意淡化，强调的是其人性的一面。例如，《尸子》记载有人问孔子：“古者黄帝四面，信乎？”孔子答曰：“黄帝取合己者四人，使治四方，不谋而亲，不约而成，大有成功，此之谓四面也。”③我们知道，孔子的一个特点便是“不语怪力乱神”，“黄帝四面”显然不符合人的特征，所以孔子将“黄帝四面”解释为任用了四个贤人来治理四方。而司马迁也遵循了孔子这一认识，《五帝本纪》曰：“置左右大监，监于万国。……举风后、力牧、常先、大鸿以治民。”④黄帝的众多神性均被淡化，其人性的一面得以保留。

再如，黄帝与蚩尤之战，原来各种文献的说法光怪陆离，《山海经》曰：

> 蚩尤作兵伐黄帝，黄帝乃令应龙攻之冀州之野。应龙畜水，蚩尤请风伯雨师，纵大风雨。黄帝乃下天女曰魃，雨止，遂杀蚩尤，魃不得复上，所居不雨。叔均言之帝，后置之赤水之北。叔均乃为田祖，魃时亡之，所欲逐之者令曰：“神北行。”先除水道，决通

---

① 见马王堆帛书《黄帝书》的《十六经·立命》，收入湖南省博物馆、复旦大学出土文献与古文字研究中心编纂，裘锡圭主编：《长沙马王堆汉墓简帛集成》第四册，中华书局2014年版，第151页。

② 清华大学出土文献研究与保护中心编，黄德宽主编：《清华大学藏战国竹简（拾壹）》，中西书局2021年版，第124页。

③ 见《太平御览》卷79。

④ ［汉］司马迁：《史记》，中华书局1982年版，第6页。

沟渎。①

应龙处南极，杀蚩尤，与夸父不得复上，故下数旱，旱而为应龙之状，乃得大雨。②

帛书《黄帝书》曰：

(黄帝)于是出其锵钺，奋其戎兵。黄帝身遇蚩尤，因而擒之。剥其□革以为干侯，使人射之，多中者赏。翦其发而建之天，名曰蚩尤之旌。充其胃以为鞠，使人执之，多中者赏。③

上述文献，均与清华简《五纪》比较一致，《五纪》曰："黄帝既杀蚩尤，乃飨蚩尤之身……"④相关记述都体现了黄帝的神性。但是，《五帝本纪》对黄帝与蚩尤之战的记载则更为人性化："蚩尤作乱，不用帝命。于是黄帝乃征师诸侯，与蚩尤战于涿鹿之野，遂禽杀蚩尤。"⑤从这一记载来看，黄帝伐蚩尤仅是一场人间的战争而已，完全不见天神相助、化身万物等神话色彩。可见，《史记》的撰述体现了司马迁对孔子的效法，删除许多怪力乱神的内容，对历史传说进行了人性化的叙述。

从以上分析中可以知道，清华简的相关记述对于我们重新审视《史记》的内容确实具有重要的意义，也为我们理解史源学方法的意义提供了实证。对于先秦秦汉典籍来说，史源学角度的考察本来具有一定困难，以《史记》而言，司马迁撰史之时的众多文献，绝大部分在今天已经无从得见，所以难以查找到它的具体史源。但是，清华简等出土文献的发现可以让我们对《史记》有一个较为客观、公允的认识，从而更好地了解《史记》一书的特色，以及司马迁在撰述《史记》过程中所付出的巨大心血。

---

① ［清］郝懿行撰，沈海波校点：《山海经笺疏》，上海古籍出版社2019年版，第303页。

② ［清］郝懿行撰，沈海波校点：《山海经笺疏》，上海古籍出版社2019年版，第273页。

③ 见马王堆帛书《黄帝书》的《十六经·正乱》，收入湖南省博物馆、复旦大学出土文献与古文字研究中心编纂，裘锡圭主编：《长沙马王堆汉墓简帛集成》第四册，中华书局2014年版，第159页。

④ 清华大学出土文献研究与保护中心编，黄德宽主编：《清华大学藏战国竹简(拾壹)》，中西书局2021年版，第128页。

⑤ ［汉］司马迁：《史记》，中华书局1982年版，第3页。

东汉儒士与外戚、宦官政治交际研究

张辞修

摘要 东汉初年,诸王、功臣在京城招揽宾客。许多士大夫交结权要,获得政治上的提升。东汉中期以后,外戚辅政的现象越来越多,士大夫与外戚的政治交际也越来越紧密。这一时期的士大夫多依附于外戚,充当外戚的"智囊"。为巩固外戚的执政地位,他们或直言进谏,或反对外戚违反制度的行为。部分士大夫即使与外戚敌对,也会留有余地。相比外戚,宦官缺乏与士大夫合法交际的渠道。做过外戚属吏的士大夫,多与宦官相互敌对。士大夫群体并不将宦官视作合法的政治决策参与者。东汉后期,外戚与士大夫联手,共同反对宦官专权。窦武、陈蕃的联手,与汉代此前外戚和儒士结党的案例有很多相似之处。儒士群体依附于当权外戚,才能与宦官势力抗衡。窦、陈失败后,宦官因循两汉旧例清算他们的追随者。黄巾之乱后,许多受迫害的名士回到朝堂。以袁绍为代表的士大夫势力掌握了禁卫军权。士大夫群体的政治、军事实力达到两汉时期的顶峰。他们与外戚何进合作,谋划诛灭宦官。何氏与宦官势力全部覆灭,意味着士大夫摆脱了这两股宫廷势力的约束,也预示着儒士群体主导政治的时代即将到来。

关键词 士大夫 外戚 宦官 党争

本文主要研究东汉前、中期外戚、宦官与儒士大夫的交际。东汉章帝以后,马氏、邓氏、窦氏和梁氏等外戚相继掌握辅政和禁卫军权。部分宦官凭借皇帝的信任参与政治决策,甚至达到专权的地步。传统观点认为,专权的外戚、宦官虽有行事恭谨者,但多数行为不法,与士大夫群体矛盾很深。钱穆先生认为:"王室削夺政府权任,而以私关系的外戚代之,则显然为统一政府之堕落……宦官亦在当时'王室'与'政府'之判分下得到其地位……王室与政府逐渐隔离而易趋腐化与堕落。"①外戚、宦官代表皇帝之"私",士大夫代表国家之

作者简介 北京师范大学历史学院讲师,历史学博士,研究方向为秦汉魏晋南北朝史。
基金项目 "北京师范大学历史学院青年教师发展资助"项目。
① 钱穆:《国史大纲》,商务印书馆 1991 年版,第 163、167 页。

“公”。“私”与“公”必然是相互矛盾、难以共存的。陈苏镇先生指出，和帝以后，外戚宦官专权使政治环境日渐恶化。部分士大夫敢于与外戚、宦官争斗，赢得了士林群体的赞誉。① 以上研究思路都将士大夫群体与外戚、宦官置于对立的视角之下。士大夫与当权的宫廷势力经常发生冲突，固然是事实。但另一方面，东汉前、中期，外戚和宦官，特别是外戚势力与儒士大夫有很深的交往。外戚与儒士群体关系的正面特性，需要我们予以深度考察。本文将透过历史记载，探讨东汉前、中期外戚、宦官与士大夫交际的真实情况。

所谓士大夫与外戚、宦官间的“政治交际”，既包括府主—掾属关系，也包括外戚、宦官与士大夫发展的交游关系，还包含士大夫依附于外戚形成的朋党关系。本文将通过研究上述内容，探寻士大夫群体在东汉一朝政治定位的变化，考察他们与外戚、宦官的真实关系。

一、东汉初年的诸王、外戚宾客

东汉初年，诸侯王和外戚聚居京城，交通宾客。值得注意的是，权贵聚居京城，拉拢豪杰之士为己所用，是战国以来的传统。战国时期，各国贵公子养客成风。《史记》载：“是时齐有孟尝，魏有信陵，楚有春申，故争相倾以待士。”②公子待门客以礼，门客也用才智回报公子。孟尝君厚待冯驩，冯驩为孟尝出谋划策、游说秦王。③ 门客与府主是价值交换的关系。门客可以参与公子的政治活动，以“智囊”的身份活跃在后者身边；贵公子豢养门客，让门客衣食无忧。世入西汉，外戚、贵族养客的情况仍很普遍。窦婴“喜宾客……封为魏其侯，游士宾客争归之”④。东汉建国后，诸侯王（主要是光武帝诸子）与功臣及阴、窦等外戚家族皆在京师居住。史载“建武中，禁网尚阔，诸王既长，各招引宾客”⑤。外戚、功臣和诸侯王在京城招揽宾客，与知名儒士和地方豪强交往。王莽从兄之子王磐，在东汉开国后“拥富赀居故国，为人尚气节而爱士好施，有名江淮间”，成为一方豪强。后来他到京师，与卫尉阴兴、大司空朱浮和齐王章交好。不久，王磐“与司隶校尉苏邺、丁鸿事相连，坐死洛阳狱”。王磐交游甚为广泛。外戚、三公及司隶等权要人士，都与他有所往来。王磐死后，其子王肃“复出入北宫及王侯邸第”。⑥ 王磐父子与司隶校尉等高官、权贵交游，目的是为自己在京城的交际活动提供便利，进而牟取政治利益。权贵的交游网络遍布首都及地方，是东汉初年重要的政治现象。

---

① 陈苏镇：《〈春秋〉与“汉道”——两汉政治与政治文化研究》，中华书局2023年版，第687—692页。

② 《史记》卷76《平原君虞卿列传》，中华书局1959年版，第2366页。

③ 《史记》卷75《孟尝君列传》，中华书局1959年版，第2359—2362页。

④ 《汉书》卷52《窦婴传》，中华书局1962年版，第2376页。

⑤ 《后汉书》卷32《樊宏传附樊儵传》，中华书局1965年版，第1122页。

⑥ 《后汉书》卷24《马援列传》，中华书局1965年版，第850—851页。

光武帝防备外戚势力，他“惩西京外戚宾客，故皆以法绳之，大者抵死徙，其余至贬黜”[①]。高调招揽宾客的诸侯王，也成为东汉初年皇帝的打击对象。明帝即位后，楚王刘英在封国“大交通方士，作金龟玉鹤，刻文字以为符瑞”。永平十三年(70)，“男子燕广告英与渔阳王平、颜忠等造作图书，有逆谋”，刘英被迫自杀。[②] 明帝穷治其事，牵连甚广，这就是东汉历史上著名的“楚狱”。王平、颜忠应是楚王交通的方士。同样在明帝朝，济南王刘康“不循法度，交通宾客”，有人告发他“招来州郡奸猾渔阳颜忠、刘子产等，又多遗其缯帛，案图书，谋议不轨”，刘康遂遭明帝处罚。[③] 明帝打击诸王宾客，是为了削弱诸王的势力，消除诸王对皇位的威胁。自此，东汉诸侯王招揽宾客之事有所收敛，但外戚招揽宾客的现象仍屡见不鲜，并未就此终止。

外戚拉拢士大夫，招纳宾客，首先是为了经营自己的名声。据说西汉将军苏建劝说卫青：“大将军至尊重，而天下之贤士大夫无称焉，愿将军观古名将所招选者，勉之哉！”[④]苏建明确指出，权贵招揽宾客，目的是赢得士大夫的称道。像卫青这样的权要人士或凭借军功，或凭借裙带关系上位。他们与名士交往，可以塑造自己“礼贤下士”的形象。东汉开国后，儒学兴盛，儒士大夫的影响力越来越大。许多功臣有儒士气质，刘秀本人亦是儒生出身。清人赵翼谓：“东汉中兴，则诸将帅皆有儒者气象，亦一时风会不同也。”[⑤]外戚功臣所礼之贤，也从方士、地方豪强等各类名流，转变为以儒士大夫为主。大儒杨政有名京师。他拜访杨虚侯马武，武“难见政，称疾不为起。政入户，径升床排武，把臂责之曰：‘卿蒙国恩，备位藩辅，不思求贤以报殊宠，而骄天下英俊，此非养身之道也。今日动者刀入胁’”[⑥]。杨政责备马武对自己避而不见的态度是“不思求贤”，说明在杨政看来，马武积极“求贤”，亦即礼待自己，方是正确之举。马武如果礼待杨政，则会使他收获礼贤之名。

其次，礼待士大夫，还可以扩充功臣和外戚的人脉基础。儒士大夫可以经过当权外戚的荐举出任官职。西汉末年，外戚傅晏扶植儒士息夫躬、孙宠，使息夫、孙获得官职，进而让他们为傅氏效力，在政治斗争中充当傅氏的马前卒。[⑦] 东汉儒士冯衍为求得东平、山阳王属官的职务，接住外戚阴氏递出的橄榄枝，与阴氏来往甚密。[⑧] 如果冯衍在阴氏的荐举下成功出任诸侯王属官，那么他必然对阴氏感恩，或许会利用职务之便为阴氏争取利益。

---

① 《后汉书》卷28上《冯衍列传》，中华书局1965年版，第978页。
② 《后汉书》卷42《楚王英传》，中华书局1965年版，第1428—1429页。
③ 《后汉书》卷42《济南王康传》，中华书局1965年版，第1431页。
④ 《汉书》卷55《卫青霍去病列传》，中华书局1962年版，第2493页。
⑤ [清]赵翼著，王树民校证：《廿二史札记校证》上册，中华书局1984年版，第90页。
⑥ 《后汉书》卷79上《儒林上·杨政传》，中华书局1965年版，第2552页。
⑦ 参看拙文：《论西汉哀帝朝政治——以外戚问题为中心》，《中华文史论丛》2020年第3期。
⑧ 《后汉书》卷28上《冯衍列传》章怀太子注，中华书局1965年版，第978页。

权戚、诸王交通士大夫,不可避免地对皇权构成挑战。《韩非子·二柄》曰:“人主非使赏罚之威利出于己也,听其臣而行其赏罚,则一国之人皆畏其臣而易其君,归其臣而去其君矣。”①按法家之说,群臣的赏罚应由君王一人独断,其权不能旁落臣下。卫青答复苏建的建议,曰:“自魏其、武安之厚宾客,天子常切齿。彼亲待士大夫,招贤黜不肖者,人主之柄也。人臣奉法遵职而已,何与招士!”②汉武帝忌惮外戚拉拢贤士,卫青对此心知肚明,故而拒绝招揽宾客。光武帝和明帝打击宾客,正是因为外戚礼待贤士,会对皇权产生动摇。不过,尽管武帝、光武帝和明帝等强势皇帝打击外戚宾客,但外戚高调礼贤的现象仍屡禁不止。卫青的做法,在两汉的当权外戚中属于少数。

当权外戚招揽贤士的另一重要原因,是他们需要儒生为自己出谋划策。西汉哀帝在位后期,外戚傅氏势微,傅皇后失宠,董贤及其妹董昭仪颇受哀帝宠幸。桓谭与傅皇后之父傅晏交好。他向傅晏指出傅皇后可能为董贤所害,并为傅氏谋划曰:

> 刑罚不能加无罪,邪枉不能胜正人。夫士以才智要君,女以媚道求主。皇后年少,希更艰难,或驱使医巫,外求方技,此不可不备。又君侯以后父尊重而多通宾客,必借以重埶,贻致讥议。不如谢遣门徒,务执谦悫,此修己正家避祸之道也。

傅晏听从了桓谭的建议,罢遣宾客,并提醒傅皇后严加戒备。后来董贤诬陷傅氏,逮捕傅皇后之弟傅喜,但没有发现傅氏的罪证。傅氏成功躲避了这次灾祸。③ 正如桓谭所说,“士以才智要君”。此语既可评论傅皇后身边的侍从,也可评论外戚交结的士人。与外戚交往的士大夫,不论是否成为外戚的门客,都有可能以政治投机者的面貌活跃于政坛之上,为外戚贡献才智。济南王刘康等诸侯王“案图书,谋议不轨”,除了需要方士辅助外,也需要士大夫提供儒学指导。在政治斗争激烈的东汉初年,诸王、外戚如此拉拢儒士的行为必会受到皇帝重点打击。

东汉初年,诸王、功臣为经营名声、扩充人脉以及招揽“智囊”,在京城和地方高调地与士大夫结交。皇帝对他们的交际活动进行打击和限制。光武帝、明帝和章帝这三位强势君主离世后,窦氏、邓氏、梁氏等外戚掌握执政权,于是当权外戚能更加方便地拉拢、交结儒士。

---

① ［清］王先慎撰,钟哲点校:《韩非子集解》,中华书局 2013 年版,第 39—40 页。
② 《汉书》卷 55《卫青霍去病列传》,中华书局 1962 年版,第 2493 页。
③ 《后汉书》卷 28《桓谭传》,中华书局 1965 年版,第 955—956 页。

二、东汉中期外戚、宦官与士大夫的交际

东汉中期,外戚辅政成为常见现象,许多士大夫随之成为外戚党羽。东汉初年,外戚与士人交往,受到光武帝、明帝等强势君主的打击和限制。东汉中期以后,外戚可以通过征辟掾属等形式,与士大夫建立府主—故吏关系。士大夫并不以成为外戚掾属为耻。相比外戚,宦官很难合法地与士大夫开展政治交际。士大夫群体对外戚和宦官的态度有本质差别。

和帝以后,邓氏、窦氏、梁氏等外戚家族成员先后辅政,担任大将军、车骑将军等官。这些官职的担任者可开府辟召官僚和士人。外戚多利用这一条件,征辟有名的士大夫。例如:车骑将军马防"外戚尊重,请(傅)毅为军司马,待以师友之礼";后来马氏败落,外戚窦宪担任车骑将军,"复请毅为主记室,崔骃为主簿。及宪迁大将军,复以毅为司马,班固为中护军。宪府文章之盛,冠于当世"。[①] 马防、窦宪都征辟名士。窦宪不介意傅毅曾效力马氏,将他招入自己麾下。周景入仕之初,接受大将军梁冀的征辟。[②] 在东汉的当权外戚中,窦宪、梁冀名声不佳,最终皆身败名裂,但傅毅、周景并不以自己曾出任他们的掾属为耻。到东汉后期,部分士人因鄙薄地方长官而拒绝在地方任职,如巴肃"历慎令、贝丘长,皆以郡守非其人,辞病去"[③]。不过外戚的征辟很少遭到士大夫拒绝。马融早年"不应征聘",后来大将军邓骘召其为舍人,据说马融认为该任命"非其好也,遂不应命",客居凉州。此后凉州爆发战乱,米价踊贵。马融因生活窘迫转变态度,接受邓氏的征召。[④] 史书并未记载邓骘发出任命与马融接受征召的时间。实际上,东汉功臣家族之间联系甚多。马融是马氏外戚的家族成员,他与邓家的联系很可能早已有之。且如果他在凉州生活窘迫,那么返归故里,或就近逃亡汉中、巴蜀等地,都是可行的。笔者大胆推测:邓骘最后不得善终,且此后马融忤逆邓氏,双方关系破裂,所以马融这位当世大儒需要改编自己的经历,让自己的出仕过程看起来更像迫不得已,而非邓氏"召之即来"。史书记载的,正是马融改编后的经历。

汉末徐干撰《中论·谴交》,批评当时的交游之风:

> 憔悴布衣,以欺人主,惑宰相,窃选举,盗荣宠者,不可胜数也……桓灵之世其甚者也。自公卿大夫、州牧郡守,王事不恤,宾客为务,冠盖填门,儒服塞道……有策名于

① 《后汉书》卷80上《文苑·傅毅传》,中华书局1965年版,第2613页。
② 《后汉书》卷45《周荣传附周景传》,中华书局1965年版,第1538页。
③ 《后汉书》卷67《党锢列传》,中华书局1965年版,第2203页。
④ 《后汉书》卷60上《马融列传上》,中华书局1965年版,第1953页。

朝，而称门生于富贵之家者，比屋有之。①

所谓“儒服塞道”，说明很多儒士也试图通过交游获利。“有策名于朝，称门生于富贵之家”的，恐怕也有不少士大夫。余英时先生据此指出：“俗士交游之颓风既至桓灵之世而极盛，党锢之祸之适起于此时恐不能不与之有关。”②徐干称当朝公卿、州牧郡守等门庭若市，外戚之家应该也会宾客辐辏。史载东汉初年，三公掾属“专尚交游，以不肯视事为高”③。三公掾属中有很多儒士。他们不务政务，而是专心交际。尽管徐干批评的是东汉桓、灵二帝时期这一现象，但结合东汉初年三公掾属以及杨政等人的经历看，士大夫醉心交游，特别是热衷于与外戚等权贵人士交际的现象，恐怕从东汉初年就已有之。

史官笔下的士大夫，在与外戚的交往中往往不畏权威，仗义执言。这些记载留给后人的印象，就是正直的士大夫与外戚对抗，即使在外戚幕府效力，也不与外戚同流合污。典型案例是儒士崔琦与梁冀的交往。崔琦在洛阳担任郎官，外戚梁冀“闻其才，请与交”。史载“冀行多不轨，琦数引古今成败以戒之，冀不能受”。崔琦于是作《外戚箴》讽谏梁氏，最终触怒梁冀，为梁氏所害。表面上看，崔琦一直与梁冀对抗，不过事实恐怕并不这样简单。《外戚箴》文末曰：“履道者固，杖势者危。微臣司戚，敢告在斯。”他对梁冀说：“今将军累世台辅，任齐伊、公，而德政未闻，黎元涂炭，不能结纳贞良，以救祸败，反复欲钳塞士口，杜蔽主听，将使玄黄改色，马鹿易形乎？”④观此，崔琦劝谏梁冀的主旨，是梁冀应在国家遭遇统治危机的情况下低调处事，广纳贤士，以保全执政之位。崔琦的做法与西汉末年的桓谭并无本质区别，都是充当外戚的“智囊”，为外戚执政出谋划策。只是他的言语过于直率，且梁冀心胸狭隘，最终触怒梁冀，为自己招来杀身之祸。

士大夫与外戚矛盾激烈、友好关系破裂的情况，在东汉前、中期有很多。马融因建议朝廷勤修武备，不合邓氏之意而失去邓氏信任。⑤ 窦氏执政期间，崔骃亦劝谏窦宪“谦德之光，《周易》所美；满溢之位，道家所戒……矜矜业业，无殆无荒”。据说崔骃正直敢言，不得窦宪欢心，遭窦氏疏远。⑥ 这些案例或为士大夫与外戚政见不合，如马融与邓氏；或为士人劝谏外戚应低调执政，谨慎处事。在传世的东汉史料中，后一种记载更多。崔琦与梁冀的分歧就是崔骃与窦宪矛盾的“翻版”。为何这些儒士在得到外戚礼遇的情况下，会对外戚如此犯颜直谏，特别是为何他们要执着地劝谏外戚谦逊、低调，值得深入探讨。

① ［汉］徐干：《中论》，上海古籍出版社 1990 年版，第 31—32 页。
② 余英时：《士与中国文化》，上海人民出版社 2003 年版，第 255 页。
③ 《后汉书》卷 46《陈宠传》，中华书局 1965 年版，第 1548 页。
④ 《后汉书》卷 80《文苑・崔琦传》，中华书局 1965 年版，第 2619—2623 页。
⑤ 《后汉书》卷 60 上《马融列传上》，中华书局 1965 年版，第 1954—1970 页。
⑥ 《后汉书》卷 52《崔骃传》，中华书局 1965 年版，第 1721 页。

东汉立国的重要基础之一，就是否定王莽新朝政权。东汉初年，皇帝打击外戚势力，朝野上下亦对外戚掌权保持警惕。皇后本人也自我抑制，节制自己家族的权势。章帝即位后，朝臣提议封马太后亲属为侯，马太后予以回绝，称："昔王氏五侯同日俱封，其时黄雾四塞，不闻澍雨之应。又田蚡、窦婴，宠贵横恣，倾覆之祸，为世所传……吾岂可上负先帝之旨，下亏先人之德，重袭西京败亡之祸哉！"她引用西汉田蚡、窦婴等外戚骄横的例子，表明东汉不能重蹈西汉骄纵外戚的覆辙。[①] 从这个角度上看，警惕外戚专权，是东汉王朝的"国策"。尽管这一"国策"在东汉中后期未能贯彻执行，但我们不能否认它在东汉初年的存在。在东汉中后期外戚频频掌权的背景下，这一原则仍能以某种方式制约、限制外戚的行为。

章帝以后，皇帝即位的年龄越来越幼小，外戚执政遂无法避免。但外戚高调处事，仍会引起官僚士大夫的警惕。章帝在位期间，马廖兄弟"倾身交结，冠盖之士争赴趣之"。司空第五伦"以后族过盛，欲令朝廷抑损其权"，上疏建议皇帝限制马氏的交际活动。他列举明帝与阴太后打击外戚宾客的做法："近代光烈皇后，虽友爱天至，而卒使阴就归国，徙废阴兴宾客；其后梁、窦之家，互有非法，明帝即位，竟多诛之。"针对马氏兄弟交结豪杰和士大夫的行为，第五伦提醒皇帝"陛下情欲厚之，亦宜所以安之。臣今言此，诚欲上忠陛下，下全后家"。[②] 第五伦不仅站在东汉朝廷的立场上建议皇帝抑制外戚交游，还声称自己直言进谏是为了保全马氏家族。这说明在士大夫看来，外戚高调地交结宾客，不仅对朝廷构成威胁，也不利于其自身。正是东汉防备外戚的国策，使外戚一旦高调处事，就会吸引朝野上下的关注，给家族带来危险。第五伦声称他反对马廖兄弟高调交游，是为了马氏家族的安全，并非全然虚言。

外戚执政，不可避免地与朝臣和士人广泛接触。外戚家族成员往往求低调而不得。如果他们举荐贤士入朝为官，其自身亦严守法度，就会减少过失，赢得朝野上下的赞誉，降低被反对势力针对的风险。崔骃、崔琦或为外戚属下，或为外戚智囊，有责任提醒当权者保持清醒的头脑，减少"逾矩"行为。崔骃与窦氏产生矛盾，是在窦宪北征匈奴之时。史载宪"道路愈多不法"，崔骃作为窦宪主簿，指出窦宪的过失，"前后奏记数十，指切长短"。[③] 此前窦宪因派人刺杀都乡侯刘畅而遭处罚。为将功折罪，窦宪率军出击北匈奴。[④] 因此，此次出兵，窦宪的各种举措必然受到朝野瞩目。崔骃劝谏窦宪，是为了让后者恪守法度，以平息朝野上下针对窦氏的不利舆论。窦宪未听从崔骃的劝告，数年后果然遭到和帝打击，被迫自杀。崔琦劝告梁冀的初衷，是在"黎元涂炭"，梁冀执政遭遇危机的背景下，为梁冀寻找保身之道。梁冀最终身败名裂，与他迫害士大夫，特别是崔琦这样的忠直之士有很大关系。此

① 《后汉书》卷 10 上《皇后纪上》，中华书局 1965 年版，第 411 页。
② 《后汉书》卷 41《第五伦传》，中华书局 1965 年版，第 1398—1399 页。
③ 《后汉书》卷 52《崔骃传》，中华书局 1965 年版，第 1721—1722 页。
④ 《后汉书》卷 23《窦融列传》，中华书局 1965 年版，第 813—814 页。

前马融得罪邓氏，只是累年不得升迁；窦宪不采纳崔骃的建议，也只将崔骃逐出自己的幕府。其他外戚杀戮士人，大多只是诛除政敌。梁冀却因意见不合，杀害曾经的友人崔琦。这是践踏东汉外戚与士大夫交往底线的行为，也是他身后声名狼藉的重要原因之一。

许多儒士与外戚在朝堂上展开斗争，利用公开上奏等方式，反对外戚僭越、奢侈等行为。这些士大夫的正直不可否认。但另一方面，部分士人与外戚的争斗看似激烈，实则留有一定余地。士人何敞"性公正"，早年出任太尉宋由的掾属，力劝宋由彻查窦宪刺杀刘畅之事。后来他又屡次上疏，弹劾窦宪及其弟窦笃、窦景超规格营建府第等不法行为。窦宪对他深为忌惮，于是将他调任地方。表面上看，何敞与窦氏外戚水火不容，关系恶劣。不过窦氏败落后，"有司奏敞子与夏阳侯（窦）瓌厚善"；当年何敞屡次弹劾窦宪，却称赞窦宪之弟窦瓌"虽在弱冠，有不隐之忠，比请退身，愿抑家权。可与参谋，听顺其意"。[①] 何敞称赞窦瓌在政治上的低调，似乎表明窦瓌的行事作风与窦宪、窦笃、窦景不同。但据《后汉书·窦融列传》，至少在营修宅第的问题上，窦瓌的奢华、逾制与诸位兄长无异。何敞一家应确实与窦瓌保持友好关系，故何敞对窦瓌颇为偏袒。这种友好关系，至少在客观上为何敞与窦氏家族的关系留出了修复的空间。窦瓌最终被安置于封国，形同软禁，未能回归京城。[②] 假使他后来东山再起，重回朝廷，那么何敞应当能得到重用。因此，在考察东汉士人与外戚的关系时，如果只看士大夫激烈反对外戚的言行，是不够全面的。蒋晓亮女士考察成阳三碑，认为东汉后期的仲氏家族同宦官势力结好，"又和清流寄望的刘郃关系密切。实际情势远非史书呈现的两种势力间截然对立"[③]。东汉后期名士与宦官势力的关系容后再论。在东汉中期，士大夫与外戚势力绝非公然对立。即使是那些与外戚斗争的士大夫，有时也会留有余地，保留与外戚势力联合的可能性。

在现有史料中，部分外戚故吏与外戚间的联系记录甚少。儒士周景受大将军梁冀征辟入仕，历任河内太守、将作大匠等官。梁冀被诛后，周景"以故吏免官禁锢"。梁冀执政期间，能先后出任国家核心地带——"三河"之地郡守，并主管营建宫室的人，一定是他的心腹。或许由于周景此后打击宦官子弟，在汉末士大夫心目中的形象比较正面，所以在史书中，周景与梁冀的联系未得到充分记录。[④] 朱穆早年举孝廉，梁冀欲以之为谋主，遂征辟之。朱穆在梁冀幕府"甚见亲任"，获举侍御史。后来他劝谏梁冀要节俭为政，"言甚切"，但心胸狭隘的梁冀却未开罪朱穆。[⑤] 朱穆应当是梁冀的亲信，所以梁冀能容忍他的谏言。周景、朱穆与梁氏外戚的政治联系，在史书中遭到弱化。部分士人受恩于外戚的事实，亦遭史家删

---

① 《后汉书》卷 43《何敞传》，中华书局 1965 年版，第 1480—1487 页。
② 参看《后汉书》卷 23《窦融列传》，中华书局 1965 年版，第 818、820 页。
③ 蒋晓亮：《东汉魏晋官僚士人关系网络研究》，博士学位论文，武汉大学历史学院，2020 年。
④ 有关周景的材料参看《后汉书》卷 45《周景传》，中华书局 1965 年版，第 1538 页。
⑤ 《后汉书》卷 43《朱晖传附朱穆传》，中华书局 1965 年版，第 1462—1469 页。

除。据《朱穆传》,朱穆举荐栾巴于梁冀,冀遂向朝廷推荐栾巴为议郎。栾巴本传言“荆州刺史李固荐巴治迹,征拜议郎”[①]。李固应当向朝廷汇报栾巴的优秀政绩,而后梁冀荐巴为议郎。且当时梁冀辅政,若无其允准,即使得到李固举荐,栾巴也没有机会出任议郎。因此,梁冀对栾巴有知遇之恩。但在栾巴本传中,梁冀对他的知遇之恩并未得到记录。由此可见,许多在史书中留下正面形象的士大夫,或是外戚故吏,或受恩于外戚。但史书通常只记载他们劝谏外戚节俭、谨慎的言论。史家想通过这类记载突出他们正直的品格,弱化他们受恩于外戚的历史事实。

外戚家族在政治斗争中落败前后,士大夫对他们的态度难免“前恭后倨”,即从原先的恭敬转变为此后的倨傲。部分士人甚至对外戚家族落井下石。窦宪任大将军,娶妻之时“天下郡国皆有礼庆”[②]。东汉郡国长官阿附当权外戚,会抓住各种机会表达自己对外戚的“忠诚”。一旦外戚权势稍有衰弱,这些士人往往会一改此前的恭敬之态,转而对外戚“落井下石”。梁冀死后,黄琼上疏:“尚书周永,昔为沛令,素事梁冀,幸其威势,坐事当罪,越拜令职。见冀将衰,乃阳毁示忠,遂因奸计,亦取封侯。”[③]像周永这样本是梁冀心腹、后充当反梁先锋的官僚士人,应该不占多数。但梁冀声名狼藉,他死后,许多因他得官的士人恐怕会自觉地与之划清界限。这也是史书鲜少正面记载士大夫与外戚关系的重要原因。

相比外戚,宦官在笼络士大夫方面缺乏优势。《后汉书·何进传》载何太后曰:“中官统领禁省,自古及今,汉家故事,不可废也。”[④]陈苏镇先生指出,东汉章帝以后,侍中等士人出居禁中之外,不再拥有随时出入禁中的权利。自此,负责禁省事务的宦官在政治决策中的作用越来越大。[⑤] 宦官能参与高层的政务决策,也承担向禁宫之外传达命令的职责,有机会与外朝大臣会面。但他们的主要工作区域在禁中,与士大夫交际联络的机会少于外戚。宦官日常工作的上述特性,给了他们接近皇权的便利,也限制了他们与士大夫的政治交际。

东汉有限制宦官与官僚交往的法律。《三国志》卷一《魏书·武帝纪》注引司马彪《续汉书》曰:“蜀郡太守因计吏修敬于(曹)腾,益州刺史种暠于函谷关搜得其笺……奏腾内臣外交,所不当为,请免官治罪。”[⑥]当然,法律规定与现实之间有很大差距。当权宦官交通朝臣,往往不受约束。东汉末年,十常侍宾客“典据州郡,辜榷财利,侵掠百姓”,说明宦官庞大的交际网络从中央延伸到地方。[⑦] 曹腾本人与海内名士多有联系,“其所进达,皆海内名人,陈

① 《后汉书》卷43《朱晖传附朱穆传》,中华书局1965年版,第1463页;卷57《栾巴传》,第1841页。

② 《后汉书》卷82上《方术上·李郃传》,中华书局1965年版,第2718页。

③ 《后汉书》卷61《黄琼传》,中华书局1965年版,第2038页。

④ 《后汉书》卷69《何进传》,中华书局1965年版,第2249页。

⑤ 陈苏镇:《东汉的“殿中”和“禁中”》,《中华文史论丛》2018年第1期;收入氏著:《从未央宫到洛阳宫:两汉魏晋宫禁制度考论》,生活·读书·新知三联书店2022年版,第185—194页。

⑥ 《三国志》卷1《魏书·武帝纪》注引司马彪《续汉书》,中华书局1982年版,第2页。

⑦ 《后汉书》卷78《宦者列传》,中华书局1965年版,第2535页。

留虞放、边韶，南阳延固、张温，弘农张奂，颍川堂谿典等”[①]。他推荐名士任官，为自己赢得良好声誉。不过，像曹腾这样交际广泛的宦官只是少数。宦官通常利用联姻扩大自己的人脉。例如：中常侍丁肃与太傅胡广联姻；太尉陈球小妻为宦官程璜之女；济南相荀绲亦忌惮宦官势力，为其子荀彧娶中常侍唐衡之女。不过与宦官联姻的士大夫，声誉难免受损。胡广联姻宦官，“以此讥毁于时”，荀彧“以少有才名，故得免于讥议”，[②]说明宦官的联姻对象受士大夫群体鄙视。因此，相比外戚，宦官与士大夫的政治交际难以开展。

后人将外戚和宦官并称，将这两个群体专权视作东汉政治之弊端。不过细读史书，能发现东汉士人对外戚和宦官的态度并不相同。正如前文所述，东汉士人，即使是那些史书中的骨鲠之士，也未将自己出身外戚故吏当作耻辱。宦官的姻党，却往往遭到士大夫的鄙薄。党锢之祸的起因，是宦官势力与士大夫之间的冲突。上疏举报李膺等士人的，正是宦官的党羽。[③] 宦官群体始终被士大夫视作“佞幸”。即使他们当中有个别虚心纳贤者，士大夫群体也不将宦官参政视为正当的政治现象。

许多外戚故吏与宦官矛盾深重。太尉杨震早年受邓骘征辟。后杨震反对中常侍樊丰等内宠奢僭逾制等不法行为，宦官弹劾杨震是“邓氏故吏，有恚恨之心”。清算邓氏的正是安帝。宦官此语意在激怒安帝，促使安帝诛杀杨震。安帝果然罢免杨震的官职，逼迫杨震自杀。邓太后临朝期间，杨震并无直言劝谏之事。邓太后去世后，“内宠始盛”，自此杨震屡次上疏，劝安帝节制对乳母和宦官的宠信。[④] 宦官和安帝认为，杨震因邓氏遭诛灭而心怀怨恨，所以才处处针对因邓氏倒台而得利的近幸群体。类似外戚故吏与宦官之间矛盾深重的例子还有很多。朱穆提议罢遣宦官，遭宦官“因事称诏诋毁之”[⑤]。赵岐早年亦受梁冀征辟，为梁冀“陈损益求贤之策”，梁冀未采纳，但也未开罪于他。后来赵岐从兄赵袭与中常侍唐璜之兄唐玹不和，双方矛盾深重，唐玹遂借故大肆杀戮赵氏家族成员。[⑥] 唐璜是诛杀梁冀的重要功臣。赵、唐两家的矛盾是否与赵岐受梁冀征辟有关，现已不可确知。不过曾为外戚效力的士大夫，与诛除外戚得利的宦官多有不和，不能说是巧合。这些士大夫反对宦官，未必是想为外戚复仇，但宦官群体会将他们视作外戚势力的残余。且士大夫对待外戚故主与宦官的态度差异巨大，说明宦官得到皇帝信任，参与政治决策，并不能得到这些士大夫的认可。

余英时先生认为，东汉后期清流士人与外戚联手，原因是这两股势力有共同的敌

---

① 《三国志》卷 1《魏书 · 武帝纪》注引司马彪《续汉书》，中华书局 1982 年版，第 2 页。

② 参看《后汉书》卷 44《胡广传》，中华书局 1965 年版，第 1510 页；卷 56《陈球传》，第 1834 页；卷 70《荀彧传》，第 2281 页。

③ 《后汉书》卷 67《党锢列传》，中华书局 1965 年版，第 2187 页。

④ 《后汉书》卷 54《杨震列传》，中华书局 1965 年版，第 1761—1767 页。

⑤ 《后汉书》卷 43《朱穆传》，中华书局 1965 年版，第 1472 页。

⑥ 《后汉书》卷 64《赵岐传》，中华书局 1965 年版，第 2122 页。

人——宦官,以及部分外戚兼具士大夫身份。[①] 本节内容提示我们:外戚与士大夫联合,是东汉前、中期以来常见的现象。许多以正直形象示人的士大夫甘愿成为外戚属吏,或与外戚交游。即使与外戚争斗,也会留有一定余地。在史书中,外戚与士人的政治联系往往遭到史官"选择性记录",部分士人与外戚关系亲密的史实并未得到记载。在汉代的高层权力结构中,宦官始终不被士大夫群体视作正当的组成部分。他们与皇家无亲缘关系,也无开府之权,无法通过正常的程序征辟士人。士大夫对于宦官当权缺乏好感,他们反抗宦官的斗争,也在东汉后期逐渐进入白热化阶段。

三、东汉后期外戚、儒士同宦官的斗争

东汉后期,部分士人与外戚联手,同宦官势力展开争斗。皇帝与宦官先后两次对参与斗争的士大夫群体实施"党锢"。前人研究多将士大夫与外戚联手归因于士大夫的自觉意识。余英时先生说:"从来论汉末党锢之祸者……以为起于士大夫与宦官之相互激荡,此诚不易之论也。然结党一事关涉士大夫之群体自觉……似不能纯以一时偶然之刺激说之。"[②]有关东汉后期士大夫之"群体自觉",余先生已论之甚详。笔者将从两汉儒士结党的传统运作方式入手,探讨汉末士大夫、外戚与宦官群体斗争的特点。

自东汉建国起,部分官僚士大夫坚守法令,刚正不阿,打击权贵豪强。到王朝后期,随着朝廷高层官僚和权贵腐败的情况越来越严重,正直士人与他们的斗争也愈发激烈。李膺、陈蕃就是这一时期正直士大夫的代表。李膺担任河南尹,负责首都附近的监察工作,"与廷尉冯绲、大司农刘祐等共同心志,纠罚奸幸"[③];太尉陈蕃上疏皇帝,保护对抗宦官的士大夫。[④] 他们还与不少同道之士联手,整肃官场不正之风,比如陈蕃与黄琬整顿三署郎官,二人"同心,显用志士……遂为权富郎所见中伤"[⑤]。他们的举动得到士林群体的广泛拥护。自此,士大夫与当权者的斗争,从朝堂和公府蔓延到全国。士林群体以李膺、陈蕃为核心,联合起来对抗宦官势力。

东汉后期以陈蕃、李膺为首的士林交结,呈现出比西汉和东汉前、中期儒士更强的独立性。这一时期的士林阶层,已经出现了自成一体的评价倾向。士大夫群体对一个人的评价,与后者的官位高低无关。官场中的上下级,也能成为好友。相互交游的好友,也不一定是同辈之人。陈蕃出任地方官时,与接受功曹任命的徐稚交游。史称陈蕃"在郡不接宾客,

---

① 余英时:《士与中国文化》,上海人民出版社 2003 年版,第 254 页。
② 余英时:《士与中国文化》,上海人民出版社 2003 年版,第 254 页。
③ 《后汉书》卷 67《党锢列传》,中华书局 1965 年版,第 2192 页。
④ 《后汉书》卷 66《陈蕃传》,中华书局 1965 年版,第 2164 页。
⑤ 《后汉书》卷 61《黄琼传附黄琬传》,中华书局 1965 年版,第 2040 页。

唯稚来特设一榻,去则县之"[①],后世遂有"徐孺下陈蕃之榻"的典故。士大夫交游打破年齿、官职等因素的限制,使得官位较低,甚至在野的士人能与陈蕃、李膺等高级官僚交换对朝政的意见。他们普遍对宦官专权的现象不满,使得针对宦官的舆论遍布朝堂和乡野。他们有的是政治斗争中的朋党关系,有的只是志趣相投的交游关系。川胜义雄先生认为,汉末士林清议在全国、郡和县、乡基层乡村社会分别形成了三个层次的乡论网,这些乡论网络中的士人就是东汉政府指称的"党人"。[②] 清议是否形成严整的三层次乡论网络,或有进一步讨论的空间。川胜先生注意到针对宦官的舆论遍布各地,在全国范围内蔓延开来,应当属实。

在宦官势力看来,士大夫相互交结的行为即是结党,他们以打击朋党的方式应对即可。范晔《后汉书》载宦官党羽牢修上疏,告李膺等士大夫"养太学游士,交结诸郡生徒,更相驱驰,共为部党,诽讪朝廷,疑乱风俗"[③],但范晔仅对这封上疏进行概括,未抄录全文。袁宏《后汉纪》载牢修之文曰:"司隶李膺……等相与结为党,诽谤朝廷,迫胁公卿,自相荐举。三桓专鲁,六卿分晋,政在大夫,《春秋》所讥。"[④]桓帝于是下令抓捕这些士大夫,党锢之祸自此而起。由此可见,桓帝认可牢修的说法,认为李膺等高官与太学生、各郡国游士结成朋党,动摇皇权。

建宁元年(168),太傅陈蕃、大将军窦武诛杀宦官失败,宦官大肆报复"党人",诛杀、流放士大夫,史载"死徙废禁者,六七百人"[⑤]。这就是第二次党锢之祸。陈蕃、窦武与宦官的斗争,与此前两汉士大夫参与的党争差别不大。这些政治斗争的表现形式,都是士大夫依附于当权外戚,与另一派当权者进行争斗。第一次党锢之祸发生后,窦武上疏,为党人求情,李膺等人遂得开释。[⑥] 灵帝即位后,陈、窦执政,共同对抗宦官势力。他们"同心尽力,征用名贤,共参政事,天下之士,莫不延颈想望太平"[⑦]。陈蕃依附于窦武,借助窦武的外戚身份与宦官势力斗争。二人"征天下名士废黜者前司隶李膺……辟颍川陈寔为属:共定计策。于是天下雄俊,知其风旨,莫不延颈企踵,思奋其智力"[⑧]。反对宦官的士大夫群体在陈蕃、李膺的带动下结成朋党。宦官最终诛杀窦武、陈蕃,他们的党羽也遭处罚。这一朋党的部分领袖人物,如李膺、范滂等遭迫害而死。宦官势力杀戮陈、李等敌对朋党势力的领袖,在朝堂上消灭了敌对势力。

仔细观察陈蕃、窦武的作为,能发现他们针对的是以宦官曹节为首的朋党。诛杀窦武

① 《后汉书》卷53《徐稚传》,中华书局1965年版,第1746页。
② 参看〔日〕川胜义雄:《六朝贵族制社会研究》,李济沧、徐谷芃译,上海古籍出版社2018年版,第67页。
③ 《后汉书》卷67《党锢列传》,中华书局1965年版,第2187页。
④ 《两汉纪》卷22《孝桓皇帝纪下》,中华书局2002年版,第430页。
⑤ 《后汉书》卷67《党锢列传》,中华书局1965年版,第2188页。
⑥ 《后汉书》卷69《窦武传》,中华书局1965年版,第2240页。
⑦ 《后汉书》卷66《陈蕃传》,中华书局1965年版,第2169页。
⑧ 《后汉书》卷69《窦武传》,中华书局1965年版,第2242页。

的重要人物除曹节外，还有长乐五官史朱瑀。史载典中书者抓住窦武出宫回府的时机，将窦武的谋划告知朱瑀。朱瑀看到窦武上疏，怒曰："中官放纵者，自可诛耳。我曹何罪，而当尽见族灭？"[①]说明朱瑀并非宦官。据《续汉书·百官志》，长乐五官史是长乐少府的属官。[②]《后汉书·皇后纪》章怀太子注曰："长乐少府，掌皇太后宫，秩二千石。"[③]窦太后去世后，李咸上疏力争窦太后与桓帝合葬，疏中称窦氏为"长乐太后"[④]。窦武谋划诛灭宦官时，窦太后居于长乐宫。时任长乐少府是李膺[⑤]，长乐太仆是曹节[⑥]。李膺在灵帝即位、窦武和陈蕃执政后才被任命为长乐少府，对长乐宫属官的控制不及在宫中任职多年的曹节等人。窦武要求诛杀长乐五官史朱瑀，显然是因为他认定朱瑀乃曹节一党。

表面上看，窦武、陈蕃一党想要尽诛宦官。窦武上疏太后："故事，黄门、常侍但当给事省内，典门户，主近署财物耳。今乃使与政事而任权重，子弟布列，专为贪暴。天下匈匈，正以此故。宜悉诛废，以清朝廷。"从奏疏中看，窦武认为黄门、常侍权势过重，导致天下人怨气深重，应当全部诛杀。但实际上，窦武等人只是想诛杀与他们不和的宦官及其党羽。史载窦武抓捕宦官，"奏免黄门令魏彪，以所亲小黄门山冰代之。使冰奏素狡猾尤无状者长乐尚书郑飒，送北寺狱"[⑦]。如果窦武等人的谋划成功，山冰应该会取代曹节等人，成为内廷中最具权势的宦官。当然，如果窦武、陈蕃成功，宦官的权力一定会遭到大幅削弱，只是如果窦、陈一党想让山冰取代魏彪，那么窦武对宦官"宜悉诛废"之语，就不得不让人怀疑是虚张声势。

窦武、陈蕃死后，东汉朝廷扩大迫害士人的范围，李膺的许多交游对象都遭受刑罚。需要注意的是，对于犯"大逆"之类大罪者的朋友进行处罚，是两汉惯例。西汉末年，淳于长获罪，其友人也遭处分。杜业指责丞相翟方进执法过严，称"故事，大逆朋友坐免官，无归故郡者，今坐长者归故郡，已深一等"[⑧]。杜业只是指责翟方进对淳于长友人"归故郡"的处罚过重，未否认"大逆友人免官"这一"故事"的合理性。对于犯"大逆"之罪的官僚，朝廷处罚其友人，有一定的法理依据。宦官起兵讨伐窦武、陈蕃，在宫中宣称："陈蕃、窦武奏白太后废帝，为大逆！"[⑨]如果窦、陈一党胜利，那么这一罪名自然不成立；但窦、陈失败，意味着二人是以"大逆"之罪被诛杀的。宦官可以因循旧例打击他们的好友。

朝廷打击陈蕃、李膺的交游对象，有一定的法理依据。但不可否认的是，统治者在打击

① 《后汉书》卷69《窦武传》，中华书局1965年版，第2243页。
② 《续汉志》卷27《百官志四》，中华书局1965年版，第3608页。
③ 《后汉书》卷10上《皇后纪上》章怀太子注，中华书局1965年版，第404页。
④ 《后汉书》卷56《陈球传》，中华书局1965年版，第1833页。
⑤ 《后汉书》卷67《党锢列传》，中华书局1965年版，第2196页。
⑥ 《后汉书》卷78《宦者列传》，中华书局1965年版，第2523页。
⑦ 《后汉书》卷69《窦武传》，中华书局1965年版，第2242—2243页。
⑧ 《汉书》卷60《杜周传附杜业传》，中华书局1962年版，第2679页。
⑨ 《后汉书》卷69《窦武传》，中华书局1965年版，第2243页。

陈、李好友之时有意扩大打击面。《后汉书·党锢列传》曰：

又张俭乡人朱并，承望中常侍侯览意旨，上书告俭与同乡二十四人别相署号，共为部党，图危社稷。以俭及檀彬……徐干为"八俊"，田林……公绪恭为"八顾"，朱楷……宣褒为"八及"，刻石立墠，共为部党，而俭为之魁。……大长秋曹节因此讽有司奏捕前党故司空虞放、太仆杜密、长乐少府李膺……太尉掾范滂等百余人，皆死狱中。……又州郡承旨，或有未尝交关，亦离祸毒。其死徙废禁者，六七百人。[1]

从这段记载看，宦官群体有意扩大打击对象的范围。这些受到打击的士人尽管都被称作"党人"，但他们或在朝堂之上与李膺、陈蕃结党，是真正的李、陈一党，或与李、陈的关系介于"交""党"之间。范晔提到有部分与李、陈"未尝交关"的士大夫也被列为禁锢对象。他将打击党人的始作俑者指向侯览、曹节等宦官。但实际上，扩大打击面，将李、陈的交游对象列为党人，是桓帝和宦官的共同意志。统治者意识到李、陈交游圈对朝廷的威胁，即所谓党人"图危社稷"，故而杀戮、流放、禁锢这部分士人。这激化了士大夫群体对宦官势力的仇恨，也使不少有识之士对东汉朝廷深感失望。清除宦官，重新确定士大夫群体在朝廷中的地位，成为士大夫群体需要完成的事业。

黄巾之乱爆发后，东汉朝廷风雨飘摇。迫于压力，统治者不得不解禁党人。何颙等幸存的党锢名士回到朝堂，为东汉政府效力。不过灵帝在世时，士大夫群体并未得到施展抱负的机会。灵帝去世后，外戚、大将军何进手握重兵，以袁绍为代表的士大夫群体亦依附于他。此时的何进与袁绍，形成了类似当年窦武与陈蕃那样的合作模式。以党锢士人为代表的士大夫集团，不可能放下对宦官群体的仇恨。何进因个人名声需要，以及宦官首领蹇硕欲谋杀自己、迎立刘协而决定杀戮宦官。何氏家族曾受宦官提携，何太后及其弟何苗与宦官关系良好，所以何进亦在是否诛杀全体宦官一事上犹豫不定，一度只想"诛其放纵者"。在袁绍力劝之下，何进最终下定决心诛杀全体宦官。[2]

何进、袁绍的合作与窦、陈合作有很大不同。首先，何进并非东汉传统的"四姓"外戚[3]，其家族在东汉朝廷根基较浅，家族人才较少。何进、何苗兄弟也不像窦武那样有深厚的儒学素养。何氏与宦官家族交往甚密，何进、何苗兄弟并不齐心。以上因素使何氏家族对士大夫的号召力较弱。何进能与袁绍合作，只是因为双方有共同的敌人——宦官。其次，何

① 《后汉书》卷67《党锢列传》，中华书局1965年版，第2188页。

② 《后汉书》卷69《何进传》，中华书局1965年版，第2248—2249页。

③ 有关东汉的"四姓"外戚，参看陈苏镇：《〈春秋〉与"汉道"——两汉政治与政治文化研究》，中华书局2023年版，第671—681页。

进、袁绍都领有禁军,袁绍弟袁术亦为虎贲中郎将①。史载灵帝晚年"置西园八校尉,以小黄门蹇硕为上军校尉,虎贲中郎将袁绍为中军校尉,屯骑都尉鲍鸿为下军校尉,议郎曹操为典军校尉,赵融为助军校尉,淳于琼为佐军校尉,又有左右校尉",宦官蹇硕为八校尉的元帅,但在这八校尉中,宦官只占其一。蹇硕被杀后,何进吞并其营兵,宦官遂彻底失去禁卫军权。而袁绍一党势力正盛,正如他所说:"前窦武欲诛内宠而反为所害者,以其言语漏泄,而五营百官服畏中人故也。今将军既有元舅之重,而兄弟并领劲兵,部曲将吏皆英俊名士,乐尽力命,事在掌握,此天赞之时也。"②窦武、陈蕃之所以失败,是因为他们对京城的军事力量缺乏足够的掌控。何进、袁绍等人手握军权,士大夫一党的军事实力已强于宦官。士大夫群体对宦官的仇视,以及士大夫群体的实力皆达到东汉建国以来的顶峰。最终,宦官发动宫廷政变,杀何进,随后袁绍组织禁军尽杀宦官。东汉最后一拨外戚、宦官势力被清除,意味着士大夫群体最终摆脱了这两股宫廷势力的约束,迎来属于自己的时代。

东汉后期,士大夫群体与宦官势力的斗争,其方式与东汉前、中期的政治斗争并无本质差别。士人依附于当权外戚,与反对势力争斗。东汉末年,士大夫借助外戚何氏的帮助,在取得禁卫军权后,完成对宦官势力的诛灭。两汉外戚—士大夫联合的方式,对汉末政治斗争的影响仍然是不可忽视的。

结　语

自汉武帝"独尊儒术"以来,儒生群体从学林走向政坛,成为官僚队伍的重要组成部分。西汉末年,儒生倡导复古改制;东汉前、中期,入仕的儒生忙于案牍,将儒家理想融入行政实践。③ 儒生受制于两汉的政治惯例,在最高权力被外戚掌握的现实下,尽可能地实践自己的理念。在这一过程中,儒生不可避免地依附于外戚。个别希望摆脱这一规律、主宰政局的士人,通常遭到杀戮。哀帝去世后,何武与王莽争夺大司马之位。何武失败,被王莽迫害致死。④ 东汉开国后,部分儒士广交诸王、功臣和外戚,希望得到当权者的礼遇,提升自己的政治地位。东汉中期以降,外戚经常居于辅政之位,士大夫群体与外戚鲜少发生大规模冲突;东汉也没有像何武那样,与外戚争夺辅政之位的士大夫。由此可见,东汉士人普遍接受了外戚当权的现实,在外戚的羽翼下施展自己的才华。

作为两汉政治的"潜规则",外戚在皇帝幼弱之时执掌朝权的正当性,从西汉到东汉并

① 《后汉书》卷75《袁术传》,中华书局1965年版,第2438页。

② 《后汉书》卷69《何进传》,中华书局1965年版,第2247—2249页。

③ 有关东汉循吏政治的研究成果,参看陈苏镇:《〈春秋〉与"汉道"——两汉政治与政治文化研究》,中华书局2023年版,第562—571页。

④ 《汉书》卷86《何武王嘉师丹传》,中华书局1962年版,第3487—3488页。

无变化。即使东汉后期,像李膺、陈蕃这样“风骨独立”的士大夫,也需依附外戚,才可能施展自己的政治抱负。外戚的掾属,是儒士青睐的官职。儒生们在朝堂上正直敢言,与他们同外戚建立府主—故吏关系、为执政外戚出谋献策并不矛盾。外戚与士人在政治上的紧密联系,是宦官无法比拟的。士大夫始终不将宦官视作政治权力的合法构成。在“汉魏革命”后,宦官不再居于权力中枢,[①]而外戚并未彻底退出朝政。魏晋以降,外戚辅政的情况仍屡有发生。西晋杨骏辅政,以及东晋庾氏执政,皆是其例。杨骏遭许多士大夫鄙薄,原因是他“素无美望”[②],与名士少有交游,未得到士大夫群体的拥护;庾亮兄弟皆为江左名士,因此庾氏执政,能得到东晋世家大族的认可。士大夫群体并未将外戚彻底逐出权力核心,而是用自己的标准衡量外戚执政的合理性。两汉士大夫在政治上依附于外戚,魏晋以降的外戚则需迎合士大夫。士大夫群体的发展壮大,使双方的地位在汉魏之际发生倒转。

东汉末年的士大夫群体与东汉前、中期已有很大不同。他们的社会声望崇高,且拥有强大的政治、军事实力。袁绍等士人在中央掌握禁卫军权,刘表、张邈等人在地方任职。董卓进入洛阳后,这些地方牧守成为割据势力。何进掌权时期,相对宦官,儒士的政治、军事实力已取得优势。东汉最后的外戚、宦官势力“同归于尽”后,尽管像董卓这样的军阀实力强悍,但士大夫群体可以与之抗衡。数年后,董卓等西北军阀覆灭,群雄并起的汉末诸雄中,袁绍、刘表、孔融、陶谦等主要势力的领导者皆为儒士。曹操的祖父曹腾是宦官。他尽管是“阉宦之后”,但他早年举孝廉,后担任洛阳北部尉,杖杀宦官蹇硕的叔父。此后曹操又参与袁绍诛杀宦官的谋划。仅就曹操在东汉末年的作为看,他显然是士大夫群体中的一员。[③] 以上的各种情况,预示着士大夫摆脱外戚、宦官势力掣肘,主导朝政的时代即将到来。

---

① 曹丕即王位,令“宦人为官者不得过诸署令”,《三国志》卷2《魏书·文帝纪》,中华书局1982年版,第58页。

② 《晋书》卷40《杨骏传》,中华书局1974年版,第1178页。

③ 有关曹操早年的经历,参看《三国志》卷1《魏书·武帝纪》,中华书局1982年版,第1—5页。

清初学人对封建制和郡县制得失的研判及其影响

姚彬彬

摘要　秦代以后,有关封建制和郡县制的得失问题,历代多有争议。唐代柳宗元所撰《封建论》基于历史主义视角,认为郡县制的建立是国家一统后的大势所趋,三代封建之旧制不能适于后世。清初学人黄宗羲、顾炎武虽在一定程度上对封建制的优长之处有所肯认,仍取折中二制的态度;王夫之则延续了柳宗元的看法,并上升至理论高度。总体而言,清初三家对于中国古典制度文化的研判,大体采历史主义之基本立场,近现代学者对待此问题的看法,亦总体上延续了他们的意见。当代有些学者高度揄扬封建制度,其相关论说有一定"制度决定论"的理论倾向;而冯天瑜对此问题有关论述,充分吸收清初和近代学人的理论成果,更见平正。

关键词　制度文化　封建制　郡县制　历史主义　黄宗羲　顾炎武　王夫之

"封建"这一概念,其"古义"与"今义"差异甚大,就"古义"而论,如冯天瑜先生于《"封建"考论》著中所述:"'封建'本义为'封土建国''封爵建藩'。封建制的基本内涵是世袭、分权的领主经济、贵族政治,古来汉字文化圈诸国大体在此义上使用'封建'一名,并展开'封建论'。"①至1920年代以后,中国学界对于"封建"一词又赋予"今义",即指代地主阶级占有土地所有权,以统治和剥削佃农的社会制度。由此,自秦迄清的两千年专制王朝被认定为中国的"封建社会"。"古义"与"今义"大相径庭,20世纪以降的汉语学术界对此概念的用法争议不绝,是尊重百年以来约定俗成的"语用",还是试图使之回归古人原来的"语义",见仁见智。清代学者对于"封建"一词的理解,当然是就"古义"而论,兹就清初代表性学人对封建制和郡县制得失的探讨及其后世影响进行梳理,并对所涉之当代学界争议问题

作者简介　湖北大学历史文化学院教授、武汉大学中国传统文化研究中心兼职研究员,哲学博士,研究方向为中国文化史、中国思想学术史。

基金项目　国家社会科学基金后期资助项目"《周易》诠释与清代新义理学的思想源流"(21FZXB015)。

① 冯天瑜:《"封建"考论》,武汉大学出版社2007年版,提要。

略作评议。

一、“封建制度”得失的历代争议

秦代统一海内，置郡县，君权独尊，废除封建，此后历代学人对于“封建”与“郡县”两种社会制度的得失，颇有争辩。汉人晁错、董仲舒等主张君权独尊，实现“大一统”；而贾谊的《治安策》、淮南王刘安的《淮南子》等著多主张在“大一统”的郡县制基础上一定程度保有封建贵族政治的成分。而至魏晋南北朝，由于统治阶层贵族的“门阀”制度重新抬头，为封建制度辩护的言论复起，“魏曹元首《六代论》、晋陆士衡《五等论》皆言封建之利”①。至唐代，太宗李世民曾一度属意于归复三代井田、封建之制，然李百药、魏征、颜师古、马周等力辨古今世变之理，以一厢情愿地复古于理不合，终因“大臣议论不同而止”②。至唐代中叶，藩镇割据势力逐渐坐大，一时间“封国土、建诸侯”之议甚嚣尘上，由此催生了柳宗元的名篇《封建论》，该文“对于‘封建’和‘郡县’两种制度的生成机制及优劣，作了鞭辟入里的历史主义论述”③，其论作为“周制”的“封建”之弊曰：

> 夫尧、舜、禹、汤之事远矣，及有周而甚详。周有天下，裂土田而瓜分之，设五等，邦群后。布履星罗，四周于天下，轮运而辐集；合为朝觐会同，离为守臣扞城。然而降于夷王，害礼伤尊，下堂而迎觐者。历于宣王，挟中兴复古之德，雄南征北伐之威，卒不能定鲁侯之嗣。陵夷迄于幽、厉，王室东徙，而自列为诸侯。厥后问鼎之轻重者有之，射王中肩者有之，伐凡伯、诛苌弘者有之，天下乖戾，无君君之心。余以为周之丧久矣，徒建空名于公侯之上耳。得非诸侯之盛强，末大不掉之咎欤？遂判为十二，合为七国，威分于陪臣之邦，国殄于后封之秦，则周之败端，其在乎此矣。④

盖以封建制度之弊，在于中央权力的权威性有限，而随着时间的更迭，被分封的诸侯各自为政，各成独立王国而坐大，周王朝遂至败亡。柳宗元又论作为“秦制”的“郡县制”曰：

> 秦有天下，裂都会而为之郡邑，废侯卫而为之守宰，据天下之雄图，都六合之上游，摄制四海，运于掌握之内，此其所以为得也。不数载而天下大坏，其有由矣：亟役万人，

---

① ［唐］杜佑：《通典》，中华书局 1988 年版，第 848 页。
② ［宋］司马光编著，［元］胡三省音注：《资治通鉴》，中华书局 1956 年版，第 7013 页。
③ 冯天瑜：《“封建”考论》，武汉大学出版社 2007 年版，第 74 页。
④ ［清］董诰等编：《全唐文》，中华书局 1983 年版，第 5875 页。

暴其威刑，竭其货贿，负锄梃谪戍之徒，圜视而合从，大呼而成群，时则有叛人而无叛吏，人怨于下而吏畏于上，天下相合，杀守劫令而并起。咎在人怨，非郡邑之制失也。①

柳宗元不否定秦代所行之暴政导致人心崩离而迅速亡国之恶果，但又将“秦政”和“秦制”明确区分开来，认为秦代“失在于政，不在于制”②。汉代以降，中央政权皆奉行秦之郡县制度，“汉有天下，矫秦之枉，徇周之制，剖海内而立宗子，封功臣。数年之间，奔命扶伤之不暇，困平城，病流矢，陵迟不救者三代。后乃谋臣献画，而离削自守矣。然而封建之始，郡国居半，时则有叛国而无叛郡，秦制之得亦以明矣。继汉而帝者，虽百代可知也”③，此即名句“百代都行秦政法”的取典。至柳宗元所在的唐代，“制州邑，立守宰，此其所以为宜也。然犹桀猾时起，虐害方域者，失不在于州而在于兵，时则有叛将而无叛州。州县之设，固不可革也”④，认为维系国家稳定一统，不能妄兴“封建”旧制。鉴于历代儒家不少人认定封建制度是三代圣贤所设立的说法，柳宗元辩驳道：“彼封建者，更古圣王尧、舜、禹、汤、文、武而莫能去之。盖非不欲去之也，势不可也。势之来，其生人之初乎？不初，无以有封建。封建非圣人意也。”⑤这显然体现了明确的历史主义⑥之卓识，时移世易，三代的合理制度未必可行于今日，孟子所谓“孔子，圣之时者也”，圣贤之意，固能与时俱进，断非拘守于一端者，此议相当有力。

柳宗元的论述得到后世学人的高度评价，宋人苏轼《论封建》文称：“凡有血气，必争，争必以利，利莫大于封建。封建者，争之端而乱之始也……近世无复封建，则此祸几绝。仁人君子，忍复开之欤！故吾以李斯、始皇之言，柳宗元之论，当为万世法也。”⑦范祖禹更申发柳宗元的“封建非圣人意也，势也”之论，指出：“三代封国，后世郡县，时也；因时制宜，以便其民，顺也。古之法不可用于今，犹今之法不可用于古也。”⑧亦采重视“古今之变”的历史主义视角。

---

① ［清］董诰等编：《全唐文》，中华书局1983年版，第5875页。

② ［清］董诰等编：《全唐文》，中华书局1983年版，第5876页。

③ ［清］董诰等编：《全唐文》，中华书局1983年版，第5875—5876页。

④ ［清］董诰等编：《全唐文》，中华书局1983年版，第5876页。

⑤ ［清］董诰等编：《全唐文》，中华书局1983年版，第5875页。

⑥ “历史主义”（historicism或historism，源于德文Historismus）概念约出现于18世纪末期，据查证，最早使用该词的是德国学者弗里德里希·施莱格尔（Fridrich Schlegel），见他于1797年撰写的关于语言学的笔记。作为一种学术思想的形成约始于19世纪末期，20世纪以来西方学界对于“历史主义”的看法争议极大，因此其概念界定亦颇有同异之处，弗雷德里克·拜塞尔于其《德国历史主义传统》中对这一概念提出一种中立性的表述：“历史主义意味着对人类彼此间的文化和价值的一切思想还原为历史化。”而所谓“历史化”，即“意味着认识到人类世界的一切事物：文化、价值、制度、惯例、理性等，都是历史塑造的，所以万事没有永恒的形式、永远的本质或超越历史变革不变的特性。任何事物的实质都是历史所为，全然是特殊历史进程的产物。”（Frederick C. Beiser, *The German Historicist Tradition*, New York: Oxford University Press, 2011, p. 2.）本文所言“历史主义”大体接受此一定义。

⑦ ［明］茅维编，孔凡礼点校：《苏轼文集》，中华书局1986年版，第158页。

⑧ ［宋］范祖禹：《唐鉴》卷2，上海古籍出版社1981年版，第42页。

明初,洪武帝朱元璋废丞相制,罢中书省,强化特务政治,自此君权独揽,皇权专制制度达到顶峰。至明代后期,历代君主皆非明君,且不乏为人荒唐之辈,更倚重宦官,擅作威福于臣下,政局之腐化糜烂,久已积重难返。因此,明亡之后,明遗民群体的学人们,不乏从制度文化的角度对亡国之痛进行反思者,意图限制君权的"复封建"之论,再度萌生,其风之盛,乃至后来雍正帝恨恨不已地说:"大凡反逆之人,如吕留良、曾静、陆生枏之流,皆以宜复封建为言。"①其中可作典型代表者是吕留良(1629—1683)。他在《四书讲义》中说:"君臣以义合,合则为君臣,不合则可去,与朋友之伦同道,非父子兄弟比也。不合亦不必到嫌隙疾恶,但志不同,道不行,便可去,去即是君臣之礼,非君臣之变也。只为后世封建废为郡县,天下统于一君,遂但有进退而无去就。嬴秦无道,创为尊君卑臣之礼,上下相隔悬绝,并进退亦制于君而无所逃,而千古君臣之义为之一变,但以权法相制,而君子行义之道几亡矣。"②其论君臣之道以义相合,与黄宗羲《明夷待访录》中的看法相当类似,以秦废封建后君主独尊于上,无任何制衡皇权之条件,故君尊臣卑成为定制,此说不为无见。然吕氏之论似有意与柳宗元《封建论》的观点对立,认定封建制度一定就是圣人之作意者。他说:"五兵作而杀戮多,封建制而争战烈,圣人岂不知之?然必不可已者,其利害有大小也。后世不知圣人深意,以一姓之私,废生民之公,究其子孙受祸尤酷,流未有之毒于无穷,则何益矣!"③认为封建制尽管可能会导致权力分崩而诸侯割据的后果,但此弊总比"一姓之私"独大要好些。晚近以来某些揄扬封建制度的学者,多与吕留良的思维方式相近,然吕氏竟认为"封建制而争战烈"的社会状态也比郡县制更好,此议陷于极端的偏颇之处,自不待言。他更针对柳宗元的"封建非圣人意也,势也"之论,明持异议:"封建井田之废,势也,非理也;乱也,非治也。后世君相因循苟且,以养成其私利之心,故不能复返三代,孔、孟、程、朱之所以忧而必争者,正为此耳。虽终古必不能行,儒者不可不存此理,以望圣王之复作,今托身儒流,而自且以为迂,更复何望哉!"④认为封建制度是亘古不灭的天理所寄,儒者的社会理想必以此立基,才能归复三代盛世。这一论调,又显然与美国政治学者弗朗西斯·福山鼓吹西方所谓的"自由民主政体"构成"'人类意识形态进步的终点'与'人类统治的最后形态'。也构成'历史的终结'。……自由民主的'理念'已不能再改良了"⑤的思维方式相当一致,即认为某种既往制度已然实现尽善尽美,不仅终结了历史,亦构成衡量人类社会"文明"与否的统一标准。这种独断论式的定向思维,将天下之善皆归于一种他们心目中的"好制度",将天下之恶皆归诿于他们心目中所谓的"坏制度",忽视了社会系统诸方面相互联系的复杂

① 《清世宗实录》卷83,雍正七年(1729)七月丙午,中华书局1985年版,第99页。
② [清]吕留良:《吕晚村先生四书讲义》,中华书局2015年版,第626页。
③ [清]吕留良:《吕晚村先生四书讲义》,中华书局2015年版,第666页。
④ [清]吕留良:《吕晚村先生四书讲义》,中华书局2015年版,第586页。
⑤ 〔美〕弗朗西斯·福山:《历史的终结》,本书翻译组译,远方出版社1998年版,第146页。

性，更近于一种信仰话语，亦与历史主义的学理相悖。

诚如陈祖武先生所论："无论就其学术造诣，还是学术成就而言，吕留良都不能与同时的著名学者顾炎武、黄宗羲、王夫之相比。他的一生为学，虽然带着鲜明的时代印记，顺应了清初学术发展的历史趋势，但是，他却不足以成为一时学术界的杰出代表。"①就清初封建、郡县之辨的问题而论，顾、黄、王"三老"皆有颇具卓识的重要论述，尽管他们亦均在不同程度上对封建制的正面意义有所肯认，但亦皆能基于历史发展的态势平情立言，不作片面的非此即彼之谈。

二、清初"三老"的封建与郡县之辨

清初"三老"②中，与吕留良意见最为相近，亦主回归三代封建制度者为黄宗羲，其《明夷待访录》之撰，开篇即以"以复井田、封建、学校、卒乘之旧"为宗旨。该书颇涉"违逆"的未刊稿中有《封建》之篇，称颂封建制度之优胜：

> 自三代以后，乱天下者无如夷狄矣，遂以为五德沴眚之运。然以余观之，则是废封建之罪也。……自秦至今一千八百七十四年，中国为夷狄所割者四百二十八年，为所据者二百二十六年，而号为全盛之时，亦必使国家之赋税十之三耗于岁币，十之四耗于戍卒，而又荐女以事之，卑辞以副之，夫然后可以仅免。乃自尧以至于秦二千一百三十七年，独无此事，此何也？岂夷狄怯于昔而勇于今哉？则封建与不封建之故也。③

黄宗羲认为，若战国之世七国分立，各国皆有自身的独立利益，与夷狄接壤的燕、赵诸国，因维护切身利益必须全力备战，故先秦时期"则一国之足以自支一国亦明矣"，而秦汉以降，守土抗敌，非边疆郡守之切身利益，故"乃以天下守一隅而不足者，势使之然也"。④

不过，黄宗羲对封建制度的推崇，并不是无条件的，而是认为这一制度有利于抵抗外敌之战时，因为"若封建之时，兵民不分，君之视民犹子弟，民之视君犹父母，无事则耕，有事则战，所谓力役之征者，不用之于兴筑，即用之于攻守"⑤，但他也不否认封建制的诸侯割据将会导致中央的权威虚化之问题出现："古之有天下者，日用其精神于礼乐刑政，故能致治隆平。后之有天下者，其精神日用之疆场，故其为治出于苟且。然则废封建之害至于如此，而

① 陈祖武：《吕留良散论》，《清史论丛》1986年第7辑。
② 即顾炎武、黄宗羲、王夫之，从章太炎《衡三老》文中之说。
③ 《黄宗羲全集》第1册，浙江古籍出版社1985年版，第418—419页。
④ 《黄宗羲全集》第1册，浙江古籍出版社1985年版，第419页。
⑤ 《黄宗羲全集》第1册，浙江古籍出版社1985年版，第419页。

或者犹以谓诸侯之盛强，使天子徒建空名于上。夫即不幸而失天下于诸侯，是犹以中国之人治中国之地，亦何至率兽而食人，为夷狄所寝覆乎！”①显然，这是出于明清易代之痛的激愤之言，存在其特殊历史语境。

在《明夷待访录》正式刊刻的篇目《方镇》中，黄氏之所论则更见公允执中，能够平心看待封建、郡县二制均有各自的利弊得失：“是故封建之弊，强弱吞并，天子之政教有所不加；郡县之弊，疆场之害苦无已时。”②若复兴封建制度，势必导致诸侯纷争的乱世，郡县制度之弊则是君权独尊而国弱民疲。因此，黄宗羲意在寻找一种既能维系国家一统，又能保有封建制之优长的制度设计，即其“方镇”的构想，他认为：“今封建之事远矣，因时乘势，则方镇可复也。”③就具体而论，即在国家边疆有限度地采纳封建制度，以之抗击外敌：

> 宜将辽东、蓟州、宣府、大同、榆林、宁夏、甘肃、固原、延绥俱设方镇，外则云、贵亦依此例，分割附近州县属之。务令其钱粮兵马，内足自立，外足捍患；田赋商税，听其征收，以充战守之用；一切政教张弛，不从中制；属下官员亦听其自行辟召，然后名闻。每年一贡，三年一朝，终其世兵民辑睦，疆场宁谧者，许以嗣世。④

然平心论之，边疆出现若干兵强马壮而各自为政的独立王国，待其逐渐坐大后，其对中央政权权威的威胁，亦自与东周无异。唐代行方镇制，其前期抗击外敌，固然武功赫赫；然至唐代后期，即因方镇之乱而渐趋衰亡，此史有前例之事。黄宗羲虽称“唐之所以亡，由方镇之弱，非由方镇之强也”⑤，此近于强辩，恐难服人。但黄氏之整体思考，不失深度，亦能兼顾郡县制之优胜处，不主非此即彼的废立之说，与吕留良等人的“定向思维”相较，已颇难能可贵。

顾炎武对于封建制和郡县制的得失问题有深刻辨析，其基本思路与黄宗羲有一致之处，既承认郡县制是历史趋势所造就，难以改易，同时亦寄希望于能够融合封建制限制君权独专的一些优长之处。

古来学人，本以郡县制肇于秦王一统，故亦多称其谓“秦制”，如《汉书·地理志》：“秦遂并兼四海。以为周制微弱，终为诸侯所丧，故不立尺土之封，分天下为郡县，荡灭前圣之苗裔，靡有孑遗者矣。”⑥而由于历代儒者痛恨始皇之暴政，多以郡县制亦暴政之产物，颇有深

① [清]黄宗羲：《留书·封建》，载《黄宗羲全集》第11册，浙江古籍出版社2005年版，第6页。
② 《黄宗羲全集》第1册，浙江古籍出版社1985年版，第21页。
③ 《黄宗羲全集》第1册，浙江古籍出版社1985年版，第21页。
④ 《黄宗羲全集》第1册，浙江古籍出版社1985年版，第22页。
⑤ 《黄宗羲全集》第1册，浙江古籍出版社1985年版，第21页。
⑥ [汉]班固撰，[唐]颜师古注：《汉书》卷28，中华书局1962年版，第1542页。

诋，至柳宗元始辨析“秦制”与“秦政”不同，“失在于政，不在于制”。顾炎武则考证出郡县制于战国之世已有萌蘖，非秦代一时之创。他在《日知录·郡县》中胪列“《左传·僖公三十三年》：‘晋襄公以再命命先茅之县赏胥臣。’《宣公十一年》：‘楚子县陈。’《十二年》：‘郑伯逆楚下之辞曰：‘使改事君夷于九县’’”及《晏子春秋》《说苑》《战国策》《史记》等十余条文献记载，证实“则当春秋之世，灭人之国者，固已为县矣”，而“当七国之世，而固已有郡矣”。盖因古今世变，三代以降小国已多被大国兼并，“传称禹会诸侯，执玉帛者万国，至周武王仅千八百国，春秋时见于经传者百四十余国，又并而为十二诸侯，又并而为七国，此固其势之所必至。秦虽欲复古之制，一一而封之，亦有所不能。而谓罢侯置守之始于秦，则儒生不通古今之见也”。[①] 盖封建制之逐渐衰亡，直接导源于三代封国之旧贵族已渐无孑遗，欲封亦无可封，故“秦始皇议封建，实无其本。假使用淳于越之言，而行封建，其所封者不过如穰侯、泾阳、华阳、高陵君之属而已，岂有建国长世之理”[②]。国家一统之后，规划各地为郡县而直接归属于中央管辖为“势所必至”。故顾炎武在《郡县论》中驳斥了汉代以来的常见错误认识：“盖自汉以下之人，莫不谓秦以孤立而亡。不知秦之亡，不封建亡，封建亦亡；而封建之废，固自周衰之日而不自于秦也。封建之废，非一日之故也，虽圣人起，亦将变而为郡县。”[③]所论与柳宗元《封建论》同声相应，亦基于历史主义之视野来看待封建、郡县二制的更替问题。

由此，顾炎武提出其“寓封建之意于郡县”的构想，《郡县论》开宗明义：“知封建之所以变而为郡县，则知郡县之敝而将复变。然则将复变而为封建乎？曰，不能。有圣人起，寓封建之意于郡县之中，而天下治矣。”[④]顾炎武总结明代君权独专的专制政治之弊，已造于极峰，其谓：

> 方今郡县之敝已极，而无圣人出焉，尚一一仍其故事，此民生之所以日贫，中国之所以日弱而益趋于乱也。何则？封建之失，其专在下；郡县之失，其专在上。古之圣人，以公心待天下之人，胙之土而分之国；今之君人者，尽四海之内为我郡县犹不足也，人人而疑之，事事而制之，科条文簿日多于一日，而又设之监司，设之督抚，以为如此，守令不得以残害其民矣。不知有司之官，凛凛焉救过之不给，以得代为幸，而无肯为其民兴一日之利者，民乌得而不穷，国乌得而不弱？率此不变，虽千百年，而吾知其与乱同事，日甚一日者矣。[⑤]

① ［清］顾炎武著，周苏平、陈国庆点注：《日知录》，甘肃民族出版社 1997 年版，第 961—963 页。
② ［清］顾炎武著，周苏平、陈国庆点注：《日知录》，甘肃民族出版社 1997 年版，第 963 页。
③ ［清］顾炎武撰，华忱之点校：《顾亭林诗文集》，中华书局 1983 年版，第 12 页。
④ ［清］顾炎武撰，华忱之点校：《顾亭林诗文集》，中华书局 1983 年版，第 12 页。
⑤ ［清］顾炎武撰，华忱之点校：《顾亭林诗文集》，中华书局 1983 年版，第 12 页。

君主对于大权独揽的热衷,使其对臣下始终缺乏信任,生怕他们在地方上权力坐大而生起异心,故千方百计地进行各种制约;而这种政治环境对于臣下而言,使他们在其任上只能但求无过不求有功,谋求君主和上峰的信任重于一切,自然也就越来越忽视其“与民兴利”的本分,导致国家日趋失去发展的活力,乃至国弱民穷。——而君主既不信任各级臣僚,在因循守旧、奉行陈规的政治环境中,更下一级具体面对民众的吏胥之流反而得以擅作威福了:“于是天子之权不寄之人臣,而寄之吏胥,是故天下之尤急者,守令亲民之官。而今日之尤无权者莫过于守令,守令无权而民之疾苦不闻于上,安望其致太平而延国命乎!”①“今夺百官之权而一切归之吏胥,是所谓百官者虚名,而柄国者吏胥而已。”②吾人观元末明初的小说《水浒传》描述的社会景象,像押司、都头、节级这类“小吏”多横行于乡里,为人所惧,县官、州官的“存在感”反而相当有限,堪称真实写照。

顾炎武提出的具体解决办法是:“尊令长之秩,而予之以生财治人之权,罢监司之任,设世官之奖,行辟属之法,所谓寓封建之意于郡县之中。”③简言之,即欲使君主“放权”,让各级地方官员有更大的自主权力。就一县之地而言,“改知县为五品官,正其名曰县令。任是职者,必用千里以内习其风土之人”,中央政府只负责考核任命和奖惩,具体事务不加干涉,若所任称职,则其职务可作世袭,“其身与县终,而子孙世世处焉”。④ 顾炎武认为这样的好处是:

> 天下之人各怀其家,各私其子,其常情也。为天子为百姓之心,必不如其自为,此在三代以上已然矣。圣人者因而用之,用天下之私,以成一人之公而天下治。夫使县令得私其百里之地,则县之人民皆其子姓,县之土地皆其田畴,县之城郭皆其藩垣,县之仓廪皆其囷窌。为子姓,则必爱之而勿伤;为田畴,则必治之而勿弃;为藩垣囷窌,则必缮之而勿损。自令言之,私也,自天子言之,所求乎治天下者,如是焉止矣。⑤

他认为若一地之治乱关乎官守之切身利益,则其必会尽职尽责。此与今之某些主张所谓“保守主义”(conservatism)的西方学人于绝对性的“私有制”辩护的思路可谓如出一辙。然此理亦如后世之西方资本家者流,虽一般都会对自己的私人所有产业尽职尽责,然其对下属剥削之日渐苛酷,又何以制之?瞿同祖先生在《清代地方政府》中指出,地方士绅与各级官吏其实在本质上属同一利益阶层,“这个权力集团在公共领域表现为官吏,在私人领域

---

① [清]顾炎武著,周苏平、陈国庆点注:《日知录》,甘肃民族出版社1997年版,第453页。
② [清]顾炎武著,周苏平、陈国庆点注:《日知录》,甘肃民族出版社1997年版,第409页。
③ [清]顾炎武撰,华忱之点校:《顾亭林诗文集》,中华书局1983年版,第12页。
④ [清]顾炎武撰,华忱之点校:《顾亭林诗文集》,中华书局1983年版,第13页。
⑤ [清]顾炎武撰,华忱之点校:《顾亭林诗文集》,中华书局1983年版,第14—15页。

表现为士绅"。所以,"尽管有正式权力和非正式权力的差别,实际上是同一个权力集团在控制社会","政治性基本权力就是政治中的主控权力"。[①] 因此,若按顾炎武的设想,各地地主士绅的子孙家族形成固定的利益集团后,"各怀其家,各私其子",自是攫取私利为先,难道真能使得弱势的民众生存条件有所改善吗?正如冯契先生所说,在顾炎武的设想中"一个县令如果做得好就可以让他世袭,这个县相当于他的封地,这样他便会把一县人民都看作他的子弟,一县土地都看作他的田产,就会出于私心而努力治理了。这当然是一种空想……反映了他的阶级局限性。虽然顾炎武相当深刻地揭露批判了封建社会[②]的黑暗,但他提出的改革方案却无多大的可取之处"[③],此论堪称公允。与黄宗羲一样,顾炎武对明代专制政治弊害的"诊断"不失深刻,但他开出的"药方",亦难免陷入书生之见。然其毕竟仍能认识到郡县制为历史大势的产物,虽可尝试修正补苴,然未能偏废,此亦未失历史主义之基本立场。

与顾、黄等同时代人的看法相异,对于封建、郡县之辨,王夫之的看法明确站在了郡县制的一边,其说亦最具理论深度。

船山在其早年亦曾主复封建之论,如约撰于1669年[④]的《春秋家说》中说:

> 夫百王之道,中国之统,有三纪焉:人纪者,井田、封建之所准也;天纪者,凤、麟、河图之所诏也;地纪者,中国夷狄之所限也。获麟,天纪之衰也。更四百余年,而三代之天下亡,井田铲,封建灭,人纪乱矣。更四百余年,而胡氏羌狄鲜卑十有六族,更王天下,地纪裂矣。故夫圣人道穷之叹,非独谓一圣人之道也。先之前古之法,后之万年之人,而无有不穷也。[⑤]

此论与吕留良、黄宗羲之说几无二致。但在船山晚年所撰之《读通鉴论》中,其历史哲学形成,看法为之大变。《读通鉴论》卷一论秦始皇,开篇即谓:

> 两端争胜,而徒为无益之论者,辨封建者是也。郡县之制,垂二千年而弗能改矣,合古今上下皆安之,势之所趋,岂非理而能然哉?天之使人必有君也,莫之为而为之。故其始也,各推其德之长人、功之及人者而奉之,因而尤有所推以为天子。人非不欲自贵,而必有奉以为尊,人之公也。安于其位者习于其道,因而有世及之理,虽愚且暴,犹

① 瞿同祖:《清代地方政府》,范忠信、晏锋译,法律出版社2003年版,第283页。
② 引者按:此"封建"一词为今义。
③ 冯契:《中国古代哲学的逻辑发展》,上海人民出版社1993年版,第1049页。
④ 萧萐父、许苏民:《王夫之评传》,南京大学出版社2002年版,第73页。
⑤ [清]王夫之:《船山全书》第5册,岳麓书社2011年版,第376页。

贤于草野之罔据者。如是者数千年而安之矣。疆弱相噬而尽失其故，至于战国，仅存者无几，岂能役九州而听命于此数诸侯王哉？于是分国而为郡县，择人以尹之。郡县之法，已在秦先。秦之所灭者六国耳，非尽灭三代之所封也。则分之为郡，分之为县，俾才可长民者皆居民上以尽其才，而治民之纪，亦何为而非天下之公乎？①

此论似亦借鉴了顾炎武《日知录》所考者，以郡县自东周之世已有萌蘖，非秦皇创制，故实为历史发展"势之所趋"。关于"理"和"势"的关系，船山与吕留良"封建井田之废，势也，非理也"之论针锋相对，他认为天下大势之趋向本身即已寄托了"理"。《宋论·卷七》明确提出："天者，理而已矣；理者，势之顺而已矣。"②故封建制向郡县制的转变，亦"理"之所在。此论显与黑格尔《历史哲学》中以历史的迁流发展即"绝对精神"逐步自我显现的看法颇为类似。

船山后文进一步言道：

古者诸侯世国，而后大夫缘之以世官，势所必滥也。士之子恒为士，农之子恒为农，而天之生才也无择，则士有顽而农有秀；秀不能终屈于顽，而相乘以兴，又势所必激也。封建毁而选举行，守令席诸侯之权，刺史牧督司方伯之任，虽有元德显功，而无所庇其不令之子孙。势相激而理随以易，意者其天乎！阴阳不能偏用，而仁义相资以为亨利，虽圣人其能违哉！选举之不慎而守令残民，世德之不终而诸侯乱纪，两俱有害，而民于守令之贪残，有所借于黜陟以苏其困。故秦、汉以降，天子孤立无辅，祚不永于商、周；而若东迁以后，交兵毒民，异政殊俗，横敛繁刑，艾削其民，迄之数百年而不息者亦革焉，则后世生民之祸亦轻矣。郡县者，非天子之利也，国祚所以不长也；而为天下计，则害不如封建之滋也多矣。呜呼！秦以私天下之心而罢侯置守，而天假其私以行其大公，存乎神者之不测，有如是夫！③

盖封建之世，高贵者恒高贵之，卑贱者恒卑贱之，上下不通，阶层固化，有如魏晋门阀"上品无寒门，下品无士族"，亦如古来印度之种姓制，其弊莫过于此。郡县制固有集权独专之弊，然就一般民众而论，至少兼顾了制度上的公平，父祖之特权不能延伸至后世不肖子孙，底层民众亦在理论上存在晋身之途（如科举制"朝为田舍郎，暮登天子堂"之说）。而秦以郡县为定制，实"天假其私以行其大公"；船山又论汉制，"高帝之大封同姓，成周之余波

① ［清］王夫之：《读通鉴论》，中华书局1975年版，第1页。
② ［清］王夫之著，舒士彦点校：《宋论》，中华书局1964年版，第134页。
③ ［清］王夫之：《读通鉴论》，中华书局1975年版，第1—2页。

也”,此为封建制之绝响,然复古之途毕竟不合历史潮流,于是“武帝之众建王侯而小之,唐、宋之先声也”,此亦“天假之,人习之”之大势所趋。① 船山之见,诚如冯天瑜先生所论:“‘天假其私以行其大公’,其说颇类似黑格尔‘最大的“罪孽”反而最有益于人类’的警句。而在这种主观动机与客观效果颇相矛盾的现象背后,有着不以人的意志为转移的支配力量在起作用,黑格尔归之于‘绝对精神’,王夫之则归之为‘理’,终之于‘天’。王夫之把秦汉唐宋以来的‘封建论’推上了历史哲学的高峰。”②

三、清初封建、郡县二制之辨的后世影响及其启示

清世以降,关于封建与郡县二制的优劣之辨,继有余韵,降及近代而未绝。重视封建制度的优长之处,看法较为接近黄宗羲、顾炎武者,有袁枚、俞樾、冯桂芬、戴季陶、冯友兰等;看法较为接近王夫之者,有包世臣、魏源、章太炎等。③ 肯定郡县制之说,魏源《默觚下·治篇九》中的看法有一定代表性:

> 后世之事,胜于三代者三大端:文帝废肉刑,三代酷而后世仁也;柳子非封建,三代私而后代公也;世族变为贡举,与封建之变为郡县何异?三代用人,世族之弊,贵以袭贵,贱以袭贱,与封建并起于上古,皆不公之大者……而封建不变,则世族亦不能变。④

魏源“三代私而后代公”之论,与王夫之“天假其私以行其大公”之说如出一辙,而在魏源生前,船山的《读通鉴论》尚未刊刻流传,足见其论之独造处。

对封建制即使有较多肯认的学人,也并非无条件地称颂,大抵皆能正视其利弊之两方面问题,此方面戴季陶的看法有一定代表性,其谓:

> 历朝之运命,其最永者莫若周。周之制度,封建制度也。周之前亦为封建,然而制度之完备,则以周为最。中国文明之发达,至于周已阅千有余年矣。然发达之最盛者,则为周。周以后则浸微矣。汉之学术,多为穿凿。唐之学术,多为铺张。宋之学术,多为空迂。于文明发展,所贡献者绝少。秦汉而后,永存于中国社会而陶融中国之民族

---

① [清]王夫之:《读通鉴论》,中华书局1975年版,第57页。

② 冯天瑜:《“封建”考论》,武汉大学出版社2007年版,第79页。

③ 参见冯天瑜:《“封建”考论》,武汉大学出版社2007年版,第74—90页。章太炎早年亦曾与黄宗羲看法相近,其《訄书·分镇》篇主张封建制,但后来又撰《分镇匡谬》以自我否定。辛亥以后,他撰有《秦政记》,对秦制进行了全面的肯定性评述。

④ 《魏源集》,中华书局2009年版,第60页。

者,决为周代之文明。而周代文明所以发达如彼之甚者,则以中央无专横之政,地方之[有]自由之权。竞争盛而进步亦速。……故孔孟与乎诸子百家有,所以先后皆产生于是时者,非孔孟与诸子百家有天生之聪明,可以超过后世二千数百年之人物也……时代之产物而已。制度随时代之境遇而变迁,时代之境遇亦随制度而移易。故周代文物之进步,亦可谓为制度之产物也。假使周代而为单一之中央集权,则孔孟诸子百家之人物果能发生否,实不能决之疑问。秦以后之渐趋于因循保守,盖其证也。……是故中国文化之发达,由于地方分权,而文化之退步,由于中央集权。①

戴氏以封建制为地方分权制,其对于文化学术的影响,正如后来周作人所言之现象,中国古代文化思想之"兴盛须在王纲解纽的时代",这是因为,"在朝廷强盛,政教合一的时代,载道主义一定占势力",所以,只有"到了颓废时代,皇帝祖师等等要人没有多大力量了,处士横议,百家争鸣……许多好思想好文章都在这个时代发生"。② 而郡县制为中央集权制,"苟政府组织而良善,则人民亦未尝不能赖之以息肩者,然而于社会文化个人身心之发达实多阻碍"③,故以致"文化之退步"。

但戴氏并未认定封建制可简单对等于当时不少国人寄予希望的联邦制(若孙中山、章太炎及戴氏本人等皆有此构想)。他经比较认为,二者的最大本质不同是:"封建制度为世袭官吏之制度,中央派一世袭官吏以治其一国。联邦制度则各联邦合同组织一统一国家,由其统一国家之国法,以认定部分国之存在。"这种世袭制显然是贵族的特权,故"近世之联邦国为法治,而封建时代则为人治"。④ 二者唯一之共性,唯在于"分权"之一端而已。戴季陶亦明确承认:"封建非良制度也,古人论之也详矣。吾人以权理论之,亦能决其非良制度。"⑤

封建制何以"非良制度"? 西人马克·布洛赫《封建社会》中所论,或可作戴氏说法之注脚:

封建制度意味着一群卑微的人对少数豪强严格的经济从属。它在前一时期已经接受了罗马的农庄(villa)(在某些方面农庄预示了庄园的存在)和日耳曼的农村首领制之后,扩大并巩固了这些人剥削人的方法,并且将获得土地收入的权利和行使权力

① 戴季陶:《中华民国与联邦组织》,载《戴季陶集(1909—1920)》,华中师范大学出版社1990年版,第765—766页。

② 周作人:《近代散文抄序》,载《苦雨斋序跋文》,天马书店1934年版,第165页。

③ 戴季陶:《中华民国与联邦组织》,载《戴季陶集(1909—1920)》,华中师范大学出版社1990年版,第766页。

④ 戴季陶:《中华民国与联邦组织》,载《戴季陶集(1909—1920)》,华中师范大学出版社1990年版,第765页。

⑤ 戴季陶:《中华民国与联邦组织》,载《戴季陶集(1909—1920)》,华中师范大学出版社1990年版,第766页。

的权利错综复杂地联系起来,从这一切中造就了中世纪的真正庄园。封建制度所做的这一切,部分地是为了服务于上帝的教士寡头集团的利益,但主要的是为了服务于武士寡头集团的利益。①

一言以蔽之,封建制无非是一套建立在极少数人的特权对绝大多数平民的奴役基础之上的社会制度,即使是欧洲封建社会的形成,也不是一件光彩和"进步"的事情:"欧洲封建主义应被视为旧社会剧烈解体的结果。事实上,如果没有日耳曼入侵的大变动,欧洲的封建主义将是不可思议的。日耳曼人的入侵将两个处于不同发展阶段的社会强行结合在一起,打断了它们原有的进程,使许多极为原始的思想模式和社会习惯显现出来。"②要之,近代中西学人论封建,固然于其得失见仁见智,然大抵皆未忽略其特权与奴役的阴暗面,未片面溢美。

然而,时下的某些学人忽倡导起一种变相的"复封建"之论,他们简单认定,从古代的封建制度走向现代宪制国家有一定优越条件,并提出,近代以来世界列国能顺利进入现代宪制国家的,几乎都是封建传统深厚的国家。反之,大一统帝国(相当于郡县制)要转进现代宪制社会,其过程更为艰难。因此,他们极力推崇封建制度的"优越",同时强烈批判郡县制。对此,秦晖先生的观点有一定代表性,他在其著中提出:

"封建"时代的"虚君"不是靠垄断权力来维持的,人们对之有不依赖于强权的"敬畏"乃至敬爱,在传统时代它的"改朝换代"就极为平和,或者说根本没有真正的"改朝换代"现象,而在由传统向现代化演进时,它走向和平立宪的道路也就比较容易。而专制帝制就不同了。……为君者自然擅权,"虚君"不是犯傻吗?传统时代"改朝换代",群雄逐鹿杀得尸山血海,到了近代放弃皇权就那么容易?③

此说有主观的"定向思维"意味。不能否认,在近代社会变革、走向"现代性"的历史条件下,传统的封建制度由于其"分权"的特征,其崩解过程相对迅速。但若将之视为走向"和平立宪"的优越条件,则未免草率。因为,传统的封建制度无不建立在奴隶制或农奴制的人身依附关系上,由此形成的社会意识形态,本质上实为"主奴意识",如先秦"古儒"的"上智下愚为不移""民可使由之,不可使知之"等说,皆其直接表现。缺乏主体意识和平等意识的多数民众,如何构成现代政治的社会基础?——如果说郡县制的弊端是"集权",封建制之弊则是"特

① 〔法〕马克·布洛赫:《封建社会》,张绪山、李增洪、侯树栋译,商务印书馆 2009 年版,第 701 页。
② 〔法〕马克·布洛赫:《封建社会》,张绪山、李增洪、侯树栋译,商务印书馆 2009 年版,第 700 页。
③ 秦晖:《走出帝制——从晚清到民国的历史回望》,群言出版社 2015 年版,第 41—42 页。

权”,此五十步与百步之别耳。诚如有前辈学人所称:“觉悟了的群体才能推动社会。”近代以降,严复呼吁“开启民智”,孙中山讲“唤起民众”,鲁迅讲“改造国民性”,毛泽东青年时亦在《商鞅徙木立信论》中感叹“数千年来民智黑暗、国几蹈于沦亡之惨境有由来也”[①]。故若按古今推崇封建制的学者们的思路逻辑进一步延伸,若民智之未开,封建制的现代转型所直接能造就者,实为由若干特权阶层的权贵人物主宰社会的“寡头政治”,固非“民主政治”。

秦晖平素有“文化无高下,制度有优劣”[②]之名论,此论似颇有“制度决定论”一定倾向。他时常对古代封建制度进行有意无意的美化性描述,乃至讲,“如果我们打一个比较通俗的比方,西周社会或者说是三代,好像是一个温情脉脉的大家庭,是由长辈或者所谓的长老按照家庭伦理进行统治的”[③],却往往不谈这种表面的“温情脉脉”,实以对广大奴隶或平民的血腥压迫为其构成基础。

从古至今,“制度决定论”之失败案例,可谓不胜枚举,远有北宋王安石变法,近有晚清康有为百日维新,包括更古老的王莽试图回归“封建”和“井田”的“复古改制”,他们都设计出了一套“看上去很美”的制度规划方案,但付诸实践后,其现实成效则往往适得其反甚至南辕北辙。盖“制度决定论”之根本误区,在于以为制度之一事,可以经由某些“先知”或“精英”作出主观选择,付诸实施后,全部社会问题一朝可解。此不明历史逻辑,以主观价值取向为准,过于感情用事所致之者。托尔斯泰在其杰作《战争与和平》曾深刻省思人类历史上种种革命和战争行为,得出的结论是:“从精神方面看,权力是事件发生的原因;从物质方面看,服从权力的人是事件发生的原因。但精神活动离不开物质活动,因此,事件发生的原因既不在前者,也不在后者,而在于两者的结合。或者,换句话说,原因这个概念不能用在我们所研究的现象上。”[④]换言之,少数人的“主观选择”也是存在其历史条件的,主客观条件相互制约而构成合力,构成历史演进的方向。对于制度文化问题,“原因这个概念”同样“不能用在我们所研究的现象上”。即使退一步讲,姑且假定“制度有优劣”,那么,决定某种制度成功或失败的因素又是什么?——就近代以来亚洲社会由“封建”转入资本主义民主制度的两个典型案例而言,何以日本选择了这一路径,社会发展迅速,而印度亦作同样选择,其广大乡土社会仍受神权专制的种姓观念影响,停留于愚昧落后的状态?社会生产力、生产关系、财富总量等方面若无本质改善,单纯改变制度这一环节,影响究竟会是好还是坏?抑或根本不起作用?纵观世界开启现代化进程后的列国历史,正负面案例都能找出一些(且

---

① 中共中央文献研究室、中共湖南省委《毛泽东早期文稿》编辑组编:《毛泽东早期文稿(一九一二年六月——一九二〇年十一月)》,湖南人民出版社2008年版,第1页。

② 秦晖:《文化无高下,制度有优劣》,https://www.aisixiang.com/data/10682.html,2023-10-22。

③ 秦晖:《周秦之变是古中国最深刻变化》,https://mp.weixin.qq.com/s/-yY35UG15Wd3MNi8DREhuw,2018-12-26。

④ 〔俄〕托尔斯泰:《战争与和平》,草婴译,人民文学出版社2020年版,第1321页。

负面案例恐怕更多)。用托尔斯泰的话,这类问题均将陷入“无限的循环”[①],永无其解。

冯天瑜先生对于封建制与郡县制(即“周制”与“秦制”)的现代转型问题,则有更为公允的论述。他虽承认,“综合比较周、秦二制,周制走向现代宪制国家似较易,从世界史观之,能顺利进入现代宪制国家的,几乎都是封建传统(相当于周制)深厚的国家”,但是,就法治之角度,“从现代国家需要统一的法律,需要个人直接面对国家法律而言,秦制更接近现代国家”。回顾中国古代之制度文化,皇权专制制度之日趋强固,“其原因不能仅仅归结为帝王强化权力的私欲,背后还有秦制对维护国家大一统的实效性在发挥作用。故昔之善政不能简单归结为周制与秦制中的一种”。基于此前瞻将来,“现代政治文明建设,只能是对周制与秦制的双重选择性吸纳,其间还必须包括对民主的借鉴,方能实现周制与秦制的新生转进”。[②]

在冯氏遗著《周制与秦制》中,他又更深入地研究了自明清之际以来“西制”(近代以来的“西制”影响,当然亦包括马克思主义的社会理论)对于中国制度文化日渐深入的影响过程。他在该书中说:

> 植根历史文化土壤的周秦二制,时至现代仍保有变异着的延续力,晚明以来的近三四百年间,评周评秦,兼以参酌西制,演绎出制度史上空前错综复杂的局面。现代中国制度的建设,既未全盘西化,也未固守中制,而二制(尤其是秦制)的影响从未中断,今人需要作理性选择,综合创新。[③]

冯氏之论,总体上仍基于历史主义的基本方法理念,他亦明确批评“制度决定论”的局限性,认为中国社会之发展,“简单移植‘新制度’是行不通的,‘制度决定论’并非灵丹妙药”[④]。就历史主义本身的理论特征而论,由于其始终关注一切问题的历史根源,洞察“积重难返”的面相,也许先天地挟带了一些“保守”的倾向,但却能理据较为充分地客观全面认识问题。对此,由当代冯、秦二先生对于中国古典制度文化的评述意见之分野,已可见诸一斑。至于如何摆脱封建制(后世之宗法礼教为其遗留元素)留给中国社会的“主奴意识”之负面遗产,也许我们仍要回到百余年前鲁迅在《文化偏至论》中给出的答案——“是故将生存两间,角逐列国是务,其首在立人,人立而后凡事举”[⑤](尽管如何“立人”仍是一个难解的问题),由此立足于新时代中国特色社会主义制度,参酌周制、秦制、西制诸方面的合理性内涵,求索践行“中国式现代化”之道路,实现制度文化之现代转进。

---

① 〔俄〕托尔斯泰:《战争与和平》,草婴译,人民文学出版社 2020 年版,第 1321 页。

② 冯天瑜:《文明思辨录》,华中科技大学出版社 2023 年版,第 201—202 页。

③ 冯天瑜:《周制与秦制》,商务印书馆 2024 年版,第 493 页。

④ 冯天瑜:《周制与秦制》,商务印书馆 2024 年版,第 561 页。

⑤ 鲁迅:《文化偏至论》,载《鲁迅全集》第 1 卷,人民文学出版社 2005 年版,第 58 页。

桐城古文运动与清代理学的传承及复兴

张晨怡

摘要 清代桐城古文运动由桐城派发起,以理学为根基,是唐宋古文运动的继承和发展。桐城古文运动贯穿于整个清代,与理学的发展始终具有密切的关联性。在汉学鼎盛的乾嘉时期,桐城古文运动坚持"抑汉扬宋"的学术宗旨,在理学的传承过程中发挥着重要作用。嘉道以后,传统学术格局发生转换,理学复兴,桐城古文运动也迎来中兴的契机。面对西学的冲击,桐城古文中兴与晚清理学复兴互相倚恃,共同为挽救儒学的颓势做出了努力。

关键词 古文运动 儒学更新 桐城派 理学 汉宋之争

桐城古文运动,为中国最后一波古文运动,发轫于清康熙年间,极盛于乾隆中叶,衰落于嘉道年间,中兴于咸同年间,终结于清末民初,基本上与有清一代相始终。清代桐城古文运动由桐城派发起,民国以后,桐城派虽然流风余韵尚存,但是时过境迁,已经无力再次掀起有规模的古文运动。由于刘师培、吴孟复等许多民国时期的著名学者以桐城派为文派而非学派,所以长期以来学界对桐城古文运动的研究往往集中于文学方面,对于桐城古文运动与理学的关系虽然多有论述,似成定论,如梁启超在《清代学术概论》一书中就将桐城派视为理学的主要传承者,任访秋、关爱和、龚书铎、史革新等学者在此基础上也多有阐发,但对古文运动与理学的内在学术渊源以及同生共荣关系的讨论尚不充分,还需做更进一步的探析。① 桐城派作为清代最具代表性的古文派别,直承明代唐宋派,远接唐宋八大家,自形成之日起就重视文道关系,强调孔孟程朱道统,因此桐城派既是文派,也是学派。桐城古文运动是唐宋古文运动的继承和发展,不仅着眼于文体形式,更重视儒学的更新,在清代理学传承和复兴的过程中发挥了重要的作用。

作者简介 中央民族大学历史文化学院教授,历史学博士,研究方向为中国近代文化史。

① 参见张晨怡、曾光光:《桐城派研究学术史回顾》,《船山学刊》2006 年第 1 期。

一、古文运动与理学的内在联系

桐城古文运动是唐宋古文运动的继承和发展。唐宋古文运动一脉相承，虽然从形式上讲是一次化骈为散的文体革新运动，但是究其本质却包含着儒学更新的内在含义，并且与理学的发生过程相伴相生。随着魏晋玄学思潮的兴起和佛道两教的流行，儒学的地位受到严重的冲击，儒、释、道三教并行的局面在隋唐时期逐渐形成。面对儒学的中衰，唐宋之际的儒家知识分子掀起一场浩大的儒学更新运动：否定经学，致力于从训诂之学到义理之学的转变；排斥异端，构建并弘扬一脉相承的孔孟道统；抨击骈文，倡导化骈为散的古文运动。正如美国学者包弼德所认为的，唐宋思想转型是与同时期的文学转型紧密交织在一起的，从而"开启了一个自觉探索和对观念进行争论的时代"①。

"古文运动"实际上是现代观念，在五四新文化运动时期才由胡适借助"运动"这一经由日语从欧美转译而来的外来词正式建构出来，以概述唐宋时期这一文学现象。在《国语运动史》中，胡适写道："'古文'乃是散文白话化以前的一个必不可少的过渡时期。平民的韵文早就发生了，故唐代的韵文不知不觉地就白话化了。平民的散文此时还不曾发达，故散文不能不经过这一个过渡时代。比起那禅宗的白话来，韩、柳的古文自然不能不算是保守的文派。但是比起那骈俪对偶的'选体'文来，韩、柳的古文运动真是'起八代之衰'的一种革命了。"②这一概述，胡适出于推进文学革命和新文化运动的目的对历史进行了重塑与再造，与真实的历史存在一定的差异，但是"古文运动"一词却为后世学者所沿用。

"古文"这一概念由韩愈首先提出，在韩愈那里，古文主要指先秦两汉时期的散文，与骈文相对。骈文，因其字句皆成对偶而得名，起源于汉魏时期，盛行于南北朝，唐代以来常以四字、六字相间定句，故又称四六文，唐代公文即采用此种文体。骈文具有形式之美，但是因为过于注重技巧，往往影响内容表达。散文以散行单句为主，不拘泥于形式，因此可以更好地表达作者的思想，更加符合古文运动复兴儒学的意图。韩愈、柳宗元发起唐代古文运动，目的就是打破形式的束缚，回归"六经"朴实的文风，进而复兴儒学，恢复儒学对社会秩序的影响力。基于此，文道关系即成为唐宋古文运动持续关注的核心命题。

唐代古文运动的发起者韩愈自命承接儒家道统，高举"复古"的旗帜，主张"文以明道"。唐贞元八年(792)，韩愈作《争臣论》，内有"君子居其位，则思死其官；未得位，则思修其辞以明其道"③之语，首次提出"修辞明道"的主张。贞元十三年(797)，韩愈更进一步提出"道统

① 〔美〕包弼德：《斯文：唐宋思想的转型》，刘宁译，江苏人民出版社 2001 年版，第 116 页。
② 胡适：《国语文学史》，《胡适全集》第 11 卷，安徽教育出版社 2003 年版，第 77—78 页。
③ 〔唐〕韩愈：《争臣论》，马其昶校注：《韩昌黎文集校注》，上海古籍出版社 1986 年版，第 113 页。

说”:“自文王没,武王、周公、成、康相与守之,礼乐皆在,及乎夫子,未久也;自夫子而及乎孟子,未久也;自孟子而及乎扬雄,亦未久也。”①明确指出所要倡明之道为儒家的道统。具体到文与道之间的关系,韩愈强调文道并重,并阐明了倡导古文的原因:“思古人而不得见,学古道则欲兼通其辞,通其辞者,本志乎古道者也。”②柳宗元理解的“道”虽然与韩愈不完全相同,具有“统合儒释”的倾向,但是也强调“文者以明道”。在韩愈、柳宗元等人的倡导和推动下,唐代古文运动蓬勃发展起来,初步扭转了南北朝以来骈文一统文坛的局面,并且深刻影响到整个思想领域,为儒学复兴打下了良好的基础。从实质上说,唐代古文运动是儒学复兴的重要组成部分和主要表现形态。

不过,儒学在唐代并未能够完全复兴,五代之时,中唐儒学复兴的成果又多有破坏,讲究雕章琢句的浮华文风也再次泛滥。因此,宋儒再次以复兴儒学为己任。伴随着理学思潮的兴起,韩愈的“文以明道”思想得到充分肯定和发展,并逐渐发展为具有理学色彩的“文以载道”,古文运动再次得到提倡。范仲淹、欧阳修、周敦颐、王安石、苏洵、苏轼、苏辙、程颢、程颐等人不仅在理学发生过程中发挥着各自的作用,与古文运动也都有着密切的关联。

宋代古文运动是宋代诗文革新运动的重要组成部分,历时更久,与政治改革关系密切,影响也更深远。其主要倡导者欧阳修不仅是当时的文坛领袖,也是理学的先驱,王安石、苏轼兄弟等都是他的门生。欧阳修继承了韩愈文道并重的观点,但是更为强调道,主张“先道而后文”。欧阳修认为,“圣人之文”,“大抵道胜者文不难而自至也”。③ 这一观点,为朱熹等理学家提出“文皆从道中流出”④的文道合一论奠定了基础。宋代古文运动的另一位倡导者苏轼继欧阳修之后引领文坛,他与其父苏洵、弟苏辙同时也是理学中蜀学派的重要代表人物。苏轼的思想直接取法韩愈,对韩愈的“文起八代之衰,而道济天下之溺”⑤进行了高度的评价。由于苏轼在文学上的巨大成就,时人往往忽视甚至否认他理学家的身份,以至后世学者研究苏轼也多从文学角度立论,亦有学者关注其史学思想,但却鲜少研究其理学思想。实际上,早在苏轼在世时,苏门弟子秦观就曾专门辩称:“苏氏之道,最深于性命自得之际。其次则器足以任重,识足以致远,至于议论文章,乃其与世周旋,至粗者也。”⑥认为苏轼学术的根基在于心性之学,文学不过是其外在的表象。在理学发生过程中,以苏轼、黄庭坚、秦观等为代表的蜀学派虽然在理论上的开创性从整体上而言无法与程颢、程颐的洛学派相比,但也十分热衷于讨论心、性、气等理学重要命题,并基于儒家的根本立场兼采佛老,

① [唐]韩愈:《重答张籍书》,马其昶校注:《韩昌黎文集校注》,上海古籍出版社 1986 年版,第 135—136 页。
② [唐]韩愈:《题(欧阳生)哀辞后》,马其昶校注:《韩昌黎文集校注》,上海古籍出版社 1986 年版,第 340 页。
③ [宋]欧阳修:《答吴充秀才书》,《欧阳修全集》,中华书局 2001 年版,第 664 页。
④ [宋]黎靖德编:《朱子语类》一三九,中华书局 1994 年版,第 3319 页。
⑤ [宋]苏轼:《潮州韩文公庙碑》,《苏轼文集》,中华书局 1986 年版,第 509 页。
⑥ [宋]秦观:《答傅彬老简》,《淮海集》卷三十,四库全书本。

推动了“内圣外王”这一概念由道入儒的转化,[①]为理学的发展做出了独特的贡献。

宋代古文运动继唐代古文运动一扫绮靡晦涩的文风,在古文写作的内容、风格、形式等各个方面都取得了很高的成就,进一步奠定了古文的正统地位和发展方向。元代历史不长,文学领域除戏曲外相对衰微。明代把持文坛的前后七子发起文学复古运动,主张“文必秦汉,诗必盛唐”,虽然对当时点缀升平的台阁体和千篇一律的八股习气有所冲击,但是因为文字佶屈聱牙,流弊日深。以归有光为代表的唐宋派指出了前后七子的弊端,主张“文道合一”,强调文从字顺,可惜并未能够扭转整个文坛的形势,真正继承唐宋古文运动精髓的是桐城派在清代掀起的古文运动。

桐城派主宰清代文坛200余年,人数众多,根据刘声木的统计,桐城派自方苞以下计有千余人。[②] 影响也不限于安徽桐城,而是辐射到全国。清前期统治者强调“崇儒重道”,理学兴盛,并影响到思想文化的各个领域。桐城派顺势而为,“好述欧阳修‘因文见道’之言,以孔、孟、韩、欧、程、朱以来之道统自任,而与当时所谓汉学者互相轻”[③]。桐城派开创者方苞“学行继程朱之后,文章在韩欧之间”[④],继承韩愈文道说而提出“义法”主张,其集大成者姚鼐更进一步在“义法”说的基础上提出“义理、考据、词章”三者合一的理论。[⑤] 基于此种理念,桐城派的文章多为“阐道翼教”[⑥]而作,将古文运动与理学更紧密地结合在一起。在此基础上,桐城古文运动进一步发扬了唐宋古文运动的儒学更新主旨,形成了“抑汉扬宋”的学术宗旨,开拓出古文运动的新局面。

二、桐城古文运动的“抑汉扬宋”宗旨

桐城古文运动“以宋儒为根柢”[⑦],清代两次大的汉宋之争,桐城派都一马当先。作为儒学的两大主要思想学术流派,汉学与宋学(理学)的“学术重心和研究方法均有差异”[⑧]。随着清代汉学的兴起,汉宋之争也逐渐凸显,如何处理汉宋关系也成为清代主要学术流派都无法回避的重要问题。基于古文运动与理学悠久的学术渊源,桐城古文运动从一开始,就打下了浓厚的理学基调,并且逐渐奠定了“抑汉扬宋”的学术宗旨。

---

① 参见梁涛:《北宋新学、蜀学派融合儒道的“内圣外王”概念》,《文史哲》2017年第2期。

② 刘声木:《桐城文选渊源·撰述考》,黄山书社1989年版,第2页。

③ 梁启超:《清代学术概论》,《饮冰室合集》文集之三十四,中华书局1989年版,第49页。

④ [清]王兆符:《原集三序·王兆符序》,《方望溪全集》卷首,中国书店1991年版,第2页。

⑤ [清]姚鼐:《复秦小岘书》,《惜抱轩诗文集》,上海古籍出版社1992年版,第104—105页。

⑥ 不仅在古文创作中秉持这一理念,姚鼐还吟有“顾思文载道”这样的诗句,以表达自己“文以载道”的思想。参见[清]姚鼐:《夜读》,《惜抱轩诗文集》,上海古籍出版社1992年版,第499页。

⑦ [清]姚永概:《裴伯谦诗序》,贾文昭编著:《桐城派文论选》,中华书局2008年版,第448页。

⑧ 罗检秋:《嘉庆以来汉学传统的衍变与传承》,中国人民大学出版社2006年版,第31页。

桐城派的开创者方苞,出于明清时期桐城最负盛名的文化世家桂林方氏。明代桐城理学即由方学渐、方大镇、方孔照、方以智、方中德、方中通、方中履等桂林方氏的子弟一脉相承,绵延数百年。因此,方苞虽然谦称20岁以前"目未尝涉宋儒书"①,但是也必然会受到一定熏陶,年岁稍长,经过对《通志堂经解》所收录的140多种宋元经解的反复研读,方苞的学术宗旨逐渐确立,那就是崇尚理学。他说:"二十年来,于先儒解经之书,自元以前所见者十七八,然后知生乎五子之前者,其穷理之学,未有如五子者也;生乎五子之后者,推其绪而广之,乃稍有得焉。其背而驰者,皆妄凿墙垣而殖蓬蒿,乃学之蠹也。"②高度评价宋代理学家的学术贡献和功绩,甚至隐隐有前无古人、后无来者的赞誉,并且将与理学背道而驰的其他学术取向一概以学术蠹虫视之。方苞著有经学著作多种,尤于《周礼》用力甚多,"最引人注意的观点是刘歆伪窜经书说"③。《周礼》为古文经,方苞认为《周礼》存在刘歆伪窜之处,从本质上说是对汉学治学根基的严重质疑,"此说开一代学风,影响及于近现代,而今文学派据之以为抨击古文经之法"④。方苞学术宗旨确立后,一直以羽翼圣道自勉,所著古文多卫道文字,特别是受《南山集》案牵连又蒙赦出狱以白衣入值南书房之后,对清统治者视为官方哲学的程朱理学更是极力维护。其时正值康熙朝,康熙帝崇尚程朱,认为"孔孟之后,有裨斯文者,朱子之功,最为弘巨"⑤,并且以朱熹配享孔庙大成殿。在政治的高压下,学者对学术的选择范围极度缩减。方苞在清初的高压政策下卷入文字狱几成牺牲品,又因"崇儒重道"的文化政策迎来生机,遂合政治选择与学术选择为一体,"以倡导'义法'说而成为清代官方意识形态即程朱理学的代言人"⑥。因此,虽然普遍认为桐城古文运动"抑汉扬宋"的学术宗旨形成于姚鼐时期,但方苞实开其端。

继方苞之后引领古文运动的姚鼐,更加重视道统的传承与维系。姚鼐为方苞再传弟子,通过在扬州梅花书院、安庆敬敷书院、歙县紫阳书院、南京钟山书院等官学化书院四十余年的讲学,姚鼐在宣扬清代官方哲学——理学的同时,扩大了桐城古文的影响。桐城派在姚鼐时期发展至全盛,很多籍贯不是桐城的文人学者也附于桐城门下。在姚鼐生活的时代,汉学已经蔚然成风。学术之道此消彼长,姚鼐既以宋儒之学为治学之本,面对汉学风行之势,必然不遗余力批判汉学,以争夺学术主导地位。因此,姚鼐对于汉学的批判态度比方苞更为激烈,正式开启了桐城派与汉学阵营的对抗模式。在给友人袁枚的信中,姚鼐写道:"儒者生程、朱之后,得程、朱而明孔孟之旨,程、朱犹吾父师也。然程、朱言或有失,吾岂必

① [清]方苞:《再与刘拙修书》,《方望溪全集·文集》,中国书店1991年版,第87页。
② [清]方苞:《再与刘拙修书》,《方望溪全集·文集》,中国书店1991年版,第86—87页。
③ 杨向奎:《论方苞的经学与理学》,《孔子研究》1988年第3期。
④ 杨向奎:《论方苞的经学与理学》,《孔子研究》1988年第3期。
⑤ 《圣祖仁宗皇帝实录》卷二四九,《清实录》第6册,中华书局1985年版,第466页。
⑥ 曾光光:《桐城派与清代学术流变》,中国社会科学出版社2016年版,第8—9页。

曲从之哉？程、朱亦岂不欲后人为论而正之哉？正之可也，正之而诋毁之，讪笑之，是诋讪父师也。且其人生平不能为程、朱之行，而其意乃欲与程、朱争名，安得不为天之所恶。故毛大可、李刚主、程绵庄、戴东原，率皆身灭嗣绝，此殆未可以为偶然也。"[①]在这封信中，姚鼐将程、朱比作父师，不允许任何人加以诋毁，对批评程朱理学的学者毛奇龄、李塨、程廷祚、戴震等均表露出深恶痛绝的态度。姚鼐对汉学的抨击与否定，虽然有与戴震的私人纠葛牵涉其中，包括早年欲拜戴震为师反被拒绝的难堪以及年过不惑入选四库馆却被孤立的屈辱，但是最根本的原因还是汉宋学术之间的对立。

其时，清统治者虽然仍然将理学视为官方哲学，但是从乾隆中期开始有意扶植汉学，帝王喜好发生变化，文化政策出现一定的调整。清乾隆三十八年(1773)《四库全书》馆开设，对理学造成很大的冲击，"自四库馆启之后，当朝大老皆以考博为事，无复有潜心理学者，至有称宋元明以来儒者，则相与诽笑"[②]。崇尚宋学的姚鼐虽然得与戴震等一众汉学家同时受召入馆，但是在四库馆中汉学处于绝对优势，姚鼐处境尴尬。面对汉学家对程朱理学的贬抑和排斥，姚鼐奋起抗争，竭力维护程朱继孔孟之后在儒学传承中的正统地位，但是基本上处于独木难支的状态。最终，这次汉宋之争以汉学家取得全面胜利，姚鼐退出仕途，开始书院讲学生涯告终。乾隆四十四年(1779)，姚鼐在为老师刘大櫆祝寿之时，作《刘海峰先生八十寿序》，借程晋芳、周永年等学者之口宣称"天下文章，其出于桐城乎"[③]，公开亮出桐城派的大旗。经过姚鼐的多年建设，"自淮以南，上溯长江，西至洞庭、沅、醴之交，东尽会稽，南逾服岭，言古文者，必宗桐城"[④]，"到其晚境，以宋学为旗帜的桐城派自成一军，姚鼐与汉学派抗衡的愿望庶几实现"[⑤]。在姚鼐的影响下，桐城古文运动"抑汉扬宋"的学术宗旨最终确立。在汉学鼎盛的乾嘉时期，理学代有传承，虽然不能仅仅归功于桐城一派，但是却在很大程度上借助了桐城古文之势，"体现出'文'于'道'的羽翼作用"[⑥]。

姚鼐之后，桐城派虽然有方东树、管同、姚莹、梅曾亮继起于文坛，号称姚门四子，但是其声望与影响均不能与姚鼐比肩，桐城古文运动一度陷入低谷。尽管在学术上处于弱势，桐城派弟子仍多坚持"抑汉扬宋"宗旨，其中以方东树排斥汉学尤力。

嘉庆二十三年(1818)，汉学家江藩的《国朝汉学师承记》在汉学派高官阮元的大力支持下刊行，汉学门户逐渐确立。江藩为吴派汉学大师惠栋的再传弟子，为学主张尊汉抑宋，认

---

① ［清］姚鼐：《再复简斋书》，《惜抱轩诗文集》，上海古籍出版社1992年版，第157页。
② ［清］姚莹：《复黄又园书》，《中复堂全集·东溟文外集》卷一，清同治六年(1867)刊本。
③ ［清］姚鼐：《刘海峰先生八十寿序》，《惜抱轩诗文集》，上海古籍出版社1992年版，第114页。
④ ［清］薛福成：《〈寄龛文存〉序》，丁凤麟、王欣之编：《薛福成选集》，上海人民出版社1987年版，第239页。
⑤ 王达敏：《论姚鼐与四库馆内汉宋之争》，《北京大学学报(哲学社会科学版)》2006年第5期。
⑥ 史革新：《清代理学史》上卷，广东教育出版社2007年版，第423页。

为“经术一坏于东西晋之清谈，再坏于南北宋之道学”①，为文自云“不带一毫八家气息”②，与当时大多数汉学家一样，于古文多有排斥。江藩撰写《国朝汉学师承记》，与阮元出任国史馆总辑，受命编纂《儒林传》有很大关系，是“对阮元修撰《国史儒林传》的一种形式独特的反应，以成稿的传记向阮元提出编选的学术原则和具体入传人选的建议”。③ 阮元主持编纂《儒林传》为官方修史，所以阮元对尊汉抑宋的表达比较隐晦，但他还是利用编纂人的便利身份，“以汉学观念为主，建立了清代学术的谱系”④。江藩的著作为私人著述，在《国朝汉学师承记》中，他明确表达了阮元不便表露出来的尊汉抑宋立场，把经学分为汉学、宋学两派，以汉学为经学正宗，强调清代汉学与东汉古文经学派的学术渊源，以此展现“汉世儒林家法之承授，国朝学者经学之渊源”⑤。《国朝汉学师承记》共八卷，采用列传体形式，为清初至乾嘉时期的39位汉学家逐一立传，对清代汉学学者的学术思想、师承关系、学术成就进行了全面的梳理和总结。此后，江藩又著《国朝宋学渊源记》三卷，概述清代宋学学者的学术思想及渊源，以标榜自己没有门户之见，但是却多所遗漏，时杂偏见，对清代宋学的中坚桐城派也颇多微词。

面对汉学家对于宋学的攻击，与江藩同处阮元幕府的方东树深感不满，遂起而论争。其驳难性著作《汉学商兑》共三卷，与《国朝汉学师承记》《国朝宋学渊源记》的列传体体例不同，“仿朱子《杂学辨》例，摘录原文，各为辨证于下”⑥，对汉学家的主要学术主张进行了逐一批驳。《汉学商兑》志在为理学正名，其批评的对象不限于江藩的《国朝汉学师承记》和《国朝宋学渊源记》，而是对清代汉学展开了全面的批判。《汉学商兑》书成后，方东树即送呈阮元，虽未明示，但实际上是对阮元在官方修史中为汉学张目的反击。《汉学商兑》于道光六年(1826)刊行后，因“其针砭汉学家处”，“多切中其病”，⑦引发了学界普遍的关注。此次汉宋之争恰逢嘉道之际的学术转换期，江藩为汉学立门户，正是汉学盛极而即将趋于衰落的表现之一，而方东树在“正统派炙手可热之时”⑧，对桐城派“抑汉扬宋”宗旨的坚持和阐扬，动摇了汉学的根基，为理学在晚清的复兴打下了一定基础。

---

① [清]江藩：《国朝汉学师承记》，[清]江藩、[清]方东树：《汉学师承记(外二种)》，生活·读书·新知三联书店1998年版，第8页。

② 《江藩集》，上海古籍出版社2006年版，第351页。

③ 戚学民：《“儒林列传”与“汉学师承”——〈汉学师承记〉的修撰及汉宋之争》，《清华大学学报(哲学社会科学版)》2007年第1期。

④ 戚学民：《〈汉学商兑〉与〈儒林传稿〉》，《学术研究》2010年第7期。

⑤ [清]阮元：《〈国朝汉学师承记〉序》，[清]江藩、[清]方东树：《汉学师承记(外二种)》，生活·读书·新知三联书店1998年版，第3页。

⑥ [清]方东树：《汉学商兑·凡例》，[清]江藩、[清]方东树：《汉学师承记(外二种)》，生活·读书·新知三联书店1998年版，第237页。

⑦ 梁启超：《清代学术概论》，《饮冰室合集》文集之三十四，中华书局1989年版，第50页。

⑧ 梁启超：《清代学术概论》，《饮冰室合集》文集之三十四，中华书局1989年版，第50页。

三、桐城古文中兴与晚清理学复兴

嘉道以后，社会危机日益激化，汉学因在应对危机时无所助益而被斥为琐碎无用。传统学术格局随之发生改变，汉学衰落，理学复兴，今文经学兴起，“呈现出程朱理学、汉学、今文经学并立的局面”[①]，并共同面对西学的冲击。伴随理学的复兴，与理学互相倚恃的桐城古文也获得了一定的发展空间。然而，自姚鼐以后，桐城派虽然代有传承，根基深厚，但是却缺乏领军人物的诞生，在学术上和政治上的影响有限。基于对学派命运的忧虑，桐城派士人普遍期盼“得一二大人君子在位者，为人望所瞩，庶几足以震荡海内，开阖风气”[②]。此时，理学名臣曾国藩自称私淑桐城派，并且借助政治的力量提倡桐城古文，推动了桐城古文运动走向中兴。

咸丰八年(1858)、咸丰九年(1859)，曾国藩相继作《〈欧阳生文集〉序》《圣哲画像记》，说欲“曲折以合桐城之车辙”[③]，“初解文章，由姚先生启之”[④]，以表明自己对桐城学统的继承。在姚鼐“义理、考证、词章”三者合一理论的基础上，曾国藩又提出“经济”之学，认为“为学之术有四”[⑤]，将“经济”从“义理、考据、词章”中的“义理”独立出来，强调了经世致用的重要性。为此，曾国藩效仿姚鼐编《古文辞类纂》，另编新的古文选本——《经史百家杂钞》。《经史百家杂钞》编于咸丰十年(1860)，分论著、词赋、序跋、诏令、奏议、书牍、哀祭、传志、叙记、典志、杂记十一类，以经世致用为选文标准，注重文章的实用性，与姚书最大的不同点在于增加了“叙记”和“典志”两类专论政事和制度的文章，而不收录“赠序”一类的应酬文字。曾国藩对经世致用的阐扬，正是晚清理学趋于经世的体现。

晚清理学一个突出的特征就是趋向于经世致用。理学不仅是知识体系，也是价值体系，更是社会秩序的基础；理学家既重视道义价值，也关注社会政治秩序，在晚清这一基本点因为内外交加的危机趋于严重而得到强化。理学复兴为“同治中兴”打下浓重的底色，理学话语与中兴话语结合在一起弥散于朝野，理学名臣同时也是中兴名臣，经世成为晚清理学最突出的特征。晚清理学的经世实践主要围绕道德重建与秩序重建两个主轴来进行。依照是否追求“经世”，史革新将晚清理学派划分为以倭仁为首的理学主敬派和以曾国藩为首的理学经世派。[⑥] 但是事实上，如果做更细致入微的分析，则可以发现，晚清理学主敬派

① 张昭军：《晚清民初的理学与经学》，商务印书馆2007年版，第1—2页。
② [清]方东树：《复罗月川太守书》，《仪卫轩文集》卷七，清同治七年(1868)刊本。
③ [清]曾国藩：《〈欧阳生文集〉序》，《曾国藩全集·诗文》，岳麓书社1986年版，第247页。
④ [清]曾国藩：《圣哲画像记》，《曾国藩全集·诗文》，岳麓书社1986年版，第250页。
⑤ [清]曾国藩：《劝学篇示直隶士子》，《曾国藩全集·诗文》，岳麓书社1986年版，第442页。
⑥ 参见史革新：《晚清理学研究》，商务印书馆2007年版，第34页。

与经世派的分歧不是要不要“经世”，而是如何“经世”。理学主敬派强调道德重建，其施政纲领主要为道德论在政治上的延伸，而理学经世派则主要致力于秩序重建，并强化了理学资源中那些长期不被程朱后学重视的内容以求强求富。晚清理学主敬派与经世派各有侧重，二者共同推动了理学复兴与“同治中兴”的实现。

桐城派的经世传统与晚清理学的这一经世路径也是相契合的，因此，曾国藩登高一呼，在桐城派即得到广泛而热烈的呼应。桐城派自创派起即强调道德信仰，并认为程朱理学中蕴含的伦理道德思想具有永恒性。方苞说：“昔先王以道明民，范其耳目百体，以养所受之中，故精之可至于命，而粗亦不失为寡过；又使人渐而致之，积久而通焉，故入德也易而造道深。程、朱之学所祖述者，盖此也。”①认为道德教化是先王之道的精髓，程朱之学即为道德之学。姚鼐也说：“天地无终穷也，人生其间，视之犹须臾耳。虽国家存亡，终始数百年，其逾于须臾无几也。而道德仁义、忠孝名节，凡人所以为人者，则贯天地而无终敝，故不得以彼暂夺此之常。”②意即道德仁义、忠孝名节具有与天地一样久远的价值，与之相比，人的生老病死、国家的兴衰存亡都是短暂的。因此，姚鼐期待门下弟子“艺与道合，天与人一”③，而不是成为仅仅工于词章的文章之士。姚门弟子也多继承了姚鼐重视道德的思想，并且将之与嘉道以来的社会危机联系在一起，认为之所以出现内外交困的危机，完全是汉学盛行引发道德滑坡所致，而要解决危机，则首先要重振程朱理学，进行道德重建。姚门弟子刘开认为，嘉道以来的社会危机形成的根源，就在于汉学家“不通治术”，“语以忠信廉洁之事，则惊愕而不欲闻，询以家国天下治安之计，则茫无一得”。④ 姚莹也认为，自乾嘉汉学兴起，“风俗人心日坏，不知礼义廉耻为何事，至于外夷交侵，辄皆望风而靡，无耻之徒，争以悦媚夷人为事，而不顾国家之大辱，岂非毁讪宋儒诸公之过哉！”⑤在这里，学术、道德、国家这三者被紧密联系在一起，形成了学术不正则道德不修，道德不修则国家不强的逻辑。那么，要实现国家强盛，首先要立足正学，重建道德信仰。上述主张对道德的强调，正切合了道德滑坡之乱世道德重建的迫切需要。

与此同时，桐城派亦有关注秩序重建、社会现实的渊源。桐城派初祖方苞所著《与鄂张两相国论制驭西边书》《与鄂少保论治河书》多关系国计民生；刘大櫆倡导“义理、书卷、经济”⑥合一；姚鼐也强调作文不仅应该体现“忠义之气、高亮之节、道德之养”，还应该体现“经济天下之才”。⑦ 在危机四伏的晚清，姚门弟子更强调文章要关注社会现实，不作“无用

① ［清］方苞：《学案序》，《方苞集》上，上海古籍出版社2008年版，第89页。
② ［清］姚鼐：《方正学祠重修建记》，《惜抱轩诗文集》，上海古籍出版社1992年版，第234—235页。
③ ［清］姚鼐：《敦拙堂诗集序》，《惜抱轩诗文集》，上海古籍出版社1992年版，第49页。
④ ［清］刘开：《学论上》，《刘孟涂文集》卷二，扫叶山房文集1915年铅印本。
⑤ ［清］姚莹：《复黄又园书》，《中复堂全集·东溟文外集》卷一，清同治六年（1867）刊本。
⑥ ［清］刘大櫆：《论文偶记》，人民文学出版社1959年版，第3页。
⑦ ［清］姚鼐：《荷塘诗集序》，《惜抱轩诗文集》，上海古籍出版社1992年版，第50页。

之言”[1]。梅曾亮就认为:“文章之事,莫大乎因时,立吾言于此,虽其事之至微,物之甚小,而一时朝野之风俗好尚,皆可因吾言而见之。”[2]体现出桐城派士人对社会秩序、风俗习尚的关注。姚莹更以古文笔法写出史地著述《东槎纪略》《康輶纪行》,以古文经世。《东槎纪略》书成于道光九年(1829),共五卷,为姚莹任职台湾时期的纪闻,对嘉庆末年至道光初年台湾的军政、民情、汉番关系等方面都有独到见解。《康輶纪行》书成于道光二十五年(1845),共15卷,在实地考察西藏的基础上完成,不仅对西藏的历史、地理、政治、宗教以及风俗习惯等做了比较全面的考察,而且对与此相关的印度、廓尔喀(尼泊尔)、哲孟雄(锡金)以及英、法、俄、美等国情况都进行了介绍,是开眼看世界的代表著作。所有这些对经世的强调与践行,都是桐城派士人投入到晚清理学经世潮流中的表现。

曾国藩扛起桐城派的旗帜后,桐城派士人汇聚于曾国藩幕府,以笔下之古文为经世之利器,使理学经世精神得到更充分的展现,一度形成古文中兴之势。他们不仅以古文宣扬理学、强调教化,有些还以古文谋划军事、赞襄洋务,甚至担任封疆大吏、外交官员。身份的变化与经历的丰富,使他们的格局与视野更为开阔,也为笔下的古文注入了新的活力。此时的桐城古文运动,领袖为湖南湘乡人曾国藩,参与者虽然遍及全国,但有很多来自安徽、湖南两地,故桐城派发展于此,又被称为“桐城—湘乡派”。[3]

曾国藩虽然以程朱理学为儒学正宗,但是着眼于儒学的整体发展,反对门户之争,明确表示自己“于汉、宋二家构讼之端,皆不能左袒,以附一哄;于诸儒崇道贬文之说,尤不敢雷同而苟随”[4]。曾国藩本人之所以以理学名臣而致力于中兴桐城古文,即在于他认为“词章之学,亦所以发挥义理者也”[5]。在曾国藩的影响下,桐城派的“抑汉扬宋”宗旨在一定程度上有所淡化。更重要的是中国传统学术格局已经被东来的西学打破,“朴学兴则汉宋争”渐成过去时,“地球通则中学与西学又争”的形势开始凸显。[6] 因此,虽然有桐城派后期代表人物方宗诚[7]等继续抨击汉学,但是桐城派从总体上说已经渐渐在经世致用的统合下趋于汉宋兼采。曾门四子黎庶昌、张裕钊、吴汝纶、薛福成等不仅于古文颇有建树,还热衷于实际政务或教育事业,于汉宋之争这一儒学内部的学术争论则鲜少兴趣。基于经世理念,他们

① [清]方东树:《复罗月川太守书》,《仪卫轩文集》卷七,清同治七年(1868)刊本。

② [清]梅曾亮:《答朱丹木书》,《柏枧山房文集》卷二,清咸丰六年(1856)刊本。

③ 参见胡适:《五十年来中国之文学》,欧阳哲生编:《胡适文集》,北京大学出版社1998年版,第203页。

④ [清]曾国藩:《致刘蓉》,《曾国藩全集·书信》(一),岳麓书社1990年版,第8页。

⑤ [清]曾国藩:《致澄弟温弟沅弟季弟》,《曾国藩全集·家书》(一),岳麓书社1985年版,第55页。

⑥ [清]王先谦:《岳麓书院院长王先谦月课改章手谕》,《湘学新报》第9册,清光绪二十三年六月十一日(1897年7月10日)。

⑦ 方宗诚为桐城派后期代表人物,师从族兄方东树,取法朱熹、吕祖谦《近思录》,著《志学录》弘扬孔孟程朱之道,驳斥汉学、心学之非。

普遍强调"因时适变"[①],认为"西人之学,多吾所未闻"[②],"使孔子而生今世也者,其于火车、汽船、电报、机器之属,亦必择善而从矣!"[③]所著《西洋杂志》《出使四国日记》等,以古文笔法介绍西方文化,创造出大量新造名词,目的是"取西人器数之学,以卫吾尧、舜、禹、汤、文、武、周、孔之道,俾西人不敢蔑视中华"[④]。《西洋杂志》成书于光绪三年(1877),共八卷,为黎庶昌任驻英、法、德、西使馆参赞时期关于欧洲的记述,对西洋诸国政治事件、国家制度、礼仪风俗、军事民用设施、艺术、娱乐、币制等情况都进行了细致的描述,被誉为"西洋风俗图"。《出使四国日记》为薛福成光绪十六年(1890)正月至次年二月出使英、法、意、比四国时期所写的日记,对欧洲各国的政治、经济、军事、教育、法律等制度进行了考察与探究。这些著作的出现不仅给桐城古文带来新风,使古文在新的时代呈现出鲜活的色彩,而且将古文演变成理学吸纳西学的一个有力工具和媒介。薛福成说:"方今西洋诸国情状,贾、陆、苏三公与文正所不及睹者也。福成既睹四贤所未睹之事矣,则凡所当言者,皆四贤所未及言……古人虽往,事理则同,论事者不得因其事为古人所未稔,遂谓奋笔纂辞,可不师古人也。"[⑤]即表示要用古文描摹古人没有见过的西方社会图景。这些著作对西方政治与文化的描述,使古文在形式和内容上都发生了明显的变化,在很大程度上突破了古文"气清体洁"的"家法"。[⑥] 虽然这一时期他们对西学的吸收还局限在西方物质文化之内,且强调学习西学的前提是以义理为先,坚持"桐城诸老所讲义法,虽百世也不能移"[⑦],但还是在一定程度上凸显出理学的兼容性,为中国学术从传统向近代转型也打下了一定基础。

因此,桐城古文中兴的价值与意义,绝不局限于文学领域,而与晚清时期社会转型与学术格局的重大转变密不可分。晚清学术由固守书斋走向经世致用,由汉宋对峙走向兼容各派,在桐城古文中兴的过程中都有所体现。可以说,桐城古文中兴与晚清理学复兴互相倚恃,共同致力于儒学的起衰振弊。

总的说来,桐城古文运动的兴衰与清代理学的发展曲线虽然并不完全一致,但是始终保持密切的关联性。清前期,理学兴盛,桐城派诞生并发起古文运动。清中期,理学衰落,正在上升期的古文运动在姚鼐的带领下发展到鼎盛,并正式确立了"抑汉扬宋"的宗旨;姚鼐去世后,古文运动虽然呈现低迷状态,但是桐城派始终嗣续有人,理学的传承在某种程度上也借助了桐城派的力量。清后期,理学复兴,一度衰落的桐城古文运动也迎来中兴的契

---

① [清]黎庶昌:《〈续古文辞类纂〉序》,《拙尊园丛稿》卷二,清光绪乙未(1895)金陵状元阁刊本。

② [清]吴汝纶:《天演论序》,《吴汝纶全集》(一),黄山书社2002年版,第148页。

③ [清]黎庶昌:《儒学本论序》,《拙尊园丛稿》卷五,清光绪乙未(1895)金陵状元阁刊本。

④ [清]薛福成:《筹洋刍议·变法》,丁凤麟、王欣之编:《薛福成选集》,上海人民出版社1987年版,第556页。

⑤ [清]薛福成:《〈出使四国奏疏〉序》,丁凤麟、王欣之编:《薛福成选集》,上海人民出版社1987年版,第512—513页。

⑥ [清]吴汝纶:《与姚仲实》,丁凤麟、王欣之编:《吴汝纶全集》(三),黄山书社2002年版,第51页。

⑦ [清]薛福成:《〈寄龛文存〉序》,丁凤麟、王欣之编:《薛福成选集》,上海人民出版社1987年版,第239页。

机。这一现象的形成绝非偶然,桐城古文运动自始就以理学为根柢,因此,桐城古文运动与清代理学在发展的过程中始终是互相影响、互相渗透的,体现着学术发展的内在逻辑。民国初年,以民主和科学为内核的新文化运动兴起,喊出"打孔家店"的口号,对包含理学在内的儒学进行了激烈的批判;与此同时,新文化运动者倡导"言文一致",主张以白话文取代文言文。"古文运动"这一名词在新文化运动时期被早年曾受桐城派影响的安徽人胡适正式提出,也体现了新文化运动者对古文运动既继承又反动的复杂关系。新文化运动者一方面继承了古文运动的革新性,提出"白话文运动""新文学运动",同时又要在反对古文的基础上确立白话正宗的理念,推动"文学革命"乃至"新文化运动"的进行。在"新"与"旧"的转换之间,以理学为核心内容的桐城古文几成明日黄花。纵观古文运动的发展史,从唐宋古文运动到桐城古文运动,古文运动从未局限于文学一隅,自兴起到终结,千余年起落均与学术思想格局的变迁息息相关。

清末民国时期经学思想的逻辑演进

罗检秋

摘要 近代经学思想既延续了传统论题,又有鲜明的时代特征。清末民国时期的经学思想大致从民族主义,中经科学主义,再向人文主义转变,其主题并非完全更替,而呈现出叠加状态和重心转移。清末民族主义高涨之时,科学思想、人文主义已有潜流。1920 年代人文主义经学凸显之时,民族主义和科学主义的影响仍未消失。人文主义经学在近代声势不显,却蕴藏了强劲的思想活力,必然随经学、经学史研究的深化而日益彰显。

关键词 经学思想 民族主义 科学主义 人文主义

近代经学思想既延续了传统论题,如性理之学、大同观念、变易思想等,又有鲜明的时代特征。近代经学的歧异既非完全沿袭汉、宋之学或今、古文经学之争,又不只是新旧、中西的分野,本质上也与经学思想的近代转化和不同趋向密切相关。总的来看,清末民国的经学思想大致经历了从民族主义,中经科学主义,再向人文主义的重心转移。三者叠加演进,又呈现一定阶段性。

一、民族主义的经学渊源及其转化

近代中国的民族主义与救亡图存及反清革命背景分不开。梁启超在 1902 年指出:"自十六世纪以来(约四百年前),欧洲所以发达,世界所以进步,皆由民族主义(Nationalism)所磅礴冲激而成。民族主义者何?各地同种族、同语言、同宗教、同习俗之人,相视如同胞,务独立自治,组织完备之政府,以谋公益而御他族是也。"①梁启超融合中西的民族主义观在清

作者简介 中国社会科学院近代史所研究员,历史学博士,研究方向为中国近代思想文化史。

基金项目 国家社会科学基金重点项目"社会史视野中的近代经学研究"(19AZS013)。

① 梁启超:《新民说》,汤志钧、汤仁泽编:《梁启超全集》第 2 集,中国人民大学出版社 2018 年版,第 530 页。

末知识界具有代表性,但清末学者的个体认识及思想来源仍有差异。晚清知识界重释了“夷夏之辨”,以之构建了因应时势的民族主义。

清末民族主义与儒家“夷夏之辨”多有契合。孔子曰:“夷狄之有君,不如诸夏之亡也。”(《论语·八佾第三》)①后人对此阐释不尽相同,而重“华夏”、贱“蛮夷”的思想一目了然,故孔子称赞管仲辅佐齐桓公一匡天下的功业。《诗经》已不乏“诸夏”“诸华”及“蛮”“夷”“戎”“狄”的记载。《春秋》及“三传”均载有“夷夏”之分。比如,成公十二年《春秋》载“秋,晋人败狄于交刚”,《穀梁传》云“中国与夷狄不言战,皆曰败之。夷狄不日”。成公十五年,叔孙侨会晋、齐、宋、卫、郑等国诸侯、大夫,另载“会吴于钟离”。《公羊传》云:“外吴也。曷为外也?《春秋》内其国而外诸夏,内诸夏而外夷狄。”②《左传》载鲁国季文子引周文王的史官所云:“非我族类,其心必异。”季文子认为“楚虽大,非吾族也”(《左传·成公四年》)③。楚君与周王、鲁公、晋公的姬姓不为同族,鲁国理当疏远之。季文子区分晋、楚,提出异族不能同心,却非完全排斥异族,与后世辨别夷狄不无差异。后世古文家于此着意阐发,衍为浓厚的“夷夏”观念。“三传”文字不同,而皆含“夷夏之辨”。

华夏民族本非一成不变,“夷夏之辨”的话语也因时更新。清初满族入主中原后,民间学者凸显“国”与“天下”之分,以此存续中华文化。周代的国是诸侯国,天下则是周天子治下的华夏。在长期的历史演进中,天下成为华夏文化的代称。明清鼎革之际,顾炎武指出:“有亡国,有亡天下。亡国与亡天下奚辨?曰:易姓改号,谓之亡国;仁义充塞,而至于率兽食人,人将相食,谓之亡天下……保国者,其君其臣,肉食者谋之;保天下者,匹夫之贱,与有责焉耳矣!”④顾炎武淡化了“匹夫”对朝廷“易姓改号”的尽忠之责,但凸显了“华夷之防”的重要性:“君臣之分,所关者在一身,华夷之防,所系者在天下。”⑤这些见解与抗清学者吕留良极重“夷夏大防”而淡化君臣之分实质相同,但顾炎武的交游者包括孙承泽、钱谦益等“贰臣”,其外甥昆山徐氏更是清朝显宦。这表明他对“天崩地解”局面和“国家”更替的无奈接受,与保“天下”、传衍文化的理念并不冲突。

王夫之亦有类似见解和心态,而注重从地理、习性凸显“夷夏之辨”:“天下之大防二:中国、夷狄也,君子、小人也……夷狄之与华夏,所生异地,其地异,其气异矣;所异而习异,习异而所知所行蔑不异焉。”⑥他也认为:“汉、唐之亡,皆自亡也。宋亡,则举黄帝、尧、舜以来

① [宋]朱熹:《论语章句集注》,宋元人注:《四书五经》上册,中国书店1985年版,第9页。

② 《春秋三传》,宋元人注:《四书五经》下册,中国书店1985年版,第314、320页。

③ [唐]孔颖达:《春秋左传正义》,李学勤主编:《十三经注疏》(七),上册,北京大学出版社1999年版,第717页。

④ [清]顾炎武:《正始》,[清]顾炎武著,[清]黄汝成集释:《日知录集释》,中华书局1936年《四部备要》版,第247页。

⑤ [清]顾炎武:《管仲不死子纠》,[清]顾炎武著,[清]黄汝成集释:《日知录集释》,中华书局1936年《四部备要》版,第133页。

⑥ [清]王夫之:《读通鉴论》,《船山遗书》第9册,中国书店2016年版,第294页。

道法相传之天下而亡之也。”[①]清初顾、王诸儒的“夷夏之辨”表明了对满族统治者的排斥态度，也有守护华夏文化之意，思想上接续了儒家观念。毋庸讳言，王夫之在传承华夏学术文化的践履方面较之同时学者更有实绩，尽管直到晚清，其思想体系和丰富价值才被人发现。

晚清洋务运动兴起后，报刊及官场已少用“夷”字指称西方列强，“以夏变夷”的语词、声音几乎销声匿迹了，但“夷夏之辨”仍然是经学的思想源流，只是论述思路不尽相同。清末有的学者侧重区分种族，带有“种族民族主义”特征；有的则重视文化认同，具有“文化民族主义”倾向。他们对“夷夏之辨”的不同诠释，既与学术传承分不开，又植根于复杂的社会、文化语境。

清末国粹派学者多尊奉古文经学，远承《左传》“夷夏之辨”，[②]而近续清初顾炎武、王夫之、黄宗羲等人的“攘夷”思想。其思想领袖章太炎少时读史便“觉得异种乱华，是我们心里第一恨事”，后来读郑所南、王船山之书，“民族思想渐渐发达”。[③] 其《訄书》重订本已流露出浓厚的种族意识。[④] 基于现实社会的反清需要，章太炎重视从儒经寻找“攘夷”的理论资源。

章太炎于《春秋》三传而推崇《左传》，但肯定“内诸夏而外夷狄”之义为“三传”所同，并且“《公羊》独著明文”。[⑤] 其《检论》明确指出：“综观《春秋》，乐道五伯，多其攘夷狄，扞族姓。”[⑥]章太炎发挥小学之长，追溯词源，认为：汉语对人类的“异种殊族，为之特立异名。如北方称狄，东北称貉，南方称蛮、称闽，其名皆特异，被以犬及虫豸之形，谓其出于兽类”。“诸夏种族自西来”，故对西方各族则不特立异名，如“羌”为发声词，“戎”为人之转声，而“东方诸国，不与中国抗衡，故美之曰仁人，号之曰夷种”。故“种类特异，则与之特异之名；种类相似，则与之发声之名”。[⑦] 章氏此说从学理上尚可商榷，但重释种族谱系，凸显了古代民族的东西融合和南北差异。该种族谱系主旨不在论证“诸夏种族自西来”，而是以“种类”差异箴砭来自北方的满族。章氏在文字考释中把矛头集中于清朝满族统治者。这与宋儒离开汉、唐注疏而讲《春秋》大义，今文家阐发“微言大义”的特征并无大异。清末时局激活

---

① [清]王夫之：《宋论》，《船山遗书》第 11 册，中国书店 2016 年版，第 199 页。

② 郑师渠《晚清国粹派——文化思想研究》对国粹派的文化观、史学思想已有详细论述，也论及国粹派“内诸夏外夷狄”的《春秋》学思想，北京师范大学出版 1997 年版，第 310—312 页。

③ 章太炎：《东京留学生欢迎会演说辞》，上海人民出版社编，章念驰编订：《章太炎全集·演讲集(上)》，上海人民出版社 2015 年版，第 1 页。

④ 章太炎：《訄书·序种姓下》，上海人民出版社编，朱维铮点校：《章太炎全集·〈訄书〉初刻本、〈訄书〉重订本、〈检论〉》，上海人民出版社 2014 年版，第 191 页。

⑤ 章太炎：《经学略说(下)》，上海人民出版社编，章念驰编订：《章太炎全集·演讲集(下)》，上海人民出版社 2015 年版，第 940 页。

⑥ 章太炎：《检论·春秋故言》，上海人民出版社编，朱维铮点校：《章太炎全集·〈訄书〉初刻本、〈訄书〉重订本、〈检论〉》，上海人民出版社 2014 年版，第 419 页。

⑦ 章太炎：《语言缘起说》，上海人民出版社编，王培军、马勇整理：《章太炎全集·〈国故论衡先校本〉》，上海人民出版社 2017 年版，第 32—33 页。

了清初民族思想，从而助益于反清革命及抨击列强，后来有人称之为“种族主义”。笔者认为，其凸显种族区隔的实质仍然是民族主义，不妨称为“种族民族主义”。

章门弟子黄侃崇信《春秋》“夷夏之辨”，也曾读顾炎武的《日知录》等书，1907年起以“运甓”“不佞”“信川”等笔名撰《专一之驱满主义》《哀平民》《释侠》《论立宪党人与中国国民道德前途之关系》《哀太平天国》等文，载之《民报》，传播反清思想。① 马叙伦16岁时“读了王夫之的《黄书》、黄宗羲的《明夷待访录》和《明季稗史》里面的《扬州十日记》《嘉定屠城记》等书，遂有了民族民权两种观念的轮廓”②。像章太炎一样，马叙伦的民族主义也溯源于经学，发掘《春秋》“辨族类”“张荣辱”思想，把“夏夷之畛”、族类之防作为《春秋》之教。他针对现实政治指出：“《春秋》之义大复仇”，不能不辨其种类，《春秋》于“据乱世，张荣辱之义，故大复仇。张荣辱之义者，所以厉拔乱立国之神……今辱莫大于国家为人灭，君父为人弑，于是焉而雪之耻、复之仇，是反大辱而为大荣也。号民以荣辱之所在，则国本自然固”。③ 这些言论与反清革命的社会背景紧密相连，显然不同于一般经学考释。

《公羊传》载“进吴楚”之事，清末康有为等人阐扬其说，进而主张“进夷狄”，达到“天下大同”。国粹派学者黄节不拘经学门户，而注重阐发《春秋》三传的“攘夷大义”。他认为：“《春秋》进吴楚则有之，未闻有进夷狄也。”因为吴楚的“临制者”是黄帝子孙，进吴楚是用夏变夷。至于化外之地、不以吾种为主人的夷狄，则“宜皆在屏绝之例”。④ 家传左氏学的刘师培彰显《春秋》“三传”的“攘夷大义”：“《公》《穀》二传之旨，皆辨别内外，区析华戎。吾思丘明亲炙宣尼，备闻孔门之绪论，故《左传》一书，亦首严华夷之界。僖二十三年传云：‘杞成公卒，书曰子。杞，夷也。’二十七年传云：‘杞桓公来朝，用夷礼，故曰子。’此《左氏传》之大义，亦孔门之微言也。”⑤他认为杜预注《左传》遗失了“攘夷之旨”，故拟自撰《春秋左氏传夷狄谊》一书重新阐发。他取“攘夷”之义作《攘书》，阐明“自孔子言裔不谋夏，夷不乱华，而华夷之防，百世垂为定则”。在刘师培看来，《公羊传》云“进夷狄于中国”，其本意是“美中国之用夏变夷也”。⑥ 刘氏还一一论列《齐诗》《韩诗》均含“种族之学”，《三礼》也“明种族之殊”。⑦ 实际上，刘师培以古文家的种族观念掩盖了今文学的思想本原。

清末古文家之所以奋起反清，根本上是因清政府不能维护民族独立，不能保存中华文化。刘师培指出：“廿纪以前之中国，为汉族与蛮族竞争时代。廿纪以后之中国，为亚种与

① 详见黄侃著，湖北省人民政府文史研究馆校订：《黄季刚诗文钞》，湖北人民出版社1985年版，第1—27页。
② 马叙伦：《我在六十岁以前》，生活·读书·新知三联书店1983年版，第17页。
③ 马叙伦：《孔子政治学拾微》，《国粹学报》1906年第18期。
④ 黄节：《春秋攘夷大义发微》，《国粹学报》1906年第20期。
⑤ 刘师培：《读左札记》，钱玄同等编：《刘申叔先生遗书》第7册，宁武南氏1936年刊本，第2页。
⑥ 刘师培：《攘书》，钱玄同等编：《刘申叔先生遗书》第18册，宁武南氏1936年刊本，第2页。
⑦ 刘师培：《两汉学术发微论·两汉种族学发微论》，钱玄同等编：《刘申叔先生遗书》第15册，宁武南氏1936年刊本，第5—10页。

欧种竞争时代。故昔日之汉族，迭为蛮族之奴隶。今后之中国，又将为欧种之奴隶矣！”那么，汉族如何才能“自振”？他认为，“亦唯有保同种排异族而已，不能脱满清之羁绊，即无以免欧族之侵陵，居今日而筹保种之方，必先自汉族独立始。《左传》之言曰：‘非我族类，其心必异。’吾汉族之民亦有闻此言而兴起者乎？予日望之矣！”[①]他们阐扬儒经“族类”观念，旨在挽救民族危亡，与古代“夷夏之辨”的语境不同，具体内涵也有所更新。

清末国粹派古文家彰明“夷夏之辨”，旨在表达反清革命的思想主张，却又针对列强侵略和文化危机，与孙中山的民族主义本质相同。彼时革命派刊物指出：“合同种异异种，以建一民族的国家，是曰民族主义……故曰民族主义者，对外而有界，对内而能群者也。”[②]此种民族主义的内外目标与国粹派学者大致相同，但后者将经学文本与民族主义沟通起来，夯实了时代思潮的学术基石，也践履了通经致用的主张。

民国建立后，反清的社会基础不复存在，而“夷夏之辨”的潜流没有消失。民族主义一直是章太炎立说的思想基础，他说：“故仆以为民族主义，如稼穑然，要以史籍所载人物制度、地理风俗之类，为之灌溉，则蔚然以兴矣。不然，徒知主义之可贵，而不知民族之可爱，吾恐其渐就萎黄也。”[③]章氏以学救亡的理念贯穿一生，只是民族主义的表述因时更新，民国以后种族意识趋于淡化，而文化蕴意更为丰富。九一八事变后，知识界的民族主义主要针对日本侵略者，与儒家的“夷夏之辨”仍有思想关联。章太炎于1932年2月至5月，应邀到燕京大学、北京师范大学、北京大学国文研究所等处讲学，意在唤醒学人，以学救亡。青年学者夏鼐曾在1932年聆听章太炎在燕京大学讲《今日最切要之学术》，认为其“意旨仍不脱民族主义的色彩，以为历史最切要，因为可以使人知先民之辛劳，而动忧国之念”[④]。其后，章太炎创办苏州章氏国学讲习会，践履了以学救亡的民族主义主旨。

民国年间，章太炎有时强调经史不分，应“保存国性”，“不能处处同化于外人”。而他晚年最看重的是经学资源，故在1930年代初强调：“夫人不读经书，则不知自处之道；不读史书，则无从爱其国家。”[⑤]有感于经学衰微、内忧外患，章氏提出“读经，有千利无一弊”。他认为“自有《春秋》，吾国之民族精神乃固，虽亡国者屡，而终能光复旧物，还我山河，此一点爱国之心，蟠天际地，旁礴郁积，隐然为一国之主宰，汤火虽烈，赴蹈不辞，是以宋为元灭而朱明起，明为清灭而民国兴”。这番言论旨在表明，源于《春秋》“夷夏之辨”的民族主义可为立国精神，延续中华命脉。故他反复强调读经“可以处社会，可以理国家，民族于以立，风气于

① 刘师培：《中国民族志》，钱玄同等编：《刘申叔先生遗书》第17册，宁武南氏1936年刊本，第53—55页。

② 余一：《民族主义论》，《浙江潮》第1期，1903年2月。

③ 章太炎：《答铁铮》，上海人民出版社编，徐复点校：《章太炎全集·太炎文录初编》，上海人民出版社2014年版，第388页。

④ 王世民、夏素琴等整理：《夏鼐日记》第1卷，华东师范大学出版社2011年版，第102—103页。

⑤ 章太炎：《历史之重要》（1933年3月15日在无锡国专演讲），上海人民出版社编，章念驰编订：《章太炎全集·演讲集（下）》，上海人民出版社2015年版，第490页。

以正”。[①] 章氏晚年被视为保守、落后的读经主张，实则蕴含深刻的民族观念和社会关怀。其弟子钱玄同云：“先师尊重历史，志切攘夷，早年排满，晚年抗日，有功于中华民族甚大。此思想得力于《春秋》，《国故论衡》之‘原经’篇中说明此旨，去年所讲之‘经学略说’亦及此义。”[②]章太炎逝世不久，钱穆撰文总结其一生学术成就，认为其史学包含民族主义、平民主义和文化主义三种思想，“然太炎论史，三途同趣，曰归一于民族文化是已。晚近世称大师，而真能有民族文化之爱好者，其惟在太炎乎！”[③]

值得注意的是，近代以今文家为主体的学者多以文化而论民族区别，有的古文经学者在清末偏重种族观念，民国以后也转重文化认同。后人称之为“文化主义民族观”[④]，或文化民族主义[⑤]。梁启超在 1920 年代初指出：“民族与种族异，种族为人种学研究之对象，以骨骼及其他生理上的区别为标识。”一民族可包含无数种族。“血缘、语言、信仰，皆为民族成立之有力条件，然断不能以此三者之分野，径指为民族之分野。民族成立之唯一的要素，在‘民族意识’之发现与确立。”民族意识的确立最初起于有血缘关系的人“互营共同生活”，“乃发明公用之语言文字及其他工具，养成共有之信仰学艺及其他嗜趣”，经过无数年无数人“所积之共业，厘然成一特异之文化枢系，与异系相接触，则对他而自觉为我，此即民族意识之所由成立也”。[⑥] 梁启超彰明以“民族意识”为核心的文化认同，超越了清朝末期的反清民族主义或种族观念；同时，其文化认同也将中华民族区别于西方列强，具有鲜明的包容性和超越性，与爱国主义本质相同，也彰显了文化主体性。

康有为阐扬公羊学观念，也以文化来区分“夷夏”。他指出：《公羊传》主张“夷狄而行中国之道，则中国之，其许楚庄入郑是也。中国而为夷狄之行，则夷狄之，卫伐凡伯，晋伐鲜虞是也”。犹如董仲舒所说“中国、夷狄无恒，随变而移”。[⑦] 康门弟子徐勤著《春秋中国夷狄辨》3 卷，较为系统地考辨了《春秋》的夷狄观念。他认为：“《春秋》之义，从变而移，惟德是

---

① 章太炎：《论读经有利而无弊》（1935），上海人民出版社编，章念驰编订：《章太炎全集 · 演讲集（下）》，上海人民出版社 2015 年版，第 566、572 页。

② 钱玄同：《致潘景郑》（1936 年 7 月 17 日），刘思源等编：《钱玄同文集》第 6 卷，中国人民大学出版 2000 年版，第 305 页。

③ 钱穆：《中国学术思想论丛（八）· 余杭章氏学别记》，钱宾四先生全集编委会编：《钱宾四先生全集》第 22 册，（台北）联经出版事业公司 1998 年版，第 534—535 页。

④ 〔美〕杜赞奇：《从民族国家拯救历史：民族主义话语与中国现代史研究》，王宪明等译，社会科学文献出版社 2003 年版，第 66 页。

⑤ “文化民族主义”是当代概念，言人人殊，如有的认为：“文化民族主义的核心思想是：各民族文化相互尊重，多元共生；强调每个民族的文化按照自己的规律发展和成长；民族之间可以互相学习和借鉴，但是反对机械地照搬，保护本民族优秀的文化传统，反对别国的文化侵略和屈服于他国。”见张淑娟、黄凤志：《“文化民族主义”思想根源探析——以德国文化民族主义为例》，《世界民族》2006 年第 6 期。本文借用“文化民族主义”一词，是指近代学者对中华文化的强烈认同，或者从文化认同来认识民族异同的思想。

⑥ 梁启超：《中国历史上民族之研究》，汤志钧、汤仁泽编：《梁启超全集》第 11 集，中国人民大学出版社 2018 年版，第 374—375 页。

⑦ 康有为：《孟子微》，姜义华、张荣华编校：《康有为全集》第 5 集，中国人民大学出版社 2007 年版，第 496 页。

亲。故晋、卫、齐、郑,所谓中国也,忽然而夷狄之;秦、楚、吴、越,所谓夷狄也,忽然而中国之。盖无所谓中国,无所谓夷狄也。”[①]“夷”“狄”本非一定,“惟德是亲”,换言之完全依据德行或文化品质而定。这种阐释汲取了今文学,并且直接回答了现实社会问题。清末维新派主张在君主立宪政体下实行变法,不赞同“排满”革命,今文学的“夷夏”观念恰好适应其政治需要。

董仲舒的《春秋繁露》“奉本”篇有“远夷之君内而不外”一语,徐勤认为,此“则外而变内,是天下无复有内外之殊矣。圣人大同之治,其在斯乎,其在斯乎!”[②]既然《春秋》“华夷”之称不定,内外之分也非一成不变,而是依据政俗与行事,那么《春秋》的“微言大义”就不只是尊王攘夷,并且要“破五十国自尊自利之心,黜五大洲民贼之余毒,庶几天下一家,中国一人,天爵之尊,大同之治可行于今日也”[③]。可见,徐勤的《春秋》学凸显了文化而非血统的民族观念,且像康有为一样沟通了儒家的大同理想。

徐勤的今文学“微言”得到同门梁启超认同。同时,梁启超敏锐地认识到中华民族的多元性和包容性:“诸夏”与“夷狄”“两名词所函之概念,随时变迁。甲时代所谓夷狄者,乙时代已全部或一部已编入诸夏之范围,而同时复有新接触之夷狄发现,如是递续编入,递续接触,而今日硕大无朋之中华民族,遂得以成立”。故从中华民族的视角来看,春秋中叶的民族分布,可分为“诸夏组”、“荆吴组”、“东夷组”、“苗蛮组”、“百越组”、“氐羌组”、“群狄组”(匈奴之前身)和“群貊组”(东胡之前身)。除了“群狄组”外,其余各组之全部或大部分“今已完全消纳于中华民族”。[④] 梁启超追踪中华民族的融合史,表明了古代“夷夏之辨”与近代民族问题的差异性,但其思想渊源仍与今文学密切相关。

清末维新派或立宪派的“夷夏之辨”汲取了今文学资源,超越了种族观念,而凸显了文化认同。他们没有视满族为“夷狄”,对于革命派的民族主义,梁启超称为“种族革命”,认为“实不可以达政治革命之目的者也”[⑤]。对于晚清士大夫视为“夷狄”的西方各国,一方面,梁启超强调民族独立和自由,指出:“民族主义者,世界最光明正大公平之主义也,不使他族侵我之自由,我亦毋侵他族之自由。其在于本国也,人之独立。其在于世界也,国之独立。”[⑥]另一方面,他摒弃了封闭的文化观念:“今我中国傲然自命为中国,而斥人为夷狄,何

---

① 徐勤:《自序》,《春秋中国夷狄辨》,上海大同译书局刊本,第1页。

② 徐勤:《中国夷狄进退之微旨》,《春秋中国夷狄辨》,上海大同译书局刊本,第29页。

③ 徐勤:《自序》,《春秋中国夷狄辨》,上海大同译书局刊本,第1页。

④ 梁启超:《中国历史上民族之研究》,汤志钧、汤仁泽编:《梁启超全集》第11集,中国人民大学出版社2018年版,第379—381页。

⑤ 梁启超:《申论种族革命与政治革命之得失》,汤志钧、汤仁泽编:《梁启超全集》第5集,中国人民大学出版社2018年版,第402页。

⑥ 梁启超:《国家思想变迁异同论》,汤志钧、汤仁泽编:《梁启超全集》第2集,中国人民大学出版社2018年版,第325页。

不试自反，果孰为有教化，孰为无教化也？”[①]显然，其“夷夏”观念已经为近代民族主义所替代，在政治上、军事上反对列强侵略和民族压迫，而重视文化上互相汲取和借鉴。

文化民族主义影响所及，明显逾越了今文学阵营。师承古文经学却研究今文经的苏舆认为：“中国夷狄之判，圣人以其行，不限以地明矣。然《春秋》于中国、大夷、小夷，各有名伦，不相假借，抑又谨于华夷之防。董子两明其义。宋胡安国诸人，以为《春秋》专重攘夷，固因时之论，得其一端矣。”[②]既重“华夷之防”，又不以地域界定，这符合《公羊》学主旨。苏舆《春秋繁露义证》偏重于考释文字，又不乏今文家“夷狄入中国则中国之”的见解。与此同时，苏舆不认同公羊学的“王鲁”说，但青睐其伦理观念，在他看来，“阴阳不易者也，君臣、父子、夫妇之伦，亦不易者也。夷狄与中国，《春秋》之义则因礼义为进退者焉”[③]。在现实社会中，苏舆像康有为那样反对“排满”革命。

新儒家熊十力曾参加反清革命，至民国时期转而研究国学。他重视阐发经学义理，而扬弃了清末流行的种族观念，转向文化民族主义。他认为：《春秋》昌言民族主义，“实以文野与礼义之有无为判断标准。凡凶暴的侵略主义者，皆无礼无义，皆谓之夷。故《春秋》之所谓文明者，不唯知识创进而已，必须崇道德而隆礼义。否则谓之野，谓之夷……此《春秋》之民族思想，所以为正义之准绳”[④]。故熊十力强调，《春秋》的“夷夏之辨”是以文野而非种族为判，“今世以同种类者，为同一民族。其不同种类者，即为异族”，这显然有悖《春秋》大旨。他认为，“文明者，非徒以其知能大进，富于政治与文化各方面优越之创造已尔，而其特长在有礼义”。[⑤] 熊十力表明了文化民族主义取向，而且他认为王夫之的民族主义也是如此，并无狭隘的种界观念，“近人表彰他底民族主义者，似都看做是狭隘的种界观念，未免妄猜了他也”[⑥]。王夫之没有“种界观念”，却反复阐发了“夷夏之防”，尤其于春秋、南北朝、宋代的史评之中屡致其意。熊十力在新的社会文化环境中辨明船山之学，意在重释清末革命运动中的民族主义，但其重释或许与船山思想的本原不无差异。

民国时期的思想语境几经变化，学者的民族主义视角也多有差异。五四时期，有的从民族精神来理解民族主义，认为“为谋此民族团结之生存所表现之热情，是曰‘民族主义’或曰‘民族精神’”。“民族精神者，历史之成果也。”[⑦]这在学理上仍不免概念模糊之感，但凸显了民族精神、民族自觉的意义，重视从民族历史和文化寻找救亡图存的思想资源。1930

① 梁启超：《湖南时务学堂劄记·教习梁批》，汤志钧、汤仁泽编：《梁启超全集》第1集，中国人民大学出版社2018年版，第364页。

② ［清］苏舆：《春秋繁露义证》，中华书局1992年版，第47页。

③ ［清］苏舆：《春秋繁露义证》，中华书局1992年版，第350页。

④ 熊十力：《读经示要》，上海古籍出版社2019年版，第218页。

⑤ 熊十力：《读经示要》，上海古籍出版社2019年版，第395—396页。

⑥ 熊十力：《十力语要》，上海古籍出版社2019年版，第377页。

⑦ 隐青：《民族精神》，《东方杂志》1919年第16卷第12号，第9、12页。

年代，中华民族的危机日益深重，蕴含民族主义的经、史之学亦与时俱进。新派学者顾颉刚、傅斯年等人超越了今、古文经学藩篱，崇尚考据，偏重史料，曾经反对“著史”，但其30年代初的学术重心已由“疑古”转向“重建”古史，思想深处仍不免蕴含民族主义情怀。

综上，儒经“夷夏之辨”成为近代学者“反满”革命、反抗外敌入侵，以至民族复兴的思想资源。从清末民主革命到1930年代的抗日救亡，民族主义的表述不尽相同，而经学皆为之浇灌了思想营养。在近代救亡图存的环境中，无论是“种族民族主义”，还是“文化民族主义”，都曾经发挥过积极作用。同时，近代学者的民族观念并非一成不变，而“文化民族主义”契合了20世纪的思想趋势，具有显著的开放性、包容性。它本质上无异于爱国主义，与现代化潮流并无根本冲突。但民族主义不是近代经学的唯一思想主题。民初以后，知识精英注重从中西比较中寻找中国落后的根源，西学对中学的渗透遂成必然之势。科学主义乘五四新文化东风，风靡于民初以后的文化教育领域，也在民国学术界大行其道。

二、科学主义的渗透

明末以来流行的“格致学”成为晚清士人接纳西方科学的基本框架。康有为在1898年春出版的《日本书目志》仍以“格致学”指称日本近代科学，列有《科学入门》《科学之原理》二书，不过仍将科学纳入“理学门”。① 其后数年，“格致学”“科学”并行不悖，成为知识界的流行词语。1899年，王国维提道：“自近世历史为一科学，故事实之间不可无系统。抑无论何学，苟无系统之智识者，不可谓之科学。”而中国历史无系统，“单可称史料而已”。② 两年后，王国维更明确地认为：“凡学问之事，其可称科学以上者，必不可无系统。系统者何？立一系以分类是已。分类之法，以系统而异，有人种学上之分类，有地理学上之分类，有历史上之分类。”③他将“系统”视为科学的要素，而以分类、分科作为科学系统性的表征。1903年，王国维也提道：“科学，如所谓数学、物理学、化学、博物学等，皆所谓理论之知识。”④显然，他已明确将自然科学视为“科学”，也不否认有“系统”的历史研究为“科学”，只是其时中国历史仍属“史料”。1902年，梁启超撰写了“格致学沿革”，将“质学、化学、天文学、地质学、全体学、动物学、植物学等”“形而下学”称为“格致学”。同时，他认识到“科学”有广狭义之别，达尔文的进化论风行之后，“不徒有形科学为之一变而已，乃至史学、政治学、生计学、人群学、宗教学、伦理道德学，一切无不受其影响”。“科学（此指狭义之科学，即中国所

① 康有为：《日本书目志》，姜义华、张荣华编校：《康有为全集》第3集，中国人民大学出版社2007年版，第279页。

② 王国维：《〈东洋史要〉序》，谢维扬、房鑫亮主编：《王国维全集》第14卷，浙江教育出版社2009年版，第2页。

③ 王国维：《欧罗巴通史序》，谢维扬、房鑫亮主编：《王国维全集》第14卷，浙江教育出版社2009年版，第3页。

④ 王国维：《论教育之宗旨》，谢维扬、房鑫亮主编：《王国维全集》第14卷，浙江教育出版社2009年版，第10页。

谓格致)盛,而宗教几不保其残喘。"[①]1905年11月,梁启超提道:"科学者,应用之学也",有两大类,即"物的科学"和"心的科学"。"心的科学者,若哲学、伦理学、心理学等皆是也。"[②]可见,梁启超已有人文社会科学和自然科学的基本区分。

清末梁启超、严复等人关注科学的重心不在知识和理论,而在精神和方法。梁启超认为清学主流由理学转为汉学,研究方法"由演绎的进为归纳的,饶有科学之精神"[③]。1902年清廷预备"新政"之时,严复针对"中体西用"论指出:"有牛之体,则有负重之用;有马之体,则有致远之用。未闻以牛为体,以马为用者也……故中学有中学之体用,西学有西学之体用,分之并立,合之则两亡。"其体用论的思想主旨在于超越汲取西学的器艺层面,凸显了引进西政的重要性。在严复看来,"善政"如同器艺,必须立基于科学精神。"其通理公例,经纬万端,而西政之善者,即本斯而立。"政和艺本质相通,"并出于科学,若左右手然,未闻左右之相为本末也"。[④] 他彰明政、艺的科学性,也为援引西政提供了理论基础。在学术上,严复仍重视传统资源,认为"今夫六艺之于中国也,所谓日月经天,江河行地者也"。他在所译《天演论》中将西方归纳法、演绎法翻译为"内籀"和"外籀"之术,并且与《易》《春秋》二书勾通起来:《春秋》"推见至隐","内籀也";《易经》"本隐而之显","外籀也"。[⑤] 他认为自然科学和社会科学都立基于归纳法。这些皆可谓科学主义兴起前的知识准备和思想动向。

西方唯科学主义源远流长,有论者指出:"唯科学主义者试图在所有知识领域贯彻自然科学的精神和方法。""近代思想家只满足于一般地提出科学化的要求,很少或根本不去探讨非自然领域的特点以及在这些领域应用自然科学方法的可能性和条件。"[⑥]民国学者受此影响,认为:"科学的权威已经是把宇宙间的一切事物都统制了。自然间的现象须用科学来说明,社会上的事物须用科学来解释,乃至人类意识中的精神作用亦须用科学来研究。所谓科学不惟成为我们知识上理解一切的工具,而且成为我们生活上实践一切的法则。"[⑦]五四时期的一些经、史研究者将科学"权威"推展于"整理国故"及整个人文学科,后来有论者称之为"唯科学论"或"唯科学主义"。"中国的唯科学论世界观的辩护者并不总是科学家或者科学哲学家,他们是一些热衷于用科学及其引发的价值观念和假设来诘难直至最终取代

① 梁启超:《进化论革命者颉德之学说》,汤志钧、汤仁泽编:《梁启超全集》第4集,中国人民大学出版社2018年版,第1页。

② 梁启超:《〈节本明儒学案〉例言》,汤志钧、汤仁泽编:《梁启超全集》第5集,中国人民大学出版社2018年版,第178页。

③ 梁启超:《论中国学术思想变迁之大势》,汤志钧、汤仁泽编:《梁启超全集》第3集,中国人民大学出版社2018年版,第90、94页。

④ 严复:《与〈外交报〉主人书》,王栻主编:《严复集》第3册,中华书局1986年版,第559页。

⑤ 严复:《天演论·自序》,王栻主编:《严复集》第5册,中华书局1986年版,第1319—1320页。

⑥ 朱红文:《近代唯科学主义的形成及其实质》,《上海社会科学院学术季刊》1995年第3期。

⑦ 陈高佣:《中国文化问题研究》,《民国丛书》编辑委员会编:《民国丛书》第四编第39册,上海书店1992年影印本,第175页。

传统价值主体的知识分子。”他们是“在与科学本身几乎无关的某些方面利用科学威望的一种倾向”。[①]

五四新潮学者胡适、傅斯年、毛子水等人推动科学主义渗透于人文学科。他们号召青年学生“去遗传的科学思想,进于现世的科学思想;去主观的武断思想,进于客观的怀疑思想”[②]。新潮学者彼倡此应,揭橥以近代科学改造国学,实则在传统经学、史学、诸子学等领域推广科学主义价值观念。大体而言,民国时期国学或经学领域的科学主义倾向具有以下学术特征:

第一,追求真实,崇尚实证和考据研究。清代经学家崇尚“实事求是”,民国学者深受其学术精神、治学方法的影响。这方面,新潮学者与老辈学者章太炎、梁启超、王国维等人并无大异。但是,新潮学者重视将经学的“实事求是”与近代科学精神相融合,赋予改造传统国学的使命。胡适认为,科学方法的实质是“尊重事实,尊重证据”。“在应用上,科学的方法只不过‘大胆的假设,小心的求证’。”西方近代自然科学都是这种方法的成绩,清代“朴学也都是这种方法的结果”。[③] 清代汉学家“用的方法无形之中都暗合科学的方法。钱大昕的古音之研究,王引之的《经传释词》,俞樾的《古书疑义举例》,都是科学方法的出产品”,但还是“不自觉的”科学方法。[④] 胡适推崇考证研究,自觉地融合中西,将其科学方法称为“实验主义”,“就是科学家在试验室里用的方法”和“科学试验室的态度”。[⑤]

顾颉刚在 1926 年初指出:科学是一种研究方法,而其材料无所不包。“所以国学是科学中的一部分(如其是用了科学方法而作研究),而不是可与科学对立的东西。”[⑥]像胡适一样,顾颉刚肯定清代汉学具有“怀疑的精神”“征实的精神”,汉学方法也符合“大胆的假设,小心的求证”。在他看来,这种“科学方法”“从清初到清末始终没有改变”。清代汉学全盛之时,“这种方法运用得尤其谨严”。[⑦] 北大青年学者、钱玄同的弟子魏建功也认为:“科学方法是清儒的学问成功的大手腕。我们说到底,科学方法的重要在求真,在勇于怀疑。”[⑧]他们将清代经学传统与近代科学精神会通起来。尽管其疑古程度、考经证史的路径有所不同,实事求是和科学化取向则是基本理念。

第二,注重研究方法自然科学化。陈独秀指出,“科学有广狭二义,狭义的是指自然科

① 〔美〕郭颖颐:《中国现代思想中的唯科学主义(1900—1950)》,雷颐译,江苏人民出版社 1989 年版,第 1 页。

② 傅斯年:《〈新潮〉发刊旨趣书》,《傅斯年全集》第 1 卷,湖南教育出版社 2000 年版,第 81 页。

③ 胡适:《治学的方法与材料》,欧阳哲生编:《胡适文集》(4),北京大学出版社 1998 年版,第 105 页。

④ 胡适:《论国故学(答毛子水)》,欧阳哲生编:《胡适文集》(2),北京大学出版社 1998 年版,第 328 页。

⑤ 胡适:《实验主义》,欧阳哲生编:《胡适文集》(2),北京大学出版社 1998 年版,第 209 页。

⑥ 顾颉刚:《北京大学研究所国学门周刊一九二六年始刊词》,《顾颉刚全集》(33),中华书局 2010 年版,第 220 页。

⑦ 顾颉刚:《清代汉学家汉学精神与方法》,《顾颉刚全集》(34),中华书局 2010 年版,第 211—223 页。

⑧ 魏建功:《新史料与旧心理》,原载《北京大学国学门周刊》第 15、16 合期,参见顾颉刚编著:《古史辨》第 1 册,上海古籍出版社 1982 年版,第 258 页。

学而言,广义的是指社会科学而言”。用自然科学方法来研究社会科学,“乃是科学最大的效用”。[①] 罗家伦后来也说:“那时候大家对自然科学非常倾倒;除了想从自然科学里得到所谓可靠的知识而外,而且想从那里面得到科学方法的训练。认为这种训练在某种学科以内固然可以应用,就是换了方向而来治另外一套学问,也还可以用。”[②]五四新文化人的学术根柢不同,而多有此取向。

19世纪德国史学家兰克(Leopold von Ranke)被后世当作“科学史学的始祖”[③],也在近代中国产生了影响。傅斯年因虑及“治科学是治哲学的基础”,故在1920年大学文科毕业后,进入英国伦敦大学“研究实验心理及生理,兼治数学”。[④] 他学术上受兰克学派启发,注重实证研究和史料。1927年,他创办中山大学语言历史学研究所,提出历史学、语言学和自然科学同目的、同手段,而反对将历史学社会科学化。此后,为了“要科学的东方学之正统在中国”,他提出“现代的历史学研究已经成了一个各种科学的方法之汇集。地质、地理、考古、生物、气象、天文等学,无一不供给研究历史问题者之工具……若干历史学的问题非有自然科学之资助无从下手,无从解决”。因之,“要把历史学语言学建设得和生物学地质学等同样”。[⑤] 傅斯年“以自然科学看待历史语言之学”,试图在人文学科全面推行科学主义,如其论哲学云:“现代的哲学是被科学陶铸过的,想研究它……必须应用现代的科学中所得作为依据。”[⑥]

那时傅斯年的学术同道顾颉刚也有此倾向。顾氏受清代今、古文经学熏陶,却又超越了经学派别。他始终对偏重玄想的宋明理学不感兴趣,而认为应建立“科学的哲学”,“真实的哲学,只有先从科学做起,大家择取了一小部分的学问而努力;等到各科平均发展之后,自然会有人出来从事会通的工作而建设新的哲学的”。[⑦] 可见,人文学科的全面科学化是其总体目标,史学、经学等都是该目标的组成部分。

新潮学者所谓科学化本质上是自然科学化。在民国时期的学科设置中,经学内容多被分解在哲学、史学和文学之中,但“古史辨”的论题仍然是原有的经、史之学,科学主义未必能够最终贯彻、落实。他们将归纳法或自然科学方法绝对真理化也有偏颇,对于探索古学真相和意义并非完全有利无弊。卡尔·波普尔认为:“科学不是一个确定的或既成的陈述的系统”,“不是绝对的知识”,“它决不能自称已达到真理,甚或象概率一样的真理的替代

---

① 陈仲甫:《新文化运动是什么》,《新青年》第7卷第5号,1920年4月。

② 傅乐成:《傅孟真先生年谱(初稿)》,《傅斯年全集》第7册,(台北)联经出版事业公司1980年版,第272—273页。

③ 黄进兴:《后现代主义与史学研究》,生活·读书·新知三联书店2008年版,第55页。

④ 傅乐成:《傅孟真先生年谱(初稿)》,《傅斯年全集》第7册,(台北)联经出版事业公司1980年版,第272页。

⑤ 傅斯年:《历史语言研究所工作之旨趣》,《傅斯年全集》第3卷,湖南教育出版社2000年版,第7、12页。

⑥ 傅斯年:《对于中国今日谈哲学者之感念》,《傅斯年全集》第1卷,湖南教育出版社2000年版,第240页。

⑦ 顾颉刚:《古史辨·自序》,顾颉刚编著:《古史辨》第1册,上海古籍出版社1982年版,第34页。

物”。[①] 波普尔对西方逻辑实证主义和归纳主义的批评或许矫枉过正,但将可证伪性作为科学与非科学的分界则具有启发意义。

第三,淡化经、史研究的义理之学。傅斯年重视兰克学派的史学经验和语言学手段,1928年创办中央研究院历史语言研究所,强调“历史学只是史料学”。其“工作旨趣”首先声明:“历史学不是著史:著史每多多少少带点中世中古的意味,且每取伦理家的手段,作文章家的本事。近代的历史学只是史料学,利用自然科学供给我们的一切工具,整理一切可逢着的史料。”其治史名言是:“一分材料出一分货,十分材料出十分货,没有材料便不出货……我们存而不补,这是我们对于材料的态度;我们证而不疏,这是我们处置材料的手段。”[②]傅斯年肯定清人的考经证史(如顾炎武、阎若璩的音韵学)的价值,如同清代经师那样不满宋代史学,却不像有的汉学家兼采宋学,甚至对材料采取“不补”“不疏”的态度。这看起来更为客观,具有“近代”性,却缩小了传统学术的研究范畴。

傅斯年等人有意重建古史事实,反对学者“著史”,旗帜鲜明地排斥儒家义理之学,声明“把些传统的或自造的‘仁义礼智’和其他主观,同历史学和语言学混在一气的人,绝不是我们的同志”[③]。他后来任教于北京大学时强调:“史学的对象是史料,不是文词,不是伦理,不是神学,不是社会学。史学的工作是整理史料,不是作艺术的建设,不是做疏通的事业,不是去扶持或推倒这个运动,或那个主义。”[④]此说与中国史学主流观念背道而驰,也摒弃了儒家的经学传统。在傅斯年看来,“经学除其语言文字之部分外,即是史学智识”[⑤]。这种观念一定程度上契合了“六经皆史”说,祛除了经学的神秘色彩,却对传统学术存在误释。傅斯年的学术主张体现了五四之后的思想语境,蕴含为“史语所”创立学风之意,也一定程度上推动史语所取得了历史学、考古学及语言文字学成就,但其“史料派”偏向不言而喻。

考据和材料是学术研究的重要条件,却不是全部,也不能等同于科学。“史料派”能否在实践中完全不带“伦理”关怀?今人何兆武认为:傅氏偏重史料考据,以及“史料即史学”的说法,“是对兰克学派的严重误解”。兰克及其学派虽以资料博洽、考据精赅著称,而研究的指导思想是其“内心深处那种根深蒂固的世界观”。[⑥] 确实,兰克学派宣称疏离历史规律和形而上学理论,却仍有其历史观念,且受宗教影响。傅斯年针对民国的学术状况而倡导科学的“东方学”,客观上推动了考古学及史料学的发展,但他排斥传统“仁义礼智”时,融入了驳杂的西方学术观念。事实上,在急迫的社会现实面前,傅著《东北史纲》驳斥了日本侵

① 〔英〕卡尔·波普尔:《科学发现的逻辑》,查汝强、邱仁宗译,科学出版社1986年版,第242页。

② 傅斯年:《历史语言研究所工作之旨趣》,《傅斯年全集》第3卷,湖南教育出版社2000年版,第3、10页。

③ 傅斯年:《历史语言研究所工作之旨趣》,《傅斯年全集》第3卷,湖南教育出版社2000年版,第12页。

④ 傅斯年:《史学方法导论·史料论略》,《傅斯年全集》第2卷,湖南教育出版社2000年版,第308页。

⑤ 傅斯年:《史学方法导论·史料论略》,《傅斯年全集》第2卷,湖南教育出版社2000年版,第334页。

⑥ 何兆武:《译者前言》,参见〔美〕伊格尔斯:《二十世纪的历史学:从科学的客观性到后现代的挑战》,何兆武译,辽宁教育出版社2003年版,第2—3页。

略者"满蒙在历史上非支那领土"的妄说，具有重要学术价值和现实意义，却已经不只是"整理史料"了。

第四，重视以西学分科来整理、分解传统学术。清末以后，一些学者日益将学术分科纳入科学范畴，西学分科不期而然地成为学术津梁。清末有的学者已不自觉地注重学术分科，比如严复指出中国古代只是笼统地讲修齐治平，而西方政治学则成了"专门科学"。"顾中国古书之短，在德行、政治杂而不分。而西国至十九世纪，政治一门已由种群学分出，故其理易明，其学易治。"[①]刘师培后期在思想上显得保守，却曾经在学术方法上趋新。清末他援引西学分科来研究古学，拟撰"周末学术史""采集诸家之言，依类排列，较前儒学案之例已稍有别矣"，其所撰序言分列"心理学""伦理学""论理学""社会学""宗教学""教育学"等16门类，呈现了完整的西学框架。[②] 随着清末西式教育系统的推行，学术分科之势有增无已。

在民国一些学者看来，学术分科成为科学化或现代性的必然标志。傅斯年说："中国学术，以学为单位者至少，以人为单位者转多……绝少以学科之分别，而为宗派者。"这导致"人存学举，人亡学息"。"学术所以能致其深微者，端在分疆之清；分疆严明，然后造诣有独至。西洋近代学术，全以科学为单位，苟中国人本其'学人'之成心以习之，必若枘凿之不相容也。"[③]他重视援引西方的学术分科，也认同民国以降经学被分解到哲学、文学、史学及伦理学、政治学等科的趋势。北京大学研究所的国学门围绕歌谣、风俗、方言、古器物、明清档案等方面搜集材料，展开专题研究，其"国学"已不限于传统四部之学。1925年底，厦门大学国学研究院成立，完全模仿北大研究所国学门，拟分设历史古物、博物、社会调查、医药、天算、地学、美术、哲学、文学、经济、法政、教育、神教、闽南文化等研究组。[④] 这几乎是西学分科的汇集，与传统学术门类迥然不同。民国年间，类似的"国学"机构不一而足，故其遭受质疑、批评也不罕见。

一些传统学者已潜移默化地受科学主义影响。居士桂伯华认为："近世三百年来，学风与宋明绝异。汉学考证，则科学之先驱，科学又法相之先驱也。盖其语必证实，说必尽理，性质相同也。"章太炎曾认同此种说法，谓"斯言可谓知学术之流势者矣"[⑤]。哲学家熊十力治学偏重义理，却认为"经学毕竟可以融摄科学，元不相忤"[⑥]，故告诫复性书院的学生："务望于科学方法及各科常识，尤其于生物学、心理学、名学及西洋哲学与社会政治诸学，必博

① 严复：《政治讲义》，王栻主编：《严复集》第5册，中华书局1986年版，第1244—1245页。

② 刘师培：《周末学术史序》，钱玄同等编：《刘申叔先生遗书》第14册，宁武南氏1936年刊本，第1—2页。

③ 傅斯年：《中国学术思想界之基本误谬》，《傅斯年全集》第1卷，湖南教育出版社2000年版，第22页。

④ 《厦门大学国学研究院组织大纲》，《厦大周刊》第134—135期，1926年1月2、9日。

⑤ 章太炎：《自述学术次第》，上海人民出版社编，马勇整理：《章太炎全集·太炎文录补编（下）》，上海人民出版社2017年版，第495页。

⑥ 熊十力：《读经示要》，上海古籍出版社2019年版，第97页。

采译述册子,详加研索。"[①]这些言论均可见科学主义对传统学术的无形渗透。

然而,科学的研究对象以物为中心,而人文学科以人为中心,所谓"究天人之际,通古今之变"。要之,自然科学探讨客体之间的关系,关心普遍的必然性,探求抽象的、理性的自然规律,经、史之学虽然在方法上与之不无相同之处,但研究对象是特殊的、民族的,具有个性的。经、史之学蕴含着研究主体与客体的复杂关系,涉及研究者的知识、观念和情感内涵。从材料的搜集、整理,到文本的解释、重建,无不掺杂着人的主观因素,非科学的普遍性所能统摄。自然科学与经、史之学的方法、思维不能完全等同。如果将传统学术,尤其是经学、诸子学完全纳入科学主义坐标,则未免削足适履。五四之后,学者日益质疑人文学科中的科学主义取向。

在20世纪上半期的欧美学界,包括兰克学派盛行的德国,一些学者也注意到人文学科与自然科学的分野,德罗伊森"明确地强调历史学与自然科学的不同",狄尔泰从对象、方法等方面"研究了精神科学与自然科学的区别",文德尔班、李凯尔特主要从"方法论方面论述自然科学与历史学或文化科学的对立"。[②] 柯林武德等人继起,反对以自然科学为蓝本来研究历史。伊格尔斯甚至说:"'科学的'历史学话语就包含有文学的想象在内,而古老的文学传统也在重建真实的过去之中寻找真理。"[③]海登·怀特也认为:"对史学科学化的要求,仅仅代表着表达了对一种特殊的历史概念化形态的某种偏好,其基础要么是美学的,要么是道德的,而它在认识论上的论证仍然有待确立。"[④]他们夸大了文学的史学价值,混淆了文学与史学的不同功能,但如果将其"文学传统"表述为"人文传统",则似乎并无不可。

无论史学还是经学,其求真求实的原则确与自然科学相类,但经、史之学还肩负着探寻意义和价值的使命。换言之,对于具体问题的考订,人文学科与自然科学皆当遵循实证的科学方法,但在诠释价值和意义层面,人文学科不能缺少抽象的理论思维。在近代经学思想的逻辑演进中,二三十年代兴起的人文主义成为对科学主义的补充和发展。

三、人文主义经学的主旨及其价值

中国的人文主义源远流长。《周易·贲卦·彖传》云:"观乎天文,以察时变;观乎人文,以化成天下。"孔颖达疏云:"观乎人文,以化成天下"者,"言圣人观察人文,则《诗》《书》

---

① 熊十力:《十力语要》,上海古籍出版社2019年版,第180页。

② 罗凤礼主编:《现代西方史学思潮评析》,中央编译出版社1996年版,第63页。

③ 〔美〕伊格尔斯:《二十世纪的历史学:从科学的客观性到后现代的挑战》,何兆武译,辽宁教育出版社2003年版,第3页。

④ 〔美〕海登·怀特:《元史学:十九世纪欧洲的历史想像》,陈新译,译林出版社2004年版,序言,第4页。

《礼》《乐》之谓，当法此教而化成天下也”。[①] 可见，“人文”是儒经教化而成的观念和精神传统。西方人文主义(humanism)兴起于文艺复兴时期的意大利：倡导以人为中心，赞扬人的尊严、价值和人在宇宙中的独特地位；提倡人权，反对神权；追求现世的自由和幸福，反对禁欲主义。该词原意是“人文主义治学”，“意指人文主义者特别热衷的一系列学术课题”及教这类课题的老师，“具体包括语法、修辞、诗、历史和道德哲学”。18世纪以后，人文主义才广泛运用于哲学及社会领域。[②] 显然，西方人文主义本来与教育课程、学术内容和规范相关，并非后世偏重的哲学层面。中西人文主义的原义颇多契合，皆侧重于教化和学术主题。

儒经彰显了以人为本和对人的尊重，如孔子的“仁”“礼”思想，孟子的性善论，强调“天地之性人为贵”。但孔、孟所言人性及道德不像近代西方人文主义那样注重个性解放和人格平等，故一些人视之为人本主义。西方人文主义照亮了欧洲启蒙运动的进程，也是五四新文化的思想源头。新文化人张扬个性解放、个人主义，或强调男女平权、独立人格等，皆折射出人文主义的思想光芒。在近代西潮冲击下，一些趋新学人讴歌西方人文主义而忽略了中国人文主义传统，因而也不能平实地认识传统学术的人文精神。

科学主义一度在民国思想、学术领域高歌猛进，为人文学科的研究方法开辟了崭新进路，却不能在价值层面取代经学。以近代西学来衡量，中国经学的某些内容确实“不科学”，但经学所蕴含的人文主义却积淀于民族文化的深处，不可避免地存活于现实之中。后来钱穆云：“故中国科学乃受限于人文，而人文为主。西方人文则受限于科学，而科学为主。此则双方文化之大相异处。”[③]在贺麟看来，五四的反孔批儒只是破坏、扫除了儒家思想的僵化部分，并没有打倒孔孟的“真精神、真意思、真学术”，故五四“是促进儒家思想新发展的一个大转机”。[④] 这是钱、贺等儒家人物的一家之言，然而事实上，科学主义强化了新派学者的话语权，却没有消解经学的价值系统和精神魅力。

人文主义经学既有1920年代初“科玄之争”的思想背景，又是五四之后学者们对传统学术的重新发现和诠释。如果说，民国学术界的科学主义者多来自北大及中央研究院，那么倾向人文主义学者的构成则比较多元，其中既有清末倾向文化保守主义的国粹派余脉，也有针对新文化而起的南京“学衡派”，还有新生的清华国学研究院以及不属于某一群体、流派的“边缘”学者。他们大体对西学，尤其是西方人文科学有所汲取，但冷静地反思激昂一时的新文化或西化思潮，置重中国学术、文化的特性和价值，超越了以西学评析传统学术的思维框架。

① ［唐］孔颖达：《周易正义》，李学勤主编：《十三经注疏》(一)，北京大学出版社1999年版，第105页。

② ［美］查尔斯·G. 纳尔特：《欧洲文艺复兴的人文主义和文化》，黄毅翔译，上海三联书店2018年版，第1页。

③ 钱穆：《现代中国学术论衡》，钱宾四先生全集编委会编：《钱宾四先生全集》第25册，(台北)联经出版事业公司1998年版，第67页。

④ 贺麟：《儒家思想的新开展》，《文化与人生》，商务印书馆1996年版，第5页。

钱基博一边反思科学主义取向，一边发掘人文主义传统，自称从民初到1930年代的教育生涯中，“未尝间一岁废四书不讲；校中无此课程，仆则发心为诸生课外授之”[①]。故他讲授四书，不只是职业需要，还带有传道的精神追求。钱基博认为，“学”字本义是“觉”。《说文解字》曰：“斅，觉悟也。从教、冂。冂，尚矇也。臼声。学，篆文斅省。”许慎以“斅”“学”为一字，本义觉悟。《白虎通·辟雍篇》：“学之为言觉也。”[②]钱氏认为，“人文主义”国学是在反思欧化的“物质主义”与中国的“古典主义”之后出现的。乾嘉汉学“袭为一种考据琐碎之学”，“唯‘人文主义’之国学，斯足以发国性之自觉，而纳人生于正轨；理之自然，必至之符也。‘人文主义’之一名词，在欧土与‘物质主义’为对；在吾儒与‘古典主义’为对。‘古典主义’，昔人之所轻。‘物质主义’，今世之所患”。他所谓“古典主义”即乾嘉学派那样的文字考证，“物质主义”即白璧德和《学衡》杂志批评的西方“物质之学”，偏重追求物质文明。[③]

钱穆也是人文主义经学的倡导者，晚年对此有着更为清晰的表述：“中国传统文化，以‘人文精神’为中心。”商朝人对天或上帝的信仰极重要，而“周公把以前的宗教信仰移转重心落到人生实务上来，主要是在政治运用上。周公认为‘天心’只随‘人心’而转移”。孔子发扬周公之学，整理六经，而“经学精神亦是在偏重人文实务，而古代相传的宗教信仰则愈后愈薄了”。[④] 故钱穆指出：“中国学术之必有其独特性，亦如中国传统文化有其独特性。两者相关，不可分割……中国文化之独特性，偏重在人文精神一面，中国学术亦然。”[⑤]这是他对近代学术潮流的总结性反思，揭示了传统经学的重要思想蕴意。

近代中国学界的人文主义既非复制欧洲文艺复兴的思想，又不是沿袭儒家的人本思想，但学术上以人的塑造为核心价值，尤其受儒家德性之学的浸润，凸显了人文教化的重要性，对传统学术的科学化潮流有所保留。我们不妨从以下方面来认识：

第一，人文主义经学虽不排斥科学方法，却摒弃了科学主义取向。王国维早年肯定科学与史学皆“求其原因”或“明其因果”，但不提倡探寻人类社会的规律性，没有将人文学科等同于自然科学。民初以后，王国维沉潜于经史研究，与罗振玉的学术倾向基本相同。王、罗二人商定的《论政学疏》也提道：科学之法能研究物质领域，“至于人心之灵及人类所构成之社会、国家，则有民族之特性，数千年之历史，与其周围之一切境遇，万不能以科学之法治

---

① 钱基博：《钱基博先生的意见》，《教育杂志》社编辑部编：《全国专家对于读经问题的意见》，福建教育出版社2016年版，第59页。

② 钱基博：《〈国学文选类纂〉总叙》，《钱基博学术论著选》，华中师范大学出版社1997年版，第9页。

③ 钱基博：《〈国学文选类纂〉总叙》，《钱基博学术论著选》，华中师范大学出版社1997年版，第18页。

④ 钱穆：《中国学术通义·四部概论》，钱宾四先生全集编委会编：《钱宾四先生全集》第25册，（台北）联经出版事业公司1998年版，第3—4页。

⑤ 钱穆：《中国学术通义·序》，钱宾四先生全集编委会编：《钱宾四先生全集》第25册，（台北）联经出版事业公司1998年版，第6页。

之”。[①] 这种认识既是王氏早年思想的延续，又折射出1920年代人文学者对科学主义的反思。晚年倡导经学的章太炎更是强调：“科学者流，乃谓道德礼俗，皆须合于科学，此其流弊，使人玩物而丧志，纵欲以败度。今之中华，国堕边防，人轻礼法，但欲提倡科学，以图自强，是知其一不知其二也。”[②]他甚至认为，以科学为旗帜的“古史辨派”危害甚于晚清公羊学，“必将维系民族之国史全部推翻”，故“非竭力排斥不可也”。[③] 这些评论表明其思想连续性和现实语境的交互作用。

梁启超虽讲求科学方法，却清醒地认识到人文学科与自然科学的差异。1922年，他在讲学中指出自然科学与历史学之别：“其一，自然科学的事项常为反复的、完成的，历史事项反是，常为一度的、不完成的”；“其二，自然科学的事项常为普遍的，历史事项反是，常为个性的”；“其三，自然科学的事项常为超时间、空间的，历史事项反是，恒以时间、空间关系为基件”。[④] 这表明他对历史学的人文内涵已有新的认识。中国古代有“经以载道，史以记事”的说法，这并不完全准确，如孔子《春秋》亦经亦史，多载“微言大义”，但儒经较之史书更具丰富的义理内涵，则是不争的事实。梁启超指出了历史学与自然科学有别，经学更何待言。

1940年，钱穆撰《国史大纲》，对胡适、傅斯年等“科学派”（新考证派）偏重史料而贬低民族文化的倾向提出了严厉批评：“震于‘科学方法’之美名，往往割裂史实，为局部狭窄之追究。以活的人事，换为死的材料……于先民文化精神，漠然无所用其情。彼惟尚实证，夸创获，号客观，既无意于成体之全史，亦不论自己民族国家之文化成绩也。”[⑤]“科学派”的出现基于五四时期特定的社会、文化背景，但显然不能代表现代学术发展的唯一方向。钱穆的批评直指要害，也切近社会现实的迫切需要。直到晚年，钱穆仍然认为：“自然科学与人文科学”两者绝不相同。“近言‘科学方法’一词，也可谓无感情，无意义，随心所欲，任其使用。所谓‘客观’，乃抹杀了自我精神，抹杀了人生之意义与价值，而空求其所谓客观。”[⑥]钱穆重视“著史”而不仅仅“考史”，重视从总体上把握中国学术文化的价值和精神，而不囿于考订细节问题，显示了与胡适、顾颉刚、傅斯年等人的学术分殊。

人文学科的科学化问题由来已久，有论者注意到：“历史是科学还是艺术，是19世纪以

---

① 罗振玉：《王忠悫公别传》，谢维扬、房鑫亮主编：《王国维全集》第20卷，浙江教育出版社2009年版，第236页。

② 章太炎：《适宜今日之理学》（1933年10月22日在无锡国专演讲），上海人民出版社编，章念驰编订：《章太炎全集·演讲集（下）》，上海人民出版社2015年版，第511页。

③ 章太炎：《自述治学之功夫及志向》（1933年4月18日），上海人民出版社编，章念驰编订：《章太炎全集·演讲集（下）》，上海人民出版社2015年版，第505页。

④ 梁启超：《中国历史研究法》，汤志钧、汤仁泽编：《梁启超全集》第11集，中国人民大学出版社2018年版，第347页。

⑤ 钱穆：《国史大纲》，钱宾四先生全集编委会编：《钱宾四先生全集》第27册，（台北）联经出版事业公司1998年版，第24页。

⑥ 钱穆：《谈当前学风之弊》，钱宾四先生全集编委会编：《钱宾四先生全集·学籥》第24册，（台北）联经出版事业公司1998年版，第228页。

来西方史学界争论最激烈的一个问题。”[①]这种争论并非完全源于理论差异，并且关乎研究者对人文学科的学术特质、文化蕴意的不同认识。今人多已认识到，历史学既是科学，又是解释学，既需要实证研究，又不能缺少价值观念，如有的学者认为：“历史学既有其科学的一面，又有其非科学的一面。历史学（作为一种人文学科）因为是科学的，所以它不是反科学的；又因为它是非科学的，所以它就不是或不完全是科学的。”人文学科是受研究者“生活体验、心灵感受和价值观的制约的”。[②] 应该说，在传统学术领域，史学、经学、诸子学和辞章之学莫不如此。儒经是中国人文精神的思想宝库，也是当代文化的活水源头，显然不能单纯以科学主义尺度来衡量。

第二，人文主义经学注重塑造人格，凸显德性之学，视经学为内圣修养之途，安身立命之所。儒家讲求修齐治平，追求成圣成贤的理想人格，彰显德性之知和为己之学，强调“经师易得，人师难求”。清末到民国时期的一些经学家也不赞同知识主义地认识儒经，而重视儒经的教化功能，阐明经学是做人的学问。经学教育者王舟瑶对乾嘉经学偏重考据多有微词，针对近人批评中国传统学术少讲“公德”的说法，他认为：“至群经之言公德者，举之不胜举也。”《论语》曰：“己欲立而立人，己欲达而达人。”孟子引时君与民同乐，实行井田。这些均为“合群主义”。“盖孔孟皆注意于大同之治，殷殷以救世为心，而谓其立论偏于私德不及公德，亦可谓厚诬孔孟矣。”[③]类似阐释在清末的经学论著中并不罕见，五四以后更为明显。

欧洲人文主义传入近代中国后，没有直接融合传统学术，但二者“独立之精神，自由的思想”本质相通。与之相比，胡先骕、吴宓、梅光迪等“学衡派”传播了白璧德的人文主义，又摒弃其神学色彩，并且阐述了儒学的道德修养和人伦规范。吴宓是力倡人文主义的代表人物，认为人生观有“以天为本”的宗教，“以物为本”的“物本主义”，而处今之世，“以人为本”的“人本主义，即人文主义为最适”。人性“有善有恶，亦善亦恶，可善可恶”，西方柏拉图、亚里士多德即主此说，与我国先贤相同。吴宓倡导人文主义的人生观，发掘中西共通的道德理念，而实践途径是儒家的“克己复礼”“行忠恕”“守中庸”。[④] 在其影响下，《学衡》的文章提出学术界“独立自主之精神”当“在复古不在维新”。“复古者，恪守数千年来圣哲崇尚之精神生活，而以道德为人类文明之指归耳”；“不在维新者”，并非排斥欧美的学术思想，“要在不为物质文明所迷惑也”。[⑤] 近代学者对人文主义的应用范围不尽相同，吴宓等人崇尚人文主义的人生观，也重视儒经的德性之学。

章太炎晚年提倡读经时说：“儒家之学，不外修己、治人，而经籍所载，无一非修己、治人

---

① 杜维运：《史学方法论》，北京大学出版社 2006 年版，第 31 页。

② 何兆武：《对历史学的若干反思》，《历史与历史学》，湖北人民出版社 2007 年版，第 3、6 页。

③ 王舟瑶：《经学讲义》，王应宪编校：《中国经学评论》，上海古籍出版社 2021 年版，第 47 页。

④ 吴宓：《我之人生观》，《学衡》第 16 期，1923 年 4 月。

⑤ 胡稷咸：《敬告我国学术界》，《学衡》第 23 期，1923 年 11 月。

之事。”[1]这与他的“六经皆史”信仰并不冲突，因他所谓史，并非胡适、傅斯年等所云“史料”。1933年他指出：“今昔时代不同，今日之讲学，不如往昔矣。第一只须教人不将旧道德尽废……亦即教人‘如何为人’之宗旨而已。”[2]章太炎晚年以《孝经》《大学》《儒行》《丧服》为学者倡，均是针对社会情形和学界风气有感而发。他认为，新潮学者以科学观念来厘定道德，如同朱熹“必谓致知格物，然后方可诚意正心，则势必反诸禽兽而后已……科学之影响，使人类道德沦亡，不仅托之空言，抑且见之实行”[3]。章太炎晚年的经学不再侧重名物训诂，而像戴震那样以辞“明道”，彰显经学的教化功能，与早年关于经学的表述有所变化。

唐文治、钱基博、钱穆、姚永朴等人以宋学为根柢，注重阐发义理，青睐传统德性之学，心系现实社会的道德教化。桐城派传人姚永朴晚年任安徽大学经学教授，于《易》《诗》《论语》等书皆有著述。他反对新派学者以时代变迁来贬低儒经的修齐治平之道，正如《礼记·大传》所云，“改正朔，易服色”，文物制度“此其所得与民变革者”。“而亲亲也，尊尊也，长长也，男女有别，此其不可得与民变革者。”故他完全赞成中学生读经。[4] 这种看似保守、迂腐的言论仍然源于对儒经德性之学和教化功能的倚重。

唐文治创办的无锡国学专修馆在研究、教学中贯穿了人文主义。如同近代高等学校，该校教学方式实行了学分制，但汲取了传统书院的精华，注重品格修养、学行合一。他们肯定六经为载道之言，经学不限于知识系统。唐文治拟定《无锡国学专修馆学规》十条，仿效宋明书院，重视“检束心身，砥砺品行”。修身主题包括“躬行”“孝弟”“辨义”诸条；课业方面，经学主“破除门户之见”，以郑玄为圭臬；理学则奉宋儒濂、洛、关、闽之学为正宗，兼及明、清理学，注重诚伪之辨；文学则主张研读儒经及唐、宋八大家，清代桐城及阳湖文学作品；此外还有政治学，注重师法汉、唐、宋诸大儒及清代洋务派名臣，讲求经世致用。唐文治寄望来学者立志“维持人道”“挽救世风”。[5] 唐氏研究朱子学五十年，宗奉理学，阐释仁孝，也以此教导生徒，指出“天地之性人为贵”，“今日之患在人心，而实根于学术”。[6] 故其国学重视阐扬理学，凸显道德修身和社会关怀。

钱基博长期执教于无锡国专，与唐文治志同道合，赞赏唐氏为“躬行君子，不徒沾沾词

---

① 章太炎：《论读经有利而无弊》，上海人民出版社编，章念驰编订：《章太炎全集·演讲集（下）》，上海人民出版社2015年版，第566页。

② 章太炎：《讲学大旨与〈孝经〉要义》，上海人民出版社编，章念驰编订：《章太炎全集·演讲集（下）》，上海人民出版社2015年版，第513页。

③ 章太炎：《〈大学〉大义》，上海人民出版社编，章念驰编订：《章太炎全集·演讲集（上）》，上海人民出版社2015年版，第461页。

④ 姚永朴：《姚永朴先生的意见》，《教育杂志》社编辑部编：《全国专家对于读经问题的意见》，福建教育出版社2016年版，第12页。

⑤ 唐文治：《无锡国学专修馆学规》，《茹经堂文集》，《民国丛书》第五编第94册，上海书店1935年版，第24—33页。

⑥ 唐文治：《与李生颂侯书》，《茹经堂文集二编》，《民国丛书》第五编第94册，上海书店1935年版，第11—13页。

章记诵之末,其学以孔子六经为奥窍,以宋五子书为入德之门"[①]。该馆教员不乏类似见解,比如长于诸子学的陈柱深受唐文治赏识,二者尊经思想大体相同。五四之后,正面阐发公羊学的著述已很罕见,而陈柱于1929年撰著、出版的《公羊家哲学》可谓凤毛麟角。陈柱赞同中小学生读经,认为民国以后中小学生废弃读经,使青年子弟"于处世为人之道,茫无所识"。人心之坏,足以为国本之隐忧。"今欲匡救其弊,则提倡读经,实亦有不可缓者。"故他主张专家研究儒经之外,学校还应注重德育,"每周选择适于程度之经书讲授一二小时"。[②] 他仍然从德性修养来肯定读经,与彼时经学家的思想主旨大体无异。

熊十力始终将经学的修身功夫和科学统一起来,认为"人生如欲超脱有限,离系,而冥真极,则舍六经所云德行修养之功,终无他术。是故今日言学,不当以提倡科学之故,而遂废经学。吾尝言,科学是知识的学问,经学是德慧的学问。二者相需,不容偏废"[③]。他强调:"经学者,使人克治私欲,而以天地万物一体为量者也。""夫经学者,旧云圣学。其为道也,以见自性为极。"[④]比较而言,钱穆既视经学为德性之学,又注重中西文化的差异:"经学在中国,一向看为是一种'做人'之学,一种'成圣'之学。要做一理想人,要做一圣人,便该在实际人生社会中去做,此便是中国学术传统中的人文精神。"[⑤]钱穆到晚年更重视精神生活,强调"工夫"重于"方法":"现在人总喜欢讲科学方法","中国人好讲工夫,文学艺术方面不必讲,更要是做人"。"中国人的一切至要方法就是下工夫……向人讨方法易,自己下工夫不易。中国人常讲修养工夫,孔子便是七十年在此工夫上,如何我们不去重视工夫!"[⑥]他们对经学与近代科学的关联性认识不尽相同,但皆重视儒家德性之学。

第三,人文主义经学兼容汉、宋,重视诠释义理。作为近世经学的重要形态,清代汉学集考据学之大成,其实证方法延续于近代,对民国学者产生了深远影响。不过,新文化人视旧学为有待整理的"国故",提出在科学的旗帜下"打鬼",学术上扬汉抑宋。然而,无论是乾嘉经师还是五四"新考证派",皆不可能完全摒弃义理,毫无思想的学术研究是罕见且缺乏生命力的。"新考证派"或新潮学者并非民国学术的全貌,其时一些学者声名不显,却珍视、阐扬经学的人文精神,发扬理学的优长。

孙德谦曾在东吴大学等校教子、史之学,自云曾治考据之学,"久而病其繁琐,故决然去

① 钱基博:《茹经堂文集二编序》,《茹经堂文集二编》,《民国丛书》第五编第94册,上海书店1935年版,第4页。

② 陈柱:《陈柱尊先生的意见》,《教育杂志》社编辑部编:《全国专家对于读经问题的意见》,福建教育出版社2016年版,第182—183页。

③ 熊十力:《读经示要》,上海古籍出版社2019年版,第140—141页。

④ 熊十力:《读经示要》,上海古籍出版社2019年版,第124、126页。

⑤ 钱穆:《中国学术通义·四部概论》,钱宾四先生全集编委会编:《钱宾四先生全集》第25册,(台北)联经出版事业公司1998年版,第6—7页。

⑥ 钱穆:《人生之两面》,钱宾四先生全集编委会编:《钱宾四先生全集·灵魂与心》第46册,(台北)联经出版事业公司1998年版,第203—205页。

之”。在他看来，“凡有志于学者，当探索其义理”，“夫国学而仅以考据当之，陋孰甚焉”。同时，孙德谦主张学求有用，指出“宣圣赞述六经，为万世治术之本”，治国学者当力戒“支离破碎之考据”。[①] 他实则暗中批评胡适等“新考证派”，心向宋学。与之相比，胡朴安对中小学生读经不以为然，但肯定“经之本体”即是“古代思想制度之汇萃”，而治经的方法大要有二，“一微言大义之学，一名物训诂之学”。这即是清儒的汉学与宋学之分。[②] 非特经学，国学研究皆“宜先从事于客观的研究，然后从事于主观的研究。盖吾国学者之弊，往往于各种学术，未经精密之考察，第凭一己之见，以从事批评。即贤者亦有时不免”[③]。胡氏推重“客观的研究”，却不排斥“主观的研究”，肯定汉、宋之学各有价值。

钱基博的《经学通志》评述历代有关《周易》《尚书》《诗经》《三礼》《春秋》及小学的成就，没有否定晚清今文经学的价值，认为康有为以今文经学言政，“功虽不成，众论归高。一时士大夫笃变法维新者，益喜言《公羊》矣！”[④]他于今、古文经学心有轩轾，认为“今文经世以致用，微言大义是尚；此汉学之近于‘人文主义’者也。古文稽古以释经，名物训诂是谨；此汉学之偏于‘古典主义’者也”[⑤]。事实上，钱氏人文主义经学的根基在于宋学，认为先秦儒、道学说均蕴含了人文主义，而宋五子“出入老释，返求诸六经”，故人文主义“昭明于有宋，如日中天者”。其后，清代经学沉迷于考据，偏于“古典主义”。[⑥] 钱基博对五四青年津津乐道地“以科学方法整理国学”不以为然，而肯定裘毓麟的《思辨广录》“以程朱衡学”的价值倾向：“修习国学，必以诵习古书为本，不外圣经贤传及周秦诸子而已……而自秦、汉以来，论诵读古书之法，无逾于朱子……词章考据之士，或规规于考订训诂之细，或沈溺于声调格律之中，不复探求经传之大义，心性之微旨，故其说琐细浅陋，终无当于圣贤之学！”故他认为，六经之外，后儒说理精深者，无过于宋儒周、邵、程、朱、张诸子。[⑦] 钱基博的经学不无考订、训诂内容，而主要是阐发宋儒理学，也包括对阳明心学的肯定。

力倡经学的熊十力在抗战时期说：“吾幽居深念，未尝不太息隐憾于清儒之自负讲明经学者，实所以亡经学也。”在他看来，清儒的考据训诂、辑佚校勘之学确乎“嘉惠后学”，但“学者求圣人之意，要当于文言之外，自下困功”。对比汉、宋之学，他认为：“伊川语录中已发见下意识及变态心理……横渠知地动非静，朱子于地质有创见……可见宋、明儒治经，不陷琐碎。虽于经书名物，不无失考，而其自所创获，亦已多矣。夫所贵乎通经者，在能明其道，扩其所未及发也。若只限于经籍文字而为考核，岂得为通经耶？”他抨击五四新潮学者“打倒

① 孙德谦：《评今之治国学者》，《学衡》第23期，1923年11月。
② 胡朴安：《经学讲义序》，《民国日报》1924年11月14日。
③ 胡朴安：《国学周刊宣言》，《国学周刊》第1期，1923年5月9日。
④ 钱基博：《经学通志》，《钱基博学术论著选》，华中师范大学出版社1997年版，第306页。
⑤ 钱基博：《〈国学文选类纂〉总叙》，《钱基博学术论著选》，华中师范大学出版社1997年版，第13页。
⑥ 钱基博：《〈国学文选类纂〉总叙》，《钱基博学术论著选》，华中师范大学出版社1997年版，第16—17页。
⑦ 钱基博：《十年来之国学商兑》，《钱基博学术论著选》，华中师范大学出版社1997年版，第42—43页。

孔家店”,也对胡适提倡的“科学方法”不无微词。他肯定戴震所云“经之至者道也”,却认为“东原实未见道,而妄相猜拟,以诬孟子,而薄程朱,则非是”。[①] 实际上,熊十力阐释儒经多引宋、明儒家之说,根本上宗奉宋学,而兼采汉学方法,融入佛学原理,略显驳杂。

钱穆认为,宋学为中国的“新经学”,相对于两汉经学而言,宋学蕴含了儒家精神,否则经学就没有了灵魂,不是真经学。“清代经学便有此趋势。但若我们忽略了一向的经学传统来讲儒家思想,那也是一种无骨骼的儒家,也非真儒家。民国以来讲儒家的便有此倾向。”[②]故钱穆大体上兼容汉、宋而推崇宋学,也淡化了晚清以来的今、古文经学之争。侧重宋学的民国学者不一而足,有人轩轾分明地指出:“大约说来,所谓汉学家,大概属于知的方面;所谓宋学家,大概属于行的方面。汉学家终身孳孳于声音训诂名物的考订,但是这种学问,无论怎样淹博,返诸自己的身心,没有什么益处。宋学家以为那是玩物丧志。为学须鞭辟入里,作身心上的功夫,方是圣贤学问。”[③]他们肯定“主观的研究”或宋明理学,立异于尊汉贬宋的“新考据派”,也超越了以自然科学为取径的学术观念。

第四,人文主义经学彰显人文学科的特性,注重博通研究和通识教育。中国学术长于博通,注重学术融通性。无论汉学还是宋学,皆崇尚博通、通识。传统学术观念和内容本来浑然一体,一旦纳入西学体系,则难免削足适履,支离破碎。故浸润于传统学术较深者都不易完全转崇西学分科。

清末刘师培编写了“经学”“历史”“文学”“伦理学”等门类教科书。然而,他援引西学分科编写《伦理学教科书》时感到:“宋儒之言道学,殆即伦理专门之学乎?然宋儒之学,兼言心理,旁及政治、教育,非专属于伦理学也。故学无范围,有学而无律,而详于实践之伦理。”[④]如何参照西学来安顿理学的伦理思想成为刘师培的学术难题,并且近代新旧学者都面临如何衔接中西学术系统的问题。清末京师大学堂的经学教师饶檀龄认识到,“经者非他,天下之公理而已”。“故不读经,不知公理。不知公理,不足以读经。”他主张像顾炎武那样治学,“明体达用”,综贯百家,匡时救世,为“通儒之学”。[⑤] 饶氏所谓公理不仅是儒家修己治人之学,而且会通了古代希腊哲学,实则在中西会通中维护经学的独特价值。

民国学者仍主要从贯通诸经而论“通儒之学”。钱基博评论 1930 年代的章太炎讲学:“汉唐之训诂名物,宋儒之义理经制,清学之考据词章,皆国学讲习也……欲以轶清迈宋,驾唐追汉,观其会通以成一家之言,而直接孔氏之心传。”[⑥]直接“孔氏心传”是章、钱等人的学

---

① 熊十力:《读经示要》,上海古籍出版社 2019 年版,第 13—16 页。

② 钱穆:《中国学术通义・四部概论》,钱宾四先生全集编委会编:《钱宾四先生全集》第 25 册,(台北)联经出版事业公司 1998 年版,第 15 页。

③ 范皕海:《青年国学的需要》,《青年进步》1923 年第 63 期。

④ 刘师培:《伦理教科书・序例》,钱玄同等编:《刘申叔先生遗书》第 64 册,宁武南氏 1936 年刊本,第 1 页。

⑤ 饶檀龄:《读经通论》,《中国经学评论》,上海古籍出版社 2021 年版,第 199—201 页。

⑥ 钱基博:《太炎讲学记》,陈平原、杜玲玲编:《追忆章太炎》,中国广播电视出版社 1997 年版,第 477 页。

术理想,也体现了对不同经学流派的包容心态。章氏弟子黄侃认为,“经学者,中国特有之大本学说也。不可以史事求之,不可以制度求之,不可以文采求之”①。蒙文通也批评以西学分科来衡量经学,他指出:“自清末改制以来,昔学校之经学一科遂分裂而入于数科,以《易》入哲学,《诗》入文学,《尚书》《春秋》《礼》入史学,原本宏伟独特之经学遂至若存若亡,殆妄以西方学术之分类衡量中国学术,而不顾经学在民族文化中之巨大力量、巨大成就之故也。其实,经学即是经学,本身为一整体,自有其对象,非史、非哲、非文,集古代文化之大成,为后来文化之先导者也。”②非特经学如此,诸子学、儒学,乃至佛学也很难塞进近代西学(如哲学)框架。钱穆反复阐明中国学术“尚通不尚专”的特点,批评以西学分科来分析儒经。他指出:“中国人看学问,常认为其是一总体,多主张会通各方面而作一综合性的研求。”对于儒家诸经,“常不认为其是应该各自独立的”。③ 他一再论述中国文化注重“融合合一的精神”,指出中国学术与文化的特质相通:“文化异,斯学术亦异。中国重和合,西方重分别。民国以来,中国学术界分门别类,务为专家,与中国传统通人通儒之学大相违异。循至返读古籍,格不相入。”④这是他对民国学术分科的反思,至今仍不乏价值。

在五四时期的科学主义潮流中,许多学者仍重视经学的人文精神和教化功能,彰显学术主体性和民族性。1925 年清华国学研究院初创之时,曾深受胡适及北大国学门影响,但没有亦步亦趋。该院导师梁启超、王国维、陈寅恪及主任吴宓等人既汲取西学方法,又别树一帜地弘扬了人文精神。1926 年,梁启超对争论不休的读经问题表明态度:儒经“非自小学时即读之不可”,因为“经训为国性所寄,全国思想之源泉,自兹出焉。废而不读,则吾侪与吾侪祖宗之真精神,将失其连属,或酿国性分裂消失之病”。⑤ 有感于五四以后学子们日益疏离中国典籍之势,梁启超主张应读本国书,不仅因其蕴含了本国历史、语言文学,而且“为帮助身心修养及治事的应用”。世界各国“讲身心修养及治事接物之方法的书籍”,以中国最多,宋、元、明理学家的著述几乎全部都属这类。⑥ 他告诫清华国学院的弟子们,治学绝不要放弃“道德的信仰”,目标应包括两项:一是做人的方法,“在社会上造成一种不逐时流的

① 尚笏、陆恩涌:《季刚师得病始末》,程千帆、唐文编:《量守庐学记:黄侃的生平和学术》,生活·读书·新知三联书店 1985 年版,第 103—104 页。

② 蒙文通:《论经学遗稿三篇·丙篇》,《蒙文通文集》第 3 卷,巴蜀书社 1995 年版,第 150 页。

③ 钱穆:《中国学术通义·四部概论》,钱宾四先生全集编委会编:《钱宾四先生全集》第 25 册,(台北)联经出版事业公司 1998 年版,第 5—6 页。

④ 钱穆:《现代中国学术论衡·序》,钱宾四先生全集编委会编:《钱宾四先生全集》第 25 册,(台北)联经出版事业公司 1998 年版,第 5 页。

⑤ 梁启超:《学校读经问题》,汤志钧、汤仁泽编:《梁启超全集》第 14 集,中国人民大学出版社 2018 年版,第 299 页。

⑥ 梁启超:《读书法讲义》,汤志钧、汤仁泽编:《梁启超全集》第 14 集,中国人民大学出版社 2018 年版,第 443—444 页。

新人”;二是做学问的方法,“在学术界上造成一种适应新潮的国学”。[①]

这些见解与清末王国维的教育思想不谋而合。在近代科学与哲学的冲突、交融中,王国维更青睐于哲学,但在学术方法上仍兼容哲学与科学。民国以后,王国维转重经、史研究,而更加珍视传统学术文化,故在五四之际指出:“国家与学术为存亡。天而未厌中国也,必不亡其学术;天不欲亡中国之学术,则于学术所寄之人,必因而笃之。世变愈亟,则所以笃之者愈至。”[②]这是其评论沈曾植的感慨,也表明自己以传承学术文化为使命。他兼重清代汉、宋两派经学,而尤重汉学。“缘有清一代,考证之风大盛,穷经之方法既定,又得小学、史学之助,故其经学之成功,实非元明之所能及也。”[③]王国维晚年深入乾嘉堂奥,兼有汉、宋之长,而以阐扬传统学术文化为职志,无疑蕴藏了深厚的人文精神。

陈寅恪是王国维的学术知音和思想同道。当古史辨派热衷于考辨古籍真伪和年代之时,陈寅恪肯定古代伪籍承载了中国文化的价值观念,不可一概否定。陈寅恪从文化命运和学术精神解说王国维之死,称赞其“思想而不自由,毋宁死耳”表现的“独立之精神,自由的思想”。[④] 这提升了王国维的学思境界,却也是陈氏自身信念的表达。综观陈寅恪一生言行,并非固守旧有纲常规范,却坚持中国文化“三纲六纪”的抽象理想,张扬了学术的道德取向。陈寅恪的学术、文化观念曾受王国维影响,又极重新材料与新问题,始终不乏“预流”的前沿意识。

近年论者注意到,民国学者曾有建立“新宋学”之说,并以陈寅恪为其标志。其实,梁启超的弟子甘蛰仙在1924年就认为:“梁先生《先秦政治思想史》与《中国历史研究法》二书,一则推本‘新宋学’之精神,一则循‘超汉学’之轨途;一则示人生之正鹄,一则启治学之通轨。”甘蛰仙还表示:“思今后向新宋学、超汉学的目的努力以进,梁先生督之哉!”[⑤]可见,“新宋学”一词在1920年代初已经出现,尽管其内涵尚不明晰,却已是反思民初汉学风气而出现的学术新途。1943年,陈寅恪也提出:近年考古、历史、艺文及思想等咸有显著变迁,“将来所止境,今固未敢断论。惟可一言蔽之曰:宋代学术之复兴,或新宋学之建立是已”[⑥]。究竟何为“新宋学”?论者一般认为,建立“新宋学”不仅包含阐发理学,还应彰显两宋文化

① 梁启超:《北海谈话记》,汤志钧、汤仁泽编:《梁启超全集》第16集,中国人民大学出版社2018年版,第391页。

② 王国维:《沈乙庵先生七十寿序》,谢维扬、房鑫亮主编:《王国维全集》第8卷,浙江教育出版社2009年版,第620页。

③ 王国维:《经学概论》,谢维扬、房鑫亮主编:《王国维全集》第6卷,浙江教育出版社2009年版,第323页。

④ 陈寅恪:《清华大学王观堂先生纪念碑铭》,陈美延编:《陈寅恪集·金铭馆丛稿二编》,生活·读书·新知三联书店2001年版,第246页。

⑤ 甘蛰仙:《最近二十年来中国学术蠡测》,《东方杂志》第21卷第1期,1924年,“二十周年纪念号上”,第16页。

⑥ 陈寅恪:《邓广铭宋史职官志考证序》,陈美延编:《陈寅恪集·金铭馆丛稿二编》,生活·读书·新知三联书店2001年版,第277页。

及中华文化的精神特质。不言而喻，人文精神是"新宋学"的重要内涵。从学术上观察，"新宋学"既是对民国以来科学主义国学、疑古史学的反思，又是1920年代以降唐文治、钱基博、钱穆等人学术路径的延伸。

结　语

近代经学的思想主题——从清末民族主义，中经五四时期的科学主义，转向五四以后的人文主义，其间并非完全更替，而呈现出叠加状态和重心转移。清末民族主义高涨之时，科学思想、人文主义已有潜流。1920年代人文主义经学凸显之时，民族主义和科学主义的影响仍未消失。然而时移势异，其中民族主义不再聚焦于儒经的"夷夏"观念，而表现为爱国主义特征；1920年代以后人文主义的经学或国学也没有排斥科学思想，只是汲取科学方法的同时，对科学主义取向有所保留。质言之，清末民国时期的经学思想是一种复线而非单线型的衍变。这应当是近代中国的思想史、观念史的常见现象。严格地说，有些学者的思想见解可能不够"主义"高度，这里借用思想史的惯常说法将其纳入同一思想框架。

近代经学思想的演进与社会环境、思想语境密切相关，体现了思想逻辑与社会价值的融合。如果说，民族主义与救亡运动紧密相连，实现了经学的政治价值，那么，科学主义则随五四新潮而尝试了方法的改造和更新，人文主义进而在文化反思中彰显了经学的价值系统。于是，从政治到方法、精神层面，近代经学在不同语境中实现了思想演进。

人文主义经学在近代声势不显，却蕴藏了强劲的思想活力。它本质上与科学精神不相背离，也是民族主义的学术底蕴。人文主义的学术重视陶养人格，塑造价值观念，彰显民族精神和特质。钱穆曾指出："中国文化是'人本位'的，以'人文'为中心的，主要在求完成一个一个的人，配合起来，就成一个理想的社会。所谓人文是外在的，但却是内发的。"①他所谓"内发的"人文传统，即是从儒家德性修养陶冶出来，从一个侧面阐扬了经学的文化意义。综观近代经学历程，人文主义必然随着经学、经学史研究的深化而不断发展，产生显著的社会效果。

① 钱穆：《中国文化十二讲》，钱宾四先生全集编委会编：《钱宾四先生全集》第38册，(台北)联经出版事业公司1998年版，第17页。

· 中国文化与世界 ·

16至17世纪前期的汉籍西传

谢　辉

摘要　16至17世纪前期的百余年时间，为汉籍西传的开端时期。葡萄牙人最早来到亚洲，并向欧洲带回了第一批汉籍。西班牙在16世纪后期占领菲律宾，以其为中转站向欧洲运送汉籍。16世纪末，荷兰海上势力兴起，成为17世纪欧洲重要的汉籍集散地。耶稣会士于16世纪后期来华后，也以寄送或返欧时带归等方式，将汉籍传入欧洲。此时期的汉籍西传具备以下特点：第一，规模较小，单批入欧汉籍的数量多在十部以下。第二，流布较广，遍及葡、西、荷、意、英、德、法等今欧洲主要国家。第三，类型上可分为西学与中国传统古籍，中国传统古籍又多以通俗类书、小说戏曲及中医类典籍为主。第四，装帧多采用西式，甚至有将书页拆散装作画册者。第五，将一部书拆开分售或分赠的情况广泛存在。总的来看，早期西传汉籍的数量较少，尚未引起西人重视，但已有一些欧洲学者开始尝试利用汉籍研究中国，也开启了17世纪后期以来汉籍大批入欧的新阶段。

关键词　欧洲藏汉籍　葡萄牙　西班牙　荷兰　来华耶稣会士

汉籍传入欧洲的历程，大约始于16世纪。此前虽然也有如马可·波罗等西人来华，但在其有关中国的著作中，大都只简略地提到中国的书籍，而未必将这些书携回欧洲。[①] 如将汉籍西传的历史加以分期，16至17世纪前期的百余年时间，大致可分为第一期。此时期传入欧洲的中文典籍数量尚少，但作为此后汉籍大规模入欧的先导，仍具有不可忽视的意义。目前国内外学界的相关研究成果，多数还停留在对早期入欧的汉籍的个案分析上，如余东

作者简介　北京外国语大学国际中国文化研究院副研究员，历史学博士，研究方向为历史文献学、中国古代学术史、海外汉籍。

基金项目　教育部人文社会科学研究一般项目“梵蒂冈图书馆藏中国传统古籍善本整理与研究”(21YJA770013)。

① 参见〔瑞士〕傅汉思：《马可·波罗到过中国：货币、食盐、税收的新证据》，党宝海等译，北京大学出版社2022年版，第34—36页。

对梵蒂冈图书馆藏《续资治通鉴节要》的来源的追索①,井上泰山、孙崇涛对西班牙埃斯科里亚尔修道院藏汉籍的讨论等②,涉及的多是一部书或者一个图书馆的馆藏。何大伟(David Helliwell)编《17 世纪欧洲的中文典籍》(*Chinese Books in Europe in the Seventeenth-Century*)③,分十一类著录了一百二十多部欧洲现存的 17 世纪及之前传入的汉籍,为研究者提供了诸多宝贵的线索,但尚有一些遗漏,且作为一种目录著作,其主旨也并不在于对早期入欧汉籍的情况作深入分析。总的来看,16 至 17 世纪前期汉籍西传的渠道、数量、类型、特色等问题,仍值得深入探讨。

一、"海上三强"与早期汉籍入欧

地理大发现以来,通过海路最早与中国发生接触的欧洲国家当数葡萄牙,最初一批传入欧洲的汉籍也多与其有关。据相关记载,1514 年春,葡萄牙国王曼努埃尔·德阿维兹(Manuel d'Aviz, 1469—1521)赠送给教皇利奥十世的礼物中,即包括一本中文书,教皇曾迫不及待地向他的朋友炫耀这本来自中国的书籍。④ 此时葡萄牙人可能还没有正式进入中国,但已经抵达果阿和马六甲,并与华商相遇,有机会得到中文书。其后有关葡萄牙获得汉籍的记述不一而足。例如,曾任几内亚暨印度事务府总监的葡萄牙人若昂·德·巴罗斯(Joao de Barros, 1498—1570),在其 1563 年出版的《亚洲十年》中记载,其曾设法将中国地图及若干书籍运到葡萄牙,还曾得到一本名为《环宇志》的小册子,其中也有中国地图。⑤ 此后其将一些中文书赠送给意大利保卢斯·约维乌斯(Paulus Jovius, 1483—1552)⑥,后者于 1546 年出版《现代史》,书中对中国印刷术作了简单描述,可能就与巴罗斯所赠中文书有关。西班牙埃斯卡兰特(Bernardino de Escalante, 1535/1537—1605)于 1577 年出版《远航记》,对中国的汉字作了简要的描述,并提到"他们早在欧洲人之前很多年就使用印刷的书了,他们

① 余东:《16 世纪梵蒂冈图书馆的中国文献:Vat. estr. -or. 66 与尼古拉斯·奥德伯特抄本(节译)》,董丹、虞瀚博译,《国际汉学》2021 年第 3 期。

② 〔日〕井上泰山:《西班牙埃斯科里亚尔修道院图书馆所藏中国古籍的价值》,载复旦大学古籍整理研究所、章培恒先生学术基金编:《六合观风:从俗文学到域外文献》,上海文艺出版社 2017 年版,第 85—112 页。孙崇涛:《风月(全家)锦囊的来龙去脉》,载康保成主编:《海内外中国戏剧史家自选集·孙崇涛卷》,大象出版社 2017 年版,第 203—218 页。

③ https://serica. ie/17thcent,2022 年 12 月 26 日。本文凡涉及牛津大学博德利图书馆藏汉籍,多参考此文,为求简明,不一一注出。

④ 〔美〕唐纳德·F. 拉赫:《欧洲形成中的亚洲》第 2 卷第 1 册,刘绯等译,人民出版社 2013 年版,第 39 页。前引余东文也提及此事。

⑤ 澳门《文化杂志》编:《十六和十七世纪伊比利亚文学视野里的中国景观》,大象出版社 2003 年版,第 62 页。

⑥ 〔英〕博克舍:《十六世纪中国南部行纪》,何高济译,中华书局 1990 年版,第 58 页。

那些讲述历史的书,有两本现仍存在葡萄牙至静王后伽大琳的藏书之中”①。目前所知,葡萄牙现存的中文文献数量虽然不少,但多数都是较为晚出的档案。例如,东波塔档案馆收藏的一千五百余件汉文文书,时代大都在18—19世纪。阿儒达宫图书馆仅有四份汉文文书,其中丘晟信件和江为标奏折的抄件可能时代较早,但也仅在康熙年间。里斯本科学院图书馆藏有南怀仁《教要序论》一部,同样是康熙年间的刻本。② 上述早期传入葡萄牙的中文古籍,似乎并未在其国内保存下来。但欧洲其他国家收藏的汉籍中,有一些可能来自16世纪来到东方的葡萄牙人。前引余东文已经指出,梵蒂冈图书馆藏明嘉靖福建刻本《新刊四明先生高明大字续资治通鉴节要》(馆藏号 Vat. estr. or. 66),大约曾经属于一位生活在若昂三世(Giovanni III, 1502—1557)时期的葡萄牙商人或水手,后被带至威尼斯,约于1554年进入该馆。西班牙埃斯科里亚尔修道院图书馆最早一批入藏的中国古籍,包括《少微通鉴节要》《风月锦囊》《全家锦囊》《徐氏家传捷法针灸》《新刊补订源流总龟对类大全》《类编历法通书大全》《新刊通俗演义三国志列传》(后三种为残本)。这些典籍是在亚洲传教的葡萄牙传教士格雷戈里奥·贡萨尔维斯(Gregório Gonzalves),通过当时的西班牙驻葡萄牙大使,将其献给西班牙国王腓力二世(Philip II, 1527—1598),时间约在1573年。③ 1584年,日本使节访问该修道院时,修士向其展示了“包括中国的文字汇集的一本书”④,或许即是其中的一种。

16世纪后期,西班牙占领菲律宾,并由此开辟了一条从中国到欧洲的航线,即从福建月港或广州到菲律宾,再到墨西哥,最后到西班牙。⑤ 诸多汉籍即通过这条路线进入欧洲。例如,西班牙传教士门多萨(Juan González de Mendoza, 1545—1618)于1585年出版的《中华大帝国史》中,称自己保存有一册中文书,并在西印度、西班牙和意大利见过甚多中国书籍,又特别谈到了西班牙传教士马丁·德·拉达(Martín de Rada, 1533—1578)1575年出使中国时购买汉籍之事:

> 拉达神父和他的同伴们从中国回到菲律宾时也带了从福州买来的大量书籍,它们都是在中国各地印刷的,其中湖广地区印书最多,因为那里的印刷机最多。据拉达神父说,那里有很多、很大的书铺,书的价钱也很便宜。拉达神父一行本来能带回更多的

---

① 澳门《文化杂志》编:《十六和十七世纪伊比利亚文学视野里的中国景观》,大象出版社2003年版,第111页。参见李晨光:《西班牙首部中国研究专著〈论葡萄牙人的航行〉及其中国知识来源考》,《国际汉学》2022年第3期。

② Roderich Ptak, António Graça Abreu, Zhang Weimin, *Sinica Lusitana: Fontes Chinesas em bibliotecas e arquivos protugueses*, Lisboa: Fundacao Oriente, 2000, pp. 22-35, 56-61.

③ 参见前引井上泰山与孙崇涛文。又见马德里自治大学东亚研究中心编:《西班牙图书馆中国古籍书志》,上海古籍出版社2010年版,第223—240页。

④ 〔美〕唐纳德·F.拉赫:《欧洲形成中的亚洲》第1卷第2册,胡锦山译,人民出版社2013年版,第234页。

⑤ 张铠:《中国与西班牙关系史(增订本)》,五洲传播出版社2013年版,第89—97页。

书，但巡抚从中作梗，因他害怕从书中泄露帝国的机密……实际上在他派人来之前，拉达神父一行已经购置了大量的书籍。[①]

以下门多萨即叙述拉达从中国带来的书籍的内容。据学者考证，拉达带回的应该是一种明代通俗类书。[②] 门多萨并未到过中国和菲律宾，但曾在墨西哥生活很久，其看到拉达从中国购买的汉籍一事，也应发生在墨西哥。此批书不知道最后是否传入了欧洲，但足以说明西班牙航线在早期汉籍西传中的重要作用，而此航线的重要枢纽即是菲律宾。明代后期，居住在菲律宾的华侨甚多，当地不仅有从中国带来的典籍，还有由龚容创立的书坊，以雕版印刷技术刻印了《无极天主正教真传实录》等中文书。可以想见，经由此处寄往欧洲的汉籍，应该不在少数。据记载，腓力二世曾从菲律宾购买了不少中国书籍，在菲的西班牙官员和传教士也会定期将书籍、地图和有关中国的信息送给国王。[③] 1574年菲律宾总督吉多·德·拉维萨雷斯(Guido de Lavezaris)将一本《广舆图》寄给腓力二世，[④]即是一个例证。今藏梵蒂冈图书馆的原巴贝里尼家族图书馆中文藏品中，明积善堂刻本《新刊类纂天下利用通俗集成锦绣万花谷文林广记大全》(Barb. or. 138，存卷一至二)、明富春堂刻后印本《重修政和经史证类备用本草》(Barb. or. 145，存卷一)都有西班牙文题记，可能就是较早通过西班牙传入欧洲者。那不勒斯国立图书馆有约万历间书林刘莲台刻本《周易本义》一部，可能也来自西班牙。[⑤]

16世纪晚期至17世纪初，荷兰海上势力开始崛起，并开始在汉籍西传中发挥重要作用。1592年，荷兰旅行家林斯霍顿(Jan Huygen van Linschoten, 1563—1611)从印度果阿返回荷兰，带回了很多东方纪念品，其中一些中文书籍和纸张被其赠送给收藏家帕鲁达努斯(Paludanus)。[⑥] 1603年，荷兰海军上将韩斯璩(Jacob de Heemskersk, 1567—1607)劫持了葡萄牙商船，将其装载的中国货物运回阿姆斯特丹，其中一批于1605年拍卖的货物中，即包括相当数量的中国书籍。今英国牛津大学博德利图书馆收藏有一页《水浒传》残叶(Sinica 121)，即是此批拍卖品中的一件。[⑦] 博德利图书馆最早一批入藏的汉籍，如明万历陈心斋刻本《新刻相台分章旁注四书正文》(Sinica 2，存三卷)、万历郑氏聚垣书舍刻本《日记故事大成》(Sinica 41，八卷)，多来自荷兰。剑桥大学图书馆于1632年入藏的第一本中文书(万历

① 〔西〕门多萨：《中华大帝国史》，孙家堃译，译林出版社2016年版，第78页。

② 刘捷：《明末通俗类书与西方早期中国志的书写》，《民俗研究》2014年第3期。

③ 〔美〕唐纳德·F. 拉赫：《欧洲形成中的亚洲》第2卷第1册，刘绯等译，人民出版社2013年版，第14—15页。

④ 张铠：《中国与西班牙关系史(增订本)》，五洲传播出版社2013年版，第83页。

⑤ 〔日〕高田时雄：《意大利汉籍的搜集》，载氏著：《近代中国的学术与藏书》，中华书局2018年版，第242页。

⑥ 〔美〕唐纳德·F. 拉赫：《欧洲形成中的亚洲》第2卷第1册，刘绯等译，人民出版社2013年版，第21页。

⑦ 马幼垣：《现存最早的简本〈水浒传〉——插增本的发现及其概况》，载氏著：《水浒论衡》，读书·生活·新知三联书店2007年版，第84页。

刻本《丹溪心法》的一个零册,Sel. 3. 273),也来自荷兰东方学家托马斯·埃珀尼厄斯(Thomas Erpenius, 1584—1624)。[①] 米兰主教费代里科·博罗梅奥(Federico Borromeo, 1564—1631)1601年在阿姆斯特丹购买了一本中文书(可能是《大明官制》,S. Q. V. VIII. 15/7),今藏米兰昂布罗修图书馆。[②] 荷兰莱顿大学的一些研究东方学的早期学者,如约瑟夫·斯卡利杰(Josephus Justus Scaliger, 1540—1609)、博纳文图拉·沃尔坎努斯(Bonaventura Vulcanius, 1538—1614)等,也都有中文藏书。其藏品可能包括《医方考》《重修政和经史证类备用本草》,以及《锲注释老庄南华赛副墨》等,今尚有部分存于莱顿大学图书馆。[③] 较晚的雅各布·戈耶利斯(Jacob Golius, 1596—1667)收藏汉籍多达十九部八十卷,有一些保存在牛津大学博德利图书馆。[④] 荷兰在汉籍传入欧洲进程中的影响力,保持了相当长一段时间。例如,今柏林国家图书馆前身的勃兰登堡选帝侯图书馆,其最早入藏的一批汉籍,可能是于1674年从荷兰军官范利尔(Giesel van Lier)处获得。[⑤] 丹麦国家图书馆藏《三国志演义》《全像水浒全传》二书,可能是弗朗索瓦·德·布雷(François de Bray)于1663年从荷兰带来。[⑥] 可见,直至17世纪后半期,荷兰仍是欧洲重要的汉籍集散地。

二、耶稣会士东来与汉籍西传

16世纪后期,耶稣会士来华以后,随即开始向欧洲运送汉籍。例如,意大利传教士罗明坚(Michele Ruggieri, 1543—1607)为最早进入中国内地的耶稣会士之一。一份最近发现的信件显示,其于1588年离开中国返回欧洲时,带回至少二十四部中文书籍。[⑦] 另一份题为《耶稣会士罗明坚报告:1577—1591》的西文手稿,提到罗明坚留下了用中文手抄的十三本

---

① David Helliwell, "The Bodleian Library's Chinese Collection in the Seventeenth Century", https://serica. ie/17thcent/bod17th. pdf. 2022年12月26日。参见孙继成:《中英人文交流中的汉学典籍与研究——访英国著名汉学家、剑桥大学图书馆中文部主任艾超世》,《中国社会科学报》2021年3月25日,第2版。〔英〕周绍明(Joseph P. McDermott):《剑桥的中国文献收藏》,〔日〕永富青地日译,董岑仕中译,郑诚补注,载《国际汉学研究通讯》第26期,北京大学出版社2023年版。

② 傅马利:《米兰昂布罗修图书馆与中西文化交流》,浙江大学出版社2008年版,第86页。

③ Gustaaf Schlegel, *Catalogue des Livres Chinois qui se Trouvent dans la Bibliothèque de L'université de Leide*, Leide: E. J. Brill, 1883, pp. 17-18. 参见〔美〕唐纳德·F. 拉赫:《欧洲形成中的亚洲》第2卷第2册,姜智芹译,人民出版社2013年版,第77页。

④ 熊文华:《荷兰的汉学研究》,《汉学研究》第2辑,中国和平出版社1997年版,第2—3页。其资料应源于1668年出版的戈耶利斯售书目录。此批典籍或谓来自卫匡国,但实际未必如此。参见前引何大伟文。

⑤ 李雪涛:《德国汉学研究史稿》,学苑出版社2021年版,第57页。参见柯卉:《柏林王室图书馆藏中国图书与德国早期汉学》,《国际汉学》2023年第1期。

⑥ Bent Lerbaek Pedersen, *Catalogue of Chinese Manuscripts and Rare Books*, Copenhagen: NIAS Press, 2014, pp. 421-424.

⑦ 谢明光:《从新发现文献再谈罗明坚及其在华传教》,《国际汉学》2020年第4期。

书和两本镶金中文册子。[①] 今耶稣会罗马档案馆保存有一部万历七年(1579)福建刻本《千字文》(Jap. sin. I. 58a),该本半页四行六字,四周单边,卷末题“万历己卯端阳刻于闽省三山精舍”,各字旁多有以拉丁文为主的西文译注。书前还装有一部抄本,为用中文写成的通俗故事。罗明坚 1583 年 2 月 7 日致信耶稣会总会长阿夸维瓦(Claudio Acquaviva, 1543—1615),谓曾寄去一本中文书,并附有拉丁文翻译,[②]或即指此书而言。该馆另有两部罗明坚著《新编天主实录》的万历十二年(1584)初刻本(Jap. sin. I. 189、Jap. sin. I. 190),以及《诗韵》《尺牍》与罗明坚所作中文诗歌的抄本(Jap Sin II 159、161、162),可能都是罗氏寄归或带归者。罗氏另将一块《教皇致大明皇帝书》的雕版带往欧洲,后由马里雅(E. de Malijay)带至巴黎,1878 年入藏法国国家图书馆(Chinois 1320)。[③]

比罗明坚来华稍晚的另一著名耶稣会士利玛窦,虽然在中国去世,未能返回欧洲,但一直在持续向欧洲寄送汉籍。其现存书信中有多次相关记载,[④]现摘录如下:

1583 年 2 月 13 日,自澳门致信帕多瓦耶稣会马尔第诺·德·弗尔纳里神父,提到“如果您愿意的话,我会给您寄些中国书籍去”(第 23 页)。

1584 年 11 月 30 日,自广州致信罗马耶稣会总会长阿夸维瓦,寄去了《天主实录》《天主十诫》《天主经》《圣母经》等书及世界地图,次年 10 月 20 日于肇庆发出的信件,又再度提及此事(第 42、45 页)。

1599 年 8 月 14 日,自南京致信耶稣会吉洛拉莫·科斯塔神父,寄去《交友论》(第 212 页)。

1605 年 5 月,自北京致信罗马耶稣会路多维科·马赛里神父,提到“不知我寄往罗马的那些世界地图是否已经到了您手中,这些地图是在北京刊印的”(第 220 页)。

1605 年 5 月 9 日,自北京致信罗马耶稣会法比奥·德·法比神父,提到“如有可能,我会随同此信寄去一本我们目前刚刚印制的《天主教要》”(第 230 页)。

1605 年 5 月 10 日,自北京致信玛切拉塔镇乔万尼·巴蒂斯塔·利奇(利玛窦之父),提到“我随信给您寄去一本用中文写成的有关天主教祷告和教义的书”,又谓两年前已给其寄去世界地图(第 234—235 页)。

1605 年 5 月 10 日,自北京致信吉洛拉莫·科斯塔神父,提到“几年前,我曾给您寄去过一幅用中文标注的世界地图,是在北京印制的”(第 240 页)。

---

① 今藏耶稣会罗马档案馆(馆藏号 Jap. Sin. 101. I),北京外国语大学国际中国文化研究院谢明光博士已将其译为中文,并提供本条资料,特此致谢。

② 宋黎明:《罗明坚拉丁文注音并翻译的〈千字文〉研究》,《国际汉学》2022 年第 4 期。

③ 宋黎明:《神父的新装》,南京大学出版社 2011 年版,第 8 页。

④ 以下所引利氏书信,均出自〔意〕利玛窦:《利玛窦书信集》,文铮译,商务印书馆 2018 年版,并在各条后标明页数。

1605年7月26日，自北京致信阿夸维瓦，提到“随信给您寄去两册我用中文编写的《天主实义》”（第256页）。

1608年3月6日，自北京致信吉洛拉莫·科斯塔神父，提到将《几何原本》中的两卷寄给罗马的克拉维奥神父，并托其将其中一卷转交给科斯塔（第293—294页）。

1608年3月8日，自北京致信阿夸维瓦，提到将《几何原本》中已印好的两卷寄往澳门，以便尽快寄到罗马。此与前述寄给克拉维奥的两卷并非一事，因同年8月22日，利氏再次致信阿夸维瓦，明确说“我给您寄去此书的两卷，另外两卷寄给克拉维奥神父和科斯塔神父”（第315页）。此外，利氏本次又寄去李之藻翻译的《浑盖通宪图说》（第301、318页），前一封致科斯塔的书信中也提到此事。

1608年8月22日，自北京致信阿夸维瓦，提到寄去一本《天主实义》，并附上了一些简短的说明（第315页）。

利玛窦向欧洲寄送信件和物品，要通过日本或中国澳门等邮路，辗转多地才能到达，不仅耗时很久，而且遗失率极高。利氏于1609年2月17日致信罗马耶稣会阿尔瓦莱兹神父，提到本年其才收到阿尔瓦莱兹于1605年12月寄出的信件，且得知彼处没有收到利氏寄去的任何信件（第340页）。举此一例，其运送汉籍的艰难程度可想而知。尽管如此，仍可能有一些书籍最终抵达了欧洲，并留存至今。如今罗马卡萨纳特图书馆藏有一部《天主实义》，可能是该书的万历三十一年（1603）初刻本的修版重印本，附有十余页拉丁文翻译稿，有学者认为这出自利玛窦之手。① 该馆另有一部《浑盖通宪图说》残本，仅存卷上。② 此二书或即1608年利氏寄给阿夸维瓦者。又如英国国家图书馆藏有《交友论》抄本一部（Add. ms. 8803），带有注音及意大利文翻译，学界认为此即1599年利氏寄给科斯塔者。③

罗明坚、利玛窦之后，陆续来华的其他耶稣会士，也多有向欧洲输送汉籍之举。例如，意大利传教士熊三拔（Sabatino de Ursis, 1575—1620）于1610年从北京致信葡萄牙参赞安东尼奥·马什卡雷尼亚什（António Mascarenhas）神父，提到“请大家问问克里斯托弗·格拉姆贝洛神父是否收到过一本在中国的兄弟们编写的印刷精美、内容奇特的天文历算书”④，所述者显然是一种寄往欧洲的中文书。比利时传教士金尼阁（Nicolas Trigault, 1577—1628）于1610年来华，后被指派返回欧洲报告中国教务。约于1615—1616年，其曾到访米兰，并将五本中文书赠送给弗代里科·博罗梅奥主教，其中包括残本《玉堂厘正龙头字林备考韵

① 参见王雯璐：《〈天主実義〉の初期刊本とその改訂をめぐって》，《或问》第31号，近代东西言语文化接触研究会2017年版，第63—70页。但也有学者提出异议，如旅意学者宋黎明即认为此译稿并非利玛窦所写。

② Eugenio Menegon, “The Biblioteca Casanatense (Rome) and Its China Materials”, *Sino-Western Cultural Relations Journal*, Vol. 22, 2000, pp. 31-55.

③ Timothy Billings, *On Friendship: One Hundred Maxims for a Chinese Prince*, New York: Columbia University Press, 2009, p. 14.

④ 叶农点校整理，金国平选编翻译：《耶稣会士熊三拔著述集》，澳门文化公所2022年版，第241页。

海全书》(S. Q. V. VIII. 14/A,存卷一),以及两部万历十七年(1589)刻白文《四书》的残本(S. Q. V. VII. 32/B,皆存卷六,题"皇明正韵楷画场式京本提章分节四书白文",并有牌记"万历己丑年孟夏月书林余氏明泉重刻")①。梵蒂冈图书馆藏有《崇祯历书》中的一个零种《恒星历指》,由耶稣会中国副省会长曾德昭(Álvaro Semedo, 1585—1658)所赠,时间约为1643年。又有明崇祯十年(1637)晋江景教堂刻本《天主降生出像经解》(Raccolta Prima 339),据封底内页拉丁文题识,为弗朗西斯科·韦洛(Francisco Vello)约于1639年所赠。韦洛为西班牙籍耶稣会士,曾任菲律宾教区财务总管,约1636年到马尼拉。② 其似乎未曾到过中国,但此书也应该是其通过在华耶稣会士的途径得到,再转寄欧洲者。牛津大学博德利图书馆亦藏《出像经解》一部(Sinica 60),与梵蒂冈藏本大致同板,区别仅在于书后附有徐光启《大赞诗》。又有明末刻本《圣经直解》的一个残本,仅存目录一册(Sinica 61)。③ 二书之封面皆有葡萄牙文题识,可知是瞿安德(Wolfgang Andreas Xavier Koffler, 1613—1651)赠送给威廉·瑟斯顿(William Thurston)者。瞿安德约于1646年才进入中国,永历王朝覆灭时被清兵所杀,其寄送此书的时间,大约也只能在其在华的五六年间,亦即17世纪前半期之末。

1627年,卢安德(Andrzej Rudomina, 1594—1632)从杭州向立陶宛寄回了一些中文书。根据杜鼎克的研究,这批书可能并未在立陶宛停留很久,甚至根本就未到过立陶宛,而是在1676年之前即抵达了耶稣会罗马档案馆。可考者有以下八种:

(1)《教要解略》二卷二册,馆藏号 Jap. sin. I. 61。明万历慎修堂刻本,卷端题"慎修堂第三刻",卷前有万历四十三年(1615)王丰肃《天主教要解略序》。书中夹有《天主经》的注音与拉丁文翻译,杜鼎克认为出于卢安德之手。

(2)《天主实义》二卷二册,馆藏号 Jap. sin. I. 45。此本现已遗失,但杜鼎克文刊有一幅书影,陈纶绪对该本亦有著录。④ 由这些材料可知,该本为明万历燕贻堂刻本,即后来被收入《天学初函》者。其卷端题"燕贻堂较梓",卷下首页上框有一处明显损坏,都与《天学初函》汇印本同。书中也有注音与拉丁文翻译,与《教要解略》情况类似。

---

① Pier Francesco Fumagalli, "Primi Acquisti di Libri Cinesi all'Ambrosiana", *Aevum: Rassegna di Scienze Storiche, Linguistiche e Filologiche*, No. 3, 2005, pp. 743-744, 758. 牛津大学博德利图书馆也有此白文《四书》,存卷六的五个复本,合装一册(Sinica 81),与米兰藏本同板,或有一定关系。金尼阁带往欧洲的汉籍应不只米兰所藏者,但具体有哪些,还需要进一步研究。

② Pascale Girard, *Les Religieux Occidentaux en Chine à l'époque Modern*, Lisbonne-Paris: Centre Culturel Calouste Gulbenkian, Commission Nationale Pour Les. Commémorations des Découvertes Portugaises, 2000, p. 247.

③ 按,此本经目验,与该书通行的明末杭州天主堂刻本(如梵蒂冈图书馆藏本,馆藏号 Raccolta Generale-Oriente-III 215,已影印收入《梵蒂冈图书馆藏明清中西文化交流史文献丛刊》第1辑)并非同一版本,似是翻刻者,但其刻印时间当亦在明末。

④ Albert Chan, *Chinese Books and Documents in the Jesuit Archives in Rome: A Descriptive Catalogue: Japonica-Sinica I-IV*, Armonk, N. Y. and London: M. E. Sharpe, 2002, pp. 74-75.

(3)《庞子遗诠》四卷二册,馆藏号 Jap. sin. I. 82b。明末刻本。该本已经影印入《耶稣会罗马档案馆明清天主教文献》第2册,与梵蒂冈图书馆藏本(Raccolta Generale-Oriente-III 219.1,已影印入《梵蒂冈图书馆藏明清中西文化交流史文献丛刊》第1辑第21册)同板。该本虽无西文附注,但卢安德书信原本夹于其中,由此推测应为卢氏寄归。

(4)《重刻二十五言》《交友论》《圣水纪言》《景教流行中国碑颂》《鹗鸾不并鸣说》五种,皆不分卷,合装一册,馆藏号 Jap. sin. I. 53. 1-5。《重刻二十五言》为万历汪汝淳刻本,《交友论》亦刻于万历间,《景教流行中国碑颂》为天启五年(1625)习是斋刻本,此三种都是《天学初函》收录之本。《圣水纪言》为万历间张文焘校刻本,耶稣会档案馆另有此书一部(Jap. sin. I. 131),与该本十分相似,但字体有异,乃翻刻本。《鹗鸾不并鸣说》也大致刻于万历至天启,梵蒂冈图书馆藏有与之相似之本(馆藏号 Borgia Cinese 334. 27),但从字体来看亦为翻刻。以上五种书,书前多贴有一枚红色签条,上有拉丁文,可能也为卢安德所写。[①]

以上八种书虽然篇幅都比较短小,但却是17世纪上半期经由来华耶稣会士传到欧洲的汉籍中,来源比较清晰,且比较集中地保存下来的一批,很具有代表性。杜鼎克文中还提及,到1676年,耶稣会收藏的汉籍还有《七克》(Jap. sin. I. 85)、《天主实义续篇》(Jap. sin. I. 83)、《灵言蠡勺》(Jap. sin. II. 60)、《职方外纪》(Jap. sin. II. 20)。这些典籍也应该来自耶稣会士,由此可体现出这一群体在早期汉籍西传中的重要作用。

三、16至17世纪前期汉籍西传的特点

通过上文的叙述可知,汉籍的早期西传,与葡萄牙、西班牙、荷兰等海上强国及16世纪末来华的耶稣会士,有着密不可分的关系。欧洲各国现存的早期输入的汉籍中,有一些虽然不能确指其来源,但多不外乎这些渠道。前引余东文已经指出,意大利安吉莉卡图书馆(Biblioteca Angelica)藏有嘉靖新贤堂刻本《续通鉴节要》(Ms. Oriente. 62,存卷十九至二十),可能就是16世纪下半期通过西、葡人之手传入欧洲,与梵蒂冈图书馆藏《续通鉴节要》的情况相似。法国国家图书馆藏有另一新贤堂本《少微通鉴节要》(Chinois 323,存卷十七至二十,卷末有牌记"嘉靖戊申岁新贤堂新刊"),当亦与之类似。罗马国立中央图书馆藏有一部万历间江西刻本《交友论》(72. C. 467),为该书现存最早的刻本,[②]出于通行的《天学初函》本之前,目前仅知有此一部传世。此书是利玛窦最负盛名的著作之一,利氏本人和卢安

① Adrian Dudink, *The Chinese Books, Sent by Andrzej Rudomina S. J., in the Japonica-Sinica Collection of the Roman Archives of the Jesuits*, Monumenta Serica, Vol. 60, 2012, pp. 291-307.

② 按,该本卷前有明万历二十九年(1601)冯应京序,或谓即刻于此年。冯序第二页版心下题"临川付相刻",正文首页版心下题"吉安府彭奇写",可知刻于江西。此前学者多谓其刻于北京,似不确。

德都曾向欧洲寄送过此书，罗马所藏这一罕见的传本，很可能也由明末在华的耶稣会士寄去。有一些典籍从表面上看，并非经由上述渠道传入，如佛罗伦萨图书馆藏明万历刻本《广舆考》（Mss. II. I. 225 - 226），为意大利旅行家弗朗切斯科 · 卡莱蒂（Francesco Carletti, 1573—1636）在中国旅行时获得并带归。[①] 但其从印度果阿返回欧洲时，乘坐的是葡萄牙商船，则仍与葡萄牙有关。

综观这一时期汉籍入欧的历程，可以看出，其体现出以下几方面特点。

第一，汉籍西传的规模较小。就目前可考的资料而言，此阶段单次传入欧洲的汉籍，很少在十部以上。由于此时期西人对中国典籍认识不深，故记述或有夸大的成分。例如，门多萨记载拉达从中国购买的典籍，涉及二十多项内容，但其实可能只是一部书。贡萨尔维斯赠送给西班牙国王的七种十八册中文书，以及卢安德寄往欧洲的八种七册书，已经算数量较多者。更多的情况是像利玛窦那样，每次只能寄送一两部书，甚至有时候仅寄一部书中的部分卷册。相比之下，17 世纪后期至 18 世纪前期，大批汉籍集中入欧的情况开始出现，较著名的例子有：1682 年柏应理（Philippe Couplet, 1623—1693）带归四百册中文书，今多存于梵蒂冈图书馆。[②] 1697 年白晋（Joachim Bouvet, 1656—1730）带归汉籍二十二部三百余册，今存法国国家图书馆。[③] 卫方济（François Noël, 1651—1729）、庞嘉宾（Caspar Castner, 1665—1709）于 1702 年由中国返回罗马，携带大批书籍，今耶稣会罗马档案馆藏汉籍五百余部，有三百五十九部都可能与二人有关。[④] 1722 年，傅圣泽（Jean-François Foucquet, 1665—1741）离开中国时，随身携带了十一箱汉籍，总量达三四千册，今多存于梵蒂冈图书馆与英国国家图书馆，又为法国国家图书馆购买了八十余部汉籍。[⑤] 如此大规模的汉籍西传的现象，在 16 至 17 世纪前期是看不到的。

第二，汉籍在欧洲的流布较为广泛。尽管早期传入欧洲的汉籍数量不多，但传播的范围颇广。到 17 世纪上半期，欧洲各国中确定拥有汉籍的，除了上文已提到的葡萄牙、西班牙、荷兰、意大利、英国外，还包括今德国。例如，巴拉丁选帝侯腓特烈五世（Frederick V, 1596—1632）在海德堡的图书馆即有汉籍收藏。三十年战争（1618—1648）时期，巴伐利亚的马克西米利安一世（Maximilian I, 1573—1651）占领海德堡，将腓特烈五世的藏书进献给教皇额我略十五世（Gregorius XV, 1554—1623），其中包括七部汉籍，今均存梵蒂冈图书

---

① Francesco Carletti, *My Voyage Around the World*, New York: Pantheon Books, 1964, p. 154. 参见〔日〕榎一雄：《商人カルレッティ》，载《榎一雄著作集》第六卷，汲古书院 1992 年版，第 99—103 页。

② Yu Dong, *Chinese Language Books and the Jesuit Mission in China: A Study on the Chinese Missionary Books Brought by Philippe Couplet from China*，载《基督教与中国文化丛刊》第 5 辑，湖北教育出版社 2003 年版，第 393—459 页。

③ 谢辉：《法国国家图书馆早期入藏汉籍述略》，《国际汉学》2021 年第 1 期。

④ 〔比〕钟鸣旦：《礼仪之争中的中国声音》，陈妍蓉译，上海人民出版社 2021 年版，第 122 页。

⑤ Nicolas Standaert, "Jean-François Foucquet's Contribution to the Establishment of Chinese Book Collections in European Libraries", *Monumenta Serica*, Vol. 63, 2015, pp. 399-405.

馆。[①] 德国巴伐利亚图书馆另藏有一部明末刻本《新刻绘像忠义水浒传》(Cod. sin 25,存卷四 8—15 页,卷五 1—14 页),书中贴有一枚“Bibliotheca Palatina”(巴拉丁图书馆)藏书票,可能也来源于海德堡。马克西米利安同样收藏汉籍,一份 1618 年编制的书目显示,当时其家族图书馆中有两部中文书,其中一部为明刻本《群书博纪》(Cod. sin 42,存卷七至九),今亦存巴伐利亚图书馆。书中贴有马克西米利安的两枚藏书票,其中一枚较大者标注时间为 1618 年,另一枚较小者为其在 1630 年成为选帝侯后新制。[②] 此外,安德烈亚斯·米勒(Andreas Müller, 1630? —1694)在 17 世纪下半期为勃兰登堡选帝侯图书馆编制的两部汉籍目录,已经著录了近三十部汉籍。[③] 曾任法国首相、枢机主教的马扎冉(Jules Mazarin, 1602—1661)的藏书中,也有四本中文书,约于 1668 年进入法国皇家图书馆。这些典籍中的一部分,也可能是较早传入的。总的来看,17 世纪前期,欧洲主要国家和地区都已经有了汉籍的踪迹,其流布不可谓不广。

第三,从类型上看,此时期传入欧洲的汉籍,大致可分为西学类和中国传统典籍类两大部分。西学类著作既包括西方科技类(如《几何原本》《恒星历指》),也包括西方哲学宗教类(如《天主实义》《交友论》)。除西人自著者外,也有亲近西学的中国士人的作品(如《圣水纪言》)。这些典籍多数由来华耶稣会士带往或者寄往欧洲,目的是彰显其在中国传教的成绩。1667 年出版的基歇尔(Athanasius Kircher, 1602—1680)著《中国图说》,已经著录了利玛窦、罗雅谷、高一志等耶稣会士的中文著作多种,[④]尽管基歇尔未必见到了全部这些书,但结合上文的论述,可推断当时传入欧洲的西学汉籍已有一定数量。中国传统典籍中,数量较多的是日用通俗类书、中医类典籍、小说戏曲类典籍三类。前述早期进入西班牙的七部汉籍中,即包括类书《新刊补订源流总龟对类大全》一部、中医书《徐氏家传捷法针灸》一部,以及《风月锦囊》等小说戏曲书三部。此外还有一些经史类著作。儒家经典除上文已提到者外,还有英国爱丁堡大学藏明正统刻本《周易传义大全》(Df. 7. 106,残存卷首、卷一与卷二前 21 页),为罗伯特·拉姆齐(Robert Ramsay of Woodston)于 1628 年捐赠。[⑤] 史地著作则基本以《少微通鉴》系列与《广舆记》《广舆考》等疆域总志为主。择吉通书和字书也有一些,其余的品种则很少。

---

① 谢辉:《梵蒂冈图书馆收藏中国传统古籍的历程与价值》,《图书馆论坛》2020 年第 10 期。

② Renate Stephan, *Chinesische Drucke und Handschriften in der Bayerischen Staatsbibliothek München*, Stuttgart: Steiner, 2014, pp. xx-xi. 原文为德文,由北京外国语大学国际中国文化研究院王钰珏翻译,特此致谢。

③ 张西平主编:《欧洲藏汉籍目录丛编》第 6 册,广东人民出版社 2020 年版,第 3420—3449 页。该目录中可能还包括一些满文典籍,如今存柏林国家图书馆的 Ms. sin. 23 号文献,为一件卷轴装的满文写本,乃康熙帝 1668 年致利奥波德一世(Leopold I, 1640—1705)信件。

④ 〔德〕基歇尔:《中国图说》,张西平等译,大象出版社 2010 年版,第 223—231 页。

⑤ Stephen McDowall, “Bibliographical Notes on the Early-Ming Copy of the *Zhouyi Zhuanyi Daquan* at the Edinburgh University Library”, *Journal of the British Association for Chinese Studies*, Vol. 4, 2014, pp. 28-39.

第四，从装帧上来看，此时期传入欧洲的大部分汉籍，都被改成了西式的硬精装。有些藏本虽然现在为线装，但其实是后来改装的结果。例如，前述爱丁堡大学藏《周易传义大全》，2013年改装之前，书脊上尚写有"BIBLIOTHECÆ EDINENSIS. CHINESE"（爱丁堡大学图书馆　中文）字样，且书页次序全部颠倒，原书第一页被当作最后一页而签名其上，这显然是西式装帧才会出现的现象。类似的情况，还出现在今藏梵蒂冈图书馆的《续资治通鉴节要》上。该本也是洋装一册，卷内有多处手写内容，似是西人用西式笔所书。始自卷六第四页背面"壮五王死凤阳府，寿三十二。位五"（天头另有小字"五十二号"），终于卷十第五十页背面"顺帝死北，寿四十五，位十九。八十一号"，共三十条。实际是倒序记录中国历代帝王，自东汉顺帝始，至南朝宋苍梧王（误书为"壮五王"）止。这说明最早得到此书的西人，不仅对其作了改装，使用时也遵循西书从右向左翻的方式，将原书的最后一页当成了第一页，故其在卷中写下的历代帝王的次序才会倒置。该馆的另外一部早期汉籍藏品《新刻今古奇观华夷杂纂龙头万宝事山天下一览不求人》（Palatin. IV. 1293，存卷八、卷十至十五），不仅被改成精装，且将原书拆开，书页摊平，一端装订，展开后为完整的一页，类似于大开本画册。法国国家图书馆藏《新锲全补天下四民利用遍观五车拔锦》（Chinois 5652，存卷二十四至二十八），也是此种装帧形式，且封面封底烫金花纹与徽章都与梵蒂冈藏本相同。此种独特的装帧法，后来很少见到，更具有鲜明的时代特征。

第五，此时期传入欧洲的汉籍，常有被拆分而散落各处的情况。马幼垣已经指出："十七世纪初的欧洲，略识中国文字的人屈指可数，购买这类书籍的不过为了好奇和炫耀，哪管（也不会知道）买得者是否全书。书商当然明白这一点，把书拆散来卖（大概用原有的册数为基本单位），可以多满足几个顾客，获利也更丰。"①贾晋珠也有类似的论断。② 何大伟《十七世纪欧洲的中文典籍》中，著录了很多此类分散各处的早期入欧汉籍。其中较具代表性者如明万历刻本《重修政和经史证类备用本草》，分藏于剑桥大学图书馆、莱顿大学图书馆、牛津大学图书馆、法国国家图书馆、荷兰国家图书馆、德国罗斯托克大学图书馆（Universitätsbibliothek Rostock）、瑞士伯尔尼图书馆（Burgerbibliothek Bern），以及今亦属莱顿大学的蒂西斯图书馆（Bibliotheca Thysiana），此外还有一册今在美国沃克人类想象史图书馆（Walker Library of the Human Imagination），乃来自汉学家尤利乌斯·克拉普罗特（Julius Klaproth, 1783—1835）。何氏未提到的也还有一些，如前述巴伐利亚图书馆藏《群书博纪》，另一部分今存比利时皇家图书馆（Ms. 19. 907-908，存卷十至十一、卷十八至二十）。③ 梵蒂冈

① 马幼垣：《现存最早的简本〈水浒传〉——插增本的发现及其概况》，载氏著：《水浒论衡》，读书·生活·新知三联书店2007年版，第85—86页。

② Lucille Chia, "Counting and Recounting Chinese Imprints", *The East Asian Library Journal*, No. 2, 2001, p. 94.

③ Ad Dudink, *Chinese Books and Documents (pre-1990) in the Royal Library of Belgium at Brussels*, Brussels: Archives et Bibliothèques de Belgique, 2006, pp. 22-25. 该目录作者杜鼎克猜测，此书可能由金尼阁带回。

图书馆藏《天下一览不求人》,另一部分今在丹麦国家图书馆(OA 102-115/Mus,存卷十六至二十二)。[①] 该馆另藏有两册元至正五年(1345)梁完者泥金写本《大方广佛华严经》(Vat. estr. or. 1,卷五十六;Barb. or. 148,卷五十三、五十九),也是在 16 世纪就进入欧洲。西班牙托莱多教堂图书馆亦藏一册,存卷五十四,[②]与梵蒂冈藏本明显是同一部书。其拆分多以原书之一册作为最小单位,但也有单页拆分的情况,如前述牛津大学藏《水浒传》散页,与荷兰马尔特纳博物馆藏《五车拔锦》散页(S0119,存卷一第二页,与前述法国藏本可能为同一部书)。[③] 这种"一书分藏"的现象,也是早期进入欧洲的汉籍的一大特征。

结 语

地理大发现以来,随着新航路的开辟,中欧之间的交往日益密切,输入欧洲的中国物品也日渐增多。但 16 世纪至 17 世纪前期的一百多年,欧洲人关注的重点,仍多集中于中国的瓷器、香料、丝绸及工艺品等方面,而中国的典籍尚未引起其兴趣。何大伟《十七世纪欧洲的中文典籍》著录的早期入欧汉籍尽管有遗漏,但即便将其数字翻一倍,也仅二百多部,且大多数都是便宜易得的福建坊刻俗本。而 16 世纪时,葡萄牙已经开始向中国批量订制瓷器。[④] 两相比较之下,汉籍不受西人重视可见一斑。需要指出的是,西书东来的现象,在此时期也已经出现,规模且要大于汉籍西传。拉达来华的时候,已经赠送给中国官员一本祈祷书。[⑤] 利玛窦在华时从欧洲陆续获得了很多西文书,仅其书信中所载,就有普拉丁版皇家《圣经》、《论星盘》、《论钟表》、《实用算数》、《世界概貌》等。[⑥] 17 世纪初,金尼阁更是推动了著名的七千部西书入华事件。尽管耶稣会士向中国运送西文书有其宗教目的,但如从书籍交流的角度来看,当时中国士人能接触到西文书的机会,也会因之比欧洲人接触汉籍更多一些。

早期收藏汉籍的西人大都不懂中文,利玛窦在给科斯塔的信中说,"在您那里,中国字只能用来欣赏,而没有人能理解其含义"[⑦],已经很明白地指出了这一点。基于此种情况,最早进入欧洲的汉籍中包含相当数量的通俗类书和小说戏曲,就比较容易理解,因此类典籍多图文并茂,甚至可以当作版画来观赏。但这并不是说,当时输入欧洲的所有汉籍都只是

① Bent Lerbaek Pedersen, *Catalogue of Chinese Manuscripts and Rare Books*, Copenhagen: NIAS Press, pp. 477-478. 经目验,该本线装一册,未改装成梵蒂冈藏本的画册形式。

② 姜迎:《托莱多大教堂的汉籍收藏》,载《寻找》第 1 辑,大象出版社 2017 年版,第 77—86 页。

③ 参见 David Helliwell, "Chinese Leaves", https://serica.blog/2018/11/05/chinese-leaves/. 2022 年 12 月 26 日。

④ 王冠宇:《葡萄牙人东来初期的海上交通与瓷器贸易》,《海交史研究》2016 年第 2 期。

⑤ 〔葡〕伯来拉等:《南明行纪》,何高济译,中国工人出版社 2000 年版,第 256 页。

⑥ 〔意〕利玛窦:《利玛窦书信集》,文铮译,商务印书馆 2018 年版,第 206、224、311、319 页。

⑦ 〔意〕利玛窦:《利玛窦书信集》,文铮译,商务印书馆 2018 年版,第 240 页。

具有异国情调的收藏品,没有任何资料价值。门多萨即称,拉达带回的汉籍,都由在中国出生、在菲律宾长大的中国人翻译成卡斯蒂利亚语,并成为其撰写《中华大帝国史》的重要资料来源。[①] 卡莱蒂在其游记中,对明代各省的名称、位置、人口等作了概述,多数材料都取自其带归的《广舆考》。这在某种程度上,也开启了欧洲人利用中文文献研究中国的先河。

① 〔西〕门多萨:《中华大帝国史》,孙家堃译,译林出版社 2016 年版,第 80 页。

宫崎市定的“朴素主义”与近代中、日文明地位论

王 锐

摘要 宫崎市定以中国史研究为主业的同时,在许多论著里都提及日本,甚至可以说,思考日本的历史及现状,是他分析中国史、亚洲史的立论前提。在早期著作里,他用“朴素主义”与“文明主义”的二分法来叙述中国历史,并将明治维新以后的日本视为新的“朴素主义”代表,这体现出他为近代日本殖民扩张背书的强烈意愿。基于相似的考虑,他重新评价明代倭寇,将其看作维护东亚“自由贸易”的先驱。而在他的笔下,近代日本不但能成功吸收西洋文明,而且堪为亚洲各国表率,这也与战时日本的意识形态宣传一脉相承。宫崎市定的这些观点,虽然在表述形式上有所不同,但相关言说明显体现了近代“文明等级论”的特征,属于作为殖民主义意识形态的“文明等级论”之东洋变种。

关键词 宫崎市定 “朴素主义” “文明等级论”

明治维新之后的日本积极进行对外侵略扩张,抢夺周边国家与地区的资源。与近代欧洲列强在对外侵略扩张的同时,运用写历史的方式论证此类行为具有“正当性”与“合理性”一样,近代日本的侵略扩张活动同样离不开日本史家不断著书立说为其辩护。如果说近代欧洲基于殖民主义与帝国主义而进行的历史书写已被各种进步思潮从不同角度予以揭示并批判的话,那么包括历史书写在内的近代日本意识形态建构史却似乎未被我国学术界予以足够的重视并进行深入的批判。① 这也是日本右翼思潮在东亚地区持续存在,甚至难以

作者简介 华东师范大学历史学系暨社会主义历史与文献研究院副教授,历史学博士,研究方向为中国近现代思想史、学术史、政治史。

基金项目 国家社会科学基金青年项目“‘文明等级论’在近代中国的传播、影响与批判研究”(20CZS046)。

① 近年来,确有一些论文旨在分析内藤湖南、宫崎市定等日本东洋史代表人物的史论与政论之内涵。但是,这些研究较之二战后欧洲左翼知识分子对纳粹意识形态的剖析,以及战后日本马克思主义者对明治维新以来日本军国主义与国家主义的剖析,无论是力度还是深度,似乎都有待加强。而在当代的日本研究中,人们似乎过于关注晚近与风行全球的文化左派思潮(包括解构主义思潮)走得比较近的日本知识分子,对那些曾深刻影响日本政治走向,在今日东亚仍有一定影响力的右翼思潮及其代表人物,反而相对缺少完整而系统的分析。其结果,往往使一些非日本研究者,对战后修辞变得更为“巧妙”、论点变得更为游移而隐秘的日本右翼思潮,缺少清晰的识别能力。

被人明确识别的原因之一。在这个意义上，系统且深入地研究日本近代思想史、学术史，尤其是右翼思想史、学术史，实为完整认识近代以来日本政治、思想与文化的重要组成部分。

日本东洋史的兴起与明治维新以降日本随着国力提升而不断对周边国家进行的扩张和殖民活动关系紧密，它的诞生本来就不是一个“纯学术”的事件。它借由重构包括中国在内的东亚地区的历史，“其实质是为了提升和加固自身在国际上的地位”。[①] 这在早期东洋史代表人物，其著作在今天的中国同样深受部分知识人欢迎的内藤湖南身上体现得尤为明显。[②] 按照今人研究，内藤湖南“近世中国”论的一个潜台词就是认为中国没有改革政治的能力，没有走出“近世”的可能性，因此也就不具备成为“文明国家”的条件。[③] 内藤湖南如此，另一位影响极大的东洋史家宫崎市定(1901—1995)亦然。宫崎1922年进入京都大学东洋史学科学习，1925年12月服兵役，四年以后成为日本陆军少尉，1932年“一·二八”事变后被派往上海，成为侵华日军的一分子。[④] 在其第一本史学著作《东洋的朴素主义民族与文明主义社会》中，他坦言：

> 历史学家必须与他所处的时代共呼吸，而且还必须掌握独特的、与时代共呼吸的方法。这个方法就是，身处现代，如何才能正确地去理解过去，同时如何才能通过对过去的正确理解来观察现代……任何人又都无法脱离自己所生活的时代。[⑤]

从宫崎自己的经历就能看到，他“所处的时代”，正是日本军国主义抬头，对中国侵略愈发加深的时代。既然要与时代“共呼吸”，那么至少他不会反对此时日本主流的政治与文化氛围，甚至他自己也是营造这种氛围的一位参与者。中国史自然是他的主业，但欲收从现代看过去之效，那么就必须在论述中国的同时，不忘把日本作为另一个主要的研究对象。因此，分析他如何论述日本，如何书写日本的历史，或可更为清晰地认识到他在研究中国古今历史时的政治文化立场与问题意识，这十分有助于进一步理解宫崎史学的深层次内涵，同时亦可以宫崎为样本，思考近代日本东洋史学的一些核心面貌。

---

① 王晴佳：《中国近代“新史学”的日本背景——清末的“史界革命”和日本的“文明史学”》，载徐庆兴编：《东亚知识人对近代性的思考》，台大出版中心2012年版，第262页。

② 关于这一点，参见〔美〕傅佛果：《内藤湖南：政治与汉学(1866—1934)》，陶德民等译，江苏人民出版社2016年版。

③ 黄东兰：《内在视角与外在标准——内藤湖南的同时代中国叙述》，《史学理论研究》2021年第4期。

④ 吕超：《宫崎市定东洋史观的形成——青壮年期的经历及其影响》，《国际汉学》2017年第1期。

⑤ 〔日〕宫崎市定：《东洋的朴素主义民族与文明主义社会》，张学峰译，上海古籍出版社2018年版，第162页。

一、背景:近代日本政学两界对"文明等级论"的运用

既然近代东洋学的诞生是日本政治变迁的产物,宫崎市定也以"文明主义社会"作为叙述历史的重要视角,那么就有必要先论述一下近代日本政学两界如何运用"文明"的话语来为日本对外扩张服务。早在明末,丰臣秀吉在完成国内统一之后,就开始构想通过征服朝鲜,进而逐步蚕食明朝,确立日本的统治地位。[①] 19世纪上半叶,当意识到西方列强对日本的威胁时,吉田松阴就建议日本统治阶级"北则割据中国东北的领土,南则掠取中国台湾及菲律宾群岛"。他还说面对美国与俄国对日本的野心,日本应"在此期间养蓄国力,割据易取之朝鲜、满洲和中国,在贸易上失于俄、美者,应以土地由朝鲜和满洲补偿之"。[②] 明治维新以后,日本有感于西方列强扩张手段之迅猛,遂大规模地效仿其法,通过一系列内政与外交上的政策,在东亚地区展开殖民扩张活动。在这之中,"文明等级论"的意识形态话语自然受到近代日本政学两界的格外关注。[③]

"文明等级论"肇始于启蒙运动时期,滥觞于19世纪帝国主义、殖民主义盛行的时代,及至20世纪前半叶依然在世界范围内影响深远。它以近代西方文明为标准,将广大的非西方地区划分为"半文明"与"不文明"(或曰"野蛮")两个等级,旨在"论证"西方列强对这些地区进行殖民扩张的合法性,把殖民活动打造成"教化""规训"非西方地区的"义务",同时强调非西方地区若想成为"文明"社会一员,必须效仿近代西方的一整套政治、文化、社会体制,并由后者来判定前者是否真正跻身"文明"之列。这一意识形态话语,对近代以来饱受东西列强侵略与剥削的第三世界国家影响深远,甚至在当代依然以各种各样的形式存在于学术研究与大众文化当中。

在近代,"文明等级论"的主要传播途径之一就是借助国际法,后者通过制定文明标准来划分适用于国际法与不适用于国际法的地区。[④] 对此,明治维新之后的日本很快就掌握了其中的奥妙。1871年,日本以一艘向清廷进贡的琉球船遭遇飓风停靠在台湾,其中数十名船员因误入牡丹社生番地界而被杀害为借口,派兵前往台湾进行侵略活动,后在英国斡旋下,与清廷展开谈判,在获取了五十万两赔款后,双方签订解决此次纠纷的条约。在此过

---

① 〔日〕小林健彦:《丰臣秀吉对东亚的认识——以外交文书分析为中心》,暴风明译,载娄林主编:《经典与解释(57):全球化在东亚的开端》,华夏出版社2020年版,第39—50页。

② 〔日〕井上清:《日本军国主义》第2册,尚永清译,商务印书馆1985年版,第7页。

③ 关于"文明等级论"的基本内涵,笔者在他处已做分析,此处不再重复。参见王锐:《近代西方"文明等级论"的基本特征与话语实践——兼论其对于中国的影响》,《政治学研究》2021年第5期。

④ 刘禾:《国际法的思想谱系:从文野之分到全球统治》,载刘禾主编:《世界秩序与文明等级:全球史研究的新路径》,生活·读书·新知三联书店2016年版,第43—100页。刘文明:《全球史理论与文明互动研究》,中国社会科学出版社2015年版,第170—187页。

程中，虽然日本始终相信道理源自实力，但它颇为熟练地运用国际法的原理，将清廷依据传统朝贡体系而将台湾生番视为"化外之民"的做法有意曲解为当地乃"文明等级论"视域下的"无主之地"，然后声称自己出兵于此完全符合国际法的规则。① 此举既能将清廷所奉行的朝贡体系彰显为"不文明"之物，又能在西方列强面前展现自己步武"文明"的姿态。由此可窥见，日本为了在东亚展开侵略，如何汲汲于效仿近代西方列强的意识形态话语。

真正促成"文明等级论"在近代日本广泛传播的，还是当数在言论界影响极大的福泽谕吉。在19世纪60年代以幕府使节团随员身份赴欧洲与美国考察的过程中，福泽购买了许多英文书籍，特别是中学教科书。这些书籍当中对于欧洲中心论的宣扬，是促成他接受并传播"文明等级论"的重要渊源。② 在著名的《文明论概略》里，他认为："现在世界的文明情况，要以欧洲各国和美国为最文明的国家，土耳其、中国、日本等亚洲国家为半开化的国家，而非洲和澳洲的国家算是野蛮的国家。"因此，"现在世界各国，即使处于野蛮状态或是还处于半开化地位，如果想使本国文明进步，就必须以欧洲文明为目标，确定它为一切议论的标准，而以这个标准来衡量事物的利害得失"。既然对于日本而言，"当前的唯一任务就是保卫国体，保卫国体就是不丧失国家的政权"，则"唯有汲取西洋文明才能巩固我国国体，为我皇统增光"。③ 如果联系到近代日本的"国体论"与殖民扩张之间的紧密联系，那么福泽这番东亚版的"文明等级论"就绝非只是书生启蒙之语，而是与日本的军事侵略相伴而行。

事实上也正是如此。在甲午战争期间主持日本外交工作的陆奥宗光看来，日本"自明治维新以来已二十七年余，不管政府还是国民都努力汲取西方文明"，以至于"引来先进国家如欧美各国一片赞叹之声"。对比之下，"清国依旧墨守成规，丝毫未见顺应内外形势改变旧习之处"。因此，"一衣带水之隔的两个国家，一个代表西方文明，另一个则呈现固守东亚积习之异象"。在此视野下，日本发动对外侵略战争，"必定是西方的新文明与东亚旧文明间的碰撞"。④ 不难看到，他在这里用典型的"文明等级论"的话语，为日本的战争行为寻找理由。因为日本既然对"欧美各国"亦步亦趋，那么就有资格按照后者对外侵略扩张的逻辑，在东亚对那些未臻于"文明"之域的国家进行相似的行动。

甲午之战，清廷战败，日本借助《马关条约》侵占中国台湾。福泽谕吉主持的《时事新报》发表了不少为殖民台湾摇旗呐喊的文章：或是强调要严惩那些反抗之士，对台湾采取高

---

① 关于此事详情，参见韩东育：《从"请封"到"自封"——日本中世以来"自中心化"之行动过程》，台大出版中心2016年版，第348—378页。

② 赵京华：《福泽谕吉"文明论"的等级结构及其源流》，载刘禾主编：《世界秩序与文明等级：全球史研究的新路径》，生活·读书·新知三联书店2016年版，第215页。关于"文明等级论"在19世纪欧洲教科书中的呈现，参见郭双林：《近代英美等国文明等级论溯源》，《中国人民大学学报》2017年第6期。

③ 〔日〕福泽谕吉：《文明论概略》，北京编译社译，商务印书馆2017年版，第9、11、25页。

④ 〔日〕陆奥宗光：《蹇蹇录：甲午战争外交秘录》，赵戈非、王宗瑜译，生活·读书·新知三联书店2018年版，第24、25页。

压政策,因为当地属于“不文明”地区;或是主张日本应效法英国,以殖民台湾为起点,去占领更多的“未开化”地区。从这些言说中,可以很明显地看到“文明等级论”的影子。① 而福泽谕吉本人更是运用“文明等级论”的逻辑来分析日本与亚洲其他地区的关系,强调相比于后者,日本实属“文明国家”,进而认为为了解决日本国内的人口增长问题,需要向那些“落后”地区进行殖民活动。同时,区分对待国内民众与对待殖民地民众的政策,关于前者,或可采用英式自由主义,关于后者,则必须以帝国主义的方式行事。②

问题在于,虽然日本依靠坚船利炮战胜了中国,但中华文明长期以来在东亚地区具有难以比拟的优越地位。作为新兴帝国主义国家,虽然日本十分积极地学习西方列强的扩张之道,聘请外国顾问传授殖民经验,探讨不同的殖民策略,③但在实践层面还难以短时间内像英国那样在东亚进行殖民统治。

在后藤新平担任日据时期台湾总督府民政长官期间,为了贯彻基于“文明等级论”的殖民统治,就必须彰显出日本象征着“文明”,台湾本地象征着“未开化”。作为医生出身的殖民地官员,后藤特意强调要借鉴自然科学来搞所谓“科学的行政”,并将达尔文的进化论与“文明等级论”相结合,不断凸显台湾在医疗卫生、政治制度、社会习惯等方面的“落后性”,同时刻意彰显日本是具备现代科学知识的“先进国家”,这样就能在宣传话语上形成一套较为完整的殖民论述。而在实践方面,他着重于改善当地卫生环境,外加铺设铁路、翻新公路、建立新式学校,让台湾在表面上形成现代化的样貌,并希望借助这些手段来树立日本殖民统治在当地人心目中的威信。当然,这一切的展开,与进一步围剿、屠杀台湾的抗日武装是同步进行的。④

在这样的统治模式下,日本人开始进一步强调自己使台湾这样的“未开化”地区实现“文明化”的功绩。在一本由日本学者撰写于1927年的《台湾史》中,作者将日本殖民台湾以后的历史称之为“改隶时代”,认为:“有一段时间由海盗占据而不具备任何统治形式的台湾,以后荷兰、郑氏二者的统治达六十年之久,此间虽并非完全无政绩,但在十七世纪末,台湾归清领后,其政治不仅未提振,内讧匪乱交相而起,徒耗二百年的长久岁月。然在明治二十八年改隶后,台湾才成为在日本宪法拥护下的立宪治下的领土,台湾总督努力革除前代的弊政,开发产业、提升文化、诱导思想,因施政得宜的结果,使得改隶后仅仅三十二年就治

---

① 蓝弘岳:《明治日本的“自由帝国主义”与台湾统治论:从福泽谕吉到竹越与三郎》,《人文及社会科学集刊》第32卷第4期。

② 蓝弘岳:《明治日本的“自由帝国主义”与台湾统治论:从福泽谕吉到竹越与三郎》,《人文及社会科学集刊》第32卷第4期。

③ 〔日〕小熊英二:《台湾领有》,吴玲青译,载薛化元主编:《近代化与殖民:“日治”台湾社会史研究文集》,台大出版中心2012年版,第74—83页。

④ 〔日〕野村明宏:《殖民地近代化统治中的社会学——从后藤新平的台湾统治谈起》,阮文雅译,载薛化元主编:《近代化与殖民:“日治”台湾社会史研究文集》,台大出版中心2012年版,第169—193页。

绩显著，而使台湾的面目一新。"①这一叙事刻意否认台湾自古以来属于中国（将荷兰殖民与郑成功治台视为一物），而且全盘否定清政府收复台湾后对当地的治理，特别是台湾建省之后在刘铭传领导下展开的现代化建设，将日本殖民之前的台湾描绘成停滞的、落后的，其用意就在于美化日本对台湾的殖民统治，用"文明等级论"的逻辑来叙述日本殖民台湾的合法性。

相似地，在日本吞并朝鲜之后，日本统治者表面上宣扬要通过一系列教育政策使朝鲜人"文明化"，但实际上，这种"文明化"说辞的本质是希望朝鲜民众服服帖帖地安于被日本统治，意识到自己由于不够"文明"而需要被日本人"保护""指导"，主动成为符合日本统治者要求的"顺臣良民"。②

必须看到，近代日本的殖民扩张行动，最主要的目标自然还是占据中国。甲午战争日本取得胜利，进一步让日本国内萌生了蔑视中国的心理。这正像竹内好关于近代日本"优等生文化"的著名描述："我们（日本人）之所以优秀，是因为接受了欧洲文化，因此落后的人民当然会接受我们的文化施舍，也必须接受。"③随着"文明等级论"在日本的流行，一些人开始鼓吹日本因为文明程度较高而理应成为"东亚盟主"，担当"文明之先导"的使命，而中国则被赋予破落、涣散的亡国之象，中日甲午战争的本质是"文野之战"。④ 内藤湖南在甲午战争爆发后撰文："日本的天职，就是日本的天职，不是介绍西洋文明，把它传给中国，使它在东亚弘扬的天职；也不是保护中国的旧物卖给西洋；而是使日本的文明、日本的风尚风靡天下、光被坤舆的天职。我们因为国在东亚，又因为东亚各国以中国为最大，我们天职的履行必须以中国为主要对象。"⑤落实到具体手段上，内藤湖南建议应将日本的在华租界打造为某种"样板"，即"以此为模范行政区示范给中国人看，用变法带来的利益来开启中国模仿变革的道路"。影响所及，"中国志士稍有见识的人中，有人知道徒法的显然无效，知道现在中国人手中的变法成功无望，主张要创造变法的机会的话，就要多聘用我国人，把他们放在重要的位置上，使所有的事情都有成例，然后清国官民就可以按照他们的范例行事"。⑥ 可见，内藤湖南预设了日本在东亚位于文明等级中的上游，所以理应想方设法影响、规训、控制在此等级排序里不那么"文明"的中国。庚子事变之后，眼看中国有被列强瓜分的危险，日本

① 〔日〕山崎繁树、〔日〕野上矫介：《台湾史》，杨鸿儒译，鸿儒堂 2014 年版，第 269 页。

② 〔日〕驹込武：《殖民地帝国日本的文化统合》，吴密察等译，台大出版中心 2017 年版，第 106—109 页。

③ 〔日〕竹内好：《何谓近代——以日本与中国为例》，载孙歌编：《近代的超克》，李冬木等译，生活·读书·新知三联书店 2016 年版，第 201 页。

④ 王美平：《日本对中国的认知演变：从甲午战争到九一八事变》，社会科学文献出版社 2021 年版，第 30—31 页。

⑤ 〔日〕内藤湖南：《所谓日本的天职》，载氏著：《燕山楚水》，吴卫峰译，中华书局 2007 年版，第 183 页。

⑥ 〔日〕内藤湖南：《关于清国的专管租界》，载氏著：《燕山楚水》，吴卫峰译，中华书局 2007 年版，第 190、191 页。

国内一些政客为了扩大日本权益而主张所谓“中国保全论”，其内容包括十分明显地按照“文明等级论”来强调日本对于中国（包括东亚地区）的“责任”。例如，近卫笃麿就宣称：“夫扬文明之制度、施文明之教育，日本实为支那之先进。故指导、扶持支那以文明为大善。”①进步党元老铃木重远亦言：“眼下清国内部纲纪败坏，对外不能维护国权，恐怕难免被欧洲列国吞噬，故应给之以一大刺激，开导之，诱掖之。”②以提倡东洋哲学为职志的井上哲次郎则宣称：“日本如今乃是东洋诸国中的先进国，这一说法在甲午战争以后便得到了广泛的认可。既然日本已经成为东洋的先进国，那么它便有责任去警醒东洋诸国，让他们步入文明的世界，这便是日本的天然使命。特别是能够带领中国、朝鲜、印度、暹罗等国国民步入文明国家行列的只有日本国民。”③相似地，以提倡“东洋的理想”来对抗西洋文明为职志的冈仓天心认为：“要把亚洲这些复杂的具有特性的要素真正统一起来，日本是最有特权的。”之所以如此，是因为在甲午战争中击败中国明确了日本在东洋的霸权地位，所以日本有资格去完成所谓“历史使命”，即“唤醒整个亚洲，唤醒至今沉睡的所有一切”。④ 可以说，他所宣扬的“东洋的理想”，无论外观如何优雅，但实际上却以日本在中国进行的侵略与杀戮作为基本前提，即通过这些行为，使日本获得代表“东洋的理想”之资格。相比于当时那些主张瓜分中国的论调，这些日本政治人物与学者的观点或许显得没那么刺耳，甚至会让人觉得是在替中国着想，使中国免遭瓜分，让中国重焕新生。但实际上，这样的论调实为以“文明等级论”为意识形态说辞，借保全之名行掌控之实，为日本争取在华利益的最大化，为日本成为东亚霸主制造舆论氛围。⑤ 在这个问题上，日本右翼团体玄洋社的头目头山满的说辞就很直截了当。他认为日本与中国是“夫妇之国”，为了让中国实现国民安居乐业，必须得让日本来“指导”中国，“矫正”中国政治上的缺陷。而他之所以有如此这般的观点，主要在于他相信日本拥有世界上最美好的东西，日本负有统一世界的“使命”。⑥ 从头山满这些既疯且狂的言说中，可以窥见近代日本对华政策背后的精神根源。

关于如何控制中国，近代不同时期日本各派政治力量为达到此目的时常采取不同的方

---

① 〔日〕近卫笃麿：《同人種同盟：附支那問題研究の必要》，转引自王美平：《日本对中国的认知演变：从甲午战争到九一八事变》，社会科学文献出版社2021年版，第56页。

② 〔日〕铃木重远：《東洋の和平政策》，转引自王美平：《日本对中国的认知演变：从甲午战争到九一八事变》，社会科学文献出版社2021年版，第57页。

③ 〔日〕井上哲次郎：《中国文明的缺陷》，载刘岳兵编：《儒教中国与日本》，付慧琴等译，中国社会科学出版社2021年版，第250页。

④ 〔日〕冈仓天心：《东洋的理想》，阎小妹译，商务印书馆2021年版，第10、116页。

⑤ 值得注意的是，“中国保全论”与近代日本曾颇为流行的“亚细亚主义”联系紧密。今天中国与日本学界都有人希望从内容颇为庞杂的亚细亚主义中“纯化”出在他们眼里有助于实现东亚和平的要素，但不可否认的是，除了一些从文化角度立论，认为东洋各国应携手抵御西潮的论说，亚细亚主义还具有极强的扩张意图，即将日本的势力范围覆盖整个东亚地区，保障日本的利益。因此，不能仅从正面的角度去审视与评价它。关于亚细亚主义的具体内容及其表现形式，参见王屏：《近代日本的亚细亚主义》，商务印书馆2004年版。

⑥ 赵军：《辛亥革命与大陆浪人》，中国大百科全书出版社1991年版，第103、105页。

式与策略。除了所谓“中国保全论”，在日本还盛行“中国分割论”。早在甲午战争时期，小川又次在《清国征讨方略》中就声称：“若欲维护我帝国独立，伸张国威，进而巍立于万国之间，保持安宁，则不可不分割清国，使之成为数个小邦国。”①这一论调在庚子事变期间也有响应者。到了辛亥革命之后，为了在当时中国时局未定的情形下趁火打劫，日本国内又有不少人重拾这个论调，主张要乘机分裂中国。这一论调的主要理由之一就是认为中国不是一个现代意义上的国家，中国人也没有组织政权、巩固政权的能力。在这样的说辞里，也能很明显地看到“文明等级论”的影子。例如，日本“黑龙会”头目内田良平在其影响颇广的著作《支那观》当中就认为，在中国“农、工、商只是追逐个人利益生活。他们是彻底的个人本位主义者，只要个人的生命财产与安全得到保障，他们就拥戴君主也行，不拥戴君主也行，对于其国土归于哪国，是不会勉强过问的。数千年来，他们的国王姓刘、姓李、姓赵、姓奇渥温、姓朱或姓爱新觉罗，都与他们无关，有朝改姓英、俄、法、德或日、美，他们也都不会过问”②。很明显，内田虽未提及“文明等级论”，但他的这些论调，与“文明等级论”当中描绘的“半文明”与“不文明”地区之特征极为相似。这些描绘归根结底是为了“证明”那些地区不具备政治能力，不能形成自觉的政治意识，所以必须按照优胜劣汰的规律被所谓“文明国家”支配，否则就难逃永远处于这样低劣状态的命运。

总之，无论是“保全论”还是“分割论”，其立论前提都与“文明等级论”息息相关。只是包括内田良平在内的近代日本侵华狂人未能料到的是，他们眼里的中国，其实只是一个充满“刻板印象”的静止的中国，当中国一波又一波救亡运动兴起之后，广大中国民众在这一过程中逐渐觉醒，形成具有能动性与自主性的政治力量。这正如丸山真男在对比近代中日民族主义时强调的，“由于未能通过改组统治阶层的内部结构以实现近代化，中国于是便受到包括日本在内的帝国主义列强势力的长期深入的渗透，但是这反过来又不容分辩地给反抗帝国主义统治的民族主义运动布置了一项从根本上变革旧社会以及旧的政治体制的任务”。从这样的历史脉络出发，或许能更为透彻地剖析近代“文明等级论”在东亚近代史上的成色。③

二、作为“朴素民族”的日本

理解了近代日本政学两界如何运用“文明”的概念来实现其现实目标，就可以进一步分

① 《小川又次的〈清国征讨方略〉趣旨》，《抗日战争研究》1995年第1期。

② 〔日〕内田良平：《支那観》，转引自王美平：《日本对中国的认知演变：从甲午战争到九一八事变》，社会科学文献出版社2021年版，第218页。

③ 〔日〕丸山真男：《日本的民族主义》，载氏著：《现代政治的思想与行动》，陈力卫译，商务印书馆2018年版，第156页。

析作为近代日本东洋学代表的宫崎市定之思想了。宫崎市定一直立足于从长时段的世界史视野来考察中国历史变迁。在第二次世界大战期间,宫崎受日本政府委托,参与所谓《大东亚史概说》的编撰。这本书的目的就是通过写历史的方式为日本在亚洲地区的侵略活动做辩护。在编撰过程中,宫崎深度承担着不小的任务量,并很可能是该书"绪论"的执笔人。[①] 除了参与该书编撰,在此期间,他还出版了《东洋的朴素主义民族与文明主义社会》一书。在书中,他用"朴素主义"与"文明主义"这两个概念,一以贯之地分析中国古今历史,形成一套颇为独到的历史观。及至1975年,他仍然自言此书"总结了我这十五年间对东亚历史问题的一些研究心得",虽然文章显得"稚拙",但他自信"我在这本书中提出的许多问题,迄今为止几乎没有得到过学术界的认真讨论,很多观点就此被束之高阁,因此,今天看来,此书并非是完全无用之物"。[②] 可见,他在晚年并未悔其少作,否定或修改这本书的基本观点。所以,此书可视为宫崎历史观的集中体现。

明治维新之后,源自近代欧洲的"文明史"范式传入日本。田口卯吉深受巴克尔的《英国文明史》与基佐的《欧洲文明史》影响,着手研究中国与日本的文明史。在他看来,"文明"意味着"开化",即不断趋近以近代西方为代表的现代文明。他在《日本开化小史》中强调日本具有"开化"的潜质,日本历史是不断"进步"的。而在《支那开化小史》中,他却宣称中国历史是停滞的、黑暗的。[③] 这样的历史观,尤其是中日历史进程截然相反的论述,不但与近代日本政学人士的普遍认识相仿,而且对之后的东洋史学颇有影响。

在宫崎市定看来,所谓"文明社会",就是指社会文化高度发达、政治统治日趋细密、社会组织纷繁复杂、右文之风越发炽烈的社会形态。中国历代王朝,自建立起,经历过一段时间的休养生息,就会沾染上这一特征。"人一旦在一个社会中处久了,会对这个社会的各种陋习视而不见,甚至会觉得这一切都是理所当然的而毫不介意,精神上日趋麻木。这样的社会是一个饱和了的社会,没有发展,没有进步,有时甚至会走向堕落。"[④]例如,汉代中期以后,社会上奢侈之风盛行,外戚和宦官掌控朝局,更是与"朴素主义精神"渐行渐远。甚至王莽的崛起,也是由于"文明社会"所特有的"迷信",让士人相信"从生活中游离出来"的说

---

① 吕超:《世界史图景中的中国形象:宫崎市定研究》,人民出版社2021年版,第128—148页。

② 〔日〕宫崎市定:《前言》,载《宫崎市定亚洲史论考》上册,张学峰等译,上海古籍出版社2017年版,第9—10页。

③ 黄东兰:《一部缺失"开化"的"开化史"——田口卯吉〈支那开化小史〉与近代日本文明史学的困境》,《南京大学学报(哲学·人文科学·社会科学)》2015年第6期。

④ 〔日〕宫崎市定:《东洋的朴素主义民族与文明主义社会》,张学峰译,上海古籍出版社2018年版,第2页。关于宫崎的这个观点,吕超认为这主要是受到中世纪伊斯兰史学家伊本·赫勒敦(Ibn Khaldun)《历史叙说》一书的影响。参见吕超:《宫崎市定东洋史观的形成——青壮年期的经历及其影响》,《国际汉学》2017年第1期。从一般意义的学术源流上看或许是如此,但宫崎用这样的观点描述中国,依笔者之见,很可能是受到他在京都大学的老师桑原隲藏影响。桑原在《中国人的文弱与保守》《中国人的妥协性与猜疑心》等文章中,从中国历代典籍中选取能够佐证己说的片段,打着实证研究的幌子,对中国历史与文化进行了整体污名化的工作,进而凸显日本在东亚地区的华美形象。参见〔日〕桑原隲藏:《东洋史说苑》,钱婉约等译,中华书局2005年版,第147—182页。

辞。“汉代社会统治阶层的文明化，以及因文明化而引起的不自然性，使王莽篡汉有了可能。”[①]又如宋代虽然有士大夫阶层的崛起，市场越发繁荣，文学艺术高度发达，但却导致社会风气“日益文弱化、女性化、意志薄弱化”，显示出“文明社会烂熟”。[②] 很明显，宫崎所言的“文明化”及其特征，基本上与启蒙运动以来西方学者用来描述东方社会长期“停滞”的话语极为相似。

与之相对，宫崎认为所谓“朴素主义”，主要体现为未受“文明化”沾染的“野蛮民族”身上“最为宝贵的东西”，包括勇武、协作、质直、刚强等特征。他们能敏锐察觉到“文明社会”的诸病症。在宫崎眼里，中国历史上的北方游牧民族多具有“朴素主义”的特征，他们入主中原，未尝不是在医治“文明主义”的弊病。当然，在这之后前者也极有可能熏染上“文明主义”之风，变得越发文弱。因此，如何能接受“文明主义”的优点而不失“朴素主义”的精华，就成为中国历史进程留给后人的最大教训。其中，宫崎对北周颇为青睐。他认为：“对北周来说，人们的劳动受到了最大的尊重，物欲相对微弱，而人们的精神昂扬。野蛮的游牧民族在接触到文明社会以后，不失本民族的朴素性，逐步定居，逐步文明，这种最理想的过程，在关中地区得到了实现。”[③]联系该书的出版时间，这番描述让人觉得与其说是在分析历史，更像是基于当代意识而展开的政治论述，教导后代“野蛮民族”如何占领、统治“文明社会”。

事实上也正是如此。作为中国的邻邦，日本在历史上自然与中国有颇为紧密的关系，但宫崎在叙述中国历史之时把日本穿插进来的方式却颇值得玩味。他认为宋代中日之间的交流，日本僧人刻苦自励的精神让中国士人印象深刻，“宋人对日本人的感情也因此而友善”，欧阳修的《日本刀歌》即诞生于此背景下。[④] 如果说这一观点还有些许根据的话，那么宫崎在叙述明清之际历史时再次让日本登场，其现实目的就昭然若揭了。一般谈起此时的中日关系，多聚焦于南明政权试图“乞师”日本、朱舜水等遗民东渡“避秦”。但宫崎别出心裁，着重叙述满族与因海难而漂泊至东北的日本人之间的往来，刻意突出后者眼里的满族如何具有“朴素主义”精神，甚至与日本的“武士道”异曲同工。宫崎借此感慨：“日本与满洲，在朴素主义的锻炼方面一脉相通，虽然语言不通，但以心传心即可交流，真可谓好汉知英雄。”同时他还强调：“明朝人无法治理的文明社会，在注入了数万满洲人这个新要素后得以安稳了下来，这多少有些不可思议。”所以，“医治文明病，方子只有一个，那就是注入朴素

① 〔日〕宫崎市定：《东洋的朴素主义民族与文明主义社会》，张学峰译，上海古籍出版社 2018 年版，第 51—52 页。

② 〔日〕宫崎市定：《东洋的朴素主义民族与文明主义社会》，张学峰译，上海古籍出版社 2018 年版，第 120—127 页。

③ 〔日〕宫崎市定：《东洋的朴素主义民族与文明主义社会》，张学峰译，上海古籍出版社 2018 年版，第 101—102 页。

④ 〔日〕宫崎市定：《东洋的朴素主义民族与文明主义社会》，张学峰译，上海古籍出版社 2018 年版，第 141 页。

主义”。[①]

通过这样的方式，宫崎将日本引入到中国“文明主义”与“朴素主义”的消长史之中，从逻辑上就把日本打造成下一个通过征服中国来医治“文明病”的政治体。这在问题意识上和当时日本东洋史学界的满蒙研究一脉相承。不过让人更容易联想到的是九一八事变之后，日本在东北极力扶持伪满洲国傀儡政权，强调所谓“日满亲善”。虽然在现实中东三省的政务皆由日本人主导，溥仪等人毫无置喙之权，但在意识形态宣传上，日本却极力形塑自己与伪满洲国在历史与现实中的联系。[②] 宫崎建构出来的日本与满族之间“以心传心”“好汉知好汉”，不啻用历史叙述的方式为日本殖民东北的宣传添砖加瓦。

但如此这般还远远不够。宫崎指出，近代西方势力进入东亚，如何在此时代变局下生存，成为考验“朴素主义”民族的关键。值得一提的是，在他看来，西方列强之所以能够崛起，也是因为具有“朴素主义”的特征，能够一方面保持活力，一方面汲取“科学精神”，让“朴素主义”披上了科学的外衣。而反观东亚，清王朝的统治者虽然先前与日本“好汉知英雄”，但入关之后难逃“文明主义”的熏染，背负起了“数千年积累起来的中原文明社会的迷信恶习”，以致难以抵挡西方列强的冲击。[③] 但“所幸的是，与中原的文明社会相比，在东方世界还有一个朴素主义社会的存在，这就是日本”[④]。不过让人生疑的是，日本同样有靡靡不振的贵族文学与市井气十足的浮世绘，上流社会的生活方式更是纤细而繁琐。如此一来，不正与中国历代王朝的“文明主义”颇为相似吗？

因此，宫崎极力强调：

> 日本精神，绝不是建筑上或者文学上所表现出来的那种华丽，而是讷于言敏于行的朴素主义精神，除此以外的一切，都不过是与本质相距甚远的存在。日本人的朴素主义精神，表现为谦虚天真，善恶分明，因此对西方的科学文明有着惊人的判断能力。[⑤]

很明显，这些论调早已不再是史学领域的实证研究，而是对本民族历史的赞扬与对未来的寄托。只是联系到日本近代史，不少维新志士的倒幕举动，或许还能配得上“讷于言敏于行”。但明治维新以后政学两界对中国的主流论述，特别是大言不惭地讨论占领或分裂

---

① 〔日〕宫崎市定：《东洋的朴素主义民族与文明主义社会》，张学峰译，上海古籍出版社 2018 年版，第 153 页。

② 关于日本在伪满洲国的意识形态宣传与教育政策，参见〔日〕驹込武：《殖民地帝国日本的文化统合》，吴密察等译，台大出版中心 2017 年版，第 251—316 页。

③ 〔日〕宫崎市定：《东洋的朴素主义民族与文明主义社会》，张学峰译，上海古籍出版社 2018 年版，第 157 页。

④ 〔日〕宫崎市定：《东洋的朴素主义民族与文明主义社会》，张学峰译，上海古籍出版社 2018 年版，第 157 页。

⑤ 〔日〕宫崎市定：《东洋的朴素主义民族与文明主义社会》，张学峰译，上海古籍出版社 2018 年版，第 157 页。

中国的可能性，哪里体现出丝毫“谦虚”？[①] 而日本在近代东亚苦心经营的殖民扩张活动，分明“现实”得很，又何曾有过“天真”？

“一·二八”事变中，宫崎在上海目睹侵华日军“最上层的指导部官僚腐败极为严重”，反而许多农民出身的一般士兵“性格质朴且忍耐性强”。[②] 这让他担心日本的“朴素主义”精神是否会葬送于这些已经有腐化倾向的上流社会人物。基于此，他认为：

> 虽然日本社会的朴素主义精神尚未泯灭，但这种精神的发扬也不是一帆风顺的。民间的朴素主义跃跃欲试，但统治阶层却在不知不觉中已经被文明所醉倒，四艘蒸汽船就让他们寝食难安，这样的丑态，我们必须铭记于怀……日清战争、日俄战争以后，国民的生活水平快速提高，尤其是在第一次世界大战期间日本经济非常景气的时候，上流阶层日趋奢侈，下层民众纷纷效仿，这种上行下效的社会风气如果得不到及时的纠正，国家社会都将岌岌可危。[③]

明治维新以后，日本为了迅速“融入”以西方列强为主导的世界体系，极力在教育与文化方面效仿后者，开启了“鹿鸣馆”时代。正如前文提到的，在思想层面，福泽谕吉借用19世纪流行的“文明等级论”，强调日本应“以西洋文明为目标”，摆脱落后愚昧的东亚文化。[④] 近代日本的殖民扩张很大程度上也借助了这一论调，以“文明”自居，“教化”未开化的“落后”地区。不过，同时期在日本国内，国粹主义开始抬头，强调须彰显日本自身的特色，攻击肉食者的“西化”风气，宣称此乃堕落之举。“东洋史”学科的诞生也与之关系紧密。这两种意识形态在近代日本交相为用，后者的话语虽然与前者绝异，但论述的逻辑却与前者一脉相承。特别是国粹主义者称赞日本时常不忘贬低中国，并为日本殖民亚洲出谋划策，宣称日本乃“亚洲盟主”。[⑤] 例如，受到国粹主义影响的“黑龙会”头目内田良平在《支那观》一书里声称“在世界国民中，像支那国民那样性情恶劣的实在很稀少”，用许多带有侮辱性的词来描述中国与中国人。[⑥] 与之相似，在20世纪30年代，日本国内出现了形形色色的右翼团体，他们秉持国家主义，常从“清君侧”的角度出发，痛斥那些西化的、高高在上的财

① 王美平、宋志勇：《近代以来日本的中国观·第四卷（1895—1945）》，江苏人民出版社2012年版，第164—231页。

② 〔日〕宫崎市定：《自跋集——东洋史学七十年》，转引自吕超：《宫崎市定东洋史观的形成——青壮年期的经历及其影响》，《国际汉学》2017年第1期。

③ 〔日〕宫崎市定：《东洋的朴素主义民族与文明主义社会》，张学峰译，上海古籍出版社2018年版，第159—160页。

④ 〔日〕福泽谕吉：《文明论概略》，北京编译社译，商务印书馆2017年版，第9—29页。

⑤ 王俊英：《日本明治中期的国粹主义思想研究》，中国社会科学出版社2015年版，第156—175页。

⑥ 王美平、宋志勇：《近代以来日本的中国观·第四卷（1895—1945）》，江苏人民出版社2012年版，第203页。

阀与政阀，认为彼辈“蒙蔽圣聪”，导致向来“忠君爱国”的农民生计维艰，而为了改善日本平民的命运，须对内厉行统制经济，对外加紧军事扩张，通过掠夺别国的资源来转移日本国内的社会矛盾。[①] 宫崎在这里强调“朴素主义”存于民间，上层社会多被“文明”影响，可以说并未自外于国粹主义与20世纪30年代日本右翼团体的论述框架。或许因为觉得日本的“朴素主义”能够克服“文明主义”的弊病，宫崎颇为乐观地声称：“建立一个近乎完整的朴素主义社会并非难事，东方社会对我们的希望不正是这一点吗？”[②]如果联系当时发生在中国的战争，就可想象宫崎的这番乐观背后隐藏着怎样的獠牙面孔。他凭什么断定，“东方社会”会对日本的“朴素主义”抱有好感？

从历史研究的角度来看，宫崎用所谓“文明主义”与“朴素主义”来分析中国历史，削足适履之处颇为明显。本来儒家政治思想内部就有所谓“文质之辨”，强调一个时期“文”过于明显之后，需要继之以“质”。按照孔子的观点，虽然“质胜文则野”，但“文胜质则史”。理想的状态应是：“文质彬彬，然后君子。”更为重要的是，“文”与“质”主要指的是不同的治理原则与文化氛围，和民族、族群并无直接关系。相比之下，宫崎用民族来划分“文明”和“野蛮”，而无视儒家思想自身所蕴含的要义，这能算是贴近中国历史的本相吗？比如汉武帝时期修礼制乐、独尊儒术，按照宫崎的观点，此诚“文明主义”矣，但恰恰是那时，卫青、霍去病在与十分符合“朴素主义”标准的匈奴的战斗中取得巨大胜利，此复做何解？又比如元朝在统一中国之后保留了大量具有蒙古民族特色的制度，并将属于“文明主义”之代表的儒家与儒生在政治上置于比较低的位置，因此颇符合“朴素主义”，但却在元顺帝时被以汉族为主的农民起义所推翻。之后朱元璋建立的明朝，虽然定都于深染“文明主义”病态的“六朝旧事随流水”的南京，但却能一路北伐，将元朝统治集团驱于塞外。凡此种种，可见“文明主义”与“朴素主义”，与其说代表了一种分析中国历史的视角，不如说体现出宫崎对于日本称雄东亚的某种幻觉。

总之，宫崎市定将“朴素主义”视为优越之物，视“文明主义”为劣等之物，虽然表面上是在否定“文明主义”，但实际上，如此这般二分法背后所欲凸显的支配与被支配关系，以及热衷于畅想用政治权力来实践这种关系，其实和近代的“文明等级论”如出一辙，即都将用来描述理想政治与社会形态的“文明”区分为不同等级，若位于“高等”，则有权支配“劣等”。只是在宫崎那里，“高等文明”变成了“朴素主义”，“劣等文明”变成了“文明主义”。表面话语的看似相反，不能掩盖深层逻辑的如出一辙。更为关键的是，无论是在近代日本政学两界模仿而来的“文明等级论”话语，还是在宫崎市定的这些观点里，中国的形象都是负面的，二者都认为中国需要日本所谓的“拯救”（实质上是侵略）。

---

① 〔日〕堀幸雄：《战前日本国家主义运动史》，熊达云译，社会科学文献出版社2010年版，第39—338页。

② 〔日〕宫崎市定：《东洋的朴素主义民族与文明主义社会》，张学峰译，上海古籍出版社2018年版，第161页。

三、倭寇的“本质”

从1939年到1944年，宫崎市定以京都大学东洋史专家的身份参与了旨在为日本侵略服务的东方文化学院与东亚研究所的相关项目。在1943年，他出版了一本专门讨论日本历史的著作《日出之国与日没之处》，从书名就可看出，他援引《隋书·倭国传》中“日出之处天子致书日没之处天子”的记载，凸显日本是所谓“日出之国”，中国乃“日没之处”。如果说《隋书》中的这段话是日本使臣刻意张扬日本的地位，那么宫崎在战争背景下取此典故以为书名，其目的也就显而易见。对此他晚年如是评说：

> 《日出之国与日没之处》成书于“二战”期间，今天再次阅读，不可否认，在我的撰述意图中确实有些“发扬皇威”的意思在里面，措辞上也显得有些过时，今天来看简直毫无办法。然而对我来说，那种动不动就通过揭露自己国家的劣根性来表示进步的现代风潮，反而令人觉得不适。还有，如书中的《倭寇的本质与日本的南进》一篇，因当时急于表达自己的主张，今天看来已经完全失去了应有的说服力。[①]

二战以后，日本国内开始清算战争期间的意识形态，其中固然有美国支持下带有美式自由主义色彩的反战宣传，但影响更大的当数具有鲜明左翼色彩的学术研究与大众宣传，特别是在东洋史研究领域，马克思主义史学颇为流行，或许这就是让宫崎深感不适的“现代风潮”。[②] 由此可见，宫崎本质上并未否定自己在此书中的核心观点，只是觉得书中的措辞时代感过强，太“急于表达自己的主张”，致使失去“应有的说服力”。换句话说，假如此书修辞上更为巧妙，表达上更加灵活，是不是就更有说服力呢？

宫崎提到收入此书的一篇名为《倭寇的本质与日本的南进》的文章。文章题目中的“日本的南进”，不禁让人联想到二战期间日本军部的南进政策。如此直白的措辞，或许就是宫崎后来所说的太“急于表达自己的主张”。而更引人瞩目的，是此文为倭寇所做的翻案及其背后的政治意图。

宫崎开篇即言：“所谓倭寇，绝对不是以强取财物为目的的强盗集团。”[③]为什么这么说？

---

① 〔日〕宫崎市定：《前言》，载《宫崎市定亚洲史论考》上册，张学峰等译，上海古籍出版社2017年版，第13—14页。

② 关于宫崎对于战后日本马克思主义史学的态度，参见〔日〕宫崎市定：《中国史的历史分期》，载《宫崎市定亚洲史论考》下册，张学峰等译，上海古籍出版社2017年版，第1414—1418页。

③ 〔日〕宫崎市定：《倭寇的本质与日本的南进》，载氏著：《日出之国与日没之处》，张学峰、马云超译，上海古籍出版社2018年版，第23页。

他从分析明代负责海外贸易的市舶司开始,认为后者旨在为明廷服务,日本一方的受益者也限于室町幕府的将军及其周围权贵,对于双方民众而言,这一机构的作用极为有限。因此,“两国的民众必然会在中国沿海的岛屿上寻找适当的地点进行走私贸易”。[①] 明廷对此自然采取严厉取缔的措施,而令人感到有趣的是宫崎对于此时日本人心态的描述:

> 日本人只是希望能够和平地进行贸易,即使这样的贸易违犯了中国的国法,但这也似乎与日本人无关。因此,在明军与走私成员争斗之时,日本人基本上保持着事不关己的中立态度,只是希望骚乱能够尽早平息,期待着明朝允许日中两国民众自由贸易的日子早点到来。[②]

宫崎一面提到日本参与中国沿海的走私贸易,一面又说此举即便违犯明代律法,也和日本人无关,因为日本是在搞“自由贸易”。且不说此处的“自由贸易”明显挪用了近代西方全球扩张时期的概念,根本不是古代东亚世界的史事,其直接目的,更是意在彰显日本是东亚“自由贸易”的维护者,而明代中国则“闭关锁国”,不让本国“民众”与日本自由做生意。此论宛如鸦片战争前夕,英国的鸦片贩子指责清政府封闭自大,拒绝与其展开“自由贸易”一样。

照此逻辑,日本商人为了维护中日之间的“自由贸易”,自然不能仅止于“期待着”,而是要有所作为:

> 世人动辄将倭寇误解为以掠夺为目的的海盗行为,实际上并非如此……日本商人最初可能只是观望,但一旦意识到既有的权益无法恢复,中国的贸易伙伴又被官府羁押,受到迫害,因此,当有贸易伙伴请求他们出手援助时,便再也无法坐视不管,从而加入到复仇战争中去。这才是倭寇的本质,才是他们的本来面目。两国政府之间的统制贸易无法满足民间的要求,于是民间贸易开始兴起,对民间贸易进行干涉,并从干涉发展到军事讨伐,然后对军事讨伐进行复仇,然后对复仇运动进行援助,经过了这一系列的过程才出现了倭寇。[③]

很明显,宫崎市定在这里把近代资本主义兴起之后出现的海洋贸易,甚至是18世纪后期

---

① 〔日〕宫崎市定:《倭寇的本质与日本的南进》,载氏著:《日出之国与日没之处》,张学峰、马云超译,上海古籍出版社2018年版,第28页。

② 〔日〕宫崎市定:《倭寇的本质与日本的南进》,载氏著:《日出之国与日没之处》,张学峰、马云超译,上海古籍出版社2018年版,第31页。

③ 〔日〕宫崎市定:《倭寇的本质与日本的南进》,载氏著:《日出之国与日没之处》,张学峰、马云超译,上海古籍出版社2018年版,第33页。

英国资本主义发展到一定阶段之后,借由工业革命后生产力的提高,向世界各地倾销商品,一改先前的贸易保护政策,转而提倡“自由贸易”主张的相关史事,放到了明朝中期的东亚。这是一种典型的罔顾时代背景的比附。而西方列强如何通过航海活动对广大的非西方地区进行瓜分,这一历史过程的物质基础、经济动力及诸如“自由贸易”之类意识形态说辞,马克思与恩格斯在《德意志意识形态》中也做了十分深刻的分析。[①] 由此可见,宫崎笔下的倭寇根本不像生活在古代东亚世界里的人,而是神似近代西方全球扩张中的各色先驱者。在这样的论述框架下,倭寇就成为具有现代意识的群体,他们不但具有类似“契约精神”的气质,拯救深受中国“体制”束缚的“民间商人”,而且通过一系列“侠义”之举,敲开封闭的中国大门。

正像早期殖民者深入美洲与非洲“不毛之地”的勇武之举在近代西方广受称赞一样,宫崎也毫不吝啬地称赞倭寇入侵中国。在他笔下,倭寇的“目的也绝不是掠夺,他们只是出于哥们儿义气,参与了遭受官府迫害的中国同类的复仇运动中去”。因此,“倭寇绝不是以中国民众为敌的”。更有甚者,“倭寇是战争的天才。有中国内地人做向导,对地理形势又非常了解,总能够通过伏兵的战术以寡敌众,尤其是日本刀的使用出神入化,让胆小的明朝官兵闻风丧胆”。[②] 如果这样的逻辑可以成立,那么斗转星移,在现代中国,日本侵华也不是为了掠夺,而是出于另一种“哥们儿义气”——“大东亚共荣”,把中国从西方势力的爪牙下解救出来;日本只是与“冥顽不化”的中国抵抗者为敌,而不以中国民众为敌。至于日军如何“威武善战”,更是在大量的宣传品中广为传播。总之,在明代倭寇身上,宫崎或许看到了自己也曾是其中一分子的侵华日军的影子。

同样,就像西方殖民者把在非洲、美洲的活动形塑为“教化”当地民众、进行开发建设一样,宫崎强调:“倭寇的暴行绝不是一种营利行为,当然也不是日本人乐意这么做。日本人最终还是希望在和平的环境下从事通商贸易。”[③]“日本人本来就爱好和平,自始至终都只是想与中国民众在和平的环境下进行通商贸易。如前所述,只是在万不得已的情况下加入到了中国官府与民众的斗争中去了,这就是所谓的倭寇。”[④]只要对明代后期至20世纪40年代的中日关系史稍有了解,就不禁会对宫崎的这番论调哑然失笑。破坏东亚“和平环境”的祸首究竟是谁,日本各方力量有多少是“本来就爱好和平”的,这些问题的答案其实非常清

① 〔德〕马克思、〔德〕恩格斯:《德意志意识形态(节选本)》,中共中央马恩列斯著作编译局编译,人民出版社2003年版,第48—59页。

② 〔日〕宫崎市定:《倭寇的本质与日本的南进》,载氏著:《日出之国与日没之处》,张学峰、马云超译,上海古籍出版社2018年版,第35、36页。

③ 〔日〕宫崎市定:《倭寇的本质与日本的南进》,载氏著:《日出之国与日没之处》,张学峰、马云超译,上海古籍出版社2018年版,第39页。

④ 〔日〕宫崎市定:《倭寇的本质与日本的南进》,载氏著:《日出之国与日没之处》,张学峰、马云超译,上海古籍出版社2018年版,第46页。

楚。可关键在于,宫崎却认为他的这项研究是在“深入事实的内部,阐明事实的真相”①,这真是让人错愕。不过,如果回顾一下七七事变之后日本政府为其侵略行径所做的辩护——“今对于中国,应如何处理其锁键,全操于日本之手,但日本之真正希望,不在中国之灭亡,而在中国之兴隆,不在中国之征服,而在与中国协力。日本愿在东洋人之自觉上,与已经觉悟之中国国民相携手,建筑东亚真正安定之天地”②——也就不会感到那么错愕了。

更让人不得不注意的是,宫崎此论在战后似乎也没有太多变化,这或许透露出他对战后进步思潮的不快。在影响颇广的《亚洲史概说》一书中,他如是叙述倭寇:

> 所谓的“倭寇”,是由于明朝行之过甚的锁国政策本身出现了破绽所导致的。……自宋元以来,日本人与中国沿海民众就已经开始进行自由贸易了,但明朝政府采取锁国政策之后,自由贸易就变成了走私贸易。而嘉靖皇帝对走私贸易的压制,与其说是针对日本人,不如说是针对中国人,试图以此对民众加以严厉的控制。为了反抗这一官方的压制,中国人只好勾结日本人掠夺沿海城市,这便是倭寇的真相。③

很明显,相比于战时,这些叙述更“学术化”、更“平实”,但核心观点却依然保留着。宫崎晚年自言:“本国人未必最了解自己的历史,外国人的理解常常更加准确,这可以说是历史研究中特有的趣味所在。”④不知对于明代的这段历史,宫崎是否也觉得自己较之中国人理解得“更加准确”? 从他在《亚洲史概说》中的倭寇“真相”论与战时观点一脉相承来看,也许他真是这么认为的。这一点恰恰是今人在阅读宫崎史论时不能忽视的。

四、亚洲近代史上的日本

宫崎史学的一个明显特征,就是习惯于把某一地区的历史流变放在广阔的世界史视野中来审视,强调不同文明与地区之间的联系和互动。这在技术层面无疑与晚近流行的“全球史”颇为契合,但在方法论与历史观层面,此举却与“全球史”研究背后的“世界公民”想象并无丝毫相似之

① 〔日〕宫崎市定:《倭寇的本质与日本的南进》,载氏著:《日出之国与日没之处》,张学峰、马云超译,上海古籍出版社2018年版,第47页。

② 《日本内阁总理大臣对于政府声明之解释》,载高军等编:《中国现代政治思想史资料选辑》下册,四川人民出版社1984年版,第234页。

③ 〔日〕宫崎市定:《亚洲史概说》,谢辰译,民主与建设出版社2017年版,第205页。

④ 〔日〕宫崎市定:《前言》,载《宫崎市定亚洲史论考》下册,张学峰等译,上海古籍出版社2017年版,第961页。

处，[①]而是另有其文化与政治意图。[②] 这在他论述近代日本的历史时体现得尤为明显。

在《日出之国与日没之处》一书里，宫崎收录了一篇名为《中国的开放与日本——中国式的体制与日本式的体制》的文章。此文意在通过对比中日两国在近代面对西洋文明时的不同态度，凸显中日之间“体制”的巨大差异。在他看来，中国自古以来就有独特的体制，历代王朝皆以维护这一体制自任，面对外来文化，在无损此体制的完整性时，中国古人尚能汲取一二，一旦觉得外来文化会对中国体制造成巨大冲击，那么王朝统治者就会选择深闭固拒，致使国势衰微。显而易见，他如此叙述中国历史，自然是为了拿来与日本体制做对比，彰显后者的优越性。宫崎声称，正因为“日本不断地与中国式体制抗衡，坚持采用日本式的体制”，所以日本一直希望与中国建立“对等”的外交关系，“从对等的立场展开两国之间的外交关系必定是最自然的想法，这种平等精神在东亚范围内是日本所独有的”，甚至此乃“日本式体制对于世界历史的意义”。[③] 只是不知宫崎下此结论时，是否考虑过日本长期对朝鲜与琉球的压迫姿态。

当然，宫崎此论更直接的目的是论述近代中国与日本不同的历史进程。他指出，正由于日本体制具有“平等”精神，所以它“自身也始终都是开放的。对于外国文明，无论何时都是取其精华，去其糟粕，并且迅速将其日本化，用以强化日本式的体制。我们应当立足于这样的观点，来重新认识日本式体制的长处”。[④] 此文撰写于20世纪40年代，如果认为近代“外国文明”的“精华”是帝国主义、殖民主义、军国主义的话，那么当时的日本确实吸收得非常迅速，并且用“万世一系”“八纮一宇”“王道乐土”等本土概念文饰之，东洋风与西洋景混为一体。在宫崎眼里，这样的日本体制堪称东亚之光：

> 东亚诸国有时也对旧中国式的体制发起反抗，但最终都被卷入其中，只有日本凛然独立，维持着独特的日本式体制，并不断促使中国式体制的反省，这在历史上值得大书特书。在欧美的压迫下，东洋各国或被征服，或沦为半殖民地，唯有日本不纠缠于应对的方式，只要无碍大局，就可以听该听之言，斥该斥之物，也就是在这样的过程当中，日本式体制的基础得到了不断的巩固和加强。[⑤]

① 关于“全球史”背后的时代想象，参见刘小枫：《欧洲文明的“自由空间”与现代中国——读施米特〈大地的法〉劄记》，载《中国政治学》总第2辑，中国社会科学出版社2018年版，第21—47页。

② 王向远：《日本“东洋史”三种模式及东洋史观批判》，《首都师范大学学报（社会科学版）》2019年第4期。

③ 〔日〕宫崎市定：《中国的开放与日本——中国式的体制与日本式的体制》，载氏著：《日出之国与日没之处》，张学峰、马云超译，上海古籍出版社2018年版，第128页。

④ 〔日〕宫崎市定：《中国的开放与日本——中国式的体制与日本式的体制》，载氏著：《日出之国与日没之处》，张学峰、马云超译，上海古籍出版社2018年版，第141页。

⑤ 〔日〕宫崎市定：《中国的开放与日本——中国式的体制与日本式的体制》，载氏著：《日出之国与日没之处》，张学峰、马云超译，上海古籍出版社2018年版，第142页。

众所周知,明治维新以来,日本一直觊觎中国的领土。甲午战争后,更是在中国抢夺了大量经济利益,说近代日本工业迅速发展的第一桶金来自对中国的掠夺也不为过。[①] 凡此种种,在宫崎那里都变成了日本苦心焦虑地促使中国从旧体制中"反省",并认为这应被"大书特书",着实令人感到无语。而更让宫崎备感"骄傲"的是,面对欧美的压力,日本并未屈服,依然保持独立,这便让日本成为亚洲各国的"榜样",后者理应效仿并遵从这样的"榜样"。

只是随着二战结束,日本战败,日本国内的态度瞬间从过往的高傲自大变成对占领军的卑躬屈膝。不少日本国民写信给美国占领者,让后者严厉处分战时日本领导人,各种检举揭发更是层出不穷。对于此时日本的实际统治者麦克阿瑟,《朝日新闻》称赞他为"我们的父"。[②] 或许是感受到了这样的氛围,宫崎在发表于1958年的《东洋史上的日本》一文里批评:"战争期间日本的狂妄自大,一旦战败马上就完蛋了!于是又出现了无止境的卑躬屈膝的自卑感,于是又出现了日本民族是未开化的、野蛮的、不干净的、不道德的,是罪人,日本的历史完全是捏造的,明治维新也是骗人的假玩意儿,日清甲午战争、日俄战争,都是日本资产阶级搞的侵略勾当等论调。"[③]而回应之道,在宫崎看来,就在于必须"把日本的历史完全客观地放在世界历史中来加以观察"。[④] 由此可见,宫崎史学的世界史视野,很大程度上是希望借助这一方式彰显日本自身的特色。

宫崎强调,世界各地文明无不处于各种联系当中,文化流动贯穿历史进程,只是不同文化一旦相遇,是互相交融,抑或彼此对抗,在历史中具有不同的显现罢了。基于此,他认为日本文化在此流动性的背景下,可以称为"终点站文化",或"中转站文化":

> 说最近代的日本文化是中转站文化……我的意思是,经过选择之后,合格的东西传播了进来,合适的东西保存了下来。为了使之进一步符合自己的审美观,不停地在加工着,无论它出自哪里,经过两三代,就都变成了优秀的本地文化,然后再与新来的外来文化进行较量,反复进行选择、同化的过程。[⑤]

这个观点,其实与战时宫崎对"日本体制"的称赞在基本结论上并无不同,都是为了突

---

① 参见〔日〕伊源泽周:《关于甲午战争的赔偿金问题》,载氏著:《从"笔谈外交"到"以史为鉴"——中日近代关系史探研》,中华书局2003年版,第149—168页。

② 〔美〕约翰·道尔:《拥抱战败:第二次世界大战后的日本》,胡博译,生活·读书·新知三联书店2008年版,第207、208页。

③ 〔日〕宫崎市定:《东洋史上的日本》,载氏著:《日出之国与日没之处》,张学峰、马云超译,上海古籍出版社2018年版,第195—196页。

④ 〔日〕宫崎市定:《东洋史上的日本》,载氏著:《日出之国与日没之处》,张学峰、马云超译,上海古籍出版社2018年版,第196页。

⑤ 〔日〕宫崎市定:《东洋史上的日本》,载氏著:《日出之国与日没之处》,张学峰、马云超译,上海古籍出版社2018年版,第201页。

出日本能基于自身立场，不断吸收、消化外来新文化的“特性”。只是这个“特性”，在战时可以用来证明日本文化乃东亚翘楚，在战后则可用来证明日本文化自有生命力，不应遭受前文所述的各种非议。所以，宫崎指出：“所谓新文化，本来应该由内部创造出来的。但是，创造必须要在具备了一切有利条件，并且还要让这些有利条件实现最佳配比之后才有可能产生。”①值得注意的是，这番话绝非泛泛而谈，而是为了突出“新文化的创造，前提必须是一切有利的条件在这里实现了最佳的结合，如果我前面所说的话不错的话，那么应该说唯有今天的日本才具备了这样的资格”②。回到历史语境，二战结束后亚洲许多被殖民国家纷纷独立，新中国的建立更是影响了世界格局，旧的殖民体系在亚洲早已土崩瓦解。照理说，日本过去建立在旧秩序之上的优越感应该降温才是，可这些时代变化似乎对宫崎没什么影响。他绕了一个大圈子，最终还是落脚在宣称日本文化在亚洲的优越性。

因此，很难认为宫崎的史学思想在战后有什么巨大变化。在《亚洲史概说》里叙述近代日本历史的部分，他专门用一节来分析“第二次世界大战的功与罪”。作为中国人，笔者实在难以理解二战中的日本究竟何“功”之有。而所谓“罪”，在宫崎笔下，不是“陆军军官的演出脚本总是过于脱离现实”，就是海军首脑“没能改变思路，而是始终坚持巨舰巨炮至上主义”，③总之，都属于战略上的失误，而非对这场战争本身进行否定。这就好比九一八事变的幕后策划者石原莞尔并不反对侵吞中国，只是不主张操之过急地借卢沟桥事变来造成中日全面开战而已。如果今人不会因为石原的后一种态度而认为他是反战人士，那么对于宫崎的二战观，也可用相似的逻辑来审视。

在为自己所著的《中国史》撰写跋文时，宫崎谈到该书在中国台湾有中文译本，在韩国有韩文译本，并且觉得会“一定程度流传于世”，于是感慨：“像《中国史》这种题目的著作，虽然有许多作者以各种语言撰写，但相当数量的同类书中，只有我的书被翻译到中国台湾与韩国。”④他由是展开联想：

> 与这两地相反，法国殖民地的印度支那、英属印度、美国殖民地的菲律宾、曾为荷兰领土的印度尼西亚等国，主权国因担心人民反感，不敢以新文明教育人民，只能放任自流，因而失去了发现最近世文明长处的机会，结果至今都后悔于文化、社会的落后。虽然是关乎这些民族盛衰存亡的大问题，但几乎从未听说有哪个历史学家曾指出这种

① 〔日〕宫崎市定：《东洋史上的日本》，载氏著：《日出之国与日没之处》，张学峰、马云超译，上海古籍出版社2018年版，第202页。

② 〔日〕宫崎市定：《东洋史上的日本》，载氏著：《日出之国与日没之处》，张学峰、马云超译，上海古籍出版社2018年版，第203页。

③ 〔日〕宫崎市定：《亚洲史概说》，谢辰译，民主与建设出版社2017年版，第355、356页。

④ 〔日〕宫崎市定：《宫崎市定中国史》，焦堃、瞿柘如译，民主与建设出版社2019年版，第489页。

真相,这是为何?①

很明显,这番话的未尽之言是通过强调法国、英国等老牌殖民主义国家在殖民地没有用"新教育"去教化当地民众,导致这些地区享受不到"近世文明",来突出日本在中国台湾、韩国的殖民活动是尽了"责任"的,这两处地方摆脱"落后"状态,是有日本殖民者的一份"功劳"的。不难看出,如此这般的言说,充斥着"文明等级论"式的思维方式。当然,宫崎在沉浸于自己的著作能在中国台湾、韩国传播的同时,或许有意忽视了二战后许多中国马克思主义史学家的著作也在日本颇为流传,而这些史学著作背后的重要理论基础——《毛泽东选集》,更是长期受到日本进步青年欢迎。不过,及至去世前宫崎依然保持这种殖民主义的幻觉,也实在让人忍不住"啧啧称奇"。试想如果与宫崎具有相似理念的人,看到他的许多著作在当代中国也大有市场,会不会也联想到二战期间日本在中国占领区的各种作为,会不会也将其视为在给中国人民普及"新文明教育"?一个可供佐证的参考,就是日本右翼政治人物吉田茂的《激荡的百年史》曾在 20 世纪 80 年代以降的中国文化界受到不小的推崇。这本书刻意美化、掩盖、扭曲日本明治维新以来发动的多场对外侵略战争,全然不提日本对亚洲各国民众犯下的滔天罪行,极力替日本军国主义统治集团做辩护,污蔑中国的国民革命运动与抗日运动。只要对近代中日关系史稍有了解,都不难看出此书根本称不上规范的史学著作,顶多算是现代东亚右翼政治宣传品里的典型。但就是这样的书,却在特定的历史时期使不少人将其中的观点视为近代中日关系史的实相。其中的"玄机",值得人们深思。

五、余论

在太平洋战争期间,日本军方人士认为需要就"占领地区的统治及战后建设问题,研究古今内外过去几千年间人类的经验,探索其规范教训",因此组织 45 名史学研究者集体编撰《占领地区的统治及战后建设史》。在此过程中,"史家也认识到这一新的使命,奋力以赴"。可见,彼时不少日本研究者非但不认为与日本军国主义集团合作是一件可耻之事,而且还颇为积极地参与其事。② 宫崎市定也认为:"人生观和历史观原本是相通的。"③因此,从他的许多史学论著里都能看到他对于如何形塑现代日本人人生观的思虑。但按照现代史学对于"实证研究"的某种执着,明白宣示历史著作与人生观之间的紧密联系似乎是一件

---

① 〔日〕宫崎市定:《宫崎市定中国史》,焦堃、瞿柘如译,民主与建设出版社 2019 年版,第 490 页。

② 〔日〕堀场一雄:《日本对华战争指导史》,王培岚等译,世界知识出版社 2017 年版,第 450 页。

③ 〔日〕宫崎市定:《东洋史上的日本》,载氏著:《日出之国与日没之处》,张学峰、马云超译,上海古籍出版社 2018 年版,第 196 页。

很政治不正确的事情。对于所谓的“学院派”研究风气，宫崎声称：“真正的学院派史学，绝不会让读者感到无聊。行文晦涩、缺乏节奏、理论烦琐、思路不清，这些都不是学院派的特征。真正的学院派是面向一般社会的，绝不会画地为牢，惺惺相惜。”①笔者虽然不能同意宫崎的日本论述，但依然觉得至少他很坦诚，没有故作姿态地摆出一副“价值中立”的模样，没有刻意强调自己如何不忘“学人身份”，而是直接挑明自己的研究是“面向一般社会的”。借用他自己的观点，这也许算是一种“朴素主义”。

因此，宫崎在不少历史论著里时刻不忘抬高日本文化的价值，突出日本在亚洲的优越地位，这在二战中与战后并无本质上的变化。他在晚年颇为自信地说道：

> 在现实层面，“二战”后，亚洲各国从欧美的殖民地状态脱离出来，渐次走向民族独立和发展的道路，究其原因，这一大变革的原动力正来源于日本。比之于俄国的十月革命，日本对于亚洲的解放的贡献，更应该被命名为人类历史上20世纪最伟大的事业。这样伟大事业的实现者——日本却未能获得到正确的历史评价。②

当然，在日本的东洋史圈子里，也绝非仅宫崎一人持这样的立场。和田清在出版于1956年的《东洋史》里就认为二战时期日本对南亚的侵略活动“解放了原来是欧洲殖民地的许多亚洲国家”。他宣称：“现在，一般日本人由于对这次战争感到惭愧，都不愿意谈这个问题。但实际上，欧洲国家在亚洲等地的殖民地宣告独立，就是由于间接受到了日本的影响。”③从历史进程来看，近代欧洲列强对亚洲的殖民活动固然需要被批判，但日本二战期间在这些地区的所作所为又与近代欧洲列强有何不同呢？说起解放，推翻日本的军国主义统治不才是二战期间亚洲地区最重要的解放运动吗？否则，日本的势力哪里会主动离开这些地区？④ 因此，今天国人在阅读宫崎的著作时，不应忽视他的这些情感与立场。面对他的治史方法、他对中国历史的分析，更是需要将其置于其立论背景之下来评价。否则，一方面很难看清他为何有这样的治史方法、这样的学术观点，另一方面极有可能陷入他所编织的论述逻辑中，把他的情感、立场与现实诉求视为某种值得同情或歆羡的东西。

---

① 〔日〕宫崎市定：《前言》，载《宫崎市定亚洲史论考》中册，张学峰等译，上海古籍出版社2017年版，第521页。

② 〔日〕宫崎市定：《东洋史学七十年自跋集》，转引自王广生：《宫崎市定史学中的民族主义》，《国际汉学》2017年第3期。

③ 〔日〕和田清：《东洋史》，何宁译，商务印书馆1963年版，第84、85页。

④ 当然，以和田清为代表的日本学者如此论述日本的侵略活动，很可能是根据裕仁的所谓《终战诏书》中的观点。在这篇《终战诏书》中，对日本侵略行径负有重要责任的裕仁声称：“对于始终与帝国（按：日本军国主义政权）共同为解放合作之各盟邦，不得不表遗憾之意。”（参见〔日〕服部征四郎：《大东亚战争全史》下卷，张玉祥等译，世界知识出版社2016年版，第1269页）可见，直至日本宣布投降（甚至可以说，在这篇文献里，日本统治阶级也并未明确宣布“投降”，而是用了“终战”二字），日本统治阶级都未直接承认他们在亚洲各地的侵略行为，反而将侵略扭曲成“解放”。因此，那些对近代日本军国主义抱有好感的学者，自然不难依样画瓢。

更有甚者,宫崎用“朴素主义”与“文明主义”区分中国历史上的不同政治集团的做法,在之后的日本东洋史中一直存在。在日本东洋史学界,魏特夫发明的“征服王朝”概念受到不少人的青睐。不过在具体论述中国历史上的所谓“征服王朝”时,一些学者依然透露出宫崎式的二分法。如村上正二声称,中国历史上的游牧民族“不再依靠农耕民的财富,或是辛苦的一意用心于财富的掠夺来维持,而成为那样卑小的存在。他们远远的离开以往狭隘的地方,到无拘无束的自由天地,优哉游哉的放牧大群的牛羊,成为‘很自豪的游牧民’”。当这些群体进入中原之后,“在他们的眼里蔑视被限于狭隘的地区而一方面束缚在土地上忙于耕作、充满了辛劳的中国农民的情形;对于在广漠的天地、骑马驰驱的游牧民的自由而无拘束的生活,充满了无限自夸之心和优越感。没有过去游牧民所能看到的对于中国高度的文化有丝毫的自卑感;有的只是强烈的征服者的意识在作用”。[①] 这样的叙事,堪称宫崎市定“朴素民族”论的翻版。它想表达的与其说是中国古代游牧民族的精神特征,不如说是强调那些不属于“中国高度的文化”(是否真的不属于,本身就值得商榷)所覆盖的群体不曾对中国有任何畏惧心理,而是有着“强烈的征服者的意识”。又如田村实造在分析中国历史上的少数民族政权时,认为:“成为中国的征服王朝之时,则不外是意味着牧畜生活体制的放弃,或对于其之持续,给予大大地限制。如果那样的话,它们的武力就会虚浮于空中,他政治的组织也会弱体化。另一方面被支配层的汉族,拥有根源于农业生产充裕而强韧之经济力,且因为人口众多等因素,征服民族的政治的组织力逐渐地输了,征服王朝就瓦解。在此可说是他们的宿命。”[②]很明显,这一论调基本沿用了宫崎市定强调的从“朴素主义”到“文明主义”的变化,而这背后凸显的,就是把中国农耕文明与基于农耕文明之上的政治经济制度负面化,强调“征服”中国的同时,不要被这些负面的东西“沾染”。

最后,二战结束之后,日本学术界开始反思日本的现代化事业为何会一步一步走向侵略战争,为何会对周边国家造成极大伤害,为何日本国内会长期存在右翼军国主义思潮。在这样的文化氛围里,除了少数依然认同右翼史观的人,不少中国史研究者也开始重新检讨近代以来东洋史的研究方法与历史观。虽然受到由美国主导的冷战学术的干扰,但马克思主义史学在战后日本史学界依然有着巨大影响力。[③] 对此,谷川道雄认为:“战后重新开始的历史研究特色之一是从世界史的立场去看待日本史、中国史、欧洲史等不同地域的历史。这个观点来自于对唯我独是的日本史观的反省和批判。”比如所谓中国停滞论,“‘停滞

① 〔日〕村上正二:《征服王朝》,载郑钦仁、李明仁编译:《征服王朝论文集》,稻乡出版社1999年版,第102、121页。

② 〔日〕田村实造:《中国征服王朝——总括》,载郑钦仁、李明仁编译:《征服王朝论文集》,稻乡出版社1999年版,第87页。

③ 〔日〕户邉秀明:《马克思主义和战后日本史学》,载陈恒主编:《新史学》第27辑,大象出版社2021年版,第100—123页。

论'是指认为中国社会具有浓厚的停滞性,因而与西欧或日本相比,缺乏依靠自身力量进入近代化可能性的一种观点。这种看法在战争期间就存在于日本历史学界中,它与认为没有日本的援助、指导,中国就不能实现近代化的理论是一致的,其结果是将日本对中国的侵略正当化"。因此,"战后试图克服停滞论的课题,一方面具有打破日本侵略中国正当化理论的意义,同时在另一方面,又是有志于构筑新的中国史理论"。而这种新的中国史理论,"当然是把中国看成不断发展的历史。第二次世界大战中,中国战胜了近代化的先进国日本,就被认为是中国史进步性的现实证明。中国继在第二次世界大战胜利之后,又建立了新中国,超越资本主义,走上了社会主义道路。如果中国现在是这样,那它过去的历史,不也就是一个不断趋于发展的历史吗?"①这样的学术风气转变过程,表现了战后一批日本知识分子追求真理、追求进步的品格,值得人们尊重。与之相连,马克思主义在战后日本的传播、日本左翼政党的政治活动,同样属于当代国际共运史与亚洲马克思主义理论发展史的重要组成部分。在今天,我们确实需要加强国际学术交流,但这样的交流应该是全面的,而非受晚近全球霸权意识形态主导。因此,或许有必要进一步向中国学术界介绍战后日本马克思主义史学的著作,翻译其中的代表作品,而非把日本右翼史学改头换面在中国进行传播。

① 〔日〕谷川道雄:《战后日本的中国史论争·总论》,载刘俊文主编:《日本学者研究中国史论著选》第2卷,中华书局1993年版,第314、316、317页。

·文化史家·

沈从文形象哲思抒义

——再论其物质文化史研究的理论贡献①

刘中玉

摘要 沈从文对于中国物质文化史研究的理论贡献值得重视和推扬。特别是在新时代中国式现代化阐释的语境下,从历史哲学的维度对其形象哲思详加梳论,尤具理论价值和时代新义。从实践层面而言,无论是文学创作的艺术性刻画,还是民俗日用物质文化的切近观察与着眼于文化继替的梳理,沈从文都把发现、呈现生命本质的美与意义,置于推进构建一种更新的人生观和文化观的立场,并在对根植于民族性的传统文化创造性发展的基础上,彰显出了形象史学的方法论意识和史学研究的中国风格和气派。

关键词 沈从文 形象哲思 文化观 先锋意识 中国气派

一、引言

1988年5月沈从文辞世时,在纷至沓来的海内外学人追忆文章中,除了如白玉映沙的作家、文学家、小说家、文体学家身份让人感怀外,其自新中国成立后覃志于从物质文化来辟新历史研究的努力和成就,更是博得了历史学家、考古学家、哲学社会科学家、博物馆学家、文物考古学家、古文物学家、文化史家、卓越的文物工作者、艺术史学家、物质文化史家、工艺美术鉴赏家等新的称誉和尊重。

或许对于沈从文而言,这些头衔并不足以概括其致力于"新的中国物质文化史"研究的

作者简介 中国社会科学院古代史研究所("古文字与中华文明传承发展工程"协同攻关创新平台组成单位)副研究员,文学博士,研究方向为形象史学、海洋文化史。

① 涉及沈从文物质文化史研究的理论贡献,笔者已撰写《沈从文与形象史学》(《中国社会科学报》2013年2月27日)、《形象史学:文化史研究的新方向》(《河北学刊》2014年第1期)、《形象的生产意识与生命形式——谈沈从文的理论贡献》(《艺术市场》2022年第12期)、《从形象出发:试论沈从文的物质文化史研究路径》(《中国史研究动态》2022年第6期)等多篇。

远志和贡献，更何况他一向对被冠以某某观或某某家的做法持小心避让或敬谢不敏之态度。在他看来，凡是用某某观点作为批评基础的都没有说服力，比如常常有人对其作品作“买椟还珠式”的解读，甚至是“肉色”趣味的指摘，[①]却有意或无意地忽略他在文字中饱含的对国家民族深厚的沉忧和对人性生命哲学的抽象，以及对艺术教育的创造、启发之情怀。故此，他每每自嘲式地谦称自己无论文学、史学、书法都是“习作”，然在言语文字间又往往矜傲自信，自许“一个伟大纯粹艺术家或思想家的手和心，要比现实政治家更深刻并无偏见和成见的接触一切，且能于政治、宗教之外，更形成一种进步意义和永久性”[②]。

对于沈从文思想的细腻与深刻处，无论是朱光潜、卞之琳、施蛰存、巴金、萧离等故旧，李霖灿、汪曾祺、林蒲等学生，还是宋伯胤、金介甫、聂华苓等受教者、传记者，与之接触愈久，便感知愈深。近年来，研究者如贺桂梅尝试将他与萧乾、冯至、丁玲、赵树理等人置于近代思想转型和文学变革的层面并伍讨论，尝试从他们身上寻绎近代思想史与文学史的交错与融合，以解释他们内在的思想与精神脉络及其背后的精神史内涵。贺氏认为，沈从文在《烛虚》《七色魇》中的表现说明，“四十年代的沈从文形成了一套独特的阐释个人、现实、历史、社会、民族乃至宇宙的思考方式”，“这种探索因为缺乏明晰的理论范畴和思想体系而显得相当含混”，却具有极高的思想史、精神史和文学史价值。[③] 有鉴于此，她对沈从文一贯认为自己“并不仅仅是一个擅长写故事的小说家，而是一个有着独特思想追求的作家”深以为同。[④] 在钱理群看来，正是立足于现当代文学都是现当代思想文化运动（20 世纪 20 年代的“五四”思想启蒙运动，50 年代思想、文化新秩序的建构，80 年代的思想解放运动）的产物，许多现当代作家都有自觉的思想追求，其文学创作都具有十分丰富的精神内涵这样一些现当代文学的基本特点与优势。[⑤]

单纯从近代学术史研究的场域来看，沈从文作为思想者或思想家的确一直被排斥在文学哲学或历史哲学的视野之外。对于这一现象，钱理群认为，除了其“一流乡土作家”的形象过于强大之外，更根本的原因在于其思想与表达溢出了我们惯常的关于现代思想、现代社会、现代文化、现代话语的正统、主流观念与想象，具有异质性与特殊性。[⑥] 钱氏所谓的

---

① 1943 年《新文学》编辑在沈从文《摘星录》刊后记中即评论曰：“沈从文近来的作风，似乎都想用人生问题的讨论开头，而后装入他那一贯的肉欲的追求，……这作兴就是他的人生态度人生观的基本的流露了吧！”见《新文学》1943 年第 1 卷第 1 期。吴立昌：《“人性的治疗者”——沈从文传》，百花文艺出版社 2013 年版，第 247—248 页。

② 沈从文：《一个传奇的故事》，《沈从文全集》第 12 卷，北岳文艺出版社 2002 年版，第 231 页。

③ 贺桂梅：《时间的叠印：作为思想者的现当代作家》，生活 · 读书 · 新知三联书店 2020 年版，第 90—91 页。钱理群：《从“当代”看“现代”的精神史探索》，《读书》2021 年第 1 期。

④ 贺桂梅：《时间的叠印：作为思想者的现当代作家》，生活 · 读书 · 新知三联书店 2020 年版，第 99 页。

⑤ 钱理群：《从“当代”看“现代”的精神史探索》，《读书》2021 年第 1 期。

⑥ 钱理群：《从“当代”看“现代”的精神史探索》，《读书》2021 年第 1 期。

"异质"和"特殊",实际上也正是沈从文自己所谓的"孤勇"。[①] 在文学创作上,他坚定地反清客文化,认为创作不能为了政治和商业利益而投机、趣利,坚持文化要发扬而不是发卖的底线;对待文化遗产研究,更要着眼于文化形态和社会形态的"常"与"变",把"历史上积累的民族智慧来运用,走光辉炫目的新路"作为致力方向。[②]

生命永远是美的化身。对沈从文来说,无论是从底层生发的文学创作,还是着眼于民俗日用的物质文化史研究,都是发现生命之美的陶醉之旅。诚如美国学者斯通贝克在《献给沈从文的组歌》里的动情之言:"我们或许转向学术研究,/转向文学和漆器,/锦缎和服装,保存下过去的点滴,/如同在一张羊皮纸上一样的,/在历史的瓦砾里,/碎条、破片、细线,/通向过去那座迷宫的线索,/那座我们必须在其中巧妙地曲折穿行的迷津,如果我们想要走出来/到一个有意义的现在和未来,/一个有根深蒂固的欢乐的明天。"[③]

从沈从文个人的思想积累和经验阅历来看,心理学上的思考特别是对弗洛伊德的反思使他对形象的生命特征,不仅在语言描述上获得了方法性的指导,而且在人类经验与物质传统的结合上有了文化心理的通感。在此,笔者拟构"形象哲思"这一范畴,假以涵括之。笔者认为,对于沈从文在作品中会通心理分析与艺术分析的方法思维,倘若仅仅停留在"抒情"的层面来认识(虽然他偶尔也会以"抒情"自揶),显然不足以通观其之于人性、学术哲学思考的整体性与系统性。

再结合20世纪新文化运动以来的文化史研究来看,在经历了从关注社会演化到80年代以来眼光向下的研究路径之转变(即由早期的推助国民性格再造和民族内质重塑的宏图之志,转向了生活日常的"以小为美")后,我们对于近代以来传统文化的现代化探索又一次来到语境转换的路口。传统只有在现实中延续才更能体现其历史意义,笔者认为要阐释中国式现代化,形成根植于中国传统而非嫁接移植的话语体系,不仅须从我们多元一体的传统内部出发,避免被异化的物质主义所诱导,同时需要我们克服文化遗产保护的特殊利益考量,加强传承的使命担当和智慧贡献。在新的时代语境下,我们从历史哲学的维度再来讨论沈从文的形象哲思,便更彰显出方法层面和实践层面的意义。

二、素朴艺术观和生命形式的形象哲思

沈从文对于世界的看法一直是形象性的。通过多次近距离的观察和交谈之后,金介甫

---

① 沈从文:《白话文问题——过去当前和未来检视》,《小说作者与读者》,《沈从文全集》第12卷,第53—64、76页;沈从文:《一种新的文学观》,《沈从文全集》第17卷,北岳文艺出版社2002年版,第171—172页。

② 沈从文:《〈艺术周刊〉的诞生》,《沈从文全集》第16卷,北岳文艺出版社2002年版,第467页。

③ 〔美〕斯通贝克:《献给沈从文的组歌》,巫宁坤译,巴金、黄永玉等:《长河不尽流——怀念从文》,湖南文艺出版社2018年版,第44—45页。

更笃定沈从文不仅在文学上对世界有如此的形象性认知，还把这一认知从文学引渡到美术史。这两种看似互不相干的事业，他做到了兼擅融通。[①]

（一）素朴艺术观

从学理上来看，艺术来源于人类感官的情感经验和基本需求。在马林诺夫斯基（费孝通译"马凌诺斯基"）看来，艺术的基础便在于满足人类对于声、色、香、形的生物需求，而感官的印象合并起来产生的一种特殊情调，便成为艺术和美感的基本原料。艺术的基本功能就在于满足生理需求，然后在满足需求并参与其他社会活动的过程中产生变化的动力。他认为，这种为满足人类生理需求而生产的动力催发了创造之心，由此让"手工业者喜爱他的材料，骄傲他的技巧，每遇一种新花样为他所手创的时候，常感到一种创造的兴奋"。手工业者通过创造的新形式，获得了社会的赞许，提高了经济价值、审美价值和个人的地位，并产生一种促其努力工作的兴奋剂，以及为每种工艺建立一个价值的标准的激情。[②]

相较于马氏的"人类学之眼"，沈从文的观察更是通彻到"艺术的灵魂"深处。在其眼目里，大多数人的生命状态都是浑浊混沌的，而艺术则能够让人得到片刻的纯粹诚实。他认为，艺术品的形成皆从支配材料着手，至于艺术制作的传统，则要一面承认材料的本性，一面就材料性质注入他个人的想象和情感。好的艺术作品，能让观者接触到另外一种人生，对自己的人生镜像有所启示，对"生命"能作更深一层的理解。因此，他提出对待文学和绘画等艺术更需要素朴诚实之心，并要将这一素朴诚实之心根植于热爱大众的生命，以及他们在手工业品上对于生命的表达。

沈从文与人类学家一样，同样把"形象"看成一个生产的过程，并将小市民层生产供给较大市民层的工艺美术浸入寂寞生命的发展成熟过程中，然后用"充满光和憧憬和唯一的真理的风格写成故事"[③]。他从湘西这片在其笔下充满幻念而又真实明澈的区域里，"从自然，从坟、风、地上的草、河里的游鱼，从所有的东西的感觉，气味和声音，得到纵情的欢乐，心醉神迷"[④]，从多情的水手、小手工业者、士兵的诚实朴素之心里扩张的勇敢与热情中，发现了对生命形象的处理方式，而他本人也在这种生活意识形态的扩张中逐渐增进了对生命形式的认识。

沈从文对形象的理解和兴趣，明显不同于美术专业人士，他"能从多方面对一件美术品

---

① 〔美〕金介甫：《沈从文在美国》，巫宁坤译，巴金、黄永玉等：《长河不尽流——怀念从文》，湖南文艺出版社2018年版，第352—353页。

② 〔英〕马凌诺斯基：《文化论》，费孝通译，华夏出版社2002年版，第94—95页。

③ 〔美〕斯通贝克：《献给沈从文的组歌》，巫宁坤译，巴金、黄永玉等：《长河不尽流——怀念从文》，湖南文艺出版社2018年版，第47页。

④ 〔美〕斯通贝克：《献给沈从文的组歌》，巫宁坤译，巴金、黄永玉等：《长河不尽流——怀念从文》，湖南文艺出版社2018年版，第43—44页。

发生兴味,一个有风格有性格的优秀美术家,他工作也似乎乐于有这种鉴赏者或评判者”,并特别提出,“爱好的不仅仅是美术,还更爱那个产生动人作品的性格的心,一种真正‘人’的朴素的心”。① 1949年,他在改造学习的心得中也谈到这个问题:“文学艺术的普及兼提高,尤其是以器物为重心,一部劳动工艺美术史的整理,并用它作媒介,希望新旧接触而发扬……还需要一种素朴艺术史观,辩证的理解建立于造型美术的传统认识,向传统学习,启发下一代的创造的心。”②

(二) 生命的形式与抽象

既然形象的生命是制作者以自己的生命形态赋予的,那么在作品中表现人性、表现生命的形式也就成了创造之心的赋予。当然,对于这些偶然生命取予的形式③并不是刻意的,而是从“从容的各在那里尽其生命之理”中延展其自然生命力。④ 在沈从文看来,抽离情感来谈生命的象征,企图用抽象重铸抽象,注定会失败的。他认为,大多数美好的生命和事物之所以无从保存,并不是事情本身缺少动人的悲剧性,缺少的只是一个艺术家或诗人的情绪恰巧和这个问题接触。⑤ 同样,这个情绪也并不是任意的,而是要有肯广泛地从旧的传统中最好的艺术品那里学习取得创造的心。举两个例子来说。20世纪30年代,其内弟张定和当时在美专学习图案画,对照相特别感兴趣。他接触后发现,当时国内图案画的提倡者既不知从中国固有的铜玉木石和丝毛织物艺术品参考取法,又很少用欧美精美图案作底子,作用且仅限于供应上海商业市场商品标志之需要。他认为要学好图案画,不仅要明晰光影分配布置,照例还得随同传统的历史发展,学习认识这个社会有形制度和无形观念的变迁,并在重新检讨研究国家民族的弱点和长处,以及文化史各部门所表现情操和愿望的方式的基础上,来好好消纳它,综合它。⑥ 对此,他从另一位年纪轻轻的木刻作者——他的表侄黄永玉身上看到了这种希望。他坚信“凡属造型,如用泛神情感去接近,即无不可见其精巧处和完整处”,坚信艺术更需要无私,必对人生有种深刻的悲悯,无所不至的爱,于中国建筑一种更新的文化观和人生观。简言之,即要坚持素朴诚实之心。他观察到黄永玉正是把木刻看成处理生命的方式,并从优良传统去作广泛的学习,再将传统加以综合,由于虔诚和谦虚的试探,慢慢得到进步,作出崭新的成就。他因此鼓励黄永玉将木刻作为永久性的工作,期待他“用木刻写出国人由于一种新的觉醒,去共同向知识进取,驾驭钢铁,征服自

---

① 沈从文:《关于西南漆器及其他》,《沈从文全集》第27卷,北岳文艺出版社2002年版,第22—25页。

② 沈从文:《政治无所不在》,《沈从文全集》第27卷,北岳文艺出版社2002年版,第46—47页。

③ 沈从文:《水云》,《沈从文全集》第12卷,北岳文艺出版社2002年版,第116页。

④ 〔美〕聂华苓:《与自然融合的人回归自然了——台北旅次惊闻沈从文先生辞世》,巴金、黄永玉等:《长河不尽流——怀念从文》,湖南文艺出版社2018年版,第328页。

⑤ 沈从文:《青色魇》,《沈从文全集》第12卷,北岳文艺出版社2002年版,第183—184页。

⑥ 沈从文:《定和是个音乐迷》,《沈从文全集》第12卷,北岳文艺出版社2002年版,第209、213—214页。

然，促进实现一个更新时代的牧歌”。①

从实践层面而言，无论是文学创作的艺术性刻画，还是民俗日用物质文化的切近观察与着眼于文化继替的梳理，沈从文都是把发现、呈现生命本质的美与意义，置于推进建筑一种更新的人生观和文化观的立场。② 这一立场不仅只是“赅众艺，画黎民”，而且还充盈了生命、情感、人性和希望。在主编《艺术周刊》时，他曾鲜明地亮出自己的主张，凡是从事艺术的人，如果要真的“创一派，走一新路，皆不能徒然抛开历史，却很可以运用历史”③，而且更为重要的是要把历史上积累起来的这么光彩夺目的财富“注入自己生命意识作成的种种艺术品”中，并认为“只有最善于运用现有各种遗产的艺术家，方能创造一个他自己所在时代高不可攀的新纪录”。④ 比如他对于湘西河流生命式的笔墨倾注，在研究者看来，无论是功力还是成就都要远远超过张择端的《清明上河图》，“无论就其小说艺术本身来欣赏，或者当作20世纪初叶湘西地方社会的一套精致录影资料来研究，也都有其不朽的价值”⑤。金介甫认为，沈从文“创造了从童年时代就认识的湘西，用浪漫的和理想主义的笔调再塑造它。塑造一个少年中国形象，而不是古老的中国形象。沈从文让他的读者用新眼光来看待祖国的‘传统’遗产：把他们自己看成是很有潜力的年轻一代，甚至看成是他也渴望从陈规陋习的束缚中解脱出来，在他们的先辈的热望中，看到富于朝气蓬勃的创造性活力”⑥。同时他指出，正是在这一人生观和文化观的立场上，“沈从文不是在鄙弃中国人传统的时代里形成他的思想的激进分子，而是仍然相信中国的古老事物（不是指古老的儒家文化）能够改弦更张，为新目的服务，用不着害怕西方，也不怕社会解体。沈从文在风格题材上的中国气派，和他轻而易举和不容置疑地同化外来思想的手法，说明这位艺术家既不害怕中国向帝国主义屈服，也不担心中国在改革道路上会失魂落魄”⑦。

可以说，金介甫认为沈从文用“轻而易举和不容置疑地同化外来思想的手法”，在风格题材上树立起“中国气派”，恰恰与1938年毛泽东在中共中央六届六中全会上的报告中提到的必须用马克思主义的方法学习我们的历史遗产，并通过一定的民族形式树立中国文艺的中国作风、中国气派的问题，即把国际主义的内容和民族形式“二者紧密地结合起来”，“洋八股必须废止，空洞抽象的调头必须少唱，教条主义必须休息，而代之以新鲜活泼的、为

① 沈从文：《一个传奇的本事》，《沈从文全集》第12卷，北岳文艺出版社2002年版，第230—232页。

② 沈从文：《一个传奇的本事》，《沈从文全集》第12卷，北岳文艺出版社2002年版，第232页。

③ 沈从文：《〈艺术周刊〉的诞生》，《沈从文全集》第16卷，北岳文艺出版社2002年版，第469页。

④ 沈从文：《〈艺术周刊〉的诞生》，《沈从文全集》第16卷，北岳文艺出版社2002年版，第469页。

⑤ 〔美〕马逢华：《敬悼沈从文教授》，巴金、黄永玉等：《长河不尽流——怀念从文》，湖南文艺出版社2018年版，第225—226页。

⑥ 〔美〕金介甫：《沈从文传》，符家钦译，时事出版社1991年版，第7页。

⑦ 〔美〕金介甫：《沈从文传》，符家钦译，时事出版社1991年版，第7页。

中国老百姓所喜闻乐见的中国作风和中国气派”的论断相切应。① 在消纳国际主义的方法，利用“人民生活中本来存在着文学艺术原料的矿藏”②方面，沈从文的确在 20 世纪三四十年代的文学创作上踏出了新路，树立了中国气派。早在北上之前，他便已在朦胧的自觉中把底层生活的观察储存为后来创作的素材。他认为，历代著述对于人民劳动生活的现实及其在社会发展中的一切文化成就贡献、对世界文化交流的影响，着墨不多，未免过于简化了“历史”。而物质文化史研究最明显的特征就是由以人（王侯将相）为主转到以物为主（百姓日常），也因此必然深入到社会生产和社会发展层面。这也可以解释为什么他会在新文学热衷于为政治服务的氛围下，格格不入地投入到民俗研究中去。③

1931 年，沈从文在青岛任教时，已对有史至今巫的源流、变化及在一切情形下的仪式作一系统的研究。1937 年，他为《民俗周刊》向大哥沈云麓约稿，用白话文写凤凰，明确列出关注事项：一，关于结婚手续、禁忌种种；二，关于死亡种种；三，关于生男与女种种；四，打禄、扛仙、打波司、还愿、做斋种种；五，出门、过年、动土、打猎、药鱼种种。用费孝通的话说，这些作为民俗的文化，“不是刊印在书上的关于文化的记载，而是群众的活动，是他们活生生的生活的一部分，充满着有哭、有笑、有感情的举止言行，把文化回给了人的生活本身”④，也因此赋予了文化以生命。正如马林诺夫斯基所说：“举凡器物、房屋、船只、工具，以及武器，都是文化中最易明白、最易琢磨的一方面。它们决定了文化的水准，它们决定了工作的效率。”⑤

西南联大时期，沈从文越来越坚信须要把历来美术史用字画作中心的观念转移到工艺美术作重心上来。形成这种认识之后，他越来越明确今后的致力方向。他认为应通过历史纵向和中外横向的比较，来探讨西南地区这种古典传统与区域风格融合的文化现象和社会风俗。即如同在文学创作中强调个体意识一样，他也非常在意工艺制作中工匠个体意识情感的重要性，这种观察、觉悟正是在立新（新文化）破旧（历史）的文化自觉下形成的。朱光潜后来回忆说：“他大半生都在从事搜寻和研究民间手工艺品的工作，先是瓷器和铜器，后转到民族服饰和装饰，我自己壮年时代搜集破铜烂铁、残碑断碣的癖好也是从文传染给我的。”⑥萧离认为：“物质文化史研究方面，从文先生之所以能够克服前进道路上的坎坷与干扰，取得了如此可喜的成果，除了深厚的基础与顽强的意志之外，另有一项巨大的、潜在的

① 毛泽东：《中国共产党在民族战争中的地位》，《毛泽东选集》第 2 卷，人民出版社 1991 年版，第 534 页。

② 毛泽东：《在延安文艺座谈会上的讲话》，《毛泽东选集》第 3 卷，人民出版社 1991 年版，第 860 页。

③ 学界对沈从文与民俗学界的交往关注不多，可参看朱恬骅：《民俗学史视角下沈从文的创作与研究：1926—1949》，《文艺评论》2006 年第 10 期。

④ 〔英〕马凌诺斯基：《文化论》，费孝通译，华夏出版社 2002 年版，扉页。

⑤ 〔英〕马凌诺斯基：《文化论》，费孝通译，华夏出版社 2002 年版，第 4 页。

⑥ 朱光潜：《从沈从文先生的人格看他的文艺风格》，《花城》1980 年第 5 期。朱光潜等著，荒芜编：《我所认识的沈从文》，岳麓书社 1986 年版，第 2 页。

动力，那就是由深沉的爱国主义思想孳生出来的民族自尊心、自信心以及与之俱来的无限责任感。”①

确如萧离所意涵的，沈从文对于生命跳动的节奏感和韵律感无疑是有着超越常人的能力的。从文学创作上而言，他对“农人与兵士，怀了不可言说的温爱”②，通过描绘乡土底层，给予小人物以体面和尊严；从物质文化研究上来看，则对小手工业者在制作中所灌注的生命情感予以充分的理解与尊重。司马长风认为，沈从文《边城》里的所有对话，真正是人民的语言，那些话使你嗅出泥味和土香，③这原本是中国文学艺术的宝贵传统。在这一点上，他的观点与金介甫、萧离言异而意同：“将整个的民族、数千年的历史，浓缩为心灵的哀歌，在这一点上沈从文是巨人。”④归而言之，沈从文通过作品和研究所树立起来的方法意识和“中国气派”，正是他对根植于民族性的传统文化的创造性发扬。

三、发扬文化而非发卖文化

（一）文化要发扬非发卖

沈从文一直坚信艺术不仅能够陶冶、启发人，也能够改造、教育人，他一开始便是抱着这样的理想北上的，并深受蔡元培“美育代宗教”的影响。为表达其笃信之情，还特意篆刻一“美育代宗教之真实信徒”象牙图章，“以示对此中国具有儒家传统精神西洋进步见解哲人之向往”。⑤

在沈从文看来，对历史残留的生命痕迹和微弱律动的捕捉，亦是对美的形象和抽象的独立思考。当然这种思考的独立性，需要自我感悟。1946 年，他在《从现实学习》中谈到自己的踌躇满志：“我要从外面给社会的影响，或从内里本身的学习进步，证实生命的意义和生命的可能。”⑥这一内外观兼修的方法意识其实在《从文自传·女难》中表达得更为显明：“宇宙万汇在运动中，在静止中，我皆能抓定她的最美丽与最调和的风度，但我的爱好却不能同一般目的相合。我不明白一切同人类生活相联结时的美恶，另外一句话说来，就是我不大能领会伦理的美。接近人生时，我永远是个艺术家的感情，却绝不是所谓道德君子的

① 萧离：《一封旧信引起的若干回想》，巴金、黄永玉等：《长河不尽流——怀念从文》，湖南文艺出版社 2018 年版，第 159 页。

② 沈从文：《边城·题记》，《沈从文全集》第 8 卷，北岳文艺出版社 2002 年版，第 57 页。

③ 司马长风：《中国新文学史》中册，香港昭明出版社有限公司 1978 年版，第 39 页。

④ 司马长风：《中国新文学史》中册，香港昭明出版社有限公司 1978 年版，第 126 页。

⑤ 沈从文：《试谈艺术与文化——北平通讯之四》，《沈从文全集》第 14 卷，北岳文艺出版社 2002 年版，第 383—384 页。

⑥ 沈从文：《从现实学习》，《沈从文文集》第 13 卷，北岳文艺出版社 2002 年版，第 375 页。

感情。”[①]

可以说,沈从文这种艺术家的感情不仅让他无负担地感受到“由于社会人与人的关系产生的各种无固定性的流动的美,德性的愉快,责任的愉快”,而且能让他嵌入到对生命形式的理论性思考和创作、研究实践中,并且“做得极好”。[②] 20世纪三四十年代,他在《美与爱》《谈谈艺术与文化》等一系列文章中,集中对形象的造型(生产)意识和生命形式展开哲学上的思考。如他在《沈从文习作选集·代序》中说:“我要表现的本是一种‘人生的形式’,一种‘优美、健康、自然,而又不悖乎人性的人生形式’。”[③]他这份浸润艺术家感情的凝蓄与沉炼,使其个性独具的文字间充盈着哲学的深刻诗意。他的文体在老友施蛰存看来“没有学院气,或书生气,不是语文修养的产物,而是他早年的生活经验的录音”[④]。刘西渭(李健吾)不仅把他归类为“艺术家的小说家”(另一为“人的小说家”),并称他是“一个渐渐走向自觉的艺术的小说家”。[⑤]

但另一方面,也并非所有“从实生活”的哲思都是令人愉悦的,特别是在用身心去接近、经验当时京沪两大文艺生态后,沈从文发现中国各样的艺术莫不是充满了权势、虚伪、投机取巧的种种成分,尤其对新文化运动的成果——白话文被市侩和政客误用、滥用,转向唯利唯实的“腐烂”非常失望,认为这不仅丢掉了推动社会改革和思想进步的精神,而且使文字的创造力被消解。[⑥] 或者换一种表达,文化成为被发卖的商品而丢掉了“新生”的希望。他不同意用“完全现实商业精神,发扬中国文化工作”[⑦],因此曾对海派“名士才情”与“商业竞卖”接连痛批。[⑧] 他希望自己的作品能成为“推进历史的工具”[⑨],“在历史上能负一点儿责任”[⑩],其中自然寄寓了他对白话文作为工具重造的忧思。

“语言是文化整体中的一部分,但是它并不是一个工具的体系,而是一套发音的风俗及精神文化的一部分。”[⑪]与作为经验科学的人类学家马林诺夫斯基不同的是,沈从文正是注意到了语言改造对于风俗及精神文化所产生的巨大影响力(包括正向的引领和负向的堕

① 沈从文:《从文自传》,北京十月文艺出版社2008年版,第64页。

② 沈从文:《从文自传》,北京十月文艺出版社2008年版,第64页。

③ 沈从文:《沈从文习作选集·代序》,《沈从文全集》第9卷,北岳文艺出版社2002年版,第5页。

④ 施蛰存:《滇云浦雨话从文》,巴金、黄永玉等:《长河不尽流——怀念从文》,湖南文艺出版社2018年版,第70页。

⑤ 刘西渭:《〈边城〉与〈八骏图〉》,《文学季刊》1935年6月。

⑥ 沈从文:《新的文学运动与新的文学观》,《沈从文全集》第12卷,北岳文艺出版社2002年版,第46—52页;沈从文:《谈进步》,《沈从文全集》第16卷,北岳文艺出版社2002年版,第485页。

⑦ 沈从文《试谈艺术与文化——北平通讯之四》,《沈从文全集》第14卷,北岳文艺出版社2002年版,第384页。

⑧ 可参看其《论“海派”》《关于“海派”》等文章,《沈从文全集》第17卷,北岳文艺出版社2002年版,第54—59页。

⑨ 沈从文:《沉默》,《沈从文全集》第14卷,北岳文艺出版社2002年版,第105页。

⑩ 沈从文:《沈从文小说选集·代序》,《沈从文全集》第9卷,北岳文艺出版社2002年版,第5页。

⑪ 〔英〕马凌诺斯基:《文化论》,费孝通译,华夏出版社2002年版,第7页。

落),是以特别强调语言作为工具的不依附性和独立意识,并且强调文字只有善加组织才会有光有色。他“不满足于轻描淡写,他要完整地描述一切带有文化历史意义的实物或他选择要描述的文化实物”,在他看来,士兵的武器、猎人和渔夫的工具、手工业者的工具、学者的砚台、和尚的拂子和宫女的发型,像他们的服饰一样有意义。[①] 他的思想与其在昆明时的邻居——偏向于精神科学的历史人类学家陶云逵比较贴近。陶氏把创造、形式、意义与价值看作文化的属性,并追求文化对政治的超越,追求文化作为关联个人与社会的工具价值和独立的精神意义。[②] 沈从文亦是如此,他对于生命形象和形式创造的思考源自本心的精神自觉,并且这份自觉心也使他逐步从形象、形式的“各尽其性命之理”即相异性上提出为发扬文化而发展“人性科学”的远见。

(二)人性科学

1948 年,沈从文在《北平通信》系列文章中预判了“人性科学”这一具有发展性和生命力的未来研究方向,称“余意以研究‘人’出发之‘人性科学’,在最近将来必成为一种世界所关心学问,其重要发现引人注意处,比不下于原子能”[③]。从人性的角度进行创作和研究,坚持艺术要对社会负责的态度,坚持古为今用,是沈从文最明显的文风和治学特点,也是其具有哲学思维的历史方法论的鲜明之处。

沈从文曾在《边城》题记里说,他的作品写给那些“极关心全个民族在空间与时间下所有的好处与坏处的人看”[④]。从当时的理论环境来看,社会对“人”的知识越来越丰富,科学介入并引导国家民族渐渐走向理性化轨道的意愿越来越强烈,很自然也会呈映于学术研究层面。新史学之所以提出构建与自然科学并行的“人性科学(文化科学)”,便是因为急于摆脱科学、技术作为依托的自然科学的阴影,着眼于时间的结构来推进史学与时代的同步。沈从文在从社会现实之外观与检视生命形式之内观的双重实践中,越来越感觉到“此时诚需要一种崭新人生哲学,来好好使此多数得重新分工合作,各就地位,各执乐器,各按曲谱,合奏一新中国进行曲”[⑤]。

正是在这一背景下,沈从文“单枪匹马”地加入到从人性的角度出发,着眼于从日常生活发力,在内在结构上重建史学阐释体系的行列。而他对于“人性科学”的哲学家式的思考,也恰恰是执着于“中国悲剧场面转换”“中国社会进步”“人类情感谐和”的热忱,并且这

① 〔瑞典〕马悦然:《沈从文——独立的人格和骨气》,李之仪译,巴金、黄永玉等:《长河不尽流——怀念从文》,湖南文艺出版社 2018 年版,第 321—322 页。

② 陶云逵:《文化的属性》,见陶云逵著,杨清媚编:《车里摆夷之生命环:陶云逵历史人类学文选》,生活·读书·新知三联书店 2017 年版,第 318—325 页。

③ 沈从文:《迎接秋天——北平通信》,《沈从文全集》第 14 卷,北岳文艺出版社 2002 年版,第 395 页。

④ 沈从文:《边城·题记》,《沈从文全集》第 8 卷,北岳文艺出版社 2002 年版,第 59 页。

⑤ 沈从文:《迎接秋天——北平通信》,《沈从文全集》第 14 卷,北岳文艺出版社 2002 年版,第 397 页。

份执着也没有因为之后的人生转换而减弱热度。

四、方法会通与合作同工

(一)“活学活用”唯物史观

1949年,沈从文在“合奏一新中国进行曲”中接受了改造学习,转换了工作,并在新工作中自觉接受历史唯物主义和辩证唯物主义的观点和方法。从其“内不圆通而外随和”的个性而言,他适应新社会不是“不入于此,即入于彼”的无奈,而是具有一种“坚忍不拔”的气质,任何情况都不气馁,生活上穷困潦倒,精神上却虎虎有生气,竟能在有一顿没一顿的情形中坚持学习历史唯物主义,这正是他在军中养成的从不丧气的好习惯。据其表侄黄永玉累年的观察,沈从文对于历史唯物主义、辩证唯物主义不仅“学得实在不错”,而且勇敢地“活学活用”上了。[①] 所以我们才会在他关于物质文化史的系列研究中看到,他对唯物主义的方法非但没有排斥,而且表现出很自然的贴合度。

具体的和固定的文化单位即社会制度。马林诺夫斯基认为社会制度即由一群能利用物质工具,而且固定地生活于某一部环境中的人们所推行的,一套有组织的风俗与活动的体系。[②] 只有认清了文化现实和文化历程的定律,才能谈得上改造文化。在辩证法的学习上,沈从文的一大收获便是不简单地从形式来研究形式,而是按制度进行,不孤立求证。他认为,从辩证法的基本原则来看,文化内部各生产单位之间是相互联系和相互促进的,不同文化之间是相互联系和共同发展的。1949年,他在谈到中国漆器工艺时说:“如何将由少数知识分子手中产生的‘文史’和由万千劳动者手中产生的‘器物’知兼爱并重,使之打成一片,看成整体。……还照例右文轻物,研究侧重理解制度上的礼乐兵刑,却不注意制度下的一切物,及社会经过长时期发展,残余下的一点物,还如何可以贯串过去,影响未来。文与物既游离不相粘附,少有机联系,因此文的知识既不完备,物的知识也极空疏,尤其是物的知识以及保存物的用意,便不免受影响,停顿在赏玩古董意识上,无从前进一步。”[③]

客观来说,在研究中提倡“眼光向下”,以底层的视角直辟文化的生活形态和风俗体系,往往会占据“赅众艺,画黎民”的道德制高点,但是在相关研究中我们不仅很少能看到生命澎湃的叙述,无法延展出对人性和希望的热情,而且往往止步于“眼光向下”,没有将这种向

---

① 黄永玉:《这一些忧郁的碎屑》,巴金、黄永玉等:《长河不尽流——怀念从文》,湖南文艺出版社2018年版,第533页。

② 〔英〕马凌诺斯基:《文化论》,费孝通译,华夏出版社2002年版,第105页。

③ 沈从文:《中国漆器工艺》,《沈从文全集》第28卷,北岳文艺出版社2002年版,第174页。

下的研究提升至“下学上达”、推进社会变革的高度，更没有发挥出以研究来改善社会的希望。容或言之，即依旧停留在“重知轻行”，甚至是“以知代行”的层次。在沈从文看来，虽然大多数研究都能从社会生产和社会发展的层面理解文物，但也仅限于“概念的理解它和上层文化的结合十分紧密”，而无从再进一步。他认为只有从生产劳动的关联去理解它，[①]认识到“一切研究都是为了有助于新的创造”[②]，将文物与生产、社会发展相结合，才能深入到工艺生产各部门和文化各部门，才能“对于它们的个别历史发展，和各部门在各个不同时代彼此之间相互影响，相互制约的情形，弄得清楚明白，知道历代劳动人民，如何运用劳动和智慧，创造这些物质文化的过程和特征，影响到上层建筑意识形态，又是什么情形”。[③] 可以说，这与他长期从社会、民众的视角来观察文艺并进行创作、研究，又反之于民众生活的眼光是一致的。

沈从文无论是在文学创作上还是在开辟历史研究新路径上，都具有“先锋意识”。用他自己的话说，就是“打前站”。1959 年，他在给大哥沈云麓的信中便说：“以全国言，搞综合文物研究工作的，简直是屈指可数。‘军中无大将，廖化作先锋。’正和三十年前写短篇小说差不多，我于是又成了‘打前站’的什长一类角色，照旧戏说则是‘开路先锋’。……总之，还是得力于文物和文献的结合和综合研究方法。新的艺术史研究工作，此后将成一门科学，是一定的。”他期许这一方法能“在全国研究教学和生产两方面起到良好作用”。[④]

沈从文认为，历史唯物主义的学习之所以不能应用到文史学习的实践上，是因为关键环节还在于习惯旧的以书注书的学习方法。[⑤] 关键在于如何实践，即如何融入人民时代的促生产运动。唯物主义历史观认为，历史是由劳动人民创造的，劳动创造文化，以百万计的物的种种发展史，也就是劳动文化史、物质发展史。[⑥] 1948 年，为给北京大学博物馆专业授课，他特意撰《中国陶瓷史》，并针对 20 世纪前 50 年的考古学发展状况指出问题所在：“除史语所同仁能作田野考古，大多数人还是不脱离老式玩古董治金石文字惯例，在音训上辗转猜谜，在史事上作新史论，有关器物形态美知识即并不发达，由美术史或社会史出发来认识，还无什么人。……治石刻更是文字重于图画。这种学术空气，自然使得近古中古研究，就容易疏忽，即一个文化史学者，观点也依旧局束于文学或思想史部分。换言之，即始终不离书本文字所表现或待解决问题，此外即不能着手。”[⑦]

沈从文希望能通过“中国陶瓷三十课”解决四个问题：一是明白陶瓷在文化史上的本身

---

① 沈从文：《敦煌文物展览感想》，《沈从文全集》第 31 卷，北岳文艺出版社 2002 年版，第 307 页。
② 沈从文：《清初瓷器加工》，《沈从文全集》第 23 卷，北岳文艺出版社 2002 年版，第 105 页。
③ 沈从文：《致高岚》，《沈从文全集》第 22 卷，北岳文艺出版社 2002 年版，第 335—336 页。
④ 沈从文：《致沈云麓》，《沈从文全集》第 20 卷，北岳文艺出版社 2002 年版，第 301 页。
⑤ 沈从文：《学习古典文学与历史实物的问题》，《沈从文全集》第 31 卷，北岳文艺出版社 2002 年版，第 369 页。
⑥ 沈从文：《致陈乔》，《沈从文全集》第 24 卷，北岳文艺出版社 2002 年版，第 159 页。
⑦ 沈从文：《青瓷之认识》，《沈从文全集》第 28 卷，北岳文艺出版社 2002 年版，第 69 页。

进展和相关问题，二是对实物的普通鉴别认识、欣赏及有关文献理解，三是对美术史尤其是工艺美术史的相关理解，四是对新陶业和工艺美术史发展的促进。① 他曾在多次政协会上提过 20 多个提案，都和文物研究转用于生产教学有关，并在 1972 年给周总理的信中，提出编一部以劳动人民成就为主的《中国劳动文化史》或《中国工艺美术史》。②

（二）方法会通

对于方法的会通，沈从文一向持博闻约取的态度，他认为辩证唯物主义的方法使他在形象材料的分析方法上产生了非常大的改变。对于判断明显迥异于美术史家的新解释，他为类似问题的探讨指出了新的唯物论鉴定法（有别于“猜谜子”鉴定法）研究的路径。③ 例如：从社会学，从生产力生产关系上、社会制度上，论证一些文物的真伪，排解了单纯就画论画、就诗论诗、就文论文的老方子的困难纠缠局面④；从服饰、器用等角度，通过制度进行和联系比较的方法，切入对顾恺之《洛神赋图》、展子虔《游春图》、阎立本《帝王图》、周昉《簪花仕女图》、孙位《高逸图》、顾闳中《韩熙载夜宴图》、武宗元《朝元仙仗图》、赵佶《听琴图》等传世名画创作时代的判断，提出不同于美术史界的见解。

器物的形式始终为人类行动所决定、所关联，或为人类观念所启发，这就必然涉及生产的具体环节。马林诺夫斯基即认为，一种器物的文化同一性并不在于它的特有形式，一个观念或风俗的同一性也不在于它的形式。⑤ 而从根本上来说，“作为观念形态的文艺作品，都是一定的社会生活在人类头脑中的反映的产物”⑥。具体到形象材料的形式问题，沈从文认为研究不仅应从实际出发，还应注意材料的全面性和不断发展性。⑦ 换言之，即“要明白生产工具在变，生产关系在变，生产方法也在变，一切生产品质式样在变，随同这种种形成的社会也在变。这就是它的发展性”⑧。因此，在开展研究时便不能盲目，而是要坚持联系与发展的基本原则：“凡事不孤立存在而彼此间又必有一定联系来看问题，用实践作基础，大量占有直接和间接材料后，再把文物和文献两方面知识加以联系综合，一一去求证。……从实物出发联系文献的研究方法。”⑨他在《试释“长檐车、高齿屐、斑丝隐囊、棋子方褥”》一文中也谈道：“一切生活器用决不孤立存在，既不能凭空产生，也不会忽然绝踪。

① 沈从文：《中国陶瓷三十课》，《沈从文全集》第 28 卷，北岳文艺出版社 2002 年版，第 119—120 页。
② 沈从文：《致周恩来》，《沈从文全集》第 23 卷，北岳文艺出版社 2002 年版，第 9—10 页。
③ 沈从文：《致高岚》《沈从文全集》第 22 卷，北岳文艺出版社 2002 年版，第 338—339 页。
④ 黄永玉：《这一些忧郁的碎屑》，巴金、黄永玉等：《长河不尽流——怀念从文》，湖南文艺出版社 2018 年版，第 533 页。
⑤ 〔英〕马凌诺斯基：《文化论》，费孝通译，华夏出版社 2002 年版，第 18 页。
⑥ 毛泽东：《在延安文艺座谈会上的讲话》，《毛泽东选集》第 3 卷，人民出版社 1991 年版，第 860 页。
⑦ 沈从文：《文史研究必须结合文物》，《沈从文全集》第 31 卷，北岳文艺出版社 2002 年版，第 314 页。
⑧ 沈从文：《文史研究必须结合文物》，《沈从文全集》第 31 卷，北岳文艺出版社 2002 年版，第 311 页。
⑨ 沈从文：《中国博物馆的研究工作》，《沈从文全集》第 31 卷，北岳文艺出版社 2002 年版，第 366—367 页。

用联系和发展上下前后四方求索方法，去研究文物中丝绸、陶瓷、家具、字画和铜、玉、漆、竹、牙、角器等，必然可以使我们得到极多便利，过去许多不易着手的问题，在这种新的认识基础上，都能够理出一些头绪和相互关系。"①

会通原则的核心是"物"。关于这个原则问题，沈从文曾多次强调。他认为史学研究传统习惯不能停滞在"以书证书，从不以物证书"的层次，②否则，便"正如一桶水倒来倒去，提不出什么新见解"③。1962 年，他在《致陈翔鹤》的信中强调不能孤立地谈问题，要由点到面，触类旁通，做到心中有整体，"其中有物，其中有象"。1976 年，《致巴金》的信又说："我的方法却以物为主，文献占次要位置，用物排队来看问题，所以得到的判断结论多大不相同。因为文字是固定的，死的，甚至多不甚可信的。而物是实在的，又是在不同地域不同时间在不断发展变化的，所以用来研究它的发展和成就，极容易应用辩证唯物论的方法规律相印证，得到十分明确的认识和结论。"④

在沈从文看来，只有对文物进行分门别类的研究，才会取得明确的知识，才能对贯串原始社会、奴隶社会和封建社会三个阶段所有劳动人民共同努力的重要发现和发明，究竟如何推动历史前进的过程作出崭新的判断。⑤ 以古玉为例。他首先将之界定为由生产工具的致用而慢慢转成象征权威尊严和品德纯粹的一种考古学重要遗物，认为它同史前的彩陶、奴隶时代到封建时代的铜器一样，都储蓄了先民的意识形态。而从汉至清，玉"一面和封建文化极紧密结合"，一面"又在工艺美术史中占了一个特别位置，重要性不下于中古时代的文字和绘画"。其范围之广，数量之多，除丝织品和金银，实无物可以比拟。其"用处实贯串了中国文化史全程，也即贯串了中国社会发展史全程"。⑥ 因此，他主张要有会通古今的视野，要从借鉴明清玩玉家和古董商人的经验基础上跳出来，从玉的出产（产地与类型）、应用（实用与象征）、制作（技术方法与商业造伪）、价值（玩古嗜好与工艺研究）、流通（出土与市场）等环节来研究。

对于历史上某一类物质文化高度发展但却随时代结束的问题，沈从文认为也应以会通的视野来考察。以唐镜为例。他指出在镜子工艺美术史上，唐镜可谓前无古人而后少来者。它反映的是一个历史时代高度物质文化成就的一面，正如同唐的小说、诗歌、绘画和雕刻所反映的一样异途同归，共同达到一个全盛期的顶峰后难以为继。不过青铜工艺上的创造却随同社会的发展，因为新的要求不同，到宋代被劳动人民的智慧和巧艺逐渐把重点转

① 沈从文：《试释"长檐车、高齿屐、斑丝隐囊、棋子方褥"》，《沈从文全集》第 31 卷，北岳文艺出版社 2002 年版，第 52 页。

② 如《漆工艺问题》一文，《沈从文全集》第 28 卷，北岳文艺出版社 2002 年版，第 172 页。

③ 沈从文：《致一山东朋友》，《沈从文全集》第 22 卷，北岳文艺出版社 2002 年版，第 550—551 页。

④ 沈从文：《致巴金》，《沈从文全集》第 24 卷，北岳文艺出版社 2002 年版，第 463—464、464—465 页。

⑤ 沈从文：《扇子的应用进展》，《沈从文全集》第 29 卷，北岳文艺出版社 2002 年版，第 311—322 页。

⑥ 沈从文：《玉的出产》《玉的应用》，《沈从文全集》第 28 卷，北岳文艺出版社 2002 年版，第 3—16 页。

到制墨、造纸、刻书、烧瓷、雕漆等方面。因此,唐镜是中国青铜工艺的高峰,同时也是结束。唐镜工艺的兴衰,也恰恰是社会历史经济生产的反映。①

对于当时提出的“废止洋八股”、辩驳中国文明西来说等问题,他不仅赞成,还认为应从“为人民”出发的观点,只有破除旧有的唯心主义习惯治学方法和“文化西来说”的洋奴意识所“共同形成的一种顽固势力和习惯阻碍”,才“可望把出土以千万计的新文物,为分门别类,进行探索,把目前估计到已吃得透的问题,用图像为主,作出五六十个小专题”,为“新的中国物质文化史”打下基础。②

(三)合作同工(或合力同功)

1948 年,沈从文在《试谈艺术与文化——北平通讯之四》中便谈到“合作同工”的问题。③ 简单来说就是着眼于博物馆建设,提出团结一大批学者,培养为数可观的专家,高校各相关专业参与博物馆的整理、研究工作,藏品开放为各专门研究使用,以便“合作同工,来重新为作计”的工作蓝图。至于如何开展工作,他建议由高等教育规划部门和主持文物领导部门牵头,打破各自一摊的习惯,取得全面协作,在国内几个重点大学文学院试开一门文物学特别讲座,作为文学、历史各大系考古、博物馆各专业课程所不及的补充,④并呼吁在资料库建设、人才培养、学科建设等方面推进落实。

从渊源上来看,沈从文的这一工作思路或方法与他在 20 世纪三四十年代的新文学实践直接相关。1980 年,他在美国圣若望大学演讲时谈到自己从新文学转到历史文物的“经验”,他很赞同胡适提出的“新的文体能代替旧的桐城派、鸳鸯蝴蝶派的问题”,但认为,“这个工作的进行是需要许多人的,不是办几本刊物,办个《新青年》,或凭几个作家能完成,而是许多人用各种不同的努力来试探,慢慢取得成功的”。⑤ 换言之,一种新的研究方法或研究路径的创立和形成,是需要各种不同的许多人的“合作同工”甚至是跨代接力才能完成的。

在物质文化研究的新路上,沈从文不再像新文学实验时那样孤寂单干,而是主张团结不同学科专业都参与进来。他通过编著《中国古代服饰研究》,团结和培养了李之檀、王㐨、王亚蓉等后备力量。王㐨、王亚蓉作为与其合作既久且深的助手,不仅追随其调入中国社会科学院历史研究所(今更名古代史研究所),组建了古代服饰研究室,更是接续其开创的

---

① 沈从文:《从新出土铜镜得到认识》,《沈从文全集》第 29 卷,北岳文艺出版社 2002 年版,第 167—168 页。

② 沈从文:《复钟开莱》,《沈从文全集》第 24 卷,北岳文艺出版社 2002 年版,第 353 页。

③ 沈从文:《试谈艺术与文化——北平通讯之四》,《沈从文全集》第 14 卷,北岳文艺出版社 2002 年版,第 383 页。

④ 沈从文:《扇子应用进展·前言》,《沈从文全集》第 29 卷,北岳文艺出版社 2002 年版,第 177 页。

⑤ 沈从文:《从新文学转到历史文物——一九八〇年十一月二十四日在美国圣若望大学的演讲》,《沈从文全集》第 12 卷,北岳文艺出版社 2002 年版,第 385 页。

纺织考古学,在纺织文物提取清理、修复复原复织等领域作出了非常突出的贡献。

对于自己"开山铺路"地围绕中国古代服饰史研究展开的新领域,沈从文经常向至亲友好及登门请益者叙说:"至于文献整理结合形象,恐将是较长时期工作,我只能起个头,完成要待后来青少壮。"①如今距其辞世已有36年了,他所托寄或待望的事业在学科建设、人才培养、博物馆建设、工艺生产、社会转化等方面,均呈现出离离蔚蔚之势。不过由其开端的事业虽已箕裘不坠,但其化雪无痕融会于研究中的方法技巧、至大博远的文化观,尤其是具有深刻诗意的形象哲思,却一直未受到很好的关注、学习和发扬。诚以为憾!

五、结语

超越方法才能成为方法。对于文化传承,沈从文有深切的执着;对于方法取径,他有一切原则皆可为我所用的思想自由。他植根于一个经过选择的传统泥土,培养出不拘泥于已有经验和烂熟教条、认清更新的文化创造力的博大深远的文化观,②抽象出"至大"无出于外的学问家的开阔视野。

无论是在新文学创作上,还是在物质文化史研究上,沈从文正如金介甫所说的那样,都是以现实为指路明灯。在这一指引下,他很自然地始终把文学创作、历史研究与艺术教育结合起来,并在对历史上民众创造的物质文化和现实中民众生活日常的认识问题上达成一致,从而形成了个性鲜明的"中国作风",树立起具有先锋意识的"中国气派"。

一时代有一时代之文化史,在新的时代语境下,我们不仅要检视传统,发扬传统,递进传统,而且要在传统的基础上重新思考文化史研究的先锋自觉和更多树立中国气派等问题。是以从这个层面上来讲,本文对沈从文形象哲思的梳论、抒义,便更显出其在形象史学方法论上的启悟意义。

① 他在1960年给大哥的信中便如此说。参看沈从文:《致沈云麓》,《沈从文全集》第20卷,北岳文艺出版社2002年版,第414页。

② 沈从文:《敦煌文物展览感想》,《沈从文全集》第31卷,北岳文艺出版社2002年版,第308页。

·文化史理论·

文化史的任务(下)[①]

〔荷兰〕约翰·赫伊津哈(Johan Huizinga)

李琳 万耘吉 译 付喆 校

摘要 《文化史的任务》原是荷兰语言学家和历史学家约翰·赫伊津哈(1872—1945)1926年在乌得勒支历史协会大会上发表的演讲。全文从五个论题阐述文化史,分别是:第一,历史学学科的缺陷在于问题的阐述不充分。第二,进化的概念在历史研究中并不实用,而且常常带来令人不安的、阻碍性的影响。第三,如果为更广泛的公众撰写历史的工作落入了审美化、情感化历史作家的手中,那么我们的文化就会受到损害,因为这种审美化、情感化的历史源于文学的需要,使用文学的手段,追求文学的效果。第四,文化史的主要任务是从形态上理解和描述实际的、具体的文明进程。第五,将历史划分为多个时期的做法,无论多么不可或缺,都是次要的,总是模糊的和不精确的,而且在某种程度上总是武断的。从历史的外部和偶然断裂中衍生出的无色名称,才是最可取的时期名称。

关键词 文化史 学科 进化 形态 分期

(续2024年第1期)

四

文化史的主要任务是从形态上(morphological)理解和描述实际的、具体的文明进程。

作者简介 荷兰著名语言学家和历史学家,1915—1942年任教于莱顿大学,代表作有《游戏的人》《中世纪的秋天》等。

① "De taak der cultuurgeschiedenis"(荷兰语,意为"文化史的任务"),由作者根据1926年在乌得勒支历史协会大会(the Historical Association at Utrecht)上的演讲改编而成。该文首次发表于《文化历史探索》(*Cultuurhistorische verkenningen*)(哈勒姆[Haarlem],1929年),第1—85页,后收录于詹姆斯·霍姆斯(James S. Holmes)和汉斯·范·马勒(Hans van Marle)的英译本赫伊津哈文集《人与思想:历史学·中世纪·文艺复兴》(*Men and Ideas: History, the Middle Ages, the Renaissance*, 1959)。中译文分上、下两篇。——译者

(一) 历史感

在此我将依次考察历史活动的性质和任务的三种对立。第一种最好用问题的形式来表述:在历史学家的智力活动中,是再体验(re-experiencing)和直觉理解(intuitive understanding)占主导地位,还是建构(construction)和综合(synthesis)占主导地位?这个问题似乎在很久以前,当人文学科的知识理论刚形成自己的体系时,就得到了倾向于前者的回答。但这种观点仍存在一些应予以消除的不确定性。

历史在不得不谋求摆脱自然科学的统治时(正如兰普雷希特所提倡的那样,自然科学以它的精确标准为真正学术的唯一试金石),首先需要让一个人明白另一个人在说什么。但事实上,这一点一般只在事后显现。学者要相互理解,就必须先清楚地了解历史学家智力活动的真正本质。兰普雷希特认为,所有的历史研究都应该导向一般概念,在这些概念中,关于具体事实的认识都被吸收同化,并失去了独立的意义。只有这样,历史才能成为一门科学。如果它只是导向特定事件的可视化(visualization),那么它就名不副实。显然,如果接受了这些规范,就是承认从来不曾存在一门历史学科。事实上,历史学家们有着完全不同的思考和写作方式。"只有对一般的理解和认识才能称为学术成就"这一说法本身就是未经证实的。文德尔班和李凯尔特证明,不产生任何一般概念的特定知识同样是真正的学术,由此为人文学科知识理论奠定了坚实的基础。在驳斥兰普雷希特及其"概念建构的历史研究"的战斗口号时,他的反对者设计了一种他们所认可的历史学家智力活动的形象,以及历史学家智力活动的最佳成果。在这一形象中,历史的可视化特征被置于重要位置。如果我没有记错的话,他们在塑造这一形象时首先想到的是兰克(怎么可能不是呢?)。他的精神曾经穿行于宫廷和宫殿的所有走廊,走过外交信函的所有曲折小径,在与相关人员的所有亲密接触中权衡和评价他们。因此,也就不难理解他们的历史活动概念为何强调直觉和再体验。那似乎就是兰克工作的方式:他在脑海中重新体验了所有那些人的生活,所有的那些事件。

李凯尔特在他1894年发表的著名演讲《文化科学与自然科学》中指出:"历史学家要向我们再现过去的真实,就只能通过让我们在一定程度上再体验过去发生的特定事件来实现……他们总是呼吁听众或读者运用想象力在脑海中清晰地回想起一些现实的片段。"①在同一时期,文德尔班则宣称:"无论历史批评在吸收传统时所需要的概念活动多么错综复杂,其最终目的始终是将过去的真实形式从大量材料中清晰地呈现出来,它所产生的是人和人的生活的形象,其具体形式丰富多彩,保存了完整的个体生命力。"②

① Heinrich Rickert, *Kulturwissenschaft und Naturwissenschaft*, Tübingen, 1894, p. 39.

② Wilhem Windelband, *Geschichte und Naturwissenschaft*, Strasbourg, 1894, p. 31.

我们无须考虑这两位哲学家是否都还持有某种程度的历史现实主义(historical realism)观点,这是当代历史知识理论不愿再回答的问题。历史无法也无意于再现过去的混乱现实;它甚至不再假装要去构建一个可能被称为真实的过去模式,进而排除其他可能的形态。此外,还有一个令人困惑的问题:在任意一段给定的近现代史书中,文德尔班和李凯尔特的这些话又能有多少适用性呢?它们真实反映了历史学家的意图以及他们的作品对读者的影响吗?历史的功能真的是一种对现实的再体验、一种人们生活的可视化形象吗?

就让我们从一种尚未实现但存在可能的角度来想这个问题。如果不是兰克的伟大创造,而是格奥尔格·魏茨①的作品决定了历史学家智力活动的形象,那么它将以何种形式呈现?人们可能会说,魏茨并不是一个恰当的类比对象:作为宪法史学家,他必须研究历史形式,而这些形式的本质无法通过可视化和再体验来理解。那么,再拿一部公认的作品来类比。比如皮雷纳②的《比利时史》(*Histoire de Belgique*),尤其是它的前两卷,无论是否接受它的论点,大家都认可它是现代学术史无可争议的典范。但皮雷纳描绘了人类的生活吗?几乎没有。他描绘了过去的现实场景吗?也没有。重要的是:他是否唤起了想象的图景?是的。他允许读者再体验吗?是的。在阅读这样一部作品时,人们确实会反复感受到与过去的直接接触,尽管只是在纯粹的学术层面上。

现在来谈谈核心问题。历史理解中有一个非常重要的因素,最好以“历史感觉”(historical sensation)来表述,因为其他视觉性概念的描述过于局限,比如“历史联系”(historical contact)以及用得过多的“历史想象”(historical imagination)和“历史视野”(historical vision)。威廉·冯·洪堡③使用的是德语术语“知晓”(Ahnung),如果不是因为这个词在其他语境中显得太老套的话,它几乎可以完整表达相关的意思。这种与过去的不可完全还原的接触是一种进入氛围的方式,它是人类所拥有的超越自我、体验真理的方式之一。它不是一种审美享受,不是一种宗教情感,不是一种对自然的敬畏,也不是一种形而上学的认同,但它是这类东西的一个形象。这种感觉的对象不是单个形式的人类形象,不是人类生活,也不是自以为可以厘清的人类思想。心灵在这方面创造或体验的东西很难被称为形象。如果说它具有某种形式,那也是一种复杂而模糊的形式:一种知晓,包含道路、房屋和田野,声音和色彩,既有受刺激的人,又有刺激他人的事物。怀着对真实和真理的绝对信念,与过去进行的这种接触,可以被文献或编年史的一句话、一张相片,或一首老歌的几个音符来唤起。这并不是作者通过使用某些特定语词就能注入作品的元素。它在史书之外,不在史书

① 格奥尔格·魏茨(Georg Waitz, 1813—1886),德国历史学家,代表作有《德意志宪政史》(8 卷)等。——译者

② 亨利·皮雷纳(Henri Pirenne, 1862—1935),又译皮朗,比利时历史学家,代表作有《比利时史》(7 卷)、《中世纪的城市》等。——译者

③ 威廉·冯·洪堡(Wilhelm von Humboldt, 1767—1835),德国语言学家、哲学家,代表作有《论历史学家的任务》等。——译者

之中,是读者将它带给作家的,是读者对作家召唤的回应。

如果这种要素就是众多历史学家认为的历史理解中的“再体验”,那么这正表示这个术语是错误的。“再体验”指的是一个过于明确的心理过程。人们并没有将历史感觉视为一种再体验,而更多地将之视为一种类似理解音乐的理解方式,或者更确切地说,类似通过音乐来理解世界的那种理解方式。再体验作为一种认知方法,在阅读和思考的过程中或多或少地伴随着一种持续的感知。而在现实中,感觉、视觉、触觉、知晓的发生,则仅限于一些理智特别清醒的时刻,一些突然的精神被穿透的时刻。

这种历史感显然很重要,人们一再感受到它才是真正的历史认识时刻。米什莱的墓碑上刻着他自己的名言:“历史是复活(L'histoire c'est une résurrection)。”泰纳[①]说:“历史,就是或多或少地看到过去的人们(L'histoire c'est à peu près voir les hommes d'autrefois)。”这两种说法的模糊性,比认识论中的详细定义更实用。重要的是“或多或少”的原则。这是一种在梦幻中发生的复活,看见了无形之物,听到了似懂非懂的话语。

隐含在历史感觉中,也隐含在它作为生活必需品的性质(一种与接触过去的冲动相适应的性质)中的,是曾被尼采所轻蔑抛弃的“古物兴趣”。最朴素的历史研究,比如家谱学家和纹章学者的历史研究,以及当地业余爱好者的历史研究,都可以因为这种对知识的专注而变得高尚。如果学者或读者能从他们的作品中体验到这种历史感,那么他们的作品就算达成了自己的完全目标。

前文论及,历史的这种功能被称为再体验,并不令人满意,尽管它很重要,但它也并不总能被觉察,而只是偶尔出现。它只是历史认识的一部分。对历史的理解和对历史的书写不仅仅是经历和唤起这种历史暗示(historical suggestion)。如果我们继续考察当代最优秀的历史作品,并在最优秀的代表中,加上皮雷纳、迈内克[②]、屈维廉[③]和其他几个人的名字,那么很明显,他们产生影响的原因是,他们不使人们体验情绪,而是让人理解语境(contexts)。只要分析过一些现代历史学家的作品,甚或只分析过兰克、米什莱的著作,也会发现:这些作品很少能被证明存在唤起再体验的意图,但却常有解释特定形式的努力。真正形象化的东西绝不会与概念的东西完全对立,它有时也会被概念化。每一部历史作品都在构建让我们能够理解过去现实的语境和结构。历史的可理解性来源于有意义地安排事实,并且只在非常有限的意义上建立严格的因果关系。它提供的知识回答“是什么”和“怎么做”的问题,

---

① 伊波利特·泰纳(Hippolyte Adolphe Taine, 1828—1893),法国文学批评家、史学家,代表作有《艺术哲学》《英国文学史》等。——译者

② 弗里德里希·迈内克(Friedrich Meinecke, 1862—1954),德国历史学家,代表作有《马基雅维里主义》《德国的浩劫》《历史主义的兴起》等。——译者

③ 屈维廉(George Macaulay Trevelyan, 1876—1962),英国历史学家,代表作有《英国通史》等。——译者

"为什么"被排除在外——尽管学者和读者通常都有种错觉,认为"为什么"才是被回答的问题。

(二)心理学还是形态学?

我们通过在脑海中将过去聚合与形象化来理解历史的意义。一旦同意这个观点,随之而来的第二个问题就是:试图成为且必然成为关于过去的形态学(morphology)的历史,不是更应该被称为关于过去的心理学(psychology)吗?在这一点上,兰普雷希特的权威也产生了深远而持久的影响,他认为自己已经证明了历史的实际任务就是成为社会心理学,他的《德意志史》(*Deutsche Geschichte*)的后几卷就旨在为读者提供该理论的应用范本。

乍一看,这似乎很有道理:谁能深入历史人物的心理,进而总结整个时代的心理生活,谁就能以这种方式展开历史。但这也很容易被证伪。因为历史学科在已有的发展及其未来所必须有的发展中,从未满足过历史心理学的这些要求,也不可能满足。无论我们能多么彻底地深入到腓力四世①、教宗波尼法爵八世②、诺加雷③及阿纳尼闹剧④的其他所有参与者的灵魂中,并将在他们的相互关系中得到的所有知识都结合起来,结果也绝不会是那场1300 年发生的重大事件的历史。事件本身会直接贯穿我的整个内心,最多只能反映出人物对命运的反应以及他们的动机如何驱动他们自己,而无法预料任何实际发生的事情。

如果对特定的人没有心理上的理解,而假设能够认识群体的灵魂——也就是某种社会心理学(social psychology)所主张的——其结果只会是更加不真实的历史理解。想象一下吧,描述 12 世纪英格兰居民社会心理的可能性。在现实中,这样的心理学在我看来不仅是不可知的,更是不可想象的。它不会产生一个圣贝克特⑤或一个理查一世⑥,也不会产生任何真正展现英格兰命运的东西。

人们可以反驳说:但是,每一次心理学理解的尝试,无论是针对个人,还是针对群体,不都已经是形态学,已经是对形式的追求了吗?圣贝克特其人难道不是一种形式吗?一种在

---

① 腓力四世(Philippe IV le Bel, 1268—1314),法国卡佩王朝的第十三位国王,在同罗马教皇的激烈斗争中取得重大胜利,法国王权得到发展。——译者

② 教宗波尼法爵八世(Boniface VIII, 1235?—1303),罗马教宗,1294—1303 年在位,其权威受到西欧新兴强大君主的有力挑战,尤其是法国的腓力四世。——译者

③ 纪尧姆·德·诺加雷(Guillaume de Nogaret, 1260?—1313),法王腓力四世的掌玺官,在腓力与教皇博义八世的冲突中,直接参与了国王对教皇的报复。——译者

④ 阿纳尼(Anagni),在今意大利拉齐奥大区,中世纪时为教宗驻地。法国国王腓力四世曾派掌玺官诺加雷到此绑架教宗波尼法爵八世。——译者

⑤ 圣贝克特(Saint Thomas à Becket, 1118—1170),英格兰国王亨利二世的大法官兼上议院议长,坎特伯雷大主教。后因教会的特权问题,遭国王的近身骑士刺杀。——译者

⑥ 理查一世(Richard I, 1157—1199),金雀花王朝的第二位英格兰国王,亨利二世之子,因骁勇善战而被称为"狮心王"。——译者

亚里士多德和阿奎那[①]的语言中有着不可或缺意义的形式,一种我们这个时代正在重新尝试理解的形式。当文学史家试图理解一位诗人时,他的任务不就既是一种心理学,同时也是一种形态学吗?对于描述政治家的普通历史学家来说,不也是如此吗?

当然,我并不是要以历史原则上是形态学而非心理学的论断否定历史中的所有心理活动。一旦把一个人的生命、一种人格或一个假定的许多人的生命的集合看作一种历史形式,过去的一部分就已经在这个形式形成的过程中得到了实现,表层的矛盾因此消失。心理理解可以被视为赋予历史形式的一个方面,只要我们考虑到:在历史研究中,与生物学完全不同的是,现象从来不被视为有机体,而总是被视为事件。历史的有机体(如果有的话)在人类心理学之外。从人类学的角度来看,蒲柏[②]所说"人就是人类研究适合的对象"是正确的,但从历史学的角度来看,这又是错误的。历史不关心是什么把人内在地结合在一起,也不关心人的行为的心身原理,而是关心是什么把人们联系在一起,以及人与人之间的关系。美国人的"行为"(behavior)概念指人们对外界的反应,具有很强的社会学效力,在足够谨慎的前提下,历史学家或许可以使用它。

历史学对知识的渴求和心理学对知识的渴求之间的差异,可以用一种默证证明:如果不是存在这样的差异,历史学早就与心理学紧密联系了,而这种情况没有发生。两个学科之间的关系是友好的,但来往并不活跃。历史学的学生会得出首先要用心理学研究结果来验证的结论吗?在不受结果影响的情况下,历史学确实为赫拉尔杜斯·海曼斯[③]学派历史心理学(historical psychology)的少数尝试提供了材料。我或许也可以对精神分析理论在历史研究中的应用保持沉默。恩斯特·克雷奇默[④]在《体格与性格》(*Körperbau und Charakter*)中提出了心理学与历史学进一步和解的可能性。历史学家在阅读这本出色的著作时总能提升学术洞察力。然而,在作者将他的体系应用于历史人物时,他反而丧失了对该书丰富性的信心。如果克雷奇默的体系真有什么可取之处,那么我想应该是它的高形态学价值。

历史诠释了过去对我们的意义。它的这一特性隐含着整合性。为了理解反映在自身文化中的过去片段,历史学家必须随时随地尝试看到该片段的形式和功能。历史总是从形式和功能的角度来论述的,即使在它根本没有为自己设定一个有条不紊的形态学程序的情

① 阿奎那(Thomas Aquinas, 1225? —1274),意大利神学家、诗人,中世纪经院哲学的集大成者,代表作有《神学大全》《反异教大全》等。——译者

② 蒲柏(Alexander Pope, 1688—1744),英国古典主义批评家和诗人,代表作有《夺发记》《怀不幸女士之诗》《道德论》等。——译者

③ 赫拉尔杜斯·海曼斯(Gerardus Heymans, 1857—1930),荷兰哲学家、心理学家,曾任教于格罗宁根大学。——译者

④ 恩斯特·克雷奇默(Ernst Kretschmer, 1888—1964),德国精神病学家、心理学家,曾任教于杜宾根大学和马堡大学,代表作有《医学心理学》《心理治疗研究》等。——译者

况下也是如此。它需要的条件只有两个,一是需要真正具有历史性的求知欲望,二是进行研究的历史学者不能蠢笨如驴。如果每一部历史学著作都能准确地界定自己的问题,就解答了历史形态学的问题。但如果整个学界什么也不做,而只是草率地把勺子伸进传统的粥里,那就糟糕了。因为如果不寻求明确的形式或功能,所得结果要么是糠秕和谷物的乌糟混合物,要么是辞藻华丽的、浪漫的复制品。

除了最简单的事实外,通过历史的认知能力构想的每一个事件,都是在整理推定了过去的材料后,用现实中的混乱材料组合而成的思想图景。这种整理通常发生在"日常生活"中,与任何历史关注无关。历史之所以要运用这些自发的思想材料,是因为它与生活本身有着密不可分的联系。历史思想不过是一般思想的延伸,从现实的极端唯名论(the extreme nominalism of reality)向某种观点发展。即使是在对历史最初步的反思中,那些赋予过去以形式的观点也是现成的。对于一个坚定的唯名论者来说,"议会"和"世界大战"并不比"资本主义"和"宗教"更实在。

政治史尤其如此。政治生活的历史形式(historical forms)已经存在于生活本身。政治史自有其形式:国家机构、和约、战争、王朝和国家本身。这是政治史的基本特征。政治史与这些形式本身的极端重要性密不可分。也正是因为包含了这么多典型的社会形式,它才能继续享有某种首要地位。

即使在经济史中,历史学家所使用的术语也更多是对现象进行学术分析的产物,而不像直接取自生活的政治史术语。文化史的术语更是如此,除非有人只把文化史当作风俗习惯之类的东西。文化史的真正问题始终是社会现象的形式、结构和功能问题。这并不是说文化史应该服从于社会学。文化史认为现象有其自身的显著意义,而对于社会学来说,现象不过是范式(paradigms)而已。文化史家放弃了从现象中推导出普遍有效的社会知识规则的设计。他不仅要勾勒出他所设计的形式的轮廓,还要通过直觉为它们着色,并用富有远见的暗示来点亮它们。除了任何有意识的计划之外,伟大的文化史家一直都是历史形态学家:追寻生活、思想、习俗、知识和艺术的形式。他们对这些形式的定义越清晰,就越能取得成功。一个笼统的问题只能得出一个笼统的答案。即使在布克哈特①手中,文艺复兴的历史也仍然是一个模糊的东西,因为"文艺复兴"不是一种清晰的形式,也不可能是一种清晰的形式。布克哈特的总论本身就与19世纪的精神相对立,因此直到19世纪末才被人理解——也终将过时。但是,他作为基石凿成的所有个别形式,他关于荣耀、调侃和诙谐、家庭生活等的所有章节,仍然能证明那部杰作的价值。维奥莱·勒杜克②也是如此,他的作品

---

① 布克哈特(Burckhardt, 1818—1897),瑞士历史学家、文化艺术史家,强调研究文化艺术对认识历史的重大作用,代表作有《君士坦丁大帝时代》《意大利文艺复兴时期的文化》等。——译者

② 维奥莱·勒杜克(Eugène Emmanuel Viollet-le-Duc, 1814—1897),法国建筑师、理论家,法国哥特复兴建筑的中心人物,为法国中世纪建筑的修复做出突出贡献。——译者

在总体上也许已经过时,在细节上有时也许并不准确,但由于他对形式无与伦比的领悟,他始终是大师。与他们同时代的历史学家莱斯利·斯蒂芬[①]的作品则一点也不过时。虽然他在英国之外鲜为人知,但他值得享有更高的声誉,以使当今那些借由轻蔑谈论维多利亚时期来证明自身优越性的猴子们感到羞耻。莱斯利·斯蒂芬的思想并无建设性。他的《十八世纪英国思想史》避免了一般性的论述,几乎从未得出一般性的结论。但也正因为如此,他的作品几乎不受时代的限制。

19世纪真正重要的文化史家几乎都超越了他们那个时代的思潮,这绝非偶然。奥古斯特·孔德为潮流开掘了河床,但实证主义并不适合文化史的创作。巴克尔[②]的作品也几乎不再被阅读。另一方面,像布克哈特、维奥莱·勒杜克和莱斯利·斯蒂芬这类在没有明确知识理论的情况下,也能认同人文学科自主性的知识分子,则指出了一条我们仍可以遵循的道路:要理解文化史,就必须认识精神(spirit)。这个时代对文化史家来说是有利的,他对自己工作的信心获得了支持。如果他注意到诸如汉斯·弗赖尔[③]的《理论的客观心灵》(*Theorie des objectiven Geistes*)、西奥多·利特[④]的《科学、教育与信仰》(*Wissenschaft, Bildung, Weltanschauung*)和埃里克·罗特哈克(Erich Rothacker)的各种研究,他会感到更加坚定。

(三)形态学和神话学

一旦认为历史的一般任务是创造关于人类过去的形态学,就会引起一个令人担忧的问题:文化史必须为其所观察的文化过程中的许多形式命名,它能够避免由形态学退化为神话学(mythology)吗?

奥斯瓦尔德·斯宾格勒在《西方的没落》的副标题中使用了"世界历史的形态"(morphology of world history)一词。也许将来人们会像迈内克评价泰纳一样评价斯宾格勒,说他是那种"通过重大错误而非细微真相来为学术做出更多贡献"[⑤]的人。如果真是这样,那将是因为斯宾格勒的洞察力深邃,因为他能将不同事物巧妙地结合在一个统一的名称之下,他很大程度地澄清了我们的历史思维。但这并不是因为他所构建的体系。十年之后,他的世界历史模式就像一座未完工的废弃陵墓。他所设计的扭曲、偏差和杂技式的对称,使他的结构从一开始就不适合历史。他的术语是历史思想的枷锁,他的分类是历史思想的牢

① 莱斯利·斯蒂芬(Leslie Stephen, 1832—1904),英国历史学家、文学家,曾任《英国人物传记词典》首任主编,代表作有《十八世纪英国思想史》(*English Thought in the Eighteenth Century*)等。——译者

② 亨利·巴克尔(Henry Thomas Buckle, 1821—1862),英国历史学家,将孔德的实证主义理论运用于历史研究,代表作有《英国文明史》等。——译者

③ 汉斯·弗赖尔(Hans Freyer, 1887—1969),德国社会学家、哲学家,社会学莱比锡学派创始人。——译者

④ 西奥多·利特(Theodor Litt, 1880—1962),德国文化和社会哲学家、教育家,曾任莱比锡大学校长。——译者

⑤ Friedrich Meinecke, review of G. P. Gooch, "History and Historians in the Nineteenth Century", *Historische Zeitschrift*, CXII (1914), 150-4, London, 1913, p. 153.

房。无论他在他的阿拉伯文明想象中如何使马赛克闪耀光芒,这种想象一旦成真,就会像铅雾一样遮蔽罗马帝国、年轻的西方、垂死的异教、发展中的基督教以及伊斯兰现象的一切景象。浮士德式的人物形象无法使人们理解拉丁世界。斯宾格勒无可避免地失败了:他恨英国却不能了解它,他不了解美国,实际上也不了解宗教和国家这两个最强大的社会机构的巨大意义,也不关心文化发展和文化传播的水平。但是,他的作品的根本缺陷不在于他的知识空白或观点局限,而在于他在从形态学通向神话的道路上不顾一切地大步迈进。他将文化拟人化,使其像一个偶像一样在各个时代的意象中经历青春、成熟和衰老。

有些学者认识到人文学科思想的自由本质,认为历史的形态化只能是神话的创造。直到最近,西奥多·利特才用几页文字有力地证明了这种观点是多么毫无根据和不可取。[①] 当代人如果在明知神话是神话,甚至假装神话是神话的情况下,还在知识中创造神话,那么他就是自身文化精神的叛徒。我们的文化的知识认知形式只能是批判性的学术。

拟人化(anthropomorphism)是人文学科思维方式的大敌,而且是由生活本身带来的世代相袭的敌人。人类的所有语言都是以拟人化的方式表达的,都是以源自人类活动的形象来表达的,并以感官知觉的隐喻(metaphor of sensory perception)给一切抽象的事物着色。但是,人文学科的任务恰恰是认清语言的隐喻本质,并注意不让幻象随着隐喻悄悄潜入。[②]

我们永远无法完全摆脱普鲁沙[③],毕竟吠陀众神是从它身体里创造了世界,我们同样无法完全摆脱《埃达》[④]所记载的它的同类,巨人伊米尔[⑤]。为了理解世界,我们一次又一次地寻求用真人来代替概念工具。历史总是不断引入具有一般性质的主题,并以之为主角,就如神话故事有主角一样。资本主义、人道主义、大革命,整个系列都是如此,这在某种程度上是不可避免的。但是,学者越是坦率地承认精神的独立性,就越应该警惕那些由精神伪装成的简单意象。知名的文化哲学家卡尔·约埃尔[⑥]写道:“如果生命希望达到更高的水平,它会在合适的国家中选择合适的民族和个人。历史的生灵高举觉醒的火炬,穿越沉睡的大地和人类的梦境,号召军队和英雄为精神和物质目标而奋起……在那里,融合的世界主义者呼唤文化生活的新转折,并让罗马修复了断裂……”[⑦]这要么是寓言故事,要么是虚

① Litt, op. cit., pp. 97 f.

② Ibid., pp. 21, 22.

③ 普鲁沙(Purusha),梵语“精神”“人”“自我”或“意识”。在印度哲学中,指永恒的、真实的精神,与帕克提(Prakrti)对应,二者便是组成现象宇宙的基本物质。同时也是印度教神名,《梨俱吠陀》记载的始初第一人,宇宙诞生于他的身体。——译者

④ 《埃达》(*The Eddas*),冰岛史诗,中古时期流传下来的北欧文学经典,也是除古希腊、古罗马神话以外的西方神话源头之一。——译者

⑤ 巨人伊米尔(the giant Ymir),北欧神话始祖,诞生于热气与寒冰的交错之中,诸神由他的身体创造了世界。——译者

⑥ 卡尔·约埃尔(Karl Joël, 1864—1934),德国哲学家,代表作有《精神与世界》《历史哲学》等。——译者

⑦ Karl Joël, *“Der säkuläre Rhythmus der Geschichte”*, *Jahrbuchfür Soziologie*, I(1925), 159, p. 146.

华辞藻,但无论是哪种,都是危险的。

罗特哈克说:“进化的概念必然倾向于赋予精神运动以客观过程的特征。有了进化的概念,就必须假定理性是狡诈的,它具有令进化的客观过程超越能动主体的倾向。”[①]如果进化概念只有以黑格尔提出的神话形式为代价才能获得纯粹性,那么寻求其他认知工具不是更好吗?除非我们更愿意简单地将上帝之名赋予这个游荡的微妙的世界精神。这样,我们就会得出一个显著的结论,即进化的概念只能维持在严格有神论(strictly theistic)的基础上。

但这样宏大的结论通常是缺乏规范的,正如施普兰格尔[②]所说,“在文化的复杂性概念被应用时,文化就好像是一种符合严格的生物生长规律的有机物质,或者甚至是一种神秘的存在。就像黑格尔所说的微妙的世界精神一样,它走上了自己的恶魔之路,不考虑任何有生命的对象”[③]。这句话包含了极为深刻的形而上学思想,[④]但它已不在历史学科的范围之内了。在每一个简单的拟人化隐喻中,对历史世俗背景的综合研究都是僵化的。文化史家应该祈祷:“将我们从拟人论中解救出来吧,阿门。”

(四)一般形态学还是特殊形态学?

这种僵化的想法经常导致学者过分主张自身的思想:他想要在不充分熟悉各部分结构的情况下,描述一个庞大、复杂的模式的一般形式。结果就如托克维尔[⑤]在前文所引的文字中清楚看到的那样:一个模糊、不确定的历史概念形成了,其中松散地联系着各种不同的概念。只有通过一个引人注目的隐喻才能把握和表达整体。历史学家想要探究的问题越复杂,这种人格化的危险就越大。

一旦文化史的概念以这种方式形成,它就会成为一种知识力量,并开始支配我们的思想,而我们的头脑显然非常愿意为这种新的、具有安抚性的“神”服务。就像任何其他力量一样,概念也在以牺牲其他概念为代价而扩张。概念越空洞,表达概念的术语越无力,力量的扩张就越具有通货膨胀的特征。

如今,几乎所有的文化史术语都或多或少地受到这样的通胀的影响。“文艺复兴”一词最初的意义,即使不加以明确描述,也至少是积极的和历史性的,也就是说,是真实的。它满足了一种基本的需要,因为它反映了那个时代的愿望。但这一概念逐渐向两个方向延

---

① Rothacker, op. cit., p. 82.

② 爱德华·施普兰格尔(Eduard Spranger, 1882—1963),德国教育学家、哲学家,曾任莱比锡大学、柏林大学教授,提出施普兰格尔性格类型说,代表作有《人类的类型:性格的心理学和伦理学》《青少年心理学》等。——译者

③ Spranger, loc. cit., p. xlvii.

④ 参 W. B. Kristensen, “De goddelijke bedrieger”, *Mededeelingender Koninklijke Akademie van Wetenschappen, Afdeeling Letter-kunde*, LXVI, Series B, No. 3 (1928); Fritz Blanke, *Der ver-borgene Gott bei Luther* (Berlin, 1928)。

⑤ 托克维尔(Alexis de Tocqueville, 1805—1859),法国历史学家、社会学家,代表作有《旧制度与大革命》《论美国的民主》等。——译者

伸:向前延伸到中世纪,向后延伸到近现代。它被用于各种相关或看似相关的现象盛行的领域。赫伯特·许萨尔茨[①]说:“真正的文艺复兴出现于18世纪。古典主义是德国的文艺复兴高潮。”通过这种方式将该术语转移到另一个领域,人们就会失去该术语的某些丰富内涵,而这些内涵是该术语从最初被使用时所在的特定、特殊的文化过程中积累起来的。

不仅“文艺复兴”这一术语如此,“哥特式”“中世纪”和“巴洛克”也是如此。人们似乎迫切需要一种知识交流的媒介。我有时会觉得,现代精神在超越了教条主义和形式主义后,只不过是以一种新的形态替代它们。人文学者享有“不确定”特权,对于感知到的每一种形态、每一种模式,他们都不得不在没有实验和计算支持的情况下自行判断——无论这是否只是在追逐幻影。

目前,文化史在确定历史生活的具体形式方面做得还很不够。它的任务是先确定一个特殊的形式,继而大胆考虑一般形式。我们有足够的时间围绕一个中心概念来描述整个文化。目前,让我们首先做多元论者(pluralists)。在文化史这一显而易见的领域中,对过去生活中可客观观察和区分的形式的定义工作少之又少。

正是在这个领域,所有可以被包含在最广义的概念史范围中的人文学科之间存在着密切的相互关系。专家们都在各自的领域工作,但他们之间的联系是必要的。宪法史和法律史研究的是所有社会生活最重要的形式——国家及其制度。经济史描述和分析商业形式;宗教史、技术史和社会学在各自的领域做着同样的事情。长期以来,艺术史和文学史都过于专注于确定外部的传承关系,它们现在正转向寻求理解和确定有限形式的方法。语言学自从由新语言学派的外部形式转向语义问题,进而转向思维表达的内部形式,[②]已经前所未有地接近于人文学科的一部分,相信不久后哲学、法律和历史就都必须对它有更多的了解。

人们可能会认为,所有这些独立学科的工作共同构成了文化研究,文化史的任务已经被彻底完成了,每一个独立空间都被一个个的专门学科占据,没有留给文化史的余地了。然而,在我看来,这种观点是错误的。

一方面,在历史与每一门专门的人文学科(它们本质上都是历史学)之间,仍然存在着区别历史与语文学的本质差异。虽然这种概念的扩展并不常见,但语言、法律、商业和艺术这些较新学科,都可以被称为完全意义上的语文学。对于所有这些专门学科来说,问题在于如何理解脱离现实事件的文化形态。对纯粹的文学史来说,研究的终极对象仍然是具体

① 赫伯特·许萨尔茨(Herbert Cysarz),德国学者,从事巴洛克文学研究,代表作有《德国巴洛克文学》等。——译者

② 我相信语法学家仍然倾向于只在更外在的意义上使用“形态学”这个词。

的诗歌本身或文学的一般概念。另一方面,对文化史来说,过去的形式是它尝试理解的一种精神的表达,它总是在大量的事件中观察着它们。文化史将注意力集中于对象,却又不断地从这些对象转向它们所处的世界。当然,语文学和历史学两个学科都在不断地跨越彼此的边界。这是和平社会的常态。但即便如此,这一边界仍有它的重要意义。

文化史的对象是文明的多种形式和功能,因为它们可以从民族和社群的历史中被发现,并被整合为文化符号、图案、主题、标志、概念、理想、风格和情感。它们中的每一种都可以成为某一专门人文学科的对象,比如文学史的诗性主题、艺术史的风格和历史哲学的概念。即便如此,只要它们仍被视为人类世界这场伟大戏剧的舞台,它们就仍然是一般文化史的对象。

比较宗教学和民族学证明了神话、献祭、神圣仪式、骑士比武、秘密社团等在文化生活中的重要性。文化史也可以证明这些现象在不同历史进程中的存在及其影响。文化史利用这些形式来更好地理解特定事件,从而为专业学科的图式提供确认和支持。文化史的许多主题不是超出了特定的领域范围,就是散布在所有的领域。例如,田园诗不仅影响了文学和视觉艺术,还影响了舞蹈、音乐、社会生活和政治理论——总之,它是一个文化主题。服务、荣誉、忠诚、服从、模仿、抵抗和争取自由等文化功能都是社会学的话题,但社会学在对它们的系统研究中并没有给出定论,只有文化史能证明它们在不同时代、不同地域不断变化的形式和影响。

如果有人能写出虚荣心的历史,他就掌握了一半的文化史。再如,谁能给我们讲 17 世纪的骄傲史?七宗罪就是文化史中的七个篇章,它们正在等待着获得这种应有的历史地位,等待着文化史对它们的处置。在我看来,直到现在,七宗罪中也只有一个成了文化史的主题,因为它与其他六个不同。它的意义不是每个人都能立即理解的,而会随着文化背景的不同发生变化。这就是 acedia,一种令人不甚满意地被称为"懒惰"(sloth)的罪恶。对彼特拉克①来说,它象征着他的悲观厌世(Weltschmerz)。正确理解但丁的 acedia 概念的困难一直都是人们关注的焦点。②

这并不是说我们只能在知识生活领域寻找主题。我们多么希望看到一部关于作为一种文化形式的花园的历史,或书写关于道路、市场和客栈,关于马、猎犬和猎鹰,关于帽子或书的文化功能的历史。人们会一再发现,专业人文学科的研究并没有穷尽有关这类事物的

① 彼特拉克(Francesco Petrarca, 1304—1374),意大利文艺复兴先驱,抒情诗人,代表作有叙事长诗《阿非利加》《歌集》等。——译者

② 参见罗胡斯·冯·利林克龙(Rochus von Liliencron)对这一点的敏锐处理,"Die Insassen des vierten Dante'schen Sünderkreises", *Zeitschrift für vergleichende Litteraturgeschichte und Renaissance-Litteratur*, New Series, II, 1890, pp. 24-45。参 Fritz Kern, *Dante* (Kämpfer, *Grosses Menschentum aller Zeiten*, I [Berlin, 1923]); Paul Piur, *Petrarcas Buch ohne Namen und die päbstliche Kurie*, Halle, 1925, pp. 35 f.,以及此处引用的文献。

社会意义的知识。

因此，一部前所未有地关注系统人文研究成果的文化史，不会再将历史女神克里奥的领地拱手让给曾控告她的令人畏惧的社会学了。文化史仍然可以从社会学家那里学到很多东西，也可以与实用主义社会学家密切接触，但它将不会再使自己沦为为社会形态的系统科学服务的技术工。与美国人的实践社会学（practical sociology）、马塞尔·莫斯[①]的历史社会学（historical sociology），马克斯·舍勒[②]、汉斯·弗赖尔等人的哲学社会学（philosophical sociology）等的密切联系，都只会对文化史起到积极作用。它如果受到威胁的话，更有可能是来自一些认为自己有责任要追随非宗教诱惑的当代学者。

多亏最近的知识理论趋势，如今的历史比以前更清楚地认识到了自己的价值和无懈可击。正因为它的不确定性，它永远不可能被规范，也不需要被规范，它的安全保障就在于此。

五

> 将历史划分为多个时期的做法，无论多么不可或缺，都是次要的，总是模糊的和不精确的，而且在某种程度上总是武断的。从历史的外部和偶然断裂中衍生出的无色名称，才是最可取的时期名称。

把世上的事件进程划分成一系列的时期，每个时期都有自己的本质和目的，这种需要不是源于史学本身，而是源于宇宙学（cosmology）和占星术（astrology）。在古老的东方宗教中，时间和命运的概念密切相关。在一个词，阿维斯陀语的 zerwân（波斯语的 zamân）中，命运、天体、无穷无尽的时间以及世界的永恒运动和变化等概念交织在一起，形成了一个引人注目而又意味深长的综合体。时间本身生生不息，影响着发生的一切。任何一种先进的宗教形式都不乏循环和永恒的体系。

实际上，基督教文化容不下这种永恒宇宙学说，就像它容不下类似事件循环重复的概念一样。基督教救赎论下历史的有限性不允许这样广阔的时期存在。因此，在基督教中，时代继承的概念从宇宙观转向了历史观，尽管后者的重点是救赎论和万物的终结论。亚述、波斯、马其顿和罗马这四个世界帝国的概念为划分世界历史的时期奠定了基础，每个帝国都继承和超越前一个帝国。这一概念在希腊思想中早已形成。事实上，它早在但以理预

① 马塞尔·莫斯（Marcel Mauss，1872—1950），法国人类学家、社会学家、民族学家，现代人类学理论的重要奠基者之一，代表作有《原始分类》《社会学与人类学》等。——译者

② 马克斯·舍勒（Max Scheler，1874—1928），德国哲学家，代表作有《论价值的崩溃》等。——译者

言[①]中,在来自大海的四只巨兽的幻象中,在尼布甲尼撒之梦的景象中就已经被表达过了。[②] 与四个世界帝国体系并行的是以圣马太为基础的世界六时代体系。[③] 早在4世纪,神父尤西比乌斯[④]和哲罗姆[⑤]就将这两种时代体系和谐地融为一体,建立了世俗历史与《圣经》历史的同步性。直到16世纪,四个世界帝国的理论一直在历史划分体系中占有无可争议的统治地位。在整个中世纪,是关于罗马帝国继续统治的虚构,让人们能够理解自基督降临地球以来发生的一切,也让人们相信四个预言时代的最后一个时代仍将到来。

人文主义者推动了新概念的形成。他们将古代视为文学和文化的理想。他们认为,随着西罗马帝国的灭亡,一个野蛮卑劣的中世纪(middle aevum)已经到来,西方只有通过复兴旧时代的文学,才能摆脱它糟糕的拉丁语和"哥特"艺术。直到17世纪末,"古代—中世纪—近代"的三重划分才从文学用法渗透到史学。起初,它在史学界仅具有学术意义,但进入教科书后,它逐渐为自己赢得了稳固的地位。在这三个术语中,实际上只有"古代"具有严格的年代意义。

然而,在18世纪,情况发生了变化。虽然启蒙运动重新强调了人文主义者对中世纪的负面情绪,但紧随其后出现的是伟大的浪漫主义运动,它在十字军东征、虔诚的传说(pious legends)、民谣和哥特式中"发现"了另一个中世纪。与其说浪漫主义完全抛弃了启蒙运动对中世纪的负面评价,不如说它将对那个时代的暴力和残忍的震颤也纳入了这个词,成为"中世纪"概念含义中必不可少的宝贵元素。一个人可以宣称自己是一个浪漫主义者,并时不时地用"狂热"和"寓言"来形容"可怕的中世纪"。

中世纪领域在17世纪就已被勤劳的圣摩尔学派[⑥]学者及其同僚探索过,浪漫主义者又重新发现了它,并已成为新的霸主。然后,他们开始用当时的新学术来建设它:历史学、语文学、艺术史等等。随着中世纪的形象变得越来越清晰,在格林[⑦]、萨维尼[⑧]和其他许多人的笔下,个别现象的轮廓也更加清晰了起来。于是,人们也开始怀疑他们使用的中世纪概念是否充分基于事实,是否可以当作一个历史术语。"中世纪"的范围从未被严格地划定过。

---

① Daniel 7:3-28, 2:31-46.

② 《圣经·但以理书》记载先知但以理被巴比伦王尼布甲尼撒二世俘虏,一日国王梦醒后心中烦闷,但以理为其解梦,做出了四个世界帝国渐次兴起的预言。之后,但以理又在自己的梦中见到了四只从海里出现的巨兽。——译者

③ Matthew 1:17.

④ 尤西比乌斯(Eusebius, 260? —340?),基督教史学奠基人,代表作有《编年史》《基督教会史》等。——译者

⑤ 哲罗姆(Jerome, 340? —420?),早期基督教最著名的教士和学者之一,把希伯来文的《圣经·旧约》和希腊文的《圣经·新约》翻译成拉丁文。——译者

⑥ 圣摩尔(Saint-Maur)学派,17—18世纪西方史学流派,因学者为本笃会圣摩尔寺院的僧人,故名,代表作有《中世纪未刊文献集成》《本笃会圣徒传》《本笃会年代记》等。——译者

⑦ 雅各布·格林(Jacob Grimm, 1785—1863),德国文学家、法学家,代表作有《格林童话》《法的内在的魅力》《德意志法古事志》等。——译者

⑧ 弗里德里希·卡尔·冯·萨维尼(Friedrich Karl von Savigny, 1779—1861),德国法学家,历史法学的代表人物之一,代表作有《中世纪罗马法史》等。——译者

没有人能否定公元476年是一个意义重大的转折点。但关于“中世纪”这一时期的划定，学者们在1453年的君士坦丁堡陷落和1492年的美洲发现之间犹豫不决。这两个节点本身都有不足。

那么，为什么不完全放弃“中世纪”这个词呢？（因为实际上，分歧只存在于它。）因为它所附带的概念已不再能被认为是任何别的东西，因为这个术语已不再是一个空洞的、纯粹按时间顺序命名的名称，而是意味着一整套有价值的历史概念。

这就是问题的核心所在。即使每一次试图证明其有效性的尝试都只会适得其反，我们也不能舍弃这些时期的名称，因为它们已经充满了对我们有价值的意义。造成这种表面的或实际的矛盾的原因非常深刻。尽管我们对知识的渴求是理智主义的焦点，但纯粹的历史感觉永远无法完全摆脱宇宙意义，它需要比简单的时间序列更深刻的理解和安排。如今，历史和宇宙思维的联系变得更加复杂，因为对过去的生物学式认识是由自然科学的思维习惯强加给它的。

由此就可以理解，为什么近十年来，对分期问题的研究总是产生各种各样不同的观点和态度，并且每个学者的观点都存在一定的不稳定性。大部分学者既在原则上认同某种分期体系的缺点，又承认它在实践中必不可少或至少实用。不管传统的三段式分期有多不完善，他们中的大部分都倾向于改进它而非舍弃它。为了保持它的效用，他们采取了以下三种方法：要么根据他们认为更精确、更合乎逻辑的标准，改变时段的边界；要么试图证明这些边界应该变为一片广阔的无人区；要么由对中世纪的偏爱进一步划分出一个主要时期，要么由更细致的界定划分出一个主要时期。

不可否认，从衰落的罗马帝国文化到墨洛温王朝、加洛林王朝的新西方文化，延续性一直是阿尔方斯·多普施①作品的中心主题。② 这种延续性可以很容易地从多普施研究的经济领域转移到知识领域，甚至在某种程度上转移到政治领域。皮雷纳在他的论述中阐述了这样一种观点，即古代和中世纪之间的真正转折应该是反击穆斯林对法兰克王国的攻击。③ 费迪南·洛特④也得出了类似的结论，即古代和中世纪世界之间的界限是模糊的。⑤

关于中世纪向现代过渡的争论更为激烈，并且与道德问题更加紧密地交织在一起。基督教历史学家卡尔·霍伊西⑥尖锐地抨击了教会历史一般划分体系的效用。他否认采用一

---

① 阿尔方斯·多普施（Alfons Dopsch，1868—1953），奥地利社会经济史家，曾任维也纳大学教授，代表作有《欧洲文明的经济与社会基础》等。——译者

② Alfons Dopsch，“Vom Altertum zum Mittelalter：Das Kontinuitätsproblem”，*Archiv für Kulturgeschichte*，XVI，1926，pp. 159-182.

③ Henri Pirenne，*Mohammed and Charlemugne*，New York，1957.

④ 费迪南·洛特（Ferdinand Lot，1866—1952），法国历史学家，曾任巴黎大学教授，代表作有《蛮族入侵与欧洲人口》《古代世界的终结和中世纪的开始》等。——译者

⑤ Ferdinand Lot，*La fin du monde antique et le début du moyenâge*，Paris，1927.

⑥ 卡尔·霍伊西（Karl Heussi，1877—1961），德国历史学家，代表作有《国家社会主义和1933年》等。——译者

般性标准的可能性,而更倾向于使用习惯用语,最好是只具有类型学(typological)意义,而没有时序意义的用语。[①] 1906 年,特勒尔奇在德国出版了他的最后一部著作《历史主义及其问题》[②],其中的《新教与进步》("Protestantism and Progress")以令人印象深刻的论证将这个问题带入了公众视野。与大多数学者不同,他承认分期作为认知手段的深刻价值。他将分期看作历史思想的完成与收束,看作历史的结构。诚然,在这一过程中,他不仅必须将这一体系的效用限制在我们唯一能够真正理解的历史实体欧洲历史上,而且还必须拒绝武断地划定那些曾被认为必不可少的边界。他认为,最广义的现代开始于 15 世纪,狭义的现代则开始于 17 世纪。人们可能会质疑,特勒尔奇是否会因为承认基础力量(Grundgewalten)而严重损害他自己论文的价值。那是存在于遥远过去的基本力量,决定了未来时期的特征。以色列的先知精神与希腊城邦一起,用这种方式为中世纪注入生机。因此,他早先曾把中世纪称为现代文化发展的沃土。这些都是有价值的、无可辩驳的观点。但这些假定的时期作为自主概念还剩下什么呢? 冯·贝洛[③]对霍伊西和特勒尔奇提出了反对意见,认为分期肯定会有显著、普遍的基础,但这些基础不像特勒尔奇所说的那样,存在于知识的变革中,而是存在于知识变革所依赖的巨大政治变革中。[④] 尽管如此,冯·贝洛依然极力反对特勒尔奇必须以宗教改革为现代开端的观点。[⑤]

与此同时,汉斯·施潘根贝格[⑥]也做出了一项新的尝试,他试图彻底打破旧的三段式分期,代之以另一种不同的有限分期。[⑦] 他与冯·贝洛观点一致,认为有关时期的术语都是人造的,都只是权宜之计,分期应该以大规模决定性力量的冲突为基础。分期的界限应该是危机和威胁到生死存亡的冲突,而不是宗教改革、地理大发现这样的文化上的发展。这类现象标识的是高峰而非分期的界限。这一想法本身很吸引人,但汉斯·施潘根贝格的分期实践却根本不符合这种想法。他认为,由蒙古入侵引发的 13 世纪大迁移和 17 世纪之间存在着转折点,并将 13 世纪中叶前后的时期划分为封建时代和"庄园"时代。但实际上,很难看出蒙古威胁与欧洲政治和社会结构的变化之间的逻辑联系。

过去的三年里,为了严格定义历史学家们使用的术语,并尽可能多地界定历史学科的

---

① Karl Heussi, *Altertum, Mittelalter, Neuzeit in der Kirchengeschichte: Ein Beitrag zum Problem der historischen Periodisierung*, Tübingen, 1921.

② Ernst Troeltsch, *Der Historismus und seine Probleme: Gesammelte Schriften*, III, Tübingen, 1922.

③ Georg von Below, *Über historische Periodisierungen. Mit einer Beigabe: Wesen und Ausbreitung der Romantik*, Berlin, 1925.

④ 格奥尔格·冯·贝洛(Georg Von Below, 1858—1927),德国历史学家,代表作有《中世纪德意志国家》等。——译者

⑤ 参见 the review of ibid. by Paul Joachimsen, *Historische Zeit-schrift*, CXXXIV, 1926, pp. 369 - 373,尤见第 372 页。

⑥ 汉斯·施潘根贝格(Hans Spangenberg, 1868—1936),德国历史学家,代表作有《从采邑国家到等级国家》等。——译者

⑦ Hans Spangenberg, "Die Perioden der Weltgeschichte", *Historische Zeitschrift*, CXXVII, 1923, pp. 1-49.

基本概念,巴黎的国际综合中心(Centre International de Synthèse)的历史部门一直在进行一个旨在拟定历史词汇表的项目。该项目通过在中心会议上讨论每个需要考虑的词来达成学术概念上的尽可能一致。人们可能会质疑历史学术语是否能被这样定义,也可能会质疑枯燥的专题讨论形式是否能达到预期的效果。但可以肯定的是,作为《历史综合评论》[①]的副刊定期出版的会议报告已经包含了许多关于历史学术语的宝贵材料。在1926年2月的第一次会议上,波兰历史学家奥斯卡·德·哈莱茨基[②]介绍了中世纪的划分和"中世纪"。[③] 参加讨论的有尼古拉·约尔加[④]、鲁道夫·艾斯勒[⑤]、亨利·贝尔[⑥]、莱昂·卡昂(Léon Cahen)和吕西安·费弗尔,这足以说明问题在多大程度上得到了阐明。

显然,我们亟须有充分依据和明确定义的分期术语。要了解历史的各个变化阶段,这些术语是必不可少的。正如我们所知,特勒尔奇在分期过程中认识到了历史学科的真正结构。但是,当人们试图精确定义某一时期的术语时,常常会发现,这个术语在类型学上的效用越大,它在年代学上的价值就越少。执着于按时间顺序划分界限的人,会把他所处的时期看作一条连续线的一段,他的行为方式就像要将已经被切好的鳕鱼片引入动物学一样。谈论中世纪文化比谈论中世纪更安全。中世纪文化的概念是由一系列多少相互协调的概念构成的,包括封建主义、骑士制度、修道院制度、经院哲学以及其他许多概念。其中最重要的部分集中在1200年前后。施潘根贝格认为,伟大的文化成就与其说标志着一个时期的开端,不如说标志着一个时期的中期。中世纪作为一个时间段,其概念的边界自然会在古代和近代之间消失。与一个可用的时期概念相对应的图形图像不是一个片段,而是许多大小不等的圆,这些圆的圆心紧靠在一起,形成一个不规则的圆组,圆周上有多点相交,因此,从远处看,整个圆组就像一个群集。然而,对于许多学者来说,时间的流逝和朝某个方向的进步在这样的结构中并没有得到充分的表现。

亨利·塞[⑦]反对按时代分期的原则,认为它与进化概念不相容。他说,只有循环发展的概念才能适应于现实的分期。同时他也认为,这样的概念已经过时,充其量只能适用于东方史的某个阶段。[⑧] 但事实上,这种周期性的,至少是有规律的对历史进程的划分和解释在

---

① *Revue de synthèse historique*, XLI (1926)及后续几期。

② 奥斯卡·德·哈莱茨基(Oscar de Halecki, 1891—1973),波兰历史学家、社会活动家,代表作有《雅盖隆联盟史》等。——译者

③ 亦参见 Oscar de Halecki, "Moyenâge et temps modernes: Une nouvelle défense des divisions traditionelles de l'histoire", *Revue de synthèse historique*, XLII, 1927, pp. 69-82 (occasioned by Von Below, op. cit.).

④ 尼古拉·约尔加(Nicolas Iorga, 1871—1940),罗马尼亚历史学家,代表作有《拜占庭之后的拜占庭》等。——译者

⑤ 鲁道夫·艾斯勒(Rudolf Eisler, 1873—1926),奥地利哲学家,代表作有《精神生活的哲学基础》等。——译者

⑥ 亨利·贝尔(Henri Berr, 1863—1954),法国新史学运动前驱,创办《历史综合评论》。——译者

⑦ 亨利·塞(Henri Sée, 1864—1936),法国经济史学家,代表作有《现代资本主义:起源与演变》等。——译者

⑧ Henri Sée, "La division de l'histoire en périodes: A propos d'unouvrage récent", *Revue de synthèse historique*, XLI (1926), pp. 61-67,尤见第65—66页。

近年来又被许多人重新提起。①

我们这个时代对规律概念有着强烈的需求。有时候,如果实在缺少概念,有一个词也行。就连生物学也像艺术批评一样频繁地使用概念词。近年来,世代论以各种形式在历史学中的复活,就可以被视为这种文化需求的表现。1872 年,法国数学家、经济学家和哲学家安托万-奥古斯丁·库尔诺(Antoine-Augustin Cournot)发表了《对现代思想和事件进程的思考》(*Considérations sur la marche des idées et des événements dans les temps modernes*),在其中,他将历史融入了一个每代大约三十年的三代人主题。这篇论文显然完全没有引起德国学者的注意。十四年后,奥托卡尔·洛伦茨②在设计他的世代论(theory of generations)时,③仍以兰克而非库尔诺的思想作为自己的基础(这一点没有被完全证明)。洛伦茨的理论在当时引起了一定的轰动,但却鲜有追随者。然后它就被完全遗忘了。大约五年前,瓦尔特·福格尔和卡尔·约埃尔几乎同时回归了世代观点,④但他们都声称他们是在后来才了解到洛伦茨的作品的。不久之后,威廉·平德⑤做出了深刻但又极其主观的解释,他尽可能地将世代的原则提升为理解所有艺术史和文化史的基础。⑥ 在我看来,包含历史世代理论的这些新形式仍存在基本逻辑错误。三代体系的第一代始终是另外两个体系的第二代和第三代。不仅如此,在此基础上还有一种分为 1700—1733 年、1734—1769 年和 1770—1800 年的三代体系。在这个体系中,许多历史现象被按照发展、成熟、衰退的顺序,或行动、反应、综合的顺序思考,共同构成了 18 世纪的历史。但我们同样也可以用 1701—1734 年、1735—1770 年和 1711—1801 年来标识年代体系,事实上每个年份都可以用来标识,甚至每一天也都可以。从生物学角度看,所有这些时期都具有相同的价值。假定一个世纪的三分之一为发展期,另一个三分之一为衰退期的因果因素并不是以三十年为间隔而起作用的,而是始终存在于这三个阶段中的每一个阶段。这个因素并不隐含在人类的世代中:世代只是为这一过程的发生提供了材料。从逻辑上讲,不可能将整个世纪的历史设定在三代人的体系范围内。该理论更适用于那种特定的且定义明确的文化现象。但即便如此,它的作用也是具有欺骗性的,因为从生物学角度来看,世代本身总是相当随意的,永远不会对特定历史现象的演化阶

① 参施潘根贝格十分重要的研究,op. cit., p. xxxv。

② 奥托卡尔·洛伦茨(Ottokar Lorenz, 1832—1904),奥地利—德国历史学家,现代"科学谱系学"奠基人。——译者

③ Ottokar Lorenz, *Die Geschichtswissenschaft in ihren Hauptrichtungen und Aufgaben*, two volumes (Berlin, 1886), I, 279; II, 1891. 相似观点,亦参 Ernest Bernheim, *Lehrbuch der historischen Methode und der Geschichtsphilosophie*, fifth edition (Leipzig, 1908), pp. 81 f.; Bauer, op. cit., p. III。

④ Walter Vogel, "Über den Rhythmus im geschichtlichen Lebendes abendländischen Europa", *Historische Zeitschrift*, CXXIX, 1924, pp. 1-68; Karl Joël, op. cit.

⑤ 威廉·平德(Wilhelm Pinder, 1878—1947),德国艺术史学家,艺术"世代"观念的倡导者,代表作有《欧洲艺术的世代问题》等。——译者

⑥ Wilhelm Pinder, *Das Problem der Generation in der Kunstgeschickte Europas*, second enlarged edition, Berlin, 1928. 亦参 Alfred Lorenz, *Abendländische Musikgeschichte im Rhythmusder Generationen*, Berlin, 1928。

段负责。在这种情况下，正如在几乎所有情况下一样，自然科学和历史的交汇被一道不可逾越的鸿沟所阻挡。①

摆脱精确分期困境的唯一出路是：在深思熟虑后放弃对精确性的所有要求。这些术语应根据历史习惯适度使用。我们应该简单朴素地使用它们，而不是在它们之上建造它们无法支撑的结构。注意不能像使用"文艺复兴"一词那样，将术语榨干或踩在脚下，而应该始终意识到，每个佯装能表达一个时期的本质或性质的术语都对事实存有偏见。在使用这些术语时，我们应该忘记，中世纪指代一种中间状态，而文艺复兴指代重生。一旦某个术语因个别细节本身的性质而似乎失去了其有效性，我们就应随时准备放弃它。

每个流行的、代表一定文化时期的术语都会很快呈现出强烈的情感腔调、色彩和品位。从这个意义上说，给一个现象起什么样的名字并没有什么区别。纯粹的数学定义或地理定义，如古帝国、唐朝或迈锡尼，也都会像浪漫主义、巴洛克那种准显著（quasi-significant）的定义一样引起情感联想。维多利亚时代一词在短短几年内就被赋予了一种极不合理的、非常势利的排斥色彩。

对每一个时期的名称，不管是过于字面化地认识它，还是过于探求其背后的意义，都会干扰理解。因此，在实践中，无动机的术语才是最无害的术语。它们是关于国家、世纪或王朝的术语。除非有人愿意将基于年代系统的、高度人为的世纪世代理论视为对过去的真正分期，否则一定没有人会被四分之一世纪、五分之一世纪这样的分期愚弄，尽管它们能很好地服务于交流。无论伊丽莎白女王、腓特烈大帝、卡尔十二世②和叶卡捷琳娜二世这样的人物有多重要，没有一位明智的历史学家会将伊丽莎白时代、腓特烈时代、卡尔时代和叶卡捷琳娜时代视为历史的有机组成部分。因此，是否允许伊丽莎白时代戏剧的所指延续到1642年无关紧要，充其量也只是显得对詹姆斯一世和查理一世缅怀不够罢了，并不会造成误解。诚然，所有这些术语很快就会变成充满争议的概念，但它们的名称本身就是一个警告，它们只能被用作工具，而不能被视为"概念"。

还有一种情况对轻率使用文化分期的公认术语提出警示：那类一般的而非具体一国范围内使用的术语在欧洲的各种语言中具有相当不同的含义。德语的"浪漫主义"（romantisch）和法语的"浪漫主义"（romantique）③含义不完全相同，"文艺复兴"在法国、德国和意大利的意义也大相径庭。

---

① Pinder, op. cit., pp. 20 f. 考虑到了这些阻碍，但掩盖了它们。Lucien Febvre, *Bulletin du centre international de synthèse*, No. 7 (June 1929) 阐述了与我类似的反对世代论的基本观点。

② 卡尔十二世（Karl XII, 1682—1718），瑞典在大北方战争时期的国王，被称为"18世纪初的小拿破仑"。——译者

③ romantique 另有"空想的、幻想的"含义。——译者

然而,当代历史思潮的整体趋势迫使我们引入越来越多的此类术语。虽然冯·维拉莫维茨①早在1881年就将“巴洛克”一词应用于古希腊,但可以说,直到大约二十年前,巴洛克风格仍然是17世纪某些建筑和雕塑形式的一个非常具体的名称。海因里希·沃尔夫林②将其作为艺术史上的一种一般的风格概念,由此赋予了它生命。斯宾格勒利用了这一点。渐渐地,这个词不仅可以用来表示一种艺术风格,也可以表示一种思想风格和一种生活方式。总而言之,文化史意义上的巴洛克风格至今仍局限于德国的学术习语。几年前,当我面临必须首先考虑查理一世的形象,随即考虑格劳秀斯的形象的任务时,我惊讶地发现,我对这两个形象的理解都基于以巴洛克风格为时代特征的观念。

时代分期的问题总是以这种方式使我们的思想呈现出一种特征,即倾向于把一个时代的所有文化产品都整合起来并使之同质化。兰普雷希特使用术语“双音”(diapason)一词来描述这种特征,斯宾格勒的巨大纪念碑图式试图赋予它形式的特质,布克哈特的交响乐实验明确地指出了这种特质。它始终在人们眼前,却永远无法把握。我们可以为它命名,并通过这个名称或多或少地相互理解,但我们仍无法确定它。历史知识最高目标的这种不确定性,揭示了历史与生活之间的紧密联系。

① 乌尔里希·冯·维拉莫维茨(Ulrich von Wilamowitz, 1848—1931),德国古典学者,代表作有《古典学的历史》等。——译者

② 海因里希·沃尔夫林(Heinrich Wölfflin, 1864—1945),瑞士艺术史家、美学家,承认巴洛克风格具有与文艺复兴风格同等的价值,被誉为形式分析方法的大师,代表作有《文艺复兴与巴洛克》《古典艺术》等。——译者

兰普雷希特对文化史理论的探索

柏　悦

摘要　19—20 世纪之交，德国文化史家兰普雷希特在《德意志史》的撰写过程中与德国传统史学派发生了重要的学术争论，由此逐渐展开对文化史理论的建构。最初他偏重物质文化史，将经济史的研究方法和内容引入文化史之中。随后他不断完善理论，将物质文化与精神文化相统一，又引入心理学方法，提出文化史的“社会集体心理”研究，创新性地以实证主义和跨学科方法作为文化史方法。然而，从整体上看，兰普雷希特的文化史理论观点庞杂，未成体系，存在诸多难以自洽的部分。虽然他以文化史为武器对兰克史学进行了尖锐批判，却因时代局限始终难以跳脱出德国传统史学的拘囿。

关键词　德国史学　兰普雷希特　文化史理论　兰克史学

19—20 世纪之交，在西方传统史学的堡垒德国出现了一位雄心勃勃的历史学家卡尔·兰普雷希特（Karl Gotthard Lamprecht，1856—1915），他以文化史巨著多卷本《德意志史》（*Deutsche Geschichte*）在德国学界引起了激烈的争论。在与反对者的论战过程中，兰普雷希特发表了一系列文章，不仅对以兰克学派为代表的传统历史编纂提出了批评，[①]同时，在对自身研究方法和写作目标的说明中，论述了对历史和历史编纂的认识，提出了一种新的文化史观，在当时的德国学界可谓独树一帜，在德国传统政治史的夹缝中闪现缕缕微光。经由对兰普雷希特文化史相关理论的全面探讨，可以窥见 20 世纪初德国新史学开端时期的突破与遗憾。

作者简介　西北大学历史学院副教授，历史学博士，研究方向为德国史学史。

基金项目　国家社会科学基金青年项目“德国新兰克学派史学家群体研究”（20CSS003）。

① 〔英〕乔治·皮博迪·古奇：《十九世纪历史学与历史学家》下册，耿淡如译，商务印书馆 1989 年版，第 880 页。

一、兰普雷希特文化史的研究对象：从物质文化史到物质—精神文化史

在19世纪中后期的德国，"文化"(Kultur)可谓一个被广泛运用的概念，有关"文化"概念的争论十分活跃，各种各样的定义和观点层出不穷。[①] 在较为主流的观点中，Kultur"被用来表示复数意义的文化，指涉不同的民族和社会。精神发展和思想发展相应地带动了人们观念的变化，与此一致，'文化'取代了英国的'文明'一词，用以指某个民族或者团体的某种特定的生活方式"[②]。同时，一些学者开始进行文化史(Kulturgeschichte)写作，[③]兰普雷希特就是其中之一。从19世纪70年代末开始，兰普雷希特就对文化史产生了浓厚兴趣，他以物质文化为突破口，后又把物质文化与精神文化联系起来作为文化史的研究对象。

当时写作文化史的大多是非学院派的文化史家，他们沉湎于描写艺术和风俗，把文化史狭隘地理解为讲述风花雪月的历史，无视现代科学技术的发展。兰普雷希特与这些非学院派文化史家有根本的不同，他认识到传统政治史的不足，认为历史的根基不是政治组织，推动历史发展的主要因素是经济活动，因此他从更为深层次的角度发掘物质文化。受到国民经济历史学派创始人威廉·罗雪尔(Wilhelm Roscher)观点的影响，兰普雷希特将经济史纳入文化史，1878年完成的博士学位论文《11世纪法国经济生活研究》纯粹以物质文化为主要研究对象。[④] 1885—1886年，兰普雷希特又出版了《中世纪德意志经济生活》(*Deutsches Wirtschaftsleben im Mittelalter*)一书，这是一部以经济因素为核心、多因素相互作用的文化史，包括物质文化对于社会争斗和封建主义政治结构的影响。《中世纪德意志经济生活》以莱茵河流域地区农村居民的日常生活为切入点，全面展现了农民的社会关系、物质生活水平以及中世纪乡村风貌和庄园制经济的发展演变，进一步强调物质文化因素在历史发展中的重要性。他把重点放在经济组织、法律及政治制度之间的动态联系上，全面揭示了人口发展趋势、技术、生产组织、社会结构、法律和政治之间的相互关系和相互作用，并没有偏向其中的任何一方。

当时德国学界普遍流行这样一种观点，即经济生活是由法律制度和机构决定的。法律史、宪政史等旧学科经常把历史看作是"经济层面、法律层面，或者社会、政治层面的问题"，但兰普雷希特认为应该"把物质文化作为整体去领会历史的目标，特别注意运用和考量思

① P. Leser, "Zur Geschichte des Wortes Kultur", *Anthropos*, 58(1963), S. 32.

② 〔英〕西蒙·冈恩：《历史学与文化理论》，韩炯译，北京大学出版社2012年版，第61页。

③ 详见柏悦：《19世纪下半叶德国文化史编写状况探析》，《西北大学学报(哲学社会科学版)》2017年第6期。

④ Karl Lamprecht, *Beiträge zur Geschichte des französischen Wirtschaftslebens im 11. Jahrhundert*, Leipzig, 1878.

想的、科学的和艺术的发展因素”。[①]《天主教国家辞典》(*Katholisches Staatslexikon*)的主编阿道夫·布鲁德(Adolf Bruder)声称“经济秩序完全是仰仗更高层次的法律秩序”,并对《中世纪德意志经济生活》提出诸多批评意见。1888 年,兰普雷希特发表了《关于最近的经济史研究原则》一文做出回应,强调经济因素对于中世纪政治、社会、法律、文化的影响,认为德意志包括西欧的“绝对主义君主政治正是从 14—15 世纪的经济领域发展而来的”。[②] 在 1895 年写作的论文《埃珀尔的美好时光——经济、社会和宪政史范式》中,兰普雷希特再次对法律史研究者的“拜物教”思想(Fetischglauben)进行了批判,坚决反对宪政史的甚或经济的和社会的发展由法律制度和机构决定的观点。[③]

尽管兰普雷希特以物质文化史的研究奠定了自己的学术基石,但他一直在拓宽研究视野,修正对文化史的理解,特别是对物质文化与精神文化的关系进行了进一步的反思。就在这时,国民经济学界中年轻一代的历史学派学者古斯塔夫·施莫勒(Gustav Schmoller)和瑞士文化史家雅各布·布克哈特(Jacob Burckhardt)两位学者进入兰普雷希特的视野。服膺于布克哈特范围宏阔的研究,兰普雷希特不再把文化史限定在经济史框架内。同布克哈特一样,兰普雷希特把雕塑艺术、音乐和诗歌理解为历史发展的指示器和过去人的行为的表达形式。但布克哈特强调政治是意大利文艺复兴成长的沃土,兰普雷希特则认为这是在重复德国政治历史学派的陈腔滥调。除了雕塑、音乐和诗歌,他还认为应当对道德和法律这两个被施莫勒称作文化发展的“伦理原则”的范畴加以密切关注。施莫勒强调全部国民经济历史发展的二元特征,认为任何事物的发展都是由外部因素和内部因素的相互作用引起的。所谓的外部因素包括自然的发展因素,即自然和技术;内部因素包括文化的发展因素,即道德和法律。施莫勒关于历史发展的道德—心理根源的观点对兰普雷希特产生了特别深刻的影响。同施莫勒一样,兰普雷希特后来在分析历史发展原因时,也习惯于将所谓自然—技术因素与心理—道德因素区别开来,重视外部因素和内部因素的相互作用。在他看来,精神文化和物质文化是人类精神活动和身体活动的分别展现,这种展现在个体层面和集体层面具有类似的表现形式,都体现出相互依赖的紧密关系:物质和精神两种力量既

---

① Karl Lamprecht, Widmung und Vorwort zum „Deutschen Wirtschaftsleben im Mittelalter“, in: Ders., *Deutsches Wirtschaftsleben im Mittelalter*, Bd. 1/1, Leipzig 1886, S. V-VIII, in: Hans Schleier (Hrsg.), *Karl Lamprecht. Alternative zu Ranke. Schriften zur Geschichtstheorie*, Leipzig: Verlag Philipp Reclam jun, 1988, S. 46-47.

② Karl Lamprecht, “Über die Prinzipien der neueren wirtschaftsgeschichtkichen Forschung”, *Historisches Jahrbuch der Goerresgesellschaft*, 9 (1888), S. 76-80, in: Hans Schleier (Hrsg.), *Karl Lamprecht. Alternative zu Ranke. Schriften zur Geschichtstheorie*, hg. von dems., Leipzig: Verlag Philipp Reclam jun, 1988, S. 114-115.

③ Karl Lamprecht, “Die Herrlichkeit Erpel. Ein wirtschafts-, sozial- und verfassungsgeschichtliches Paradigma”, in: *Beiträge zur Geschichte vornehmlich Kölns und der Rheinlande. Zum 80. Geburtstag Gustav v. Mevissens dargebracht vom Archiv der Stadt Köln*, Köln 1895, S. 1-26, daraus S. 15-17, in: Hans Schleier (Hrsg.), *Karl Lamprecht. Alternative zu Ranke. Schriften zur Geschichtstheorie*, Leipzig: Verlag Philipp Reclam jun, 1988, S. 132-135.

相互冲突，又相互配合。[①]

在与史学理论家恩斯特·伯恩海姆(Ernst Bernheim)进行交流以后，兰普雷希特真正把物质文化与精神文化同时作为文化史的研究对象。他在写作《德意志史》时开始强调历史从一个时代到另一个时代的转变是由物质文化与精神文化的统一以及物质和精神发展力量的相互促进推动而成的。因此，在《德意志史》前五卷中，兰普雷希特不仅描述了社会和经济的发展，也描述了艺术—精神的发展。按照他此时的文化史观，文化民族的发展是在自然的和道德—精神的文化因素的活动范围内进行的。[②] 在1912年的小册子《历史思维入门》里，兰普雷希特继续强调物质文化扮演着重要的角色。他将物质文化和由此催生的社会进步视为一般意义上的进步的主要刺激力，认为经济变化对社会生活和心理生活具有反作用，经济革命产生了许多特定的新刺激并导致各种因素的联合与重组。[③]

二、兰普雷希特文化史内涵的扩展："社会集体心理"

在物质文化、精神文化的思考之上，兰普雷希特更为深入的理论创新和突破体现在他对"社会集体心理"的把握。结合对政治史和个体史的批判，他将文化史研究对象调整为社会集体心理，这成为他的文化史理论的关键性转折点。

1894年，同为莱比锡大学教授的马克斯·莱曼(Max Lehmann)在就职演讲中强调意志自由和伟大人物在历史中的重要性。[④] 兰普雷希特随即撰写《当今文化史认识的导论》予以回击，对传统史学过于关注个人(Persönlichkeiten)的特点予以批评。他认为历史学家最主要的任务，同时也是历史研究最有魅力之处是权衡意志自由和必然性之间的力量态势，恰到好处地拿捏个体力量在历史过程中所起的作用。在他看来，研究近现代史的学者偏好撰写个人传记，而个人传记的文化根基是英雄主义中心的，故而研究者极易陷入极端个人主义的窠臼之中。[⑤] 在1896年的长论文《历史学中的旧学派与新学派》("Alte und neue Richtungen in der Geschichtswissenschaft")中，兰普雷希特一针见血地指出政治史学派的核心就是个人史(Personengeschichte)，或者说政治人物英雄史。他认为西方史学正处于普遍衰落

---

① Luise Schorn-Schütte, *Karl Lamprecht, Kulturgeschichtsschreibung zwischen Wissenschaft und Politik*, Göttingen: Vandenhoeck & Ruprecht, 1984, S. 116.

② Hans Schleier (Hrsg.), *Karl Lamprecht: Alternative zu Ranke. Schriften zur Geschichtstheorie*, Leipzig: Verlag Philipp Reclam jun, 1988, S. 64.

③ Karl Lamprecht, *Einführung in das historische Denken*, Leipzig: R. Voigtlinder, 1912, S. 143.

④ Max Lehmann, "Geschichte und Naturwisschaft", *Zeitschrift für Kulturgeschichte*, 1 (1894), S. 245–248.

⑤ Karl Lamprecht, "Zur Einführung in das kulturgeschichteliche Verständnis der Gegenwart", in: Hans Schleier (Hrsg.), *Karl Lamprecht. Alternative zu Ranke. Schriften zur Geschichtstheorie*, Leipzig: Verlag Philipp Reclam jun, 1988, S. 122.

之中，史学越来越脱离广大读者，对群众的影响力越来越低，造成这种现象的原因是历史研究日益专门化，并且热衷于狭隘的政治史，而兰克学派应对此负主要责任。兰克学派只是事实的搜集者，他们认为社会历史现象都是仅出现一次而不再重复且彼此毫无联系的个体，历史研究只需要细致入微地描述个别现象（个体）和偶然现象（人物和事件），从不研究事实之间的内在联系，不去探究事件的一般原因，只研究事件，而不研究状态。兰克学派把国家放在核心位置上，把历史写成家族谱系和英雄传奇史诗，强调个体的自由，只从个人心理角度来说明历史事件，没有节制地进行想象并且经常夸大、虚构甚至神化一些伟人的所作所为。“政治史所提供的深刻见解微乎其微，但却从不缺乏小说般的情节，所以就出现这样一种戏谑式的说法——政治史一直都是神话传说的后裔。”①人被看作抽象的个体，杰出人物的个人意志决定历史的发展，群众则成了人的机械的集合。在兰普雷希特看来，历史不应局限于人物和事件或孤立的现象，历史编纂不是去礼赞个人，称颂显贵，不应只关注国家和政治家。尤其是兰普雷希特所称的“新兰克学派”，即更加年轻的兰克拥护者们，他们一方面已经具备了国民经济学的知识，按常理绝不可能再对 19 世纪 70 年代以来日益壮大的经济社会史研究充耳不闻，但事实上他们根本无意于史学革新。

针对上述现象，兰普雷希特借鉴德国“现代实验心理学之父”威廉·冯特（Wilhelm Wundt）的相关学说，将社会心理与个体心理等心理学概念引入到文化史理论中，把社会心理与个体心理区别对待，这也代表着他与兰克学派的主要不同在于社会心理研究和个人心理研究的分歧。历史心理学以个体心理学、群体心理学、社会心理学、文化心理学和认知心理学为基础，注重对人的表层心理、深层心理方面的理论探索。另一方面，历史心理学承认心理因素的历史作用，但它不是历史发展的直接动力，心理因素的历史作用是有限度的。德国哲学家李凯尔特曾说：“对此，人们只需想一想兰普雷希特对于个体心理学方法和社会心理学方法所做的区分就清楚了。”②兰普雷希特所强调的“新的历史学流派”或者“新的历史研究方向”，即他所主张的文化史流派，将以社会集体心理为研究重点。政治家常常认为他们扮演着“创造历史”的角色，但“创造历史”本身是一个非常具有误导性的术语。历史不是创造出来的，而是历史中人民力量的展现，所谓的“政治领导人”只不过是汇集这些力量的倡导者。赋予一个民族性格并决定其发展方向的巨大影响来自气候和地理条件、民族背景以及经济力量对这些因素的反应，而经济力量本身在很大程度上就是上述条件的结果。总之，经济优势和工业能力决定一个民族的性格，而不是领导人或领导阶级的意志。③ 人民的精神生活（Seelenleben）决定了国家生活的方向，只有充分了解农民、工匠和商人等多种多

① Ulrich Muhlack, *Historisierung und gesellschaftlicher Wandel in Deutschland im 19. Jahrhundert*, Berlin: Akademie, 2003, S. 220.

② 〔德〕H. 李凯尔特：《文化科学与自然科学》，李超杰译，商务印书馆 2020 年版，第 83 页。

③ William E. Dodd, “Karl Lamprecht and Kulturgeschichte”, *Popular Science Monthly*, 63(1903), p. 8.

样的群体的日常生活,才能理解这种精神活动。

历史学家的主要任务就是研究历史上的典型现象和集体现象,归纳、总结社会集体心理发展的规律。社会心理的视角是全新的、不断进步的,且充满进取精神的,能够承载着历史学过渡到现代科学的范畴内。社会心理在历史上所发挥的作用远大于个人心理,是社会集体心理决定着人类历史的发展方向。对于古代社会,个体心理研究是必要的,对于近现代史则要着重于社会心理的研究。简言之,历史研究应当从英雄史诗开始,以文化史结尾。① 1896—1897 年,兰普雷希特接连发表《历史科学的现状》《历史研究领域》《什么是文化史? 经验历史学刍议》等长文,继续巩固“社会心理因素”对文化史的重要性。譬如指出对“历史状态”或“时势”(Zustände)的认识才是理解政治史和国家生活的基础,英雄个体仅仅是“时势”的产物②;借助威廉·冯特的“集体意志”(Gesamtwillen)理论,兰普雷希特对经济活动进行了新的解说,并且声称经济因素从属于社会心理,只有通过社会心理的发展才对历史起作用。③

作为“为数不多的几个推崇兰普雷希特式研究的历史学家之一”,社会史家和现代政治结构史先驱奥托·欣策“视兰普雷希特的历史研究为‘超越兰克的进步’,是一种超越兰克对站在历史巅峰的伟人的关注。而在 1900 年前后,绝大部分德国历史学家还没有想过超越兰克”。④ 但兰普雷希特委婉地提出历史生活中的个体和集体是永远重叠在一起的,对个体主义(Individualismus)和集体主义(Kollektivismus)的考察都是必要的。⑤ 显然兰普雷希特没有因为欣策对自己的赞扬而口下留情,他直言一定要特别优先关注历史进程中的集体因素。

在 1894 年的《德意志史》第 1 卷第 2 版引言中,兰普雷希特提出了“德意志民族意识”的概念,并要将“集体意志”理论具体落实到德意志史的编纂之中。1897 年,兰普雷希特发表长文《什么是文化史? 经验历史学刍议》,第一次把伯恩海姆在 1888—1889 年提出的“文化时代”(Kulturzeitaltern)构想运用到了德国历史发展的诸阶段,表达了关于历史发展的五个文化时代的设想。在全新的、拥有科学依据的历史分期规则之下,每一个历史时期都有

---

① Karl Lamprecht, “Alte und neue Richtungen in der Geschichtswissenschaft”, Berlin 1896, in: Hans Schleier (Hrsg.), *Karl Lamprecht. Alternative zu Ranke. Schriften zur Geschichtstheorie*, hg. von dems., Leipzig: Verlag Philipp Reclam jun, 1988, S. 178-179, 199-200.

② Karl Lamprecht, “Das Arbeitsgebiet geschichtlicher Forschung”, *Die Zukunft*, 15 (1896), S. 25-28. in: Hans Schleier (Hrsg.), *Karl Lamprecht. Alternative zu Ranke. Schriften zur Geschichtstheorie*, hg. von dems., Leipzig: Verlag Philipp Reclam jun, 1988, S. 211.

③ Karl Lamprecht, “Was ist Kulturgeschichte? Beitrag zu einer empirischen Historik”, *Deutsche Zeitschrift für Geschichtswissenschaft*, Neue Folge, Bd. 1, 1896/1897, S. 75-150, in: Hans Schleier (Hrsg.), *Karl Lamprecht. Alternative zu Ranke. Schriften zur Geschichtstheorie*, Leipzig: Verlag Philipp Reclam jun, 1988, S. 254-255.

④ 〔英〕彼得·伯克:《历史学与社会理论》,姚朋等译,上海人民出版社 2010 年版,第 14 页。

⑤ Otto Hintze, “Über individualistische und kollektivistische Geschichtsauffassung”, *Historische Zeitschrift*, (78) 1897, S. 60-67.

一种占支配地位的“时代精神”，并升华为“集体心理状态”（Seelischer Gesamtsnstand）。社会关系、政治国家、经济制度、艺术文学、科学哲学都是精神生活的外部表现，而以上所有外部表达都归入文化，文化同时也是大众精神或民族精神（Volksseele）的显现。民族精神对于各民族的历史发展进程，也即对于世界历史发挥着决定性作用。① 就德意志民族来说，历史大体可分为5个文化时代或者“文化阶段”（Kulturstufen）：

（1）象征主义时期（Symbolismus）：从未知的时代开始到公元350年，经济特征是原始经济时期渔猎经济，集体占领式的经济；

（2）典型主义时期（Typismus）：350—1050年，经济特征是中世纪前期共同使用土地的自由农耕，马尔克公社的自然经济；

（3）传统主义时期（或译为“因循主义”，Konventionalismus）：1050—1450年，中世纪后期，经济特征是领主制，大地产制的自然经济；

（4）个体主义时期（Individualismus）：1450—1700年，文艺复兴与宗教改革的时代，经济特征是合作社的商业和货币经济；

（5）主观主义时期（Subjektivismus）：1700年起，浪漫主义时代，经济特征是货币经济，个人贸易和工业。②

具体来说，在人类文化的初始阶段及象征主义阶段，人的性情比较单纯，个体之间的差异不大，尚且可以通过个人来推测集体心理；到了形式主义阶段，人多持一种范式化的思维，在范式化思维的制约下，个体被约束起来；在传统主义阶段，不同的社会等级和更加具体的自我意识和社会关系开始产生；在个人主义阶段，人开始变得不受束缚，相当地自由，个性继续增进分化；而到了近代主观主义阶段，人的自我意识极大提升，更加细微，情感更加平稳，观点和见解更具活力和说服力。③ 德意志民族的历史乃至整个人类的历史，是一个个接连赓续的时代中精神紧张强度不断增加的过程，是精神差异不断扩大且心理逐渐丰盈的过程，是内心能量积蓄的过程，是意识逐渐叠加的过程。④ 从精神生活单一性的原始时代开始，一直演变为一种高度不同的，并且带有复杂文化表达的近代大众精神的心理过程，也是一个民族从低级、中级再到最高级文化阶段，缓慢的且不间断的发展过程。⑤ 精神生活是

---

① Karl Lamprecht, *Die kulturhistorische Methode*, Berlin, 1900, S. 29.

② Karl Lamprecht, “Was ist Kulturgeschichte? Beitrag zu einer empirischen Historik”, *Deutsche Zeitschrift für Geschichtswissenschaft*, Neue Folge, Bd. 1, 1896/1897, S. 75-150, in: Hans Schleier (Hrsg.), *Karl Lamprecht. Alternative zu Ranke. Schriften zur Geschichtstheorie*, hg. von dems., Leipzig: Verlag Philipp Reclam jun, 1988, S. 252-259.

③ Karl Lamprecht, *What Is History? Five Lectures in the Modern Science of History*, New York: The Macmillan Company, 1905, pp. 4-6.

④ D. G., Erg. Bd. I, 455. 参见 Karl J. Weintraub, *Visions of Culture Voltaire, Guizot, Burckhardt, Lamprecht, Huizinga, Ortega Y Gasset*, Chicago: University of Chicago Press, 1966, p. 170。

⑤ Karl Lamprecht, *What is History? Five Lectures in the Modern Science of History*, New York: The Macmillan Company, 1905, p. 185.

这些文化时代“无一例外地包容所有人类共同体精神发展现象的最高级概念”①。心理学作为人文精神科学的“机制”被引入其中，“同其他任何‘精神’活动一样，所有经济活动都是受到心理作用制约的，与同一首诗、同一部法律典籍、同一个国家机构一样，任何经济成就的总和都是精神过程的体现”②。

在1902年的《德意志史》第1卷第3版前言和1905年出版的《什么是历史?》中，兰普雷希特将物质文化和精神文化相互关系建立在一种历史学的心理学化(Psychisierung)的基础上。这一过程解释了经济变化如何轻易成为更高层级心理变化的起点，经济变化和社会变化是如何产生的以及总体—心理转变是如何形成的③等问题，这也可视为他对文化史内涵的总结。

三、兰普雷希特文化史的实证主义方法论

《德意志史》最初几卷出版后，数量众多的檄文扑面而来，对兰普雷希特的编纂方法也大为诟病。反对者征引文德尔班和李凯尔特等哲学家的“任何一个自称以自然科学方法进行的历史哲学必然在概念上缺乏明确性”④的观点，指责兰普雷希特采用自然科学的方法研究历史，强调人类科学的个别化概念与自然科学的一般化概念的区别，以及历史人物的作用和意志的绝对自由。新兰克学派的弗里德里希·迈内克批评“兰普雷希特盲从实证主义思想，把历史研究与当前的社会问题纠缠在一起”⑤，马克斯·莱曼反对将自然科学的研究方法转用于人文精神科学，声称兰普雷希特将国家和民族视为生物有机体，将历史学与生物学类比是不正确的。⑥

然而，人文社会科学中的实证主义运用实际上是时代的产物。资本主义上升时期，许多传统学科深受自然科学发展带来的乐观情绪影响，急切希望自身能实现科学化。历史学科是不是可以像自然科学一样通过对具体历史事实的考察揭示人类历史的规律？人类社会秩序本身就是自然秩序的延续，而研究人类社会的历史科学只是自然科学的“延续”而已，与自然科学一脉相承。历史学家只要从得出的一般规律出发就可以推演未来。这正符

---

① Karl Lamprecht, *What is History? Five Lectures in the Modern Science of History*, New York: The Macmillan Company, 1905, p. 89.

② Karl Lamprecht, "Alte und neue Richtungen in der Geschichtswissenschaft", Berlin, 1896. in: Hans Schleier (Hrsg.), *Karl Lamprecht. Alternative zu Ranke. Schriften zur Geschichtstheorie*, hg. von dems., Leipzig: Verlag Philipp Reclam jun, 1988, S. 155.

③ Karl Lamprecht, *What is History? Five Lectures in the Modern Science of History*, New York: The Macmillan Company, 1905, p. 189. 1904年兰普雷希特应邀赴美讲学，其中在圣路易斯大学和哥伦比亚大学所做的学术报告在1905年结集出版，定名为《什么是历史?》。

④ 〔德〕亨里希·李凯尔特：《李凯尔特的历史哲学》，涂纪亮译，北京大学出版社2007年版，第144页。

⑤ Friedrich Meinecke, "Heinrich von Sybel", *Historische Zeitschrift*, 75 (1895), S. 390-395.

⑥ Max Lehmann, "Geschichte und Naturwisschaft", *Zeitschrift für Kulturgeschichte*, 1 (1894), S. 245-248.

合19世纪历史学家渴望历史学成为一门真正科学的愿望,他们自觉或不自觉地把法国哲学家孔德(Auguste Comte)的实证主义思想引入历史研究中,以适应史学科学化的要求。实证主义方法蔚然成风,并不被兰普雷希特所单独把持,英国史家巴克尔(Henry Thomas Buckle)、法国史家泰纳(Hippolyte Taine)和库朗日(Fustel de Coulanges)、瑞士史家布克哈特等都是当时著名的实证主义史学家。

但在德国,兰普雷希特受到的冲击最大。他针对批评意见接连撰文,一方面继续批判以兰克史学为代表的"旧史学"和传统政治史,另一方面对文化史的研究方法进行了多方面阐述。兰普雷希特讽刺"兰克史学成为史学界不可撼动的教皇,就像是供奉在小小的密闭陈列室里面精致的历史肖像"①,建立在过时的、前科学时代的方法论基础之上。兰克的史学模式凭借经过辨析的史料复原历史,只是叙述事件,不做任何解释和判断,不进行概括和归纳。兰克把历史看作是少数精英人物"神秘的先验精神力量"的闪现,相信人类的发展是依循未知的法则进行的,这是一种神秘主义的哲学唯心主义观念,完全落后于时代。兰克在历史著作中偷偷夹杂着这些"形而上学的哲学见解"②,他的史学思想与德国唯理主义的传统一脉相承。因此,兰克不能称为现代意义上的科学的史学家,他的历史观远远未摆脱思辨哲学的桎梏。

在兰普雷希特看来,兰克的史学方法限制了他对事物本质的分析,不能解决历史的关键性问题,历史学家必须放弃神秘主义历史观,加强对历史发展进程的经验性研究。关键的问题不是展示"事情原本是怎样的"(wie es eigentlich gewesen),而是要说明"事情究竟是如何形成的"(wie ist es eigentlich geworden)。兰克的观念论业已过时,历史学家必须放弃神秘主义的历史实在论,转而从事历史发展的经验性研究。"自从我们需要面对堆积如山的历史档案文献以来,很长时间我们在历史方法论上已经没有取得任何进展"③,单纯描述的方法不再是百试百灵的法则。极其缜密、细致入微的写作方法已被扭曲成一种"微观论"(Mikrologie),历史学的志趣退化成为"考古学一般的谨小慎微"(archäologischer Kleinkrämerei)和对文献的"收集癖"(Sammelwut)。虽然描述的方法对于撰写宪法史和法律有一定的作用,但兰克描述性的、仅仅抓住事件表面现象的方法是不够完善的。表面的、外在的、描述的方法的时代已经过去了。传统的政治史不能保证自身的客观性和科学性,"按

① Karl Lamprecht, "Rezension zu Karl Theodor v. Inama-Sternegg, Deutsche Wirtschaftsgeschichte des 10. bis 12. Jahrhunderts", *Jahrbücher für Nationalökonomie und Statistik*, Bd. 64, 1895, S. 294-298, in: Hans Schleier (Hrsg.), *Karl Lamprecht. Alternative zu Ranke. Schriften zur Geschichtstheorie*, hg. von dems., Leipzig: Verlag Philipp Reclam jun, 1988, S. 137.

② Karl Lamprecht, "Alte und neue Richtungen in der Geschichtswissenschaft", Berlin 1896, in: Hans Schleier (Hrsg.), *Karl Lamprecht. Alternative zu Ranke. Schriften zur Geschichtstheorie*, hg. von dems., Leipzig: Verlag Philipp Reclam jun, 1988, S. 199.

③ Karl Lamprecht, *What Is History? Five Lectures in the Modern Science of History*, New York: The Macmillan Company, 1905, p. 21.

时间顺序的编撰模式已经土崩瓦解”，编年史也落伍了，必须“用一种全面的、能够对所有历史生活都做出恰当评价的历史观取代片面的或仅仅看到历史的政治方面的历史观，并且为这种历史观找到正确的科学方法”。①

故而，兰普雷希特强调理论方法的重要性，他主张用自然科学的方法论改造历史学方法论，实证主义的介入见证了他的文化史观的转变。在兰普雷希特看来，“只有当历史学家用新的历史方法武装自己，才能将庞杂的文献材料汇集在一起，并且在人类历史的各个阶段中发现本质的统一”②，而这种方法就是自然科学的方法。这是因为自然科学严格依据经验而抛弃了一切唯心主义先验理论，跨过了单纯描述个体的时代，而广泛采用分析和综合的方法去考察事物之间的相互联系，探索事物发展的规律。兰普雷希特清楚地知道“历史学在任何时候也不会变成自然科学”③，但他认为，历史科学要跟上自然科学的步伐，就必须采用自然科学的方法，抛弃先验理论，抛弃单纯描述时间和任务的方法。历史研究与凸显时间维度的社会科学或自然科学学科，如心理学、生物学和地质学等将发生更加紧密的联系。

在众多跨学科方法之中，兰普雷希特尤其注重对心理学方法的运用。历史学家对于心理学方法的运用自古有之，德国著名社会学家滕尼斯指出，波利比乌斯、塔西佗、休谟、吉本、缪勒和格维努斯等历史学家都是训练有素的心理学家。④ 他同时说，当今史学也把历史中个体和群体的心理作为研究对象，揭示历史心理活动和变化规律，说明心理因素在历史运动变化过程中的地位和作用。然而，当今历史学研究已经不再满足于将跨学科方法简单地与历史学结合叠加。心理因素在历史过程中扮演着一定的角色，但绝不是历史发展的直接动力。兰普雷希特直接声称“现代历史科学首先是一门研究社会心理现象的科学”，“从心理学的视角看德国历史的发展轨迹”。⑤ 他借助了一些精神原理论的术语和生物学专业用语，用对文化接受过程（kultureller Rezeptionsvorgänge）的观察和比较来看待彼此之间的关系，世界历史的发展完成是在特定条件下，凭借复兴（Renaissance）、接受（Rezeption）、外泌（Exosome）和内渗（Endosmose）等步骤⑥完成的过程。由原生国产生的心理成果传向下一个

① *Deutsche Geschichte*, IV, 134. 参见 Karl J. Weintraub, *Visions of Culture Voltaire, Guizot, Burckhardt, Lamprecht, Huizinga, Ortega Y Gasset*, Chicago: University of Chicago Press, 1966, p. 163。

② Karl Lamprecht, Vorwort zur Deutschen Geschichte, Bd. 1, 2. Aufl. Berlin 1894, S. V–XI, in: Hans Schleier (Hrsg.), *Karl Lamprecht. Alternative zu Ranke. Schriften zur Geschichtstheorie*, Leipzig: Verlag Philipp Reclam jun, 1988, S. 129.

③ Karl Lamprecht, Vorwort zur Deutschen Geschichte, Bd. 1, 2. Aufl. Berlin 1894, S. V–XI, in: Hans Schleier (Hrsg.), *Karl Lamprecht. Alternative zu Ranke. Schriften zur Geschichtstheorie*, Leipzig: Verlag Philipp Reclam jun, 1988, S. 125–126.

④ 转引自〔德〕H. 李凯尔特：《文化科学与自然科学》，李超杰译，商务印书馆 2020 年版，第 77 页。

⑤ Karl Lamprecht, *What Is History? Five Lectures in the Modern Science of History*, New York: The Macmillan Company, 1905, p. 38.

⑥ Karl Lamprecht, “Was ist Kulturgeschichte? Beitrag zu einer empirischen Historik”, *Deutsche Zeitschrift für Geschichtswissenschaft*, Neue Folge, Bd. 1, 1896/1897, S. 75–150, in: Hans Schleier (Hrsg.), *Karl Lamprecht. Alternative zu Ranke. Schriften zur Geschichtstheorie*, hg. von dems., Leipzig: Verlag Philipp Reclam jun, 1988, S. 271.

接受国,在这一过程中一个国家的文化经过容纳吸收其他国家的文化,再结合自己已有的文化逐渐成为全新的文化。

兰普雷希特还主张借鉴瑞典植物学家卡尔·冯·林奈[①]的研究方法来类比历史学研究。"植物学、解剖学和生物学头一次清晰展示并进一步解释了生命和有机体的世界;自然科学中基因学提出的问题不再是这是怎样的,而是这是怎样形成的。"兰普雷希特针对兰克如实直书的"警世箴言"再次提出了应该探究历史是如何形成的。"纯粹的政治史难道不可以通过对比按照林奈自然书写(Naturschreibung)的研究方法呈现出来吗?不能只看到人类发展结出的花朵,而且还要去探究这朵花如何成长起来。难道我们提出的问题只能是探究事情原本是怎样的,而不是事情是怎样形成的?在历史科学领域,我们必须通过一个新的年代划分方法解决我们研究中的时代分期问题。我们正处于时代洪流的巨变之中。"[②]再进一步,所谓"进化论的历史学研究"(evolutionistischen Geschichtsforschung)是"发展的历史书写"(entwickelnde Geschichtsschreibung),其中事实都是以科学的形式相互联系的,[③]故而应当由"因果—遗传方法"(die kausal-genetische Methode)和历史解释(historische Erklärungen)来加以补充并在科学上加以深化,以便揭示真正的历史的因果关系规律,与旧史学抽象神秘的历史目的论截然对立。在兰普雷希特看来,新旧两种历史方法之间的对立一方面在于恒定的描述与变幻的分析,另一方面在于表面的理解与因果的阐释等,但只有后者才能把握历史的要义。与自然界相同,在经济现象和社会现象中也存在着因果关系,要研究和说明这些现象也需要运用因果关系的方法去探寻历史发展规律。

在1903年出版的《德国近现代史》第2卷第1册中,兰普雷希特又提出心理学和社会学是机械的科学,而历史科学是准生物学(quasi-Biologie)的观点。[④] 参照古生物学家乔治斯·居维叶[⑤]借助古代生物骨骼重建当今生物体系的"有机体相关法则"(organologisch Relationsgesetzes),兰普雷希特制造了所谓历史学"有机体相关法则",意图运用历史传说中残缺不全的资料还原历史真相。[⑥] 此外,兰普雷希特还涉及了地质学的沉积层理论,把它当

① 卡尔·冯·林奈(Carl von Linné, 1707—1778),瑞典植物学家、探险家,首先构想出定义生物属种的原则,并创造出统一的生物命名系统。林奈在生物学中最主要的成果是建立了人为分类体系和双名制命名法。在他看来,"知识的第一步,就是要了解事物本身。这意味着对客观事物要具有确切的理解;通过有条理的分类和确切的命名,我们可以分开认识客观物体……分类和命名是科学的基础"。《自然系统》一书是林奈人为分类体系的代表作。

② Karl Lamprecht, Vorwort zur Deutschen Geschichte, Bd. 1, 2. Aufl. Berlin 1894, S. V-XI, in: Hans Schleier (Hrsg.), *Karl Lamprecht. Alternative zu Ranke. Schriften zur Geschichtstheorie*, Leipzig: Verlag Philipp Reclam jun, 1988, S. 126.

③ Karl Lamprecht, "Alte und neue Richtungen in der Geschichtswissenschaft", Berlin, 1896, in: Hans Schleier (Hrsg.), *Karl Lamprecht. Alternative zu Ranke. Schriften zur Geschichtstheorie*, hg. von dems., Leipzig: Verlag Philipp Reclam jun, 1988, S. 152-153.

④ LDG Ergbd. 2. 1., S. 8-9. 参见 Alexander Demandt, "Natur- und Geschichtswissenschaft im 19. Jahrhundert", in: *Historische Zeitschrift*, 237 (1983), S. 48-49。

⑤ 乔治斯·居维叶(Georges Cuvier, 1769—1832),著名古生物学者,提出了"变灾论"学说和器官相关法则。

⑥ Karl Lamprecht, *Einführung in das historische Denken*, Leipzig: R. Voigtländers Verlag, 1912, S. 70f.

作历史学的分类方法。①

结 语

重思兰普雷希特的学术历程,会发现早期兰普雷希特的主要身份是经验史研究者和历史编纂者,并非专门的史学理论家。他虽然专注历史上的文化问题和文化现象,也把文化作为自己研究和描写的主要对象,但在开始写作之际,除了主题选择、资料筹备和内容组织外,他并未进行足够深入的文化史理论思考。他曾说过:“我的雄心除了改革历史编纂外,从来没有将其想法映射到历史方法论上面,我也从来没有这样的意图。”②然而,随着争论的升级,为反击新兰克学派对《德意志史》频频给出的恶评,兰普雷希特开始反思传统史学,并有意识地从理论方法论角度分析论证文化史研究的价值和意义。尤其是《德意志史》受到欧美新史学潮流的追捧,这使兰普雷希特构建文化史理论的自觉性和自信心大为提升,在《德意志史》再版的题词和前言以及一些回应类书评还有各种小册子里,他对自己原先持有的文化和文化史概念进行了大幅度修正。

作为兰普雷希特的批评者,迈内克最初批评说“兰普雷希特具有强烈的实证主义色彩的思想对社会问题而言只是一种肤浅的研究方式”,但在 1908 年第 100 期《历史杂志》的前言中迈内克写道:“兰普雷希特至少对那些变成单一片面的手艺人的史学家的狭隘和观念缺乏提出了警告。”③的确,兰普雷希特以文化史倡导新史学。他论述了历史观和史学理论方法论,以及对历史和历史编纂的认识,而且阐述了史学革新、文化史编纂的意义和方法,表达了一种新的包罗万象、纷繁复杂的文化史观。兰普雷希特的文化史涉及物质文化和精神文化的范畴,强调自然环境的重要性,同时不否认个人的自由,但强调个人是其自身所处特定世界中不可或缺的产物,并非处于一种断裂孤立之中。历史学家的任务是了解一个宏阔的集体现象,接着,也就能让个人现象清楚地表现出来。兰普雷希特将传统史学叙述、编年的方法与归纳概括的方法结合起来,这在历史方法上不啻一次新的突破。

值得一提的是,虽然兰普雷希特也倾向于像兰克一样占有大量的档案资料,但他“没有在欧洲大大小小的国家档案馆中查找抄录,而是勤奋地收集了有关城市、乡村和庄园的文书、法庭卷宗。除此之外,还有数量众多的地籍册、特许状、登记簿、公共管理机构和私人组

---

① Karl Lamprecht, “Europäische Expansion in Vergangenheit und Gegenwart”, in: Karl Lamprecht, *Ausgewählte Schriften zur Wirtschafts- und Kulturgeschichte und zur Theorie der Geschichtswissenschaft*, Aalen: Scientia-Verlag, 1974, S. 691.

② Hans Schleier (Hrsg.), *Karl Lamprecht, Alternative zu Ranke. Schriften zur Geschichtstheorie*, Leipzig: Verlag Philipp Reclam jun, 1988, S. 125.

③ 转引自〔美〕格奥尔格·G. 伊格尔斯:《德国的历史观》,彭刚、顾杭译,译林出版社 2006 年版,第 268 页。

织的账簿、赋税记录、土地房产契据册、财产清单和租约、行政法令、通信、教会法规惯例汇编,甚至是民间传说和歌曲"。兰普雷希特的美国留学生威廉·多德直言:"还有什么比这更具有革命性呢?"[①]所以,仅仅运用兰克的方法是不够的,正如兰普雷希特自己所说,历史学家只有用新的历史方法武装自己,才能将庞杂的文献材料汇集在一起,并且在人类历史的各个阶段中发现本质的统一。

但是,即便按照文化史著作实践先行、文化史理论随后的合理创作顺序,兰普雷希特的文化史理论依然存在诸多自相矛盾、难以自洽的部分。兰普雷希特那包罗万象的知识体系或许是为了迎合德国的哲学家、经济学家和社会学家,唯独与德国历史学的基础无法兼容。加之他又完全依照自己的方法行事,凡是认为有用的新兴理论和观点,他都会不假思索地放置入他所构建的体系之中,甚至出现了将相悖的理论拼合在一起,而不去考量这些理论是不是契合原先理论框架的情况。客观地讲,兰普雷希特还缺乏布克哈特对文化史的掌控力,许多想法落实到写作的实践中时偏离了原先的轨道。他很难做到布克哈特的收放自如,总是不知道什么时候该适可而止,不知道在哪里需要谨言慎行。兰普雷希特不遗余力地为文化史提出新的理论原则和体系,犹如在建造一座空中楼阁。绝大多数史学同行认为兰普雷希特理论的缺陷不在于偏离了历史编纂的传统,而在于妨碍了历史编纂的基本原则。格奥尔格·齐美尔(Georg Simmel)除了批评兰普雷希特低估了个体心理学外,还指出"文化时代"学说主观臆断的成分过于明显,"以自然科学量变的观察法适用于文化是不妥当的,只能当作补助的方法,适当采用"[②]。兰普雷希特最忠诚的挚友伯恩海姆最终也反对兰普雷希特的文化史分期观点。

另一关键之处在于,兰普雷希特始终难以跳脱出历史主义和德国传统史学的拘囿。尽管1909年他在莱比锡大学组织建成文化—普遍史研究所(Institut für Kultur- und Universalgeschichte),表明他也开始推崇并实践世界史的书写,但他所提倡的文化史最重要的单元仍是国家以及组成国家的民族等传统对象。他强调每个民族都有自己的个性和发展周期,因此"一部全人类的历史是不可能写成的。历史研究必须限于研究典型民族的发展"[③]。稍晚于兰普雷希特,活跃于史坛的德国人斯宾格勒和英国人《章太炎全集·演讲集(上)》,汤因比提出了"文化形态论",开始以"文明"为历史的单元,产生了远非兰普雷希特所能达到的重要影响。

---

① William E. Dodd, "Karl Lamprecht and Kulturgeschichte", *Popular Science Monthly*, 63(1903), pp. 7, 11.

② 〔日〕关荣吉:《文化社会学》,张资平、杨逸棠译,乐群书店1930年版,第218—219页。

③ Karl Lamprecht, "Was ist Kulturgeschichte? Beitrag zu einer empirischen Historik", *Deutsche Zeitschirift für Geschichtswissenschaft*, Neue Folge, Bd. 1, 1896/97, S. 75-150, in: Hans Schleier (Hrsg.), *Karl Lamprecht. Alternative zu Ranke. Schriften zur Geschichtstheorie*, Leipzig: Verlag Philipp Reclam jun, 1988, S. 271-272.

“今天需要什么样的文化史”

——《中国文化史研究》创刊座谈会暨学术研讨会纪要

李树婷

中华文化源远流长，博大精深，是中华民族共有的精神家园，是联系中国历史和现实的坚韧纽带。中华民族的凝聚力，也显示出文化认同是最深刻的认同。

2024 年 7 月 13 日，由北京师范大学历史学院、中国史学会传统文化专业委员会联合主办的《中国文化史研究》创刊座谈会暨学术研讨会，在北京师范大学英东学术会堂召开。来自高校和科研院所的 40 余位专家学者出席会议，围绕“今天需要什么样的文化史”主题展开热烈讨论。

会议开幕式由徐畅教授主持。北京师范大学历史学院院长刘林海教授，中国社会科学院古代史研究所所长、中国史学会副会长兼传统文化专业委员会主任卜宪群研究员，全国高校文科学报研究会原理事长、北京师范大学历史学院蒋重跃教授分别致辞。刘林海教授表示，学院将大力支持《中国文化史研究》的工作，打造北京师范大学文化史研究的可持续发展平台，整合研究力量，助力中国特色历史学学术体系和话语体系的建设。卜宪群研究员表示，《中国文化史研究》的创办是中国史学会传统文化专业委员会的重要工作之一，是推进文化史学科建设的重要抓手，希望刊物办出方向，办出特色，为传承发展中华优秀传统文化和建设中华民族现代文明做出应有的贡献。蒋重跃教授向《中国文化史研究》的创办致以祝贺，指出在百年未有之大变局中，中国文化的意义更加凸显，认为要做好中国文化史研究，需要用社会史和文明史增强文化史研究的能量，研究文化和文化史离不开对社会发展规律的认识，离不开唯物史观。

作者简介 北京师范大学历史学院博士研究生，研究方向为中国近现代文化史。

（一）

上午的座谈会由张昭军教授主持。他简要介绍了集刊创办的过程、集刊的主旨和栏目设置规划，并解释了为什么要以“今天需要什么样的文化史”作为会议主题。围绕会议主题，各位学者各抒己见，发表了意见和建议。

郑师渠教授回顾了文化史学科的起步，感念龚书铎、李文海等前辈学者为学科建设打下的坚实基础。展望文化史研究的未来，他表示首先应站在新时代的基点和方向上，积极回应现实需求，服务于时代大问题。他还谈到对文化史研究的两点思考。第一，探讨文化的传承性，要始终谨记“一定的文化是一定社会的政治和经济的反映，又影响和作用于一定的社会政治和经济”，避免陷入“文化决定论”，既要看到其中包含的超越时代的意义，又要看清时代的制约。第二，要继续思考和回答“什么是文化史”“什么是文化发展方向”这两个问题。40年前文化史研究学者尚未明确“文化”的概念，只能边做具体研究边体会，时至今日仍缺乏关于“文化史”概念的明确的理论论断，文化史研究者有责任在前人努力之上回答这个问题，为文化史学科发展做出理论指导。

黄爱平教授肯定了刊物登载文章的质量，围绕会议主题谈及几点思考：第一，坚持唯物史观的理论指导是根本原则。第二，秉持实事求是的准则，重视文献史料，用开放包容的胸怀推陈出新，发展出我们今天新的文化理论。第三，对历史有整体关照，国家清史编纂委员会编撰“典籍志”，需要专家对各个部类的学术史进行整体了解之后，才能在简短的小序中反映整个渊源流变，从此意义上来说，文化史研究强调贯通十分必要。

郑大华研究员结合科研经历提出几点文化史研究建设方向：第一，中华文化、中华文明与中华民族共同体的关系问题。第二，立足中国式现代化，探讨地方文化与整体中华文化关系问题。第三，加强在中华民族“三交”（交往、交流、交融）历史过程中，中华传统文化的作用研究。第四，加强中国传统文化与中华民族现代文明建设。第五，重视“两个结合”，尤其是第二个结合，即马克思主义基本原理同中华优秀传统文化相结合。

欧阳哲生希望集刊同仁能继承先贤前辈的学术传统，将中国文化研究向前推进，认为：文化研究不能局限于描述，要提供中国智慧；不能大而化之，要有做绣花针的功夫；不能就中国而论中国，要在世界视野中把握中国文化。要通过中外文化比较认识中国文化的特性，通过对中华文化的对外传播看出中国文化在世界上的影响，通过对国际汉学的研究来扩大中国的影响，推进中国文化的世界化。

黄兴涛教授认为，我们需要有视野的文化史：第一种是带有中国情怀、中国关切的全球视野和理论视野，如果没有真正的全球意识，不可能有健全的、切实的中国情怀和文化自信，没有真正的理论视野，研究成果必然是碎片化的，《中国文化史研究》创刊号登载赫伊津哈的《文化史的任务》就是这两种视野结合的体现。第二种是真正有文化整体意识的广阔的文化视野，真正从文化各部类关系视角立论，具有文化自身问题意识。第三种是真正贯通的历史视野。黄兴涛教授认为，今天的文化史研究还需要下实证功夫。只有把实证和理论结合起来，才能让文化史既有深度又有广度。黄兴涛教授对比国外刊物的创办特点，建议增加本刊的评论力度，认为目前“文化史家”一栏非常好，还需增加对文化史著的评价。

张志强研究员从“文化”的小大之辨出发，论述了对文化、文化史研究的一些思考。他认为文化、文化史的小在于它作为一个领域、对象存在。从横向而言，文化史学的研究取向，使得文化史的研究需要充分发挥其把政治、经济、社会扩充为一个总体的功能和作用。从纵向而言，历史研究把过去和未来连接在一起，同时包含对当下的关心，文化史另外一个总体的意义，就是把过去和现在统合为一个整体的功能。文化虽然只是一个领域，但是发挥着大的功能。他还从对“文”的解释中把握文化史发挥的统括性作用。“文”在甲骨文里面最早的含义是打开自己，把内在的天地之德展现出来。汉字的“文明”就是彰显内在之德。“文”作为人的创造离不开我们所处的天地，中国人的“文”不是人本主义，而是天人一本的主义，“文”不是人自身创造出了一个与天地对抗的存在，而是依据天地创造出了一个让天地的德性更为开显的存在。因此，人文进化的过程不是与自然进程脱离，而是自然进程在人的创造里彰显，在这个意义上，中国人的“文”和马克思主义在世界观或者说文化观上有根本契合性。在“文”的基础上重新讲“文化”一词，其表达的含义是让我们每一个人能够具有这种德行并将其彰显出来。在中国文化史上，“文化”概念和“教化”概念不能脱离，自然它和政治的关系就不能脱离，也就是说政治和文化的关系也如经史传统和文化的关系一样，是内在一体的。张志强研究员认为文化的大小之辨和文化的教化意义是马克思主义文化理论的核心关切（文化和经济的关系、文化和政治的关系），中国文化史的资源可以为马克思主义文化理论提供有力支撑。中国文化中的“教化”与资本主义的文化生产过程不同，强调文化对人的积极塑造作用，而不是取消文化主体的创造性，中国文化史在理解和发展马克思主义文化理论中具有独特的价值。

郭双林教授认为文化史研究最核心的问题实际上还是文化的问题，要讲明今天需要什么样的文化，就要立足社会现实，回答时代问题。传统文化给我们提供了什么？需要提倡什么？需要分析、批判什么？同时，要从社会现实问题中发掘文化史的创新之处，打通历史和现实，反思今天存在的现象背后是否有文化因素起着作用。

孙晓研究员从学术规范角度提示文化史研究要努力建立自己的学术规范。虽然文化史是历史学的子学科，本应从属于历史学的学术规范，但是文化史有自己的特殊性，有特殊的目的和研究方法，因此需要归纳文化史研究的学术规范。此外，目前文化史被分成两类：

物质文化史和精神文化史。而现实情况是所有的物质文化史都是文物学、文物学史、文物史，精神文化史大多是思想史，我们需要有完整的文化史学科定义，以此明确文化史的归属问题。孙晓教授还就历史真实和文化真实的内涵进行阐释，认为《三国演义》虽然是小说而非真实的历史，但其中所倡导的忠义、智慧等代表人们对美好品质的愿望，这种愿望是一种文化真实。文化真实可以凝聚共识，把人们引导到更好的、更光明的路上。

朱浒教授从学科建设角度思考如何建设文化史学科，认为要想打造创新团队，做有组织的科研，要发掘原有的历史基础和学术传承。文化史学科需要依靠一批有眼光、有格局的专家，依托刊物、机构等平台把学术遗产发扬光大。

（二）

下午的座谈会由张越教授主持。

张越教授从史学史角度认为，今天需要有更充实、更充分、更有系统性的文化史理论和方法。张越教授回顾了文化史学在近代发展的历程，认为20世纪初梁启超为文化史赋予了改变旧史学、向新史学转换的作用，新文化运动后编辑中华文化小册子的学人赋予文化史的目的则是用新的学科分类体系来取代旧的中国传统经史子集分类体系，但这些都不能被称为真正的文化史，而是更多表现为专史的集合。之所以出现这种情况，他认为是因为没有厘清文化史本身应当承载什么学术担当，没有学科理论和研究方法为文化史框定界限，要想文化史有长足的发展，就需要总结以往学术史经验，同时厘清文化史概念并发展规范的学科理论。

罗检秋研究员结合自身经历分享对学术社会史研究的相关思考，主张从社会史视角审视学术，不仅注重它的文本，同时注重学术的衍生语境和社会环节。

邹小站研究员就如何破解古今中西文化之争，表示中西古今的问题是近代文化发展中具有核心意义的议题。这个问题发生之际，西强中弱，国人对外部世界文明缺乏了解，也缺乏深入系统了解的知识储备、人才储备，国人心态失衡，无法正确全面认识这一问题。在综合国力强盛的今天，我们看待古今中西问题时，要用平和的心态，破除西方文化霸权的话语体系，对自身传统进行整理，重新理解这一文化问题。

江湄教授思考当下文化史研究中存在的矛盾，即如何平衡时代价值与国内外流行的新文化史的思想、方法、旨趣之间的张力问题。她指出，当前我们重视文化史研究，主要是以文化史研究论证中华文明共同体、中华文化悠久历史与价值为主要任务，旨在为建设人类命运共同体提供中国传统文化的资源，提供中国的现代化经验。这个研究任务与当前我们的主流意识形态是相符合的，与宏大叙事、服务现实是直接相关的。但是，当前国内引领文化史学科创新的是带有后现代主义理论色彩的新文化史。这类研究以去整体、碎片化为特征，注重非理性、非主流的历史现象，强调解构、祛魅。如此研究取向，实际上与当前所提倡的文化史研究背道而驰。既然我们当前所提倡的文化史研究其实与目前的新文化史研究不处于同一个维度，那么我们怎样使我们的文化史研究获得突破？江湄教授表示，尽管存在上述矛盾，但她并不完全认同新文化史研究的这种趋向。一方面，她肯定历史书写和记忆的研究能够带来如何细读、如何分析历史著作的方法，但另一方面，新文化史研究本身是有缺漏的，新文化史忽视历史事实而注重文本解读，忽视历史本体而关注史家叙事，这些特点并不代表历史学研究的全部。

徐义华研究员从文化生成机制的角度出发，指出早期的文化史研究主要是为了纠正中国传统史学过于注重政治史的偏颇，并非严格意义上的文化史概念，至今学界对“文化”这一概念的界定仍然不够清晰，这给文化史的研究带来挑战。研究文化史需要同时关注文化现象的多样性和普遍性。多样性方面，要探究导致不同文化之间差异的原因；普遍性方面，要研究不同文化中的共性及其背后的机制。徐义华研究员以文字为例，探讨文化现象中的共性与差异。文字作为记录语言的符号系统，尽管大多数古代文字向语音化发展，但中国文字却保留了表意系统，这种独特性值得深入研究。此外，中国大一统的文化体系使得文字与特定语言紧密结合，形成了一个包含文字、经典、制度、价值观的整体文化体系，这使得文字具有了跨语言的属性。徐义华研究员强调，在研究文化史时，不能仅关注特殊性和统一性，还必须重视普适性。只有在普适性基础上，文化研究才能具有更广泛的意义和价值。文化史的方向应当是找到一个适合全人类的、能够促进美好目标的共同文化基础。

贾小叶研究员以读者视角谈论自己对文化史研究的期许，表示更希望看到一个贯通式的、具有历史学的实证的文化史研究。贯通式的文化史研究，既是时代的要求，也是文化史学科的内在要求。不同于政治史、经济史等，文化史本身具有明显的整体性和贯通性，讲清楚每一种文化，都需要从源头考察。而这种溯源考察的学科特性，也就要求研究者用历史、实证的方法去对待。文化史研究不能仅仅局限于从阐释到阐释，更为重要的是要讲清这些概念究竟如何传承、转化，才能把贯通落到实处。

张卫波教授以“以古今中外法研究和书写中国近代文化史”为题发表见解。“古今中外法”是 1942 年 3 月毛泽东在《如何研究中共党史》报告中提出的。张卫波教授认为，全球化趋势不可逆转的今天，需要在一种更为广阔的视野中书写和研究，“古今中外法”正好契合了这种研究路径。近代文化处于古今中外的交汇中，诸多文化现象和问题只有在全球视野中才能解释得清晰和全面。

晁天义研究员以“新时代文化史研究的预流与入流”为题发表观点，认为做学问有预流的追求是十分重要的，要以新时代的站位，采用新的研究角度和方法研究文化史，做出真正经得起历史检验的文化研究成果。同时,这样的一种对现实的关怀,并不是简单的、投机性的、功利性的,也不是庸俗化的,它保留了史学的尊严和科学性。

刘中玉副研究员从文化史研究的定位、研究方法和问题意识三方面发表观点。关于文化史研究定位的问题,他对比20世纪80年代的“文化热”,认为当时文化史研究需要回应的是民众对文化的热切关注,而今天文化史研究需要回应的是国家发展战略的问题,以更好回答时代之问。对于方法问题,他推崇朱维铮先生的治史方法,这种综合研究法要求学者不能把文化史做成各个专史的拼盘。遗憾的是,学界虽然自80年代便已达成此共识,但并未很好地贯彻落实。新时代文化史研究要重新打开视野,重新认识史料,将材料、问题和方法论三者相结合。至于问题意识,他认为在找出问题、梳理方法的过程中,文化史研究还应该有全面的和整体发展的文化史观。

彭姗姗副研究员回顾了作为学科的文化史研究的三个层面。第一是关于精英文化和大众文化的研究,第二是人类学意义上的文化研究,推动文化史向社会文化史研究的转向,第三是新文化史方法展开的研究,强调文化对现实的建构。虽然新文化史方法和后现代理论帮助研究者扩展史料范围、丰富研究方法,但中国近代文化史的研究在这三个层面的影响下呈现出碎片化和边界模糊的倾向,中国文化史研究的主体性缺失,中国文化在近代实际上很大程度上处于失语状态。在这个过程当中,中国文化本身的词汇概念、思维方式乃至行为模式甚至情感结构都发生了根本性的变化。我们应该在中西文化比较视野下去警醒和厘清一些语词,这样文化史研究才有可能摆脱中国文化的失语状态,才可能因为赋予中国文化以主体性而能够与西方文化构成真正意义上的良性互动和交流。以往研究中,学者更多以个案方式指出中国人对西方的误读,现在的研究应该进一步挖掘这种误读背后的社会历史根源,以及近代中国知识人在其中的主动选择和阐释。

王建伟教授从自身关注的政治文化史出发表示,政治文化史是文化史的分支,更准确地讲政治文化史更多的是以新文化史的面相出现,它从文化的角度解构政治现象,充分地考虑政治事件当中的文化要素,尤其明确界定了文化和心理在政治世界当中的地位和作用。这一点和情感史有相似之处,都是将一些非理性的因素纳入对政治运作的考察。近几年和政治文化史相关的关键词,包括仪式、记忆、节庆、纪念、情感、心理、动机、运作、制度、实践、日常生活等,多从国共两党开始,尤其多讨论五四新文化运动之后、大革命之后,政治如何深刻介入人们的日常生活。

(三)

座谈会的自由讨论环节由江湄老师主持。与会老师畅所欲言,从刊物的编辑方针、审稿程序、栏目设置等方面提出切实建议。会议由刘中玉副研究员做总结发言。他认为,通过热烈的讨论,与会专家学者达成以下几点共识:第一,继承前辈学者治学精神,文化史研究要与时代相结合,积极回应时代的问题。第二,文化史研究虽属于历史学科分支,但同时要努力建设自身的学科规范。第三,文化史研究不但要有理论,更要注重方法,理论和方法探索将是今后研究的重点推动工作。

本次座谈会集结了老、中、青三代学者,畅所欲言,极具建设意义。中国文化史研究一路走来,高潮与低音相伴,遇到很多问题,经历众多考验,但我们始终相信,在新时代,肩负传承发展中华优秀传统文化、建设中华民族现代文明、全面推进社会主义文化强国建设的使命任务,中国文化史的研究必将进一步发展繁荣,更上层楼,达到新境界。

稿　约

《中国文化史研究》是由文化史研究重镇北京师范大学历史学院与中国史学会传统文化专业委员会联合创办的学术集刊,每年两期。

本刊坚持以唯物史观为指导,旨在推动对中国文化做历史的研究:入古出新,实事求是,从历史中探求中国文化之新义,建设有意义之史学。

历史是文化的根基,文化是历史的灵魂。文化史尤其关注人的心灵、精神、理性、信仰、价值、意义等层面。人本人文,维护人的尊严,探讨文化认同问题,是文化史研究的应有之义。守正创新,传承中华优秀传统文化,建设中华民族现代文明,是文化史研究者的使命。

《中国文化史研究》注重文化史学科建设与理论探索,广泛征集思想文化史、学术文化史、社会文化史、政治文化史、大众文化史、中外文化交流史、新文化史诸领域,以及运用全球史学、阐释学等理论方法研究中国文化的创新性成果。“会古今之要,通中外之邮。”本刊尤期待从会通处入手研究中国文化的重点选题。此外,本刊还设有“中国文化与世界”“文化史家”“文化史理论”“新著评论”等栏目。

热忱欢迎海内外学者赐稿!

投稿须知

1. 稿件

应为尚未公开发表的原创性学术论文,字数在2万字左右。应有中英文标题、摘要、关键词,并附有作者简介和通信方式。

2. 栏目

“专题研究”:以思想文化史、学术文化史、社会文化史、政治文化史、大众文化史、新文化史为主。“中国文化与世界”:包括中外文化交流史、海外汉学史、国外学界研究中国文化史的动态等。“文化史家”:以文化史家为研究对象的论文、回忆和访谈等。“文化史理论”:

凡有益于推进中国文化史研究的史学理论类论文、译文。“新著评论”:5000字以上有学术深度的评论性文章。

3. 审稿

实行匿名评审和三审定稿制度,审稿周期大约2个月。

4. 稿酬

不收取审稿费、版面费;实行优稿重酬。

5. 版权

本刊享有已刊文稿的著作财产权和材料加工、电子发行、网络传播权,本刊一次性支付的稿酬中已包含上述授权的使用费。本刊已许可中国知网以数字化方式复制、汇编、发行、信息网络传播本刊全文。如仅同意以纸本形式发表,请在来稿中特别注明。

6. 投稿邮箱

zgwhsyj@ aliyun. com;邮件名称格式“工作单位—姓名—论文名”。

7. 注释规范

采用脚注形式。具体参见《商务印书馆学术著作出版规范》。示例如下:

◇古籍

[清]姚际恒:《古今伪书考》第3卷,光绪三年苏州文学山房活字本,第9页a。

◇档案

《傅良佐致国务院电》,1917年9月15日,中国第二历史档案馆藏,北洋档案1011-5961。

◇专著

章太炎:《国故论衡》,上海古籍出版社2003年版,第52页。

◇译著

〔英〕彼得·柏克:《知识社会史:从古腾堡到狄德罗》,贾士蘅译,(台北)麦田出版社2003年版,第289页。

◇文集

梁启超:《清代学术概论》,载汤志钧、汤仁泽编:《梁启超全集》第10集,中国人民大学出版社2018年版,第278页。

◇报纸

《上海各路商界总联合会致外交部电》,《民国日报》(上海)1925年8月14日,第4版。

◇期刊

孙江:《五四时期中日知识界的往还》,《中国社会科学》2021年第8期。

◇学位论文

付耶非:《“区域化”的历史知识:抗战时期历史教科书研究》,博士学位论文,北京师范大学历史学院,2021 年。

◇外文

W. H. Walsh, *Philosophy of History: An Introduction*, New York: Harper Torchbooks, 1960, p. 103.